LE GRAND LIVRE DES BIÈRES

LAPIN KU

LE GRAND LIVRE DES BIÈRES

NOTES DE DÉGUSTATION & CONSEILS D'EXPERTS

TIM HAMPSON

avec **Stan Hieronymus**, **Sylvia Kopp** et **Adrian Tierney-Jones**

EDITIONS **PRISMA**

Édition originale publiée sous le titre *World Beer*
par Dorling Kindersley

Éditions Prisma
Directeur : Pierre-Olivier Bonfillon
Directrice éditoriale : Françoise Kerlo
Responsable d'édition : Valérie Langrognet
Chargées d'édition : Caroline Rondeau, Julie Drouet,
assistée d'Élise Marcantoni
Responsable de production : Alexandre Zimmowitch
Chef de fabrication : Jérôme Brotons

Adaptation : *In*Texte, Toulouse
Traduction : Chantal Mitjaville

Dépôt légal : octobre 2013

ISBN : 978-2-8104-0428-5

Imprimé en Slovaquie par TBB

SOMMAIRE

AVANT-PROPOS

« Vive la différence ! Viva la revolución ! » Ces mots sont ceux d'un grand écrivain biérologue trop tôt disparu, Michael Jackson (1942-2007), qui s'émerveillerait aujourd'hui de voir à quel point ce nouveau monde de la bière artisanale a pu évoluer.

DANS LES ANNÉES 1970, la brassiculture américaine a entamé une révolution qui a gagné le reste du monde. Certains prédisaient qu'à la fin du siècle dernier il ne resterait que cinq brasseurs artisanaux aux États-Unis – ils sont désormais plus de 2 000, et leur nombre ne cesse de croître dans bien d'autres pays. De jeunes et ambitieux brasseurs partagent le devant de la scène avec d'illustres aînés, adeptes pour certains de traditions séculaires. Le monde figé de la brassiculture européenne a succombé à cette révolution, et des pays jusqu'alors submergés par la déferlante des bières industrielles ont retrouvé un nouveau souffle.

À TRAVERS LA PLANÈTE se manifeste un intérêt croissant pour des styles de bière innovants, dont certains relèvent de traditions oubliées remises au goût du jour, et d'autres de créations originales. Au fil des pages, le lecteur visitera la Belgique, avec ses brasseries trappistes à l'origine de vraies merveilles et ses bières acides, comme la gueuze ou le faro. En Allemagne – terre d'élection des lagers –, il découvrira ces bières aux notes intenses de houblons aromatiques américains ou délicieusement fumées. En Italie, davantage réputée pour ses vins, l'amateur s'apercevra que la pénin-

Pilsner Urquell

10

INTRODUCTION

L'HISTOIRE, EN BREF

Quel hasard conduisit nos ancêtres à découvrir que le mélange de grains de céréales et d'eau, soumis à la magie de la levure, pouvait donner naissance à un breuvage aussi riche et vivace ?

Il y a près de 10 000 ans, dans les vastes plaines fertiles de Mésopotamie, ou quelque part en Chine, des chasseurs-cueilleurs nomades commencèrent à cultiver et à récolter un ancien type de céréale, avec lequel ils élaborèrent probablement la première forme de bière. L'archéologie nous apprend que la préparation de l'alcool est une pratique vieille de plusieurs millénaires. Au fil des siècles, notre relation à la bière fut affectée par l'histoire, les lois, la culture, la science et la technologie. La bière évolua avec nous. De ce long voyage – du décret sur la pureté et de la prohibition, à l'enthousiasme du brassage amateur – naquit cette prolifération de styles que nous apprécions aujourd'hui.

7000 av. J.-C.

DES JARRES de terre cuite mises au jour dans le village néolithique du site de Jiahu, dans la vallée du fleuve Jaune, en Chine, présentent des traces de composés rencontrés dans les boissons alcoolisées.

4300 av. J.-C.

DES TABLETTES d'argile babyloniennes portent des inscriptions détaillant la préparation d'une boisson alcoolisée à base de céréales – une boisson désaltérante aussi utilisée en offrande aux divinités.

1000 av. J.-C.

RÉCEMMENT, des archéologues ont mis en évidence la présence d'une boisson à base de riz et de millet, préservée depuis 3 000 ans à l'intérieur d'une vaisselle en bronze d'une tombe mise au jour dans la capitale de la dynastie Shang, Anyang, dans le bassin du fleuve Jaune, en Chine.

1516

EN BAVIÈRE est édicté le Reinheitsgebot (décret sur la pureté de la bière). Il stipule que les seuls ingrédients autorisés lors du brassage sont l'orge, le houblon et l'eau. Les brasseurs de différentes régions du monde s'y conforment encore aujourd'hui.

TIMBRES MONTRANT DES BRASSEURS, ÉMIS POUR LES 450 ANS DU DÉCRET SUR LA PURETÉ DE LA BIÈRE.

VRAI OU FAUX ?

En 1520, le roi Henri VI bannit l'usage du houblon en Angleterre.
FAUX L'historien de la bière Martyn Cornell précise que l'usage du houblon était interdit dans l'ale, tout simplement parce que ce style de bière était à l'époque classé dans les boissons non houblonnées.

1587

LA PREMIÈRE BIÈRE à base de maïs fut brassée par des colons de Virginie. La construction de brasseries devint une priorité à l'établissement de colonies pérennes, et les brasseurs pionniers furent nombreux à utiliser le bouleau et l'épicéa dans leurs bières. La première brasserie commerciale américaine fut fondée par la Compagnie néerlandaise des Indes occidentales, à Lower Manhattan, en 1632.

LE BRASSEUR, EAU-FORTE DU XVIᵉ SIÈCLE DE J. AMMON.

VRAI OU FAUX ?

En 1759, Arthur Guinness signa un bail de 9 000 ans pour la brasserie Guinness.
VRAI L'historien de la bière Martyn Cornell précise qu'il s'agissait probablement d'une manœuvre comptable légale, et non d'un excès de confiance.

VRAI OU FAUX ?

En 1772, un brasseur de Londres créa le porter, à partir d'un assemblage de trois fûts appelés « three threads ».
FAUX Le porter était certainement consommé bien avant cette date à Londres.

1810

À MUNICH, une fête est organisée pour célébrer les noces du prince héritier Louis de Bavière – la bière est mise à l'honneur lors de ces festivités qui donnèrent naissance à l'Oktoberfest.

TIMBRE DU CENTENAIRE DE L'OKTOBERFEST, EN 1910.

1842

LA PREMIÈRE LAGER BLONDE, produite à Pilseň, dans l'actuelle République tchèque, eut un succès immédiat. Ce style est désormais brassé dans le monde entier.

CARTE POSTALE ET SOUS-BOCK DATANT DE 1910 ET 1842 À L'EFFIGIE DE LA MARQUE DÉPOSÉE PILSNER URQUELL.

1919

LA PROHIBITION, définie par le XVIIIe amendement et complétée par le Volstead Act, interdit la production et la vente d'alcool aux États-Unis. Vente et distribution de bière passent sous contrôle de bandes mafieuses. De nombreuses brasseries ferment. En 1932, des manifestations réclament l'abrogation de la prohibition. Anheuser-Busch survit en produisant sirops de maïs, crèmes glacées, extraits de malt et racinette. Abrogée dans la plupart des États en 1933, la prohibition restera en vigueur au Mississippi jusqu'en 1966.

DES PARTITIONS TOURNENT LA PROHIBITION EN RIDICULE.

VRAI OU FAUX ?

La lager fut pour la première fois brassée au Royaume-Uni en 1965.
FAUX La lager commença à devenir populaire à la fin des années 1960 et décolla réellement dans les années 1970. De nos jours, trois bières sur quatre consommées au Royaume-Uni sont des lagers, mais cette bière fut certainement brassée en Grande-Bretagne dès les années 1870.

VRAI OU FAUX ?

La bière américaine doit être servie glacée pour libérer toutes ses flaveurs.
FAUX Le succès de la bière artisanale aux États-Unis participa à dissiper ce mythe. Plus la bière est froide, moins elle offre de flaveurs.

Des wagons réfrigérés participèrent à la création de la première marque nationale aux États-Unis.
VRAI En 1876, Anheuser-Busch loua une flotte de 40 wagons réfrigérés pour transporter sa bière en bouteilles à travers les États-Unis.

VRAI OU FAUX ?

LOUIS PASTEUR publia son ouvrage majeur *Études sur la bière*. Pour la première fois, le mot mystérieux de « levure » et son action au cours du brassage étaient explicités. Les techniques modernes de brassage succédèrent aux anciennes méthodes, en même temps que la réfrigération et l'automatisation de l'embouteillage se généralisaient.

1876

QUATRE JOURNALISTES anglais, Michael Hardman, Graham Lees, Bill Mellor et Jim Makin décidèrent de fonder une association de consommateurs pour les buveurs de bière. Cette organisation, plus tard connue sous le nom de CAMpaign for Real Ale (CAMRA), devint l'une des plus puissantes du genre, fédérant rapidement près de 150 000 adhérents. Elle œuvre à la promotion de « l'ale authentique » au Royaume-Uni et participe au renouveau de l'intérêt suscité par les bières locales.

LA CAMRA ORGANISE DES FESTIVALS DE LA BIÈRE À TRAVERS TOUT LE ROYAUME-UNI.

1971

BRASSEUR AMATEUR, Jack McAuliffe fit de sa passion son métier et ouvrit la New Albion Brewing Company à Sonoma, en Californie. Il participa au démarrage de la révolution microbrassicole qui bouleversa le monde de la bière (*voir* pages suivantes).

JACK MCAULIFFE AU TRAVAIL, DANS SA BRASSERIE NEW ALBION, EN CALIFORNIE.

NEW ALBION ALES ET STOUTS

1976

LA RÉVOLUTION MICROBRASSICOLE

La révolution microbrassicole, qui débuta aux États-Unis et balaya bientôt le monde, trouve son origine dans le 18e amendement sur la prohibition qui limitait la production et la vente d'alcool aux États-Unis. Avant son abrogation dans les années 1930, des centaines de brasseries locales furent contraintes à la fermeture et celles qui avaient résisté ne brassaient plus qu'une gamme limitée de bières. Au fil des ans, plusieurs d'entre elles furent rachetées par de grands groupes, producteurs de blondes industrielles insipides.

SHÉRIFS CALIFORNIENS EN TRAIN DE VIDER DES FÛTS D'ALCOOL DE CONTREBANDE.

LE CHANGEMENT ÉTAIT POURTANT EN MARCHE. Le Californien Jack McAuliffe, père fondateur de la révolution microbrassicole américaine, avait travaillé dans les années 1970 sur une base écossaise de sous-marins nucléaires. À son retour aux États-Unis, il se lança dans le brassage amateur dans le but de retrouver la saveur des ales écossaises. En 1976, il ouvrit New Albion Brewing Company, à Sonoma, en Californie. Pour cela, il transforma une laiterie et utilisa les équipements d'une usine de boissons non alcoolisées. Il s'agissait de la première brasserie inaugurée en Californie depuis la prohibition, et la façon dont McAuliffe tint tête aux géants Budweiser et Miller marqua l'histoire du pays. Si New Albion ferma ses portes en 1982, son aventure inspira d'autres pionniers...

FONDÉE EN 1896, Anchor Brewing (*voir* p. 147) était solidement implantée à l'époque où New Albion fut inaugurée. La brasserie fut rachetée en 1965 par Fritz Maytag, héritier d'une firme de lave-linge et diplômé de Stanford. Anchor Brewing décupla alors sa production et offrit aux amateurs de bières américains la possibilité de goûter aux porter, barley wine et ale de froment, et surtout à sa légendaire Steam Beer. Anchor Brewing expérimenta aussi des variétés de houblon américain excitantes, comme le Cascade. Ce genre de brasseries finit par attirer l'attention du monde notamment grâce aux critiques de l'influent journaliste et écrivain biérologue britannique Michael Jackson, décédé en 2007. Les livres, les apparitions publiques et les documentaires télévisés de ce dernier encouragèrent l'essor de l'industrie de la bière artisanale dans le monde – la scène brassicole artisanale actuelle aurait été très différente sans son influence. L'autre pionnier de cette révolution fut Charlie Papazian, fondateur de l'American Homebrewers Association, en 1978. Cette organisation inspira des milliers de brasseurs. En 1971, la fondation de la CAMpaign for Real Ale (CAMRA) au Royaume-Uni marqua une autre étape clé de l'histoire de la révolution microbrassicole. L'essor du brassage amateur offrait désormais la possibilité aux passionnés de créer leur propre affaire. La bière échappait des mains des grands groupes industriels pour revenir vers le peuple.

ANCHOR BREWING FUT FONDÉE À SAN FRANCISCO, EN CALIFORNIE, EN 1896.

NEW ALBION, UNE ANCIENNE LAITERIE TRANSFORMÉE EN BRASSERIE.

LES GRANDES ÉTAPES DE LA RÉVOLUTION MICROBRASSICOLE

1920

Avec l'adoption du 18e amendement de la Constitution américaine, la prohibition se met en place en réglementant la production et la vente d'alcool. Les États-Unis, qui comptaient plus de 3 200 brasseries avant la prohibition, n'en abritent plus que 80 en 1983.

1930

Abrogation de la prohibition tout au long des années 1930, même si les États sont libres de choisir leur propre législation en la matière. Avant 2013, le brassage amateur était interdit au Mississippi, 49e État à légaliser cette pratique, toujours interdite en Alabama.

1971

Fondation de la CAMpaign for Real Ale (CAMRA) au Royaume-Uni, suivie par la naissance de l'American Homebrewers Association, en 1978. Des deux côtés de l'Atlantique le brassage amateur se développe, face à une soif grandissante de bières créatives et imaginatives.

1977

L'écrivain biérologue britannique Michael Jackson publie le très influent *Guide international des bières*. Il fut l'un des premiers à promouvoir la bière de qualité. Ses prises de position encouragèrent l'essor de l'industrie de la bière artisanale dans le monde.

À PARTIR DE LÀ, innovation et expérimentation devinrent les mots d'ordre du mouvement des microbrasseries américaines, dont la créative Dogfish Head (*voir* p. 154-155). Une de ses éditions limitées les plus originales, la Chicha, se voulait une réinterprétation d'une boisson sud-américaine, la chicha morada, à base d'une variété locale de maïs, de grains de poivre et de fruits. Pour préparer cette « bière », une partie du maïs était broyée, mastiquée et recrachée, avant d'être façonnée en galettes séchées au soleil. Les enzymes de la salive transformaient la fécule du maïs et libéraient les sucres indispensables à la fermentation. Le maître brasseur Sam Calagione estimait qu'il fallait six personnes à la journée pour mastiquer et venir à bout de 3 kg de maïs péruvien. De nos jours, les brasseurs artisanaux américains produisent à eux seuls 140 styles de bière différents, et ce nombre ne cesse de croître. Certains de ces styles sont très récents – comme la brett beer, une interprétation du lambic belge. La collaboration entre Lost Abbey (*voir* p. 171) et New Belgium (*voir* p. 166) se concrétisa par le brassage d'une bière « 100 % Brettanomyces », la Mo' Betta Bretta, une ale blonde de fermentation spontanée. D'autres brasseries cherchèrent l'inspiration en Belgique, comme Alaskan (*voir* p. 145), dont la bière de froment Raspberry « se voulait une interprétation américaine de ce style de l'Ancien Monde ». D'autres styles, comme l'adambier – une brune forte et acide – et la grätzer – une bière de froment fumée, de fermentation haute – remettent au goût du jour des bières historiques.

MO' BETTA BRETTA, UNE BRETT BEER NÉE DE LA COLLABORATION DE LOST ABBEY ET NEW BELGIUM'S.

LA RÉVOLUTION MICROBRASSICOLE américaine a gagné le reste du monde, et des bières artisanales exceptionnelles sont aujourd'hui proposées aux quatre coins du globe. Ce mouvement eut toujours pour objectif un partage des idées motivé par un enthousiasme commun. Au début, des brasseurs d'une même ville collaborèrent entre eux, puis la pratique du brassage collaboratif entre brasseurs européens et américains se généralisa. Aujourd'hui, ce partage est international. Les brasseurs artisanaux se déplacent d'un continent à l'autre à la recherche de nouvelles idées, tout en offrant leur propre savoir-faire en échange. De l'Afrique du Sud à l'Australie et du Japon à l'Argentine se développe un florissant commerce des innovations et des techniques en matière de brassage de grandes bières. Les Belges parlent aux Allemands, les Hongrois échangent avec les Polonais, et les Italiens mènent la danse. Ces échanges ne connaissent plus de frontières, comme en témoigne l'essor des initiatives de collaboration en Inde, en Nouvelle-Zélande et au Brésil, où des brasseurs expérimentés offrent leur temps et leur talent. Ils découvrent et dépoussièrent des recettes historiques, cherchent à utiliser des ingrédients locaux et tentent de créer des bières inédites – avec pour seule règle celle de brasser des bières créatives aux saveurs exceptionnelles. Une de ces collaborations fructueuses donna naissance à l'anglo-américaine Pale Ale Twin Peaks (5 % vol.), née du travail commun de Sierra Nevada Brewery (*voir* p. 176-177), en Californie, et Thornbridge Brewery (*voir* p. 41), au Royaume-Uni. Steve Grossman, brasseur à Sierra Nevada, décrit cette pale ale fruitée comme « une vraie collaboration entre l'Ancien Monde et la nouvelle vague du brassage ».

BIÈRE TWIN PEAKS
PLAQUE PUBLICITAIRE À L'EFFIGIE DE CETTE BIÈRE DE COLLABORATION.

« DE L'AFRIQUE DU SUD À L'AUSTRALIE ET DU JAPON À L'ARGENTINE SE DÉVELOPPE UN FLORISSANT COMMERCE DES IDÉES ET DES SAVOIR-FAIRE EN MATIÈRE DE BRASSAGE DE GRANDES BIÈRES. »

1982

Fondation par Bert Grant du premier pub-brasserie de Washington, le Yakima Brewing and Malting Co. Pour la première fois, la législation américaine autorise un établissement à associer les activités de brasseur et restaurateur. Yakima deviendra un modèle du genre.

1984

Charlie Papazian publie *The Complete Joy of Home Brewing*, un livre qui s'écoula à plus de 900 000 exemplaires et inspira une multitude de brasseurs. Il avait auparavant fondé la Brewers Association et créé l'American Beer Festival, en 1982.

1990

Sierra Nevada (*voir* p. 176-177), à Chico, en Californie, est la première microbrasserie à produire plus de 50 700 hl de bière par an – le volume annuel des brasseries considérées comme « micro » est fixé à 29 000 hl.

2013

On compte plus de 2 400 brasseries artisanales aux États-Unis. Il s'en ouvre une par jour. La majorité des Américains vit à moins de 17 km d'une brasserie. Cette industrie emploie plus de 108 000 personnes et vend plus de 15 millions d'hectolitres de bière par an.

LE PROCESSUS DE BRASSAGE

Le brassage est un processus naturel simple, à l'origine de boissons d'une grande complexité. Les sucres fermentescibles sont extraits du grain au moyen d'eau chaude. Le moût obtenu est porté à ébullition, avant l'ajout de houblon, apportant son arôme, son amertume, et participant à l'élimination des bactéries. La levure est incorporée au moût refroidi et la fermentation débute – avec la conversion des sucres en gaz carbonique et en alcool, que nous appelons « bière ».

Le malt germé *est séché dans la touraille.*

1 MALTAGE

Avant de rejoindre la brasserie, les grains font l'objet d'un processus appelé « maltage ». Les sucres présents dans le grain sont prisonniers des molécules d'amidon. Afin de favoriser leur libération, le malteur procède à la trempe, ou macération, des grains, puis les chauffe doucement pour activer leur germination. Cela décompose l'amidon en molécules élémentaires. Après quelques jours, la germination est stoppée. Vient ensuite le touraillage, ou séchage, du malt dans une tour appelée « touraille ». Le malt est plus ou moins sombre, selon la durée et l'intensité du touraillage.

Les grains maltés *sont broyés dans le concasseur à malt.*

CUVE À GRIST

2 CONCASSAGE

À la brasserie, l'orge maltée et les autres céréales, selon le choix du brasseur, sont broyées et moulues dans un concasseur. Le grain broyé libérera plus facilement ses sucres une fois mélangé à de l'eau lors de l'empâtage. Il est appelé « grist », ou farine grossière, autrement dit la mouture. Le choix du grain est fondamental car il détermine la teneur en alcool de la bière, sa couleur et sa saveur. Les malts les moins colorés, touraillés à basse température, participent à l'élaboration des blondes lagers. Les malts plus sombres, intensément touraillés et torréfiés, donnent aux bières comme les stouts et les porters cette noirceur caractéristique. Il est essentiel pour le brasseur de déterminer le mélange de céréales idéal.

Mélange *du grist et de l'eau dans la cuve-matière.*

Filtration *du maïsche pour séparer le jus sucré des drêches.*

CUVE-MATIÈRE

3 EMPÂTAGE

Le grist est mélangé à de l'eau chaude dans une cuve appelée « cuve-matière » et forme un maïsche à odeur suave comparable au porridge. Le maïsche est laissé à macérer. La chaleur de l'eau favorise l'extraction des sucres du malt. Cette méthode est dite « simple infusion ». Le brasseur retire un certain volume du maïsche, le transfère dans une autre cuve, où il est chauffé à plus haute température, et le réintroduit dans la cuve-matière. La méthode porte le nom de « décoction ». Plus la température est élevée, plus les sucres extraits du malt sont complexes. Cette méthode traditionnelle est utilisée par de nombreuses brasseries européennes.

4 CUISSON

Le jus sucré, ou moût, est recueilli dans le bac reverdoir au bas de la cuve-matière ou filtré dans une passoire appelée « cuve-filtre ». Au fur et à mesure de l'écoulement du moût, le maïsche est rincé avec de l'eau chaude pour extraire les derniers sucres. Le moût est transféré dans la chaudière à moût, ou cuve d'ébullition, et est porté à ébullition. Le houblon est ajouté à différents moments, ce qui insuffle arôme et amertume, et participe à l'élimination des bactéries. Certains brasseurs procèdent à un « houblonnage à sec » en ajoutant des poignées de houblon en fin de processus, d'autres ajoutent des herbes différentes ou des épices à cette étape.

5 FERMENTATION

Le moût est filtré avant son refroidissement rapide grâce à un passage dans un serpentin refroidisseur. Le moût refroidi est transféré dans une cuve de fermentation. La température joue un rôle déterminant à cette étape : trop chaude, elle annihile l'action de la levure, trop froide elle ralentit son action. Avec l'ensemencement du moût par la levure débute toute la magie du brassage. La levure, en se nourrissant de sucres, libère du gaz carbonique et produit de l'alcool et des millions d'autres cellules de levure. Il existe différentes souches de levure – mais les brasseries ont généralement leur propre souche, qu'elles réutilisent.

CUVE DE FERMENTATION

6 GARDE

Une fois la fermentation achevée, le liquide est appelé « bière verte ». Débarrassé de l'essentiel de ses levures, il est refroidi puis transféré, lors d'une opération appelée « traversage », dans une cuve de garde, où il séjourne un certain temps. Au cours de cette période de maturation, plus ou moins longue, se déroule une refermentation provoquée par les levures restantes. La bière qui en résulte est ensuite conditionnée en fûts, kegs, bouteilles ou canettes – certains pubs-brasseries servent une bière soutirée de la cuve de garde. Quelques bières sont clarifiées. Certaines sont également pasteurisées.

CUVE DE GARDE

« LE BRASSAGE EST UN PROCESSUS NATUREL SIMPLE, À L'ORIGINE DE BOISSONS D'UNE GRANDE COMPLEXITÉ. »

STYLES DE BIÈRE

La grande famille des bières ne cesse de se développer – certains estiment à plus de 80 le nombre de styles de bière différents, avec pour beaucoup de multiples subdivisions. Ci-dessous, quelques-uns des styles les plus communs, que le « voyageur » croisera probablement en chemin – en sachant que la découverte de nouveaux styles dans les bars et boutiques du monde fait partie de l'aventure.

Beauté noire
Une robe couleur nuit, pour des porters et stouts secs ou suaves.

Doux nectar
La tête de mousse dense de la triple, pour une attaque douce et crémeuse.

Robe cuivrée
Ales et bitters arborent une robe unique, richement colorée.

Or et délice
Légère, dorée, rafraîchissante et facile à boire.

PORTER ET STOUT

Développé à Londres, le porter fut la première bière vendue à grande échelle au début du XVIIIe siècle. Lors de la révolution industrielle, le plain porter était la boisson de la classe ouvrière. Ses variantes plus alcoolisées furent appelées « stout porter » ou stout tout court.

PROFIL ORGANOLEPTIQUE
Quand on apprit à torréfier l'orge à des températures élevées, les porters se parèrent d'une robe noire libérant des flaveurs de café et de chocolat. Un houblonnage tout aussi généreux ajoute en général une franche amertume.

TITRE ALCOOMÉTRIQUE
En général entre 4 et 8 % vol., parfois plus pour certains styles.

DOUBLE ET TRIPLE

La Belgique est un petit pays, mais elle a donné naissance à la plus large palette de styles de bière au monde. Les termes « double » *(dubbel)* et « triple » *(tripel)* font référence à la force et à la teneur en alcool de ces ales ; des termes aussi associés aux brasseries trappistes, mais pas seulement.

PROFIL ORGANOLEPTIQUE
Les doubles sont des bières riches et maltées à robe brune, assez fruitées et moyennement amères. Les triples sont des ales blond doré, fortes, suaves et maltées, à tête de mousse dense et crémeuse.

TITRE ALCOOMÉTRIQUE
La double titre entre 6 et 8 % vol., la triple peut grimper à 10 % vol.

ALE ET BITTER

L'ale et la bitter sont une seule et même bière. La bitter est originaire de l'Angleterre victorienne. Son intérêt tenait en partie au fait qu'elle pouvait être servie vite à la pression, après quelques jours de garde. Beaucoup considèrent les ales mûries en fûts comme les plus belles expressions du savoir-faire d'un brasseur.

PROFIL ORGANOLEPTIQUE
Ales et bitters ont souvent une robe bronze intense ou cuivrée du fait de l'emploi d'un malt caramel, comme le Crystal. Les ales blondes et dorées ne sont pas rares.

TITRE ALCOOMÉTRIQUE
La plupart des ales et bitters titrent en dessous de 4 % vol., mais il existe des versions plus fortes.

HELLES

Bière à la robe blond doré limpide, brassée dans les environs de Munich. Ce style est imité dans le monde entier. Les flaveurs sont plus subtiles que celles d'une pilsner, même si toutes deux présentent un aspect comparable. La version kellerbier (bière de cave) est souvent plus intensément houblonnée, non filtrée, et parfois un peu trouble.

PROFIL ORGANOLEPTIQUE
Idéalement, la bière doit présenter une franche amertume, liée à la présence de houblons nobles, et révéler une touche de malt.

TITRE ALCOOMÉTRIQUE
En général entre 5 et 7 % vol., sachant que la bock est une déclinaison plus forte du style.

BIÈRE DE FROMENT

Les weissbier (bière blanche) ou weizenbier (bière de froment) allemandes sont brassées avec 40 % de froment. Les versions non filtrées sont des hefeweiss, ou hefeweizen, les versions filtrées sont des kristallweizenbier. Les versions belge et néerlandaise, connues sous les noms de wit, ou bière blanche, intègrent des herbes aromatiques.

PROFIL ORGANOLEPTIQUE
La levure peut apporter des notes de banane, chewing-gum et clou de girofle. Ces bières sont vives, rafraîchissantes et souvent troubles.

TITRE ALCOOMÉTRIQUE
En général, la bière de froment titre entre 3 et 7 % vol.

PILSNER

Les pilsners de Bohême ou de République tchèque sont les représentantes d'un style qui fit le tour du monde. Certaines versions subissent une garde de trois mois à basse température, mais en règle générale, elle dure moins longtemps.

PROFIL ORGANOLEPTIQUE
La saveur épicée et herbacée des houblons doit s'harmoniser à la douceur du malt de la pilsner. La robe varie du blond à l'ambre pâle, le corps doit être léger à moyen, avec des flaveurs maltées et biscuitées. Servir de façon à former une belle tête de mousse blanche.

TITRE ALCOOMÉTRIQUE
En général, entre 4 et 6 % vol.

STOUT IMPÉRIAL

Les premières versions de ce style furent souvent exportées de Grande-Bretagne en direction de la Russie tsariste, où l'impératrice Catherine la Grande, à Saint-Pétersbourg, leur donna le titre de « stout impérial ».

PROFIL ORGANOLEPTIQUE
Cette bière corsée imposante, à robe cuivre foncé à noir, est une version plus puissante de la stout anglaise, à teneur plus élevée en alcool, généralement riche et maltée – dans certains cas très douce. Flaveurs multiples, avec des notes de fruits cuits.

TITRE ALCOOMÉTRIQUE
Assez forte pour une garde de plusieurs années – en règle générale au-dessus de 10 % vol.

ALE AMÉRICAINE

Le style de l'ale fut réinventé par les brasseurs artisanaux américains. L'ale américaine libère les notes florales et hespéridées propres aux houblons américains – même si d'autres variétés de houblon peuvent être utilisées – à l'origine d'une amertume, d'arômes et de saveurs intensément houblonnés.

PROFIL ORGANOLEPTIQUE
Des bières à la robe d'un blond doré intense à cuivre foncé. Le recours à des houblons amérisants explique la franche amertume, équilibrée par un malt riche et juteux.

TITRE ALCOOMÉTRIQUE
Une force supérieure à 8 % vol. n'est pas rare.

DÉGUSTATION DE LA BIÈRE

La bière est probablement la plus démocratique des boissons alcoolisées. Si elle n'exige pas d'être dégustée dans les règles de l'art pour être appréciée, l'expérience prend une autre dimension si l'on met tous ses sens en éveil.

On goûte d'abord avec les yeux, depuis l'étiquette ou la carte des bières jusqu'à la couleur de la robe et son aspect… Observer une bière participe à ouvrir l'appétit et à stimuler les papilles. Touchez le verre pour apprécier sa température. Certaines bières, notamment celles qui ont bénéficié d'une garde à basse température, sont meilleures glacées, alors que d'autres exigent une température ambiante pour libérer arômes fruités et esters. Lorsque vous levez votre verre, sollicitez votre nez – une bière de froment laisse échapper des notes de chewing-gum ou de clou de girofle, et d'une IPA intensément houblonnée se dégagent des bouffées d'agrumes. Dégustez une gorgée en laissant le liquide vous glisser sur la langue. La saveur est-elle sucrée ou amère ? Percevez-vous des touches de fruits noirs ? Mesurez-vous l'impact du malt ? Avalez. Appréciez la longueur en bouche. Détectez-vous la chaleur des notes alcoolisées, la persistance des flaveurs du houblon ? Pourquoi ne pas noter toutes ces sensations afin de comparer vos expériences dans le temps ?

1 INCLINER LE VERRE

Le versement de la bière est un art qui participe à la dégustation. Rincez le verre à l'eau fraîche et inclinez-le à 45°. La bière est en règle générale versée d'un geste franc, de façon à obtenir un joli col de mousse. Au fur et à mesure que le verre se remplit, redressez-le à la verticale, alors que la bouteille est à moitié vide.

2 VERSER

Continuez de verser la bière au centre du verre, maintenu à la verticale, afin que la mousse soit onctueuse – la bière est la seule boisson alcoolisée à former naturellement une tête de mousse. Une bière refermentée en bouteille renferme des dépôts de levure. Dans ce cas, arrêtez de verser pour laisser les particules en fond de bouteille, ou choisissez de vider toute la bouteille dans le verre.

Sensation garantie
Au-delà de son aspect visuel, la tête de mousse libère les arômes d'une bière.

SYMBOLES DES NOTES DE DÉGUSTATION

Dans de ce livre, chaque bière est accompagnée de notes de dégustation et de suggestions d'accompagnement, en plus d'une notation de un à trois pour l'amertume ou la douceur – deux flaveurs capitales lors d'une dégustation. Utilisez ces informations pour mieux apprécier les bières que vous souhaitez déguster.

AMERTUME
Les houblons apportent des notes terreuses, amères, herbacées ou hespéridées selon les variétés utilisées.

DOUCEUR
La douceur peut varier d'un riche caramel malté et de notes suaves de toffee brun à celle de touches fruitées.

3 OBSERVER

Il faut observer la bière. Des lignes de bulles s'élèvent-elles ? La bière pétille-t-elle et danse-t-elle ? Quelle est sa couleur ? Une bière de qualité doit séduire et intriguer. Après chaque gorgée, une fine dentelle de mousse doit se déposer sur les parois du verre – signe d'une bière de qualité et d'un verre propre !

4 FAIRE TOURNER

Notre nez peut percevoir près de 1 000 arômes différents et les bières présentent pour la plupart un assemblage complexe de molécules odorantes. Faire tourner délicatement la bière dans le verre favorise la libération des arômes.

5 HUMER

Inspirez longuement. Des notes florales ou d'agrumes sont-elles perceptibles ? Peut-être des accents de café ou de résine ? Les esters enrichissent le bouquet des bières les plus fortes, alors que le lambic sauvage ou la gueuze laissent échapper d'intenses notes terreuses, mêlant douceur et acidité.

6 GOÛTER

Goûtez la bière en la faisant rouler dans la bouche, pour qu'elle entre en contact avec la langue, où les papilles permettent de distinguer le sucré, le salé, l'acide, l'amer et l'unami. Quelles sont les sensations en bouche ? Céréalières ou fruitées ? Les grandes bières témoignent d'un équilibre de flaveurs parfait.

Choix du verre
La qualité du verre participe au plaisir de la dégustation d'une bonne bière.

TYPES DE BIÈRE ET ACCOMPAGNEMENTS

Le mariage entre bières et mets participe au plaisir et à la joie de la dégustation. Trouver l'accord parfait suffira à métamorphoser l'ordinaire en sublime, mais il faut savoir qu'il n'existe aucune règle précise en la matière. Inspirez-vous des suggestions ci-dessous et laissez parler vos sens…

BIÈRES TORRÉFIÉES

Plusieurs stouts de style irlandais, lagers brunes et porters révèlent un généreux malt torréfié et un riche arôme de chocolat, étayés de notes de café. Souvent avec des touches de vanille et d'orange.

TYPES DE BIÈRE

Stout à l'avoine (*voir* Beer Geek Breakfast, p. 109)
Porter (*voir* Edmund Fitzgerald, p. 163)
Schwarzbier (*voir* Schwarz-Bier, p. 64)
Stout (*voir* Export Stout, p. 35)

ACCOMPAGNEMENT

Les stouts très douces se marient avec un dessert sucré et crémeux. Avec les plus sèches, préférez des desserts au chocolat noir amer.

BIÈRES ACIDES

Dans la grande famille des bières, certaines sont acides. Plusieurs d'entre elles sont élaborées à partir d'un assemblage d'ale fraîchement brassée et d'une bière plus âgée, ensemencée de levure sauvage avant la garde – des bières douces-amères en bouteilles.

TYPES DE BIÈRE

Faro (*voir* Faro Boon, p. 83)
Gose (*voir* Helle Gose, p. 55)
Red ale (*voir* Grand Cru, p. 88)

ACCOMPAGNEMENT

Des bières complexes, idéales avec des mets salés et gras, comme une assiette de charcuterie ou des olives.

BIÈRES FUMÉES

La flaveur fumée est issue du séchage du malt à flamme nue – les saveurs diffèrent selon le bois utilisé.

TYPES DE BIÈRE

Rauchbier (*voir* Rauch, p. 237)
Bock fumée (*voir* Urbock, p. 60)
Doppelbock fumée (*voir* Eiche, p. 60)
Porter fumé (*voir* Smoked Porter, p. 145)

ACCOMPAGNEMENT

Les flaveurs fumées de la bière se marient aux saveurs fumées des mets, qu'elles intensifient. À essayer avec des viandes cuites au barbecue, de riches fromages fumé ou du poisson fumé.

BIÈRES HOUBLONNÉES

Nombre de bières d'inspiration américaine sont très houblonnées, d'où leur agréable amertume, leurs arômes et leurs saveurs épicées ou herbacées.

TYPES DE BIÈRE

Barley wine (*voir* Hog Heaven, p. 148)
Imperial IPA (*voir* Hop Stoopid, p. 165)
IPA (*voir* IPA (Citra), p. 35)

ACCOMPAGNEMENT

Les bières fortes très houblonnées exigent des mets aux saveurs affirmées, comme des fromages forts et des viandes au barbecue, ou seront équilibrées par les saveurs suaves de simples desserts.

BIÈRES FRUITÉES

La famille des bières abrite quelques merveilles, fruitées et aigrelettes. De leur côté, lambics et gueuzes, avec leurs rudes notes terreuses, ne sont comparables à aucune autre bière, ni même à aucune autre boisson alcoolisée.

TYPES DE BIÈRE

Gueuze (*voir* Vintage, p. 88)
Kriek (*voir* Kriek Boon, p. 82)
Saison (*voir* Hennepin, p. 151)

ACCOMPAGNEMENT

De parfaites bières apéritives, avec un plateau d'huîtres, des coquillages et des terrines tendres. Le lambic se marie aux viandes salées et aux poissons salés et marinés.

BIÈRES VIVES

Une bière vive, comme une pilsner bien atténuée, subit une transformation de l'essentiel de ses sucres, d'où l'obtention d'un goût léger et sec, pétillant en bouche.

TYPES DE BIÈRE

Pale Ale (*voir* Wizard Smith's Ale, p. 247)
Pilsner (*voir* Pilsner Urquell, p. 99)
Wheat Beer (*voir* Hefe Weissbier, p. 65)

ACCOMPAGNEMENT

Les subtiles flaveurs amères se marient à des préparations délicates à base de fruits de mer. Elles s'opposent à celles de riches préparations à base de viande, en faisant ressortir la saveur de celle-ci.

BIÈRES AMÈRES

La saveur douce-amère est la clé de voûte de nombres d'ales anglaises et américaines. Le houblon amérisant est souvent accompagné d'arômes fruités et de saveurs caramélisées.

TYPES DE BIÈRE

Ale (*voir* Southwold Bitter, p. 27)
Extra Special Bitter (*voir* ESB, p. 31)
Strong Ale (*voir* Palo Santo Marron, p. 155)

ACCOMPAGNEMENT

Des bières idéales avec du fromage non pasteurisé, du pain frais et du beurre salé. Parfaites avec la douceur des préparations rôties ou braisées, à base de bœuf, agneau ou porc.

BIÈRES MALTÉES

Généralement très fruitées, les bières maltées offrent un équilibre entre rondeur du malt et notes épicées de houblons aromatiques. Certaines proposent des flaveurs de caramel, d'autres des notes de noisettes torréfiées dans le verre.

TYPES DE BIÈRE

Ale belge (*voir* Raison d'Être, p. 154)
Doppelbock (*voir* Loaded Canon Ale, p. 273)
Schwarzbier (*voir* Black Lager, p. 175)

ACCOMPAGNEMENT

Parfaites avec des préparations salées. Pourquoi pas avec une assiette de fromage, des chips et des tranches de jambon sec ?

FESTIVALS DE LA BIÈRE

Rien de tel que d'assister à un festival de la bière pour apprécier la culture d'un pays, d'une ville ou d'une région, tout en ayant l'occasion de goûter à des bières locales inédites et parfois surprenantes. Ces manifestations s'apparentent parfois à d'immenses kermesses célébrées à l'échelon national, avec concerts, ateliers de brassage et bières venues de pays lointains. Beaucoup d'autres prennent des accents de fête foraine plus intimistes – mais toutes invitent les participants à partager un même amour de la bière.

EN IRLANDE, DE NOMBREUSES FÊTES DE LA BIÈRE CÉLÈBRENT AUSSI LA MUSIQUE.

LES FÊTES DE LA BIÈRE organisées par des communautés locales sont souvent pour le touriste amateur de bière l'occasion de déguster des breuvages rares et insolites. Au Royaume-Uni, la CAMpaign for Real Ale (CAMRA) organise des centaines de festivals de la bière proposant de déguster de grandes bières, souvent brassées dans le village ou la ville. Avec plus de 50 000 pubs dénombrés dans le pays, certains vous diront qu'ici, chaque jour est une fête de la bière. Sheffield, qui revendique le titre de « cité de la bière de l'Angleterre », est incontournable tant le choix de bières proposées à la vente y est vaste. Bière et musique se donnent rendez-vous durant un week-end de juillet, lors du Tramlines Music Festival. Considéré comme le meilleur festival de la bière du pays, l'événement ne cesse de prendre de l'ampleur, avec de plus en plus de brasseries et de pubs représentés. Plus tard dans l'année, la CAMRA organise l'événement annuel le plus important, le Great British Beer Festival (*voir* ci-dessous), une manifestation monstre sur six jours, réunissant à Londres des milliers d'amoureux de la bière.

LES ÉTATS-UNIS jouent dans la démesure avec plus de 1 300 festivals par an. On ne se contente pas d'y déguster de la bière, on y vient aussi pour se restaurer et assister à des concerts. La plus importante de ces manifestations, le Great American Beer Festival, initié par l'US Brewers Association, accueille plus de 50 000 visiteurs. L'événement se déroule à Denver, dans le Colorado, et les organisateurs prétendent qu'il « réunit les brasseurs et les bières qui font des États-Unis la première des nations brassicoles du monde ». À Philadelphie se déroule la plus grande « célébration de la bière » du pays durant la Philly Beer Week. Cet événement populaire propose chaque année en mai « des centaines de fêtes, dîners, visites guidées, entrées de pubs, séances de dégustation et rencontres avec les brasseurs ». Les brasseries locales incluent Dogfish Head (*voir* p. 154-155), Samuel Adams (*voir* p. 174-175) et Victory (*voir* p. 180). Au Canada, le Mondial de la bière de Montréal, créé depuis presque 20 ans, attire près de 80 000 visiteurs et propose ateliers éducatifs, mais aussi rencontres avec les brasseurs.

LE GREAT BRITISH BEER FESTIVAL ORGANISÉ PAR LA CAMRA.

MONDIAL DE LA BIÈRE DE MONTRÉAL, FONDÉ EN 1994.

GRANDS FESTIVALS DE LA BIÈRE INTERNATIONAUX

ZYTHOS

www.zbf.be

DE TOUS LES FESTIVALS de la bière de Belgique, celui de Zythos, organisé en avril, est probablement le plus fréquenté et le plus intéressant de tous, proposant les bières rares et originales de nombreux petits brasseurs.

ØLFESTIVAL

www.beerfestival.dk

ORGANISÉ chaque année en mai, à Copenhague, au Danemark, par l'association de consommateurs Danol, l'Ølfestival, créé en 2000, rassemble près de 70 brasseurs et propose plus de 700 bières à la dégustation.

ČESKÝ PIVNÍ FESTIVAL

www.ceskypivnifestival.cz

UNE CÉLÉBRATION de la bière et de la gastronomie tchèques chaque année en mai, à Prague. Costumes traditionnels et bières proposées par plus de 70 brasseurs s'y côtoient.

GREAT BRITISH BEER FESTIVAL

www.camra.org.uk

LA PLUS GRANDE CÉLÉBRATION de l'ale mûrie en fûts, organisée par la CAMpaign for Real Ale. Un festival annuel de cinq jours se déroulant à Londres, fréquenté par plus de 40 000 visiteurs.

OÙ QUE VOUS VOUS RENDIEZ dans le monde, vous trouverez toujours une fête de la bière vous invitant à la découverte de grands crus. Au Japon, la Craft Beer Association créa en 1998 l'annuel Great Japan Beer Festival – le plus important du genre dans le pays. En Chine, Qingdao propose son propre festival, étalé sur 14 jours en août – la plus grande fête de la bière du pays, revendiquant 4 millions de visiteurs.

Le Great Australian Beer Festival Geelong est un événement interactif animé, qui propose dégustation de bières, musique live et conférences sur le brassage amateur. En avril, Canberra accueille son festival de la bière artisanale. En Nouvelle-Zélande, direction Wellington, en août, pour assister au Beervana. En Afrique du Sud, l'intérêt suscité par la bière artisanale prend de plus en plus d'ampleur, comme en témoignent le Jozi Craft Beer Festival et le Clarens Beer Festival. La Suède convie l'amateur à Stockholm, en octobre, pour l'annuel Beer and Whisky Festival, le plus grand événement du genre en Europe d'après ses organisateurs. En Belgique, depuis déjà plusieurs années, Bruxelles organise début septembre le Beer Weekend, sur la Grand-Place, avec plus de 50 brasseries conviées à la fête. Enfin, ne pas oublier l'Irlande…

LE PLUS CÉLÈBRE et le plus grand festival de la bière au monde reste l'Oktoberfest de Munich. La manifestation, qui vit le jour en 1810, est réputée, non seulement pour son ambiance et ses tentes de brasseurs, mais aussi pour ses costumes et manifestations folkloriques. On estime à près de 6 millions le nombre de visiteurs accueillis chaque année, consommant plus 6 millions de litres de bière tout au long des trois semaines du festival. Le plus grand festival de la bière d'Argentine – dix jours de fête dans un cadre montagneux – se déroule dans le petit village de Villa General Belgrano, fondé par des immigrants allemands dans les années 1930. La ville brésilienne de Blumenau possède son Oktoberfest depuis 1984 – une manifestation étalée sur trois semaines, la plus importante du genre au Brésil. Hong Kong propose le plus ancien festival de la bière d'Asie, organisé par le Marco Polo Hong Kong Hotel. Pour les Canadiens et les visiteurs amateurs de traditions allemandes, le Kitchener-Waterloo Oktoberfest, créé en 1969, se déroule chaque année en Ontario. Plus grand festival de la bière bavarois du pays, il propose durant neuf jours musique et danses bavaroises folkloriques, ainsi que la plus grande parade de Thanksgiving du Canada.

« LES FÊTES DE LA BIÈRE ORGANISÉES PAR DES COMMUNAUTÉS LOCALES SONT SOUVENT POUR LE TOURISTE AMATEUR DE BIÈRE L'OCCASION DE DÉGUSTER DES BREUVAGES RARES ET INSOLITES. »

FESTIVAL DE LA BIÈRE DE YOKOHAMA, ORGANISÉ PAR LA JAPAN CRAFT BEER ASSOCIATION.

L'OKTOBERFEST, LE PLUS GRAND FESTIVAL DE LA BIÈRE AU MONDE.

BEERVANA

www.beervana.co.nz

CE FESTIVAL annuel rassemble près de 200 bières de Nouvelle-Zélande et d'Australie. Il est organisé sur deux jours au mois d'août à Wellington, que l'on surnomme la « capitale de la bière artisanale » du pays.

GREAT AMERICAN BEER FESTIVAL

www.greatamericanbeerfestival.com

LE FESTIVAL se déroule à Denver dans le Colorado, durant trois jours en septembre ou octobre. Plus de 2 800 bières sont proposées dans de petites chopes de 20 ml.

GREAT CANADIAN BEER FESTIVAL

www.gcbf.com

LE CANADA organise son festival en septembre à Victoria, en Colombie-Britannique. Durant une semaine, en septembre, sont proposées les bières de plus de 50 brasseries du pays.

OKTOBERFEST

www.oktoberfest.de

LE FESTIVAL haut en couleur de Munich, le plus copié au monde, célébrant les bières de six grandes brasseries allemandes de réputation internationale. Il est étalé sur trois semaines, entre septembre et octobre. Une expérience incontournable.

Pilsner Urquell
Pilsner Urquell
STAROMĚSTSKÁ RESTAURACE
Pilsner Urquell

EUROPE

ROYAUME-UNI

Envie d'une Yakima Red, d'une Cornish Pilsner ou d'une Chalky's Bite ? Il y a des chances que vous n'ayez pas à aller bien loin pour dénicher une de ces bières au Royaume-Uni, en proie à une véritable révolution brassicole et où une nouvelle génération de brasseurs s'emploie à faire évoluer les habitudes du consommateur. Non, les bières britanniques ne sont plus seulement synonymes de bitter, mild et milk stout. Un peu partout dans le pays, des brasseurs redécouvrent des styles oubliés depuis longtemps, expérimentent herbes aromatiques et épices, et s'appliquent à démontrer leur talent à brasser une pinte aussi excitante, innovante et savoureuse que tout ce que vous pourrez trouver sur le continent ou aux États-Unis. Bières de froment, blondes, acides ou fruitées, de style américain houblonnées à souhait ou artisanales à siroter… Toutes sont représentées. Cette créativité est accompagnée d'un essor du nombre de brasseries qui, selon la CAMRA (CAMpaign for Real Ale), seraient désormais plus de 1 000 réparties à travers le pays, du jamais vu depuis plus de 70 ans.

Si l'industrie brassicole semble avoir un avenir radieux, elle peut aussi s'enorgueillir du rôle qu'elle joua dans l'histoire. Nombre des grandes avancées technologiques en matière de brassage ont vu le jour au Royaume-Uni, et la nation a offert au monde quelques-uns des plus grands styles de bières, dont l'ale et la stout – elle est aussi le foyer spirituel de la cask ale, une merveilleuse « bière vivante » qui poursuit sa maturation en fûts après avoir quitté la brasserie. Les brasseurs n'ont de cesse de démontrer la polyvalence et la variété de cette boisson, dont la palette d'arômes et de saveurs est souvent associée à la gastronomie. Certains styles se prêtent même à la dégustation de tous les mets.

ADNAMS

REPÈRES

PROPRIÉTAIRE Adnams PLC
FONDATION 1872
ADRESSE Sole Bay Brewery, East Green, Southwold, Suffolk IP18 6JW
SITE INTERNET www.adnams.co.uk
PHILOSOPHIE Bien faire les choses.

Si cette brasserie a 140 ans, elle n'est en rien obsolète. Engagée dans la défense de l'environnement, elle est à l'origine de bières fabuleuses et de l'introduction d'une nouvelle génération de malt et de houblons.

UNE JETÉE, UN PHARE, des cabanes sur la plage, quelques pubs intimes et chaleureux… La charmante ville de Southwold, sur la côte Est de l'Angleterre, sort du lot. Mais le plus étonnant reste sa brasserie, dressée à l'ombre du phare – là où, en 1345, les patronnes des pubs de la cité venaient brasser leur bière. En 1872, deux frères, George et Ernest Adnams, achetèrent la brasserie grâce à l'héritage de leur père. La famille Adnams est toujours propriétaire de cet établissement dynamique, réputé pour brasser l'une des meilleures ales anglaises traditionnelles. La production de ces « bières de la côte » est supervisée par Fergus Fitzgerald. Le maître brasseur d'Adnams a tenté beaucoup de choses, dont l'introduction d'une « technologie verte » au sein de la brasserie, devenue depuis l'une des plus écologiques d'Europe.

La passion de Fergus Fitzgerald ne se limite pas au brassage d'une ale traditionnelle – elle s'exprime aussi à travers l'exploration du style, dont il tente de repousser les limites en tempérant ou augmentant sa teneur en alcool. Houblons américains, levure de champagne et épices sont tous présents à la brasserie. Cannelle et touche de genévrier intègrent une bière d'hiver épicée, alors que l'inspiration puisée dans d'autres grandes cultures brassicoles est à l'origine d'une bière de froment de style belge, d'une bock néerlandaise et d'une ale néo-zélandaise. La brasserie abrite également des bouteilles de champagne vides qui, lorsqu'elles furent pleines, participèrent à attirer un nouveau public. Enfin, Adnams dispose aussi de sa propre distillerie artisanale, ce qui laisse espérer la sortie prochaine de quelques bières mûries dans le bois.

NOTES DE DÉGUSTATION

SOLE BAY CELEBRATORY ALE, 10 % VOL.
De l'or liquide ! Cette bière limpide est aussi éclatante que les premiers rayons de soleil miroitant sur les eaux de Sole Bay. Malt, sucres et notes de vin blanc fruité du houblon Nelson Sauvin se métamorphosent à l'apparition de la levure de champagne. La Sole Bay Celebratory envahit et caresse les papilles, comme un vin blanc millésimé.

ACCOMPAGNEMENT : cette bière se déguste dans une flûte, entre amis – une ale apéritive et festive, idéale avec la plupart des amuse-gueules.

SOUTHWOLD BITTER ALE, 4,1 % VOL.
De complexes arômes de caramel et toffee se disputent le devant de la scène, avec des notes de pomme, parfois même de soufre, cédant place à une longue et persistante amertume houblonnée. Un délice, qui pousse à retenter l'expérience.

ACCOMPAGNEMENT : fromage anglais à pâte dure, pickles aigres-doux et pommes pour un mariage idéal – et pourquoi pas de fines tranches de jambon ou de rôti de bœuf froid.

BROADSIDE ALE, 6,3 % VOL.
Bouche affirmée, saveur dominée par la mûre et d'autres fruits noirs, qui s'oppose à un riche et doux malt, caramélisé et torréfié. Une ale riche, sans être envahissante. Bouquet généreux en notes d'épice et de houblon.

ACCOMPAGNEMENT : idéale avec des tourtes à la viande et de roboratifs ragoûts. Son fruité suave fait merveille avec des gibiers aux saveurs puissantes.

ADNAMS
SOLE BAY CELEBRATORY

ADNAMS
SOUTHWOLD BITTER

ADNAMS
BROADSIDE

REPÈRES

PROPRIÉTAIRE BrewDog PLC

FONDATION 2007

ADRESSE Balmacassie Industrial Estate, Ellon, Aberdeenshire AB41 8BX

SITE INTERNET www.brewdog.com

PHILOSOPHIE Bousculer les conventions.

BREWDOG

Brillante, audacieuse, impertinente… BrewDog est soucieuse de rapprocher la bière d'une nouvelle génération de consommateurs. Cette brasserie à l'essor fulgurant est désormais présente sur tous les marchés mondiaux.

VOUS LES AIMEZ ou vous les haïssez, mais vous ne pouvez les ignorer. En 2007, lorsque James Watts et Martin Dickie fondèrent BrewDog, ils se trouvaient à l'avant-garde d'un mouvement qui révolutionna l'image de la bière. Puisant leur inspiration dans l'audace et l'impertinence de quelques brasseurs artisanaux américains, animés par l'esprit punk du moment, ils élaborèrent bravement leur stratégie.

Impudence, humour et qualité permirent à BrewDog de sortir du lot. Watts et Dickie investirent dans un marketing provocateur et une imagerie punk rock. Ils n'hésitèrent pas à défrayer la chronique et à bousculer les conventions. En chemin, ils en firent sourire beaucoup, mais en laissèrent d'autres sans voix. Dans leur quête de la bière la plus forte au monde, ils créèrent – après un saut chez un fabricant de crème glacée local qui les aida à maîtriser la distillation à froid – la Tactical Nuclear Penguin (32 % vol.), la Sink the Bismarck ! (41 % vol.) et la The End of History (55 % vol.). Lors d'un coup marketing des plus farfelus, ils glissèrent 12 bouteilles de The End of History à l'intérieur de sept carcasses d'hermines, quatre d'écureuils et une de lièvre, avant de les vendre – une performance étrange mêlant art, bière et taxidermie.

Mais au-delà de ce tapage publicitaire, certaines des grandes bières de BrewDog traduisent aussi la passion et le savoir-faire. Ainsi, son cofondateur James Watts déclara : « Nous veillons au brassage de bières de qualité supérieure. Nos bières n'ont rien de commercial, d'ordinaire. Nous apportons une tournure contemporaine et ce côté mordant de BrewDog à des styles classiques. » Avec des bières comme la Dead Pony Club vivifiée par le houblon, la 5am Saint ou la douce et souple Dogma, BrewDog s'inscrit dans la durée.

BREWDOG
LIBERTINE BLACK ALE

BREWDOG
PUNK IPA

BREWDOG
TOKYO*

NOTES DE DÉGUSTATION

LIBERTINE BLACK ALE 7,2 % VOL.

À peine décapsulée, les puissants arômes des houblons Simcoe mêlés aux malts torréfiés s'échappent et annoncent les saveurs qui seront présentes en bouche.

ACCOMPAGNEMENT : à déguster avec un chili con carne ou un jambalaya aux saucisses épicées. Les flaveurs généreuses de cette bière s'accordent aussi à celles d'un fondant au chocolat.

PUNK IPA 5,6 % VOL.

Une bière complexe, pleine de contradictions. Les houblons Chinook et Moteka, très intenses, sont associés à des notes de fruit de la passion. Une IPA puissante, au malt Maris Otter.

ACCOMPAGNEMENT : idéale avec une assiette de charcuterie, une sauce salsa épicée, des fromages au goût fort et du pain de seigle complet.

TOKYO* IMPERIAL STOUT, 18,2 % VOL.

Une stout surpuissante, à siroter aux heures avancées de la nuit. Débordante de jus de fruits noirs, de notes de grains de café torréfiés, enveloppée d'un nuage de fumée de cigare. Finale aussi chaude qu'un verre de cognac.

ACCOMPAGNEMENT : les bières imposantes méritent de l'audace, comme une crème glacée à la vanille arrosée d'un filet de bière.

CAMDEN TOWN

La scène brassicole londonienne brûle d'une nouvelle énergie et la plus vibrante de ses stars, Camden Town, est à l'avant-garde de la nouvelle vague des brasseries artisanales de la capitale.

Allure yankee
Une lager anglaise aux accents américains. Légèrement trouble dans le verre, mais en réalité plutôt âcre.

CAMDEN TOWN USA HELLS

L'HISTOIRE DE CAMDEN TOWN débuta dans les années 1960, lorsque Patricia McLaughlin hérita de son père, Laurie McLaughlin, la brasserie McLaughlin's (ou Mac's) à Rockhampton, en Australie. Peu intéressée, elle vendit l'établissement. Mais le brassage et les pubs étaient inscrits dans les gènes de la famille. Des années plus tard, un de ses enfants, Jasper Cuppaidge, s'installa à Londres, où il prit la gérance d'un pub, le Horseshoe, à Hampstead. Il commença par brasser de la bière au sol-sol de l'établissement, et recréa une des bières de la brasserie Mac's, pour le 50e anniversaire de sa mère.

Jasper réalisa vite que ses bières faisaient l'objet d'une demande dans toute la capitale. Aidé par quelques amis et un prêt bancaire en poche, il déplaça la cave du pub, puis aménagea une brasserie sous les sept arches d'un pont de voie ferrée datant de l'époque victorienne et laissé à l'abandon.

À l'origine, la brasserie devait être baptisée Mac's, mais le nom était déjà pris. En découvrant que le nom de domaine www.camdentownbrewery.com était disponible, Jasper, résident de Camden, sut qu'il avait trouvé. Les versions non filtrées de ses bières et nombre d'éditions limitées peuvent être consommées au bar de la brasserie.

NOTES DE DÉGUSTATION

USA HELLS LAGER NON FILTRÉE, 4,6 % VOL.
Lager version américaine grâce à l'ajout de houblons américains (Cascade, Centennial, Columbus, Citra, Simcoe) – sources de notes d'ananas et de mangue, agrémentées d'arômes de citron vert, pour cette bière maltée, non filtrée, légèrement trouble.

ACCOMPAGNEMENT : des hot-dogs à la moutarde, du travers de porc ou des hamburgers.

HELLS LAGER, 4,6 % VOL.
Délicats arômes citronnés de houblons Perle et Hallertauer, pour cette lager facile à boire, vive et rafraîchissante, débordante de subtilité et de complexité. Son nom est tiré de « pils » et « helles », deux styles de bière dont elle s'inspire.

ACCOMPAGNEMENT : idéale avec de nombreuses préparations, notamment à base de viande.

INK STOUT, 4,4 % VOL.
Généreuse en chocolat noir et notes de torréfaction, avec une explosion de notes de fruits rouges et noirs, issues d'un houblon Pacific Gem.

ACCOMPAGNEMENT : à déguster avec du chocolat, de la viande ou des huîtres.

REPÈRES

PROPRIÉTAIRE Camden Town

FONDATION 2010

ADRESSE 55-59 Wilkin Street Mews, Kentish Town, Londres NW5 3NN

SITE INTERNET www.camdentownbrewery.com

PHILOSOPHIE Faire revivre l'héritage brassicole londonien.

CAMDEN TOWN
HELLS

CAMDEN TOWN
INK

REPÈRES

PROPRIÉTAIRE Fuller, Smith & Turner PLC
FONDATION 1845
ADRESSE Griffin Brewery, Chiswick Lane South, Londres W4 2QB
SITE INTERNET www.fullers.co.uk
PHILOSOPHIE Brasser avec fierté.

FULLER'S

Cette brasserie familiale, la plus ancienne de Londres, occupe les bâtiments de l'ancienne Griffin Brewery, à Chiswick, où le brassage débuta il y a 350 ans. L'établissement actuel ne cesse de repousser les limites de la brassiculture.

FULLER, SMITH & TURNER est une référence en matière de real ale artisanale. Il est le seul brasseur à avoir obtenu quatre récompenses dans la catégorie CAMpaign for Real Ale (CAMRA) Champion Beer of Britain, avec trois bières différentes – l'ESB, la Chiswick Bitter et la London Pride.

L'ESB, ou Extra Special Bitter, vit le jour en 1971. Avec cette bière, Fuller's perpétuait la tradition de nombreux brasseurs britanniques et proposait une bière forte et riche, à savourer en hiver. Cette bière en bouteilles, rapidement disponible toute l'année, s'exporta avec succès aux États-Unis. Outre-Atlantique, elle devint culte auprès d'une nouvelle vague de brasseurs artisanaux américains, stupéfaits de constater qu'une simple bouteille pouvait abriter un tel concentré de saveurs. Ils furent nombreux à vouloir imiter ce style affirmé, en remplaçant les houblons anglais par des variétés américaines. Aujourd'hui, aux États-Unis, l'ESB est un style de bière à part entière.

Pour le brasseur actuel de chez Fuller's, John Keeling, le terme « millésimé » ne doit pas être réservé aux viticulteurs. La notion de bière millésimée aurait été introduite en 1995, lorsque le prince de Galles, en visite à la brasserie, jeta une poignée de houblon dans la chaudière à moût pour fêter le 150e brassin de Fuller's. La bière qui en résulta, conçue par le prédécesseur de John, Reg Drury, fut baptisée « 1845 ». En découvrant les atouts de la 1845 mûrie en bouteilles, Reg créa la Vintage Ale en 1997, une bière forte en édition limitée, brassée annuellement et millésimée. La pratique se perpétua. Chaque année, un nouveau millésime voit le jour, brassé avec différentes variétés de malt et houblons, mais toujours selon la même force. Comme les bons crus, cette bière de garde se conserve des années.

John Keeling créa toute une gamme de bières aux flaveurs d'alcool. En 2008 sortit la Brewer's Reserve N° 1 – mûrie plus de 500 jours en fûts ayant abrité un single malt écossais de 30 ans d'âge. Cette bière est devenue un véritable produit « collector ».

FULLER'S
GALE'S PRIZE OLD ALE

FULLER'S
VINTAGE ALE

FULLER'S
BREWER'S RESERVE NO.4

NOTES DE DÉGUSTATION

GALE'S PRIZE OLD ALE BARLEY WINE, 9 % VOL.
Une bière millésimée (chaque cuvée est conservée 12 mois en foudres de chêne). Robe rouge rubis, notes âpres et vineuses. Selon l'âge, nuancée de touche de brandy ou de whisky. Certains conseillent une garde de 20 ans avant de la déguster.
ACCOMPAGNEMENT : une bière corsée, idéale avec des fromages forts à pâte dure et un pudding de Noël.

VINTAGE ALE 8,5 % VOL.
Sa saveur et sa texture changent chaque année. Après quatre ans de garde, les notes d'orange des houblons Northdown et Challenger restent perceptibles. Touches alcoolisées persistantes et vivifiantes.
ACCOMPAGNEMENT : à boire en fin de repas, comme un whisky.

BREWER'S RESERVE NO.4 ALE, 8,5 % VOL.
Une ale mûrie dans le bois, aux flaveurs généreuses et épicées, mêlant notes de prune, d'orange et de cannelle. Une maturation de 12 mois en fûts de chêne ayant contenu de l'armagnac Comte de Lauvia millésimé insuffle des notes alcoolisées au breuvage.
ACCOMPAGNEMENT : les flaveurs d'armagnac favorisent un mariage avec un fromage à pâte dure ou une généreuse terrine.

PAST MASTERS DOUBLE STOUT 7,4 % VOL.
Bière brassée selon une recette de 1893. Son ingrédient emblématique, l'orge Plumage Archer, est malté et torréfié selon des méthodes du XIXe siècle. Robe châtain et texture crémeuse. Bière équilibrée, entre arômes fruités et notes fumées douces-amères de chocolat.

ACCOMPAGNEMENT : la saveur du malt noir torréfié se mêle idéalement à la douceur et au crémeux d'un cheesecake.

ESB ALE, 5,5 % VOL.
Robe fauve et bouquet généreux en houblon pour cette ESB complexe en bouche, dominée par des saveurs de confiture et de doux agrumes, atténuées par une touche de caramel miellé. Généreuse en alcool et réchauffante au palais.

ACCOMPAGNEMENT : sa douceur et sa force se marient naturellement avec le gibier et d'autres viandes aux saveurs affirmées.

LONDON PRIDE ALE, 4,1 % VOL.
La bière emblématique et primée de Fuller's, revendiquée comme la « pinte anglaise classique ». Un vrai diamant, parfaitement taillé, sans défaut apparent. Des notes d'orange équilibrées par de subtiles touches de toffee, conduisant à une chaude et vibrante finale, amère.

ACCOMPAGNEMENT : une bière corsée, à déguster avec une tourte à la viande.

Ales épiques
La gamme Past Masters décline des styles de bière historiques, dérivés de recettes remontant à 1845.

FULLER'S PAST MASTERS DOUBLE STOUT

FULLER'S ESB

FULLER'S LONDON PRIDE

AVEC PLUS DE 50 000 PUBS RECENSÉS DANS LE PAYS, PERSONNE AU ROYAUME-UNI NE SE TROUVE JAMAIS TRÈS LOIN D'UN ENDROIT ACCUEILLANT OÙ DÉGUSTER UNE BIÈRE.

AU ROYAUME-UNI, LA CHOPE TRADITIONNELLE AUX PAROIS FACETTÉES – OU *TANKARD* – PERMET À L'ALE DE CONSERVER TOUTE SA FRAÎCHEUR LES JOURS D'ÉTÉ.

HARVEYS

Dans l'ancienne ville de Lewes, sur les rives de l'Ouse, est implantée une pittoresque brasserie, Harveys, œuvre de l'un des plus grands architectes de brasserie au monde, William Bradford.

REPÈRES

PROPRIÉTAIRE Harveys & Son (Lewes) Ltd

FONDATION 1790

ADRESSE The Bridge Wharf Brewery, 6 Cliffe High Street, Lewes, Sussex de l'Est BN7 2AH

SITE INTERNET www.harveys.org.uk

PHILOSOPHIE Les ales non pasteurisées sont le champagne des bières.

LA « NOUVELLE BRASSERIE » fut bâtie en 1881 dans le pur style victorien. Surnommée « la cathédrale de Lewes », elle utilisait la force de la gravité pour déplacer matériaux et ingrédients de part et d'autre du site. Malheureusement, la liste d'attente de la visite du site est extrêmement longue.

Miles Jenner, le brasseur, est fier de son catalogue de bières. Dans certains cercles, on le vénère pour avoir recréé l'une des plus grandes bières au monde – la légendaire Imperial Extra Double Stout d'Albert Le Coq. Jenner revisita la recette de cette bière, brassée pour la dernière fois en 1921, à la demande d'un importateur américain. Après de nombreuses recherches, il mit au point sa propre recette et se lança. Neuf mois de stockage furent nécessaires avant d'exporter cette bière vers les États-Unis.

Mais une souche de levure non détectée, du genre Brettanomyces, se réactiva, entraînant une fermentation secondaire qui expulsa les bouchons de liège des bouteilles. Il fallut donc reconditionner la bière. Jenner apprit à ses dépens pourquoi les brasseurs de l'époque géorgienne conservaient leurs bières 12 mois avant de les vendre. Aujourd'hui, après brassage, un bouchon couronne métallique remplace le liège et la bière bénéficie d'une durée de fermentation de 12 mois avant embouteillage, de façon à prévenir tout risque d'explosion.

HARVEYS
CHRISTMAS ALE

HARVEYS
IMPERIAL EXTRA DOUBLE STOUT

NOTES DE DÉGUSTATION

CHRISTMAS ALE BARLEY WINE, 7,5 % VOL.
Notes de mélasse et cannelle. Bière d'hiver, chaleureuse et très houblonnée, conservant toute sa force durant plusieurs années. Une bière de garde à siroter, plutôt qu'à avaler d'un trait.

ACCOMPAGNEMENT : la douceur de cette bière complétera et relèvera la saveur d'un pudding de Noël à l'anglaise.

IMPERIAL EXTRA DOUBLE STOUT 9 % VOL.
Robe sombre, arôme enivrant et notes vineuses. Saveurs mêlant malt torréfié et fruit noir, touche de levure sauvage et de fromage à pâte persillée. Notes de café, pruneaux et réglisse.

ACCOMPAGNEMENT : à découvrir versée en filet sur une crème glacée à la vanille.

ARMADA ALE 4,5 % VOL.
Apparence légère, très houblonnée, robe légèrement cuivrée, fruitée en bouche. Saveurs de baies noires et de raisin sec. Le houblon apporte un poivré épicé, évoluant vers une finale aux notes d'orange douce.

ACCOMPAGNEMENT : idéale avec du chocolat noir à l'orange.

Bière commémorative
À l'origine, cette bière fut une commande du musée national de la Marine, à l'occasion du 400e anniversaire de la défaite de l'Invincible Armada espagnole.

HARVEYS ARMADA ALE

REPÈRES

PROPRIÉTAIRE The Kernel Brewery

FONDATION 2010

ADRESSE Arch 11, Dockley Road Industrial Estate, Londres SE16 3SF

SITE INTERNET www.thekernelbrewery.com

PHILOSOPHIE Collaboration et générosité d'esprit.

THE KERNEL

Cette petite brasserie influença la microbrasserie dans le monde entier. De plus, le packaging minimaliste et l'esprit indépendant de The Kernel la différencient de toutes les autres.

GRAND ACTEUR du renouveau de la scène brassicole, Evin O'Riordain fonda la brasserie The Kernel en 2010, sous un pont ferroviaire, dans le quartier du Tower Bridge, à Londres. En quelques années, cet Irlandais de souche, natif de Waterford, collectionna succès et récompenses avec ses bières remarquables et audacieuses. En mars 2012, il dut se résoudre à transférer son site de production pour répondre à une demande croissante.

La réussite d'O'Riordain repose sur un souci constant de qualité. Créativité et saveur ne sont pas de simples concepts visant au profit, mais influencent le choix des ingrédients. O'Riordain cultiva son palais en étudiant l'art de la fabrication du fromage, une aventure qui le conduisit à New York, où il découvrit le travail des brasseurs artisanaux américains. De retour à Londres, il choisit de s'initier au brassage de la bière. Il entama cet apprentissage avec enthousiasme, et la suite appartient désormais à l'histoire. Sa passion pour les bières américaines influença sa production, comme en témoigne son utilisation experte d'audacieux houblons aux arômes fruités. Son sens inné du brassage l'aida à marier et à doser avec précision arômes et saveurs pour donner vie à des créations originales.

Au sein de la brasserie, l'attention est portée sur l'innovation et non sur un marketing industriel propre au XXIe siècle. Ainsi, chaque brassin d'India Pale Ale est différent, et fait également appel à un houblon différent. O'Riordain a aussi à cœur de collaborer avec d'autres brasseurs, afin de produire des bières innovantes ou remettre au goût du jour des recettes historiques. Cette tendance s'accompagne d'un parti pris minimaliste dans le packaging, qui participe également à asseoir la notoriété de The Kernel sur la scène brassicole contemporaine.

NOTES DE DÉGUSTATION

PALE ALE (AMARILLO) 5,7 % VOL.
Vive, nette et fraîche, presque décapante. Saveurs témoignant d'un ajout tardif de houblon Amarillo, notes de fleurs estivales et de zeste d'orange, touches de poivre et d'épice. Finale marquée par l'expression triomphale d'un houblon persistant en bouche.

ACCOMPAGNEMENT : les notes de zeste d'orange du houblon se marient bien à un curry vert thaï ou contrecarrent avec bonheur un puissant roquefort ou un fromage bleu danois.

IPA (CITRA) 8,1 % VOL.
Houblon américain et malt britannique forment un couple inédit. Un malt doré puissamment torréfié, fort et assez affirmé pour tenir tête au houblon exhalant notes de fruit tropical, d'herbe et d'agrumes. Longue finale houblonnée et amère.

ACCOMPAGNEMENT : seules des saveurs affirmées tiendront tête à l'amertume et aux notes de fruit tropical de cette bière, comme celles du bacon, des côtelettes au barbecue ou d'un fromage au goût fort à pâte dure.

EXPORT STOUT 7,8 % VOL.
Notes de prune, pruneau et autres fruits noirs séchés se mêlant à des touches de rhum et de café, avant l'expression d'un houblon aux notes amères et herbacées persistantes, s'immisçant entre des saveurs de café, cuir, chocolat et vanille.

ACCOMPAGNEMENT : idéale avec un fromage à pâte persillée parfumé, des viandes aux saveurs affirmées, ou un cake sucré.

THE KERNEL
PALE ALE

THE KERNEL
INDIA PALE ALE

THE KERNEL
EXPORT STOUT

MARSTON'S

Un des plus grands brasseurs de real ales d'Angleterre. Cette brasserie est implantée à Burton upon Trent, foyer spirituel d'un style de bière réputé à travers le monde et autrefois au centre d'une industrie brassicole florissante.

REPÈRES

PROPRIÉTAIRE Marston's PLC

FONDATION 1834

ADRESSE Marston's Brewery, Shobnall Road, Burton upon Trent, Staffordshire DE14 2BG

SITE INTERNET www.marstons.co.uk

PHILOSOPHIE Le foyer de la bière de qualité.

AU XIXe SIÈCLE, à l'apogée de l'activité brassicole de la cité, plus de 40 brasseries utilisaient l'eau dure de Burton upon Trent, adaptée au brassage d'une bière de style ale. Riche en magnésium et en sulfate de calcium, cette eau favorise l'épanouissement de la levure d'ale et des houblons anglais. Elle produit une bière pétillante et légèrement colorée : la réputée pale ale de Burton on Trent. Elle insuffle aussi aux bières fraîches de Burton upon Trent un arôme soufré caractéristique, le Burton snatch.

John Marston fonda J. Marston and Son en 1834. En 1898, la société s'installa dans les bâtiments de la brasserie Albion, où elle est toujours implantée. L'innovant système de fermentation de l'époque victorienne, le Burton Union, est encore utilisé, comme la salle de fermentation, avec ses plafonds voutés, ses rangées de fûts de chêne et ses fermenteurs qui offrent à Marston's la plus prestigieuse de ses bières, la Pedigree. Le système de circulation de la bière en cours de fermentation, d'un fût à l'autre avant son retour au premier fût, participe à la complexité de la Pedigree. Au gré de sa circulation, la saveur de la bière gagne en intensité. La brasserie est aujourd'hui intégrée à Marston's PLC, aussi propriétaire des brasseries Banks's, Brakspear (*voir* p. 43), Jennings (*voir* p. 47) et Ringwood (*voir* p. 49).

Vifs houblons
Une IPA anglaise classique à l'accent américain – vivifiée par un houblon Cascade aux notes d'agrumes.

MARSTON'S
STRONG PALE ALE

MARSTON'S
PEDIGREE

MARSTON'S
OLD EMPIRE

NOTES DE DÉGUSTATION

STRONG PALE ALE 6,2 % VOL.
Une combinaison anglaise classique d'orge Maris Otter et de houblons entiers Fuggles et Goldings, pour cette ale robuste, à la fois intense et complexe. La douceur initiale du caramel évolue vers des notes persistantes de houblon amérisant.

ACCOMPAGNEMENT : la saveur houblonnée de la bière s'oppose à celle des viandes grasses, en libérant de nouvelles saveurs.

PEDIGREE ALE, 4,5 % VOL.
Limpide, éclatante et pétillante, avec un malt sucré équilibré par un houblon amérisant, pour cette bière facile à boire. Une note légèrement soufrée, coiffe la complexité des saveurs et arômes.

ACCOMPAGNEMENT : idéale avec une tourte à la viande.

OLD EMPIRE INDIA PALE ALE, 5,7 % VOL.
IPA anglaise cuivrée. Notes de malt biscuitées initiales évoluant vers une douceur fruitée, qui fait place à une finale sèche et persistante dominée par l'amertume. Une bière associant orge Maris Otter et houblons Fuggles, Goldings et Cascade.

ACCOMPAGNEMENT : parfaite avec des viandes aux saveurs sucrées et de robustes fromages anglais à pâte dure.

MEANTIME

La scène brassicole londonienne bénéficia de l'élan apporté par Meantime à son ouverture en 2000. L'exigence des normes qualitatives de cette brasserie a depuis fait école. Avec ses bières sans compromis, Meantime multiplie les récompenses.

REPÈRES

PROPRIÉTAIRE Meantime Brewing Company Ltd

FONDATION 2000

ADRESSE Units 4&5 Lawrence Trading Estate, Blackwall Lane, Londres SE10 0AR

SITE INTERNET www.meantimebrewing.com

PHILOSOPHIE Une brasserie fondée par des hommes pleins de ressources.

LE FONDATEUR et maître brasseur de Meantime, Alaister Hook, s'était fixé pour objectif de susciter la curiosité du public en l'incitant à découvrir et apprécier toute la palette de saveurs, arômes et couleurs proposée par différents styles de bières.

Hook, qui apprit le métier de brasseur en Allemagne, mit en pratique à Meantime la rigueur qui lui avait été enseignée. Il recourt exclusivement aux meilleurs ingrédients et les traite avec respect.

Incollable sur l'histoire de ce breuvage, Hook recréa plusieurs bières – comme la London porter et l'India pale ale – à une époque où ces styles tendaient à disparaître au Royaume-Uni. Le large catalogue de Meantime inclut également une helles, une kölsch, une bière parfumée au moka et quelques bières fruitées.

En 2010, il franchit le pas en ouvrant une seconde brasserie – l'Old Brewery Bar and Restaurant – sur le site même de la brasserie originale de 1836 de l'Old Naval College, à Greenwich. Cet établissement fournissait à l'époque aux marins à la retraite vivant à l'hospice la moitié d'ale quotidienne à laquelle ils avaient droit. À cet endroit, on trouve à présent un restaurant et sa microbrasserie rutilante, à l'origine de bières modernes et historiques, dont une fraîche kellerbier aux accents d'agrumes.

Distinction britannique
La lager britannique parfaite ? Malt et houblons anglais sont réunis pour cette bière classique à longue garde, louée par les Européens.

MEANTIME
INDIA PALE ALE

MEANTIME
YAKIMA RED

MEANTIME
LONDON LAGER

NOTES DE DÉGUSTATION

INDIA PALE ALE
Notes riches d'orange et de confiture, accompagnant un houblon herbacé, nuancé de touches terreuses. Les généreux houblons Kent Fuggles et Goldings participent à redonner vie aux saveurs du style pale ale original.

ACCOMPAGNEMENT : Alaister Hook recommande cette bière avec un curry indien ou de fromages au goût fort.

YAKIMA RED 4,1 % VOL.
Malts allemand et britannique s'associent dans cette ale corsée à robe rouge sombre. Cinq variétés de houblon américain de la vallée de Yakima (Washington) intensifient les saveurs de fruits.

ACCOMPAGNEMENT : idéale avec des viandes tendres, comme du veau, du rôti de porc, du jarret de porc ou de la charcuterie.

LONDON LAGER
Une lager propre, réalisée simplement, mais révélant d'étonnantes subtilités. Une longue garde favorise l'expression d'un malt d'East-Anglie et d'un houblon du Kent parfaitement équilibrés.

ACCOMPAGNEMENT : à déguster avec les fromages mûrs à point, le jambon et les viandes fumés, ou encore les poissons gras.

ST AUSTELL

Propriété d'une famille de brasseurs indépendants, St Austell a longtemps été considérée comme l'un des meilleurs producteurs d'ales d'Angleterre. Ces dernières décennies, cette brasserie a donné vie à des bières maintes fois primées.

REPÈRES

PROPRIÉTAIRE St Austell Brewery Co. Ltd

FONDATION 1851

ADRESSE 63 Trevarthian Road, St Austell, Cornouailles PL25 4BY

SITE INTERNET www.staustellbrewery.co.uk

PHILOSOPHIE Un engagement sans réserve pour la Cornouailles et les fournisseurs de la région.

L'ANGLETERRE DES ANNÉES 1850 encourageait les entrepreneurs. L'un d'eux, Walter Hicks, hypothéqua sa ferme et sa maison pour 1 500 livres, afin de créer une malterie. Il acheta un pub, puis un autre, et fonda une brasserie. Il voulait une entreprise verticalement intégrée, de la ferme au verre, maîtrisant tout le processus de production. La brasserie prospéra, suivant l'essor de ce secteur de Cornouailles. Pour des générations de mineurs qui peinèrent à extraire des carrières de kaolin « l'or blanc » de Cornouailles, qu'y avait-il de mieux que les bières de Hicks ?

Aujourd'hui, la Tribute est une des bières les plus réputées de la brasserie. Apparue en 1999 sous la forme d'une bière de saison, célébrant l'éclipse totale de soleil du 11 août, à 11 heures heure locale elle fut baptisée Daylight Robbery. Le nouveau maître brasseur de St Austell, Roger Ryman, assura sa fabrication. Il puisa son inspiration bien au-delà de la production des îles britanniques, pour s'intéresser au savoir-faire des brasseurs américains. Aux sages houblons anglais, il préféra les houblons acidulés et citronnés de Washington et d'Oregon, jetés par poignées dans la chaudière à moût. C'est ainsi que la Daylight Robbery arriva sur le marché. À la différence du spectacle de l'éclipse, malheureusement voilé par les nuages, la bière connut un franc succès. Les deux mois de vente prévus se transformèrent en trois, puis en quatre, et toujours un peu plus. La brasserie, qui tenait là une valeur sûre, décida de rebaptiser la bière Tribute et de l'inscrire à son catalogue.

ST AUSTELL CLOUDED YELLOW

ST AUSTELL KOREV

ST AUSTELL TRIBUTE

ST AUSTELL PROPER JOB

ST AUSTELL ADMIRAL'S ALE

Ryman et son équipe continuent à développer de nouvelles bières. Plusieurs sont proposées lors du festival de la bière celtique de St Austell, qui se tient en novembre, dans les caves de la brasserie, le temps d'un week-end. Chaque année réserve ses surprises, comme un tonneau de Tribute mûrie deux mois en fûts de bourbon, pour acquérir d'audacieuses notes de vin et d'alcool, des lagers parfumées à la fraise ou encore des bières fermentées avec une levure de trappiste belge… Une créativité sans cesse renouvelée. L'une des premières bières primées de cette académie fut la Clouded Yellow. Qui aurait imaginé que l'un des brasseurs anglais d'ale traditionnelle, autrefois réputé pour son conservatisme et sa prudence, produirait un jour une bière de froment de style allemand, aux arômes d'épice, de pomme et de banane ?

Tête crémeuse
Sa tête de mousse blanche, dense, douce et persistante, est un des atouts de la réconfortante HSD.

ST AUSTELL HSD

NOTES DE DÉGUSTATION

CLOUDED YELLOW BIÈRE DE FROMENT, 4,8 % VOL.
Sous sa robe couleur paille, cette bière de froment dévoile des touches de coriandre et de douces notes de banane. À verser délicatement, pour laisser les sédiments en fond de bouteille, ou d'un trait, pour disperser un voile de levure vivante.

ACCOMPAGNEMENT : l'équilibre entre douceur et épice en fait une partenaire idéale de la cuisine asiatique, notamment thaïe.

KOREV LAGER, 4,8 % VOL.
Une nouvelle bière de St Austell. L'utilisation du doux et aromatique houblon Saaz, ingrédient incontournable des meilleures lagers continentales, apporte une séduisante, mais parfois discrète, intensité herbacée.

ACCOMPAGNEMENT : parfaite avec les fruits de mer, mais aussi avec le jambon, dont elle casse la douceur.

TRIBUTE ALE, 4,2 % VOL.
Une bitter britannique moderne, aux accents américains de houblons hespéridés. Saveur dominée par les notes d'agrume des houblons, se mêlant en bouche aux saveurs de malt biscuité et de fleur de sureau. Une bière à la finale longue et persistante.

ACCOMPAGNEMENT : fraîcheur et vivacité des agrumes se marient à merveille avec le poulet ou le poisson.

PROPER JOB ALE, 5,5 % VOL.
L'orge maltée Cornish Gold vibre au cœur de cette ale primée, à robe blond doré. Cette bière de saison est aujourd'hui brassée toute l'année. C'est une britannique aux accents américains, laissant exploser en bouche les notes intenses de pamplemousse des houblons américains Willamette, Cascade et Chinook.

ACCOMPAGNEMENT : idéale avec des travers de porc au barbecue ou du poisson grillé, relevé d'un filet de citron.

ADMIRAL'S ALE ALE, 5 % VOL.
Une bière primée, meilleure bière en bouteille de Grande-Bretagne et meilleure premium pale ale au monde. Elle fut brassée pour la première fois en 2005, pour le 200e anniversaire de la victoire de l'amiral Nelson à Trafalgar. Une bière ample en bouche, mêlant de généreuses notes de cake aux fruits confits, d'épice et de biscuit.

ACCOMPAGNEMENT : idéale avec une tourte à la viande.

HSD ALE, 5 % VOL.
La plus célèbre de toutes les bières de St Austell, médaille d'argent de l'International Beer Challenge 2012 et médaille d'or de l'European Beer Star 2009. Cette ale a une couleur aussi spectaculaire que son bouquet – sombre aux reflets rouge rubis, généreuse en arômes de caramel et de raisin sec.

ACCOMPAGNEMENT : à savourer avec un steak ou toute autre pièce de viande rouge.

SHARP'S

Fondée en 1994, cette microbrasserie sans ambition précise allait se hisser au rang de brasseur d'une des ales les plus populaires d'Angleterre, avec un maître brasseur, Stuart Howe, loué pour son innovation et sa précision.

REPÈRES

PROPRIÉTAIRE Molson Coors

FONDATION 1994

ADRESSE Sharp's Brewery, Pityme Business Centre, Rock, Cornouailles PL27 6NU

SITE INTERNET www.sharpsbrewery.co.uk

PHILOSOPHIE Des bières naturelles de la côte atlantique de Cornouailles.

EN 2011, lors du rachat de cette brasserie de Rock, en Cornouailles, par le géant brassicole Molson Coors pour 20 millions de livres sterlings, on craignit un temps d'assister à la fermeture et au transfert de l'établissement. Pour certains, Molson Coors n'avait d'autre ambition que de mettre la main sur Doom Bar, une marque d'ale anglaise à l'essor fulgurant.

Mais Coors investit dans le site de production de Rock et offrit à son maître brasseur Stuart Howe l'opportunité de développer une gamme de bières audacieuses. La première série millésimée Connoisseurs Choice vit le jour en 2011. La gamme inclut la douce-amère Quadrupel, la sèche et propre Single Brew Reserve, ainsi que la riche et fruitée Honey Spice Tripel. Elle témoigne du savoir-faire et de l'esprit novateur d'un homme, dont les créations sont issues de sa passion pour la bière et de son amour des arômes, de l'équilibre et de la précision. Howe a pour ambition de mettre à l'honneur l'étendue des flaveurs de la bière.

Les bières moins alcoolisées de Sharp's sont brassées avec le même souci de qualité. « Il est très facile de brasser de grandes et fortes bières pour attirer l'attention, mais brasser une bière moins alcoolisée et dotée de caractère représente un véritable défi », confie Stuart.

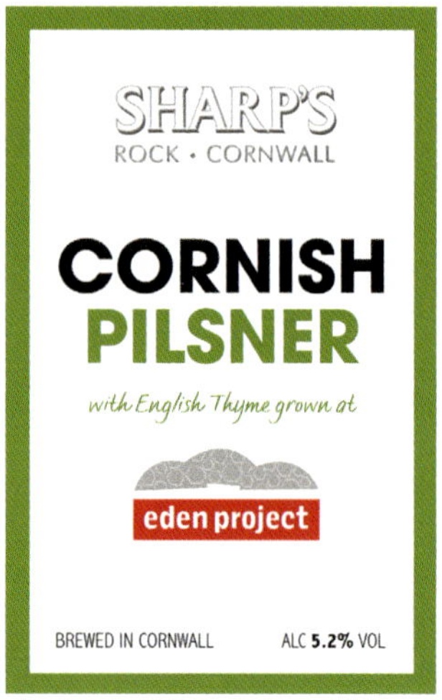

SHARP'S
CORNISH PILSNER

NOTES DE DÉGUSTATION

CORNISH PILSNER 5,2 % VOL.
Bière à robe jaune paille aux notes citronnées et herbacées, brassée avec un malt Pilsner, des houblons Saaz entiers et une levure de lager tchèque. Assaisonnée de thym anglais et d'un peu plus de houblons Saaz lors de sa maturation en cuve froide.

ACCOMPAGNEMENT : à servir glacée, avec des préparations à base de poisson ou épicées.

CHALKY'S BITE ALE, 6,8 % VOL.
Développée avec le célèbre chef Rick Stein, pour se rapprocher du caractère d'une bière belge, cette ale délicate, baptisée du nom du chien de Stein, déborde de notes de fenouil sauvage de Cornouailles. Trois mois de maturation lui apportent son intensité.

ACCOMPAGNEMENT : avec les produits de la pêche du jour.

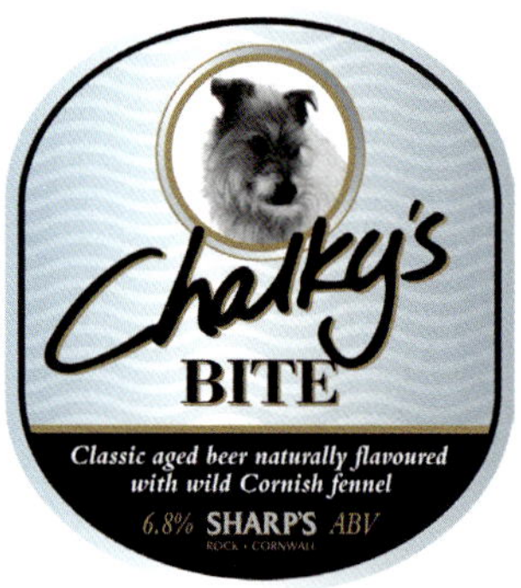

SHARP'S
CHALKY'S BITE

QUADRUPEL ALE ALE REFERMENTÉE EN BOUTEILLES, 10 % VOL.
Barley wine aux allures de porto, ensemencée par quatre variétés de levures – bière de saison, deux ales anglaises et une trappiste belge. Transcendant tous les styles, elle révèle une bouche douce-amère, conduisant à une réchauffante finale alcoolisée.

ACCOMPAGNEMENT : idéale avec des fromages affinés ou de riches desserts au chocolat noir.

SHARP'S QUADRUPEL ALE

THORNBRIDGE

Art et science sont liés dans cette brasserie nichée au cœur du parc national de Peak District. Certaines des bières les plus innovantes du Royaume-Uni y sont brassées et remettent au goût du jour le style des ales de tradition.

REPÈRES

PROPRIÉTAIRE Thornbridge Brewery

FONDATION 2005

ADRESSE Riverside Business Park, Buxton Road, Bakewell, Derbyshire DE45 1GS

SITE INTERNET www.thornbridgebrewery.co.uk

PHILOSOPHIE Quand l'art et la science œuvrent de concert.

EN 2005, JIM HARRISON décida d'ouvrir au sein de son immense propriété de Thornbridge Hall, dans le Derbyshire, une brasserie d'une capacité de production de 16 hl, dans une bâtisse en pierre de taille qui abritait l'atelier d'un menuisier.

Président du club de supporters du Sheffield Wednesday Football Club, Harrison, qui cherchait à lever des fonds, décida de brasser sa propre bière. Il demanda conseil au légendaire brasseur et gérant de pub Dave Wickett, fondateur de Sheffield's Kelham Island Brewery. Bien que supporter de l'équipe rivale, Sheffield United, Wickett s'engageât dans le projet. De ce partenariat naquit Thornbridge Brewery, où le duo s'appliqua à brasser de petites cuvées de bières originales avec des ingrédients de qualité supérieure. Certaines, comme l'IPA Jaipur, intensément houblonnée, ou la corsée stout Saint Petersburg, s'inspiraient de bières historiques, alors que d'autres intégraient herbes aromatiques et fruits récoltés sur les terres de Thornbridge. L'une d'elles, la Bracia, fait appel à un miel italien, élaboré par des abeilles ayant butiné des fleurs de châtaignier. Harrison et Wickett explorèrent aussi les frontières de la maturation en fûts issus de différentes distilleries de whisky.

En 2010, Thornbridge inaugura un site de production des plus sophistiqués, Riverside Brewery, à Bakewell dans le Derbyshire. Le site est dédié à l'innovation et à l'expérimentation. L'ancienne brasserie de Thornbridge Hall, toujours en activité, pratique une infusion monopalier traditionnelle. Si les volumes brassés sont plus importants, la production s'inspire de recettes traditionnelles remises au goût du jour.

Le dessin de Flore, déesse des fleurs, apparaissant sur certaines étiquettes, s'inspire d'une statue qui se trouve sur les terres de Thornbridge Hall. Honorée par plusieurs récompenses, cette brasserie assez jeune semble se bonifier avec le temps, sous les bons auspices de Flore.

THORNBRIDGE
SAINT PETERSBURG

THORNBRIDGE
BRACIA

THORNBRIDGE
JAIPUR

NOTES DE DÉGUSTATION

SAINT PETERSBURG IMPÉRIAL STOUT RUSSE, 7,7 % VOL.
Souple pour une bière de cette force, facile à boire. Notes de chocolat noir amer et de raisins secs très présentes, cédant place à une finale aux accents de café, généreuse en houblon.

ACCOMPAGNEMENT : idéale avec un dessert au chocolat noir amer, pas trop sucré.

BRACIA ALE, 10 % VOL.
Brassée quatre fois dans l'année, la Bracia révèle des notes distinctes de miel de fleurs de châtaignier, apportant richesse et sombre intensité, tout en se confrontant aux accents de malts grillés et torréfiés, dans cette bière d'une moelleuse complexité.

ACCOMPAGNEMENT : un trait sur une glace à la vanille.

JAIPUR INDIA PALE ALE, 5,9 % VOL.
Un houblon aux notes intenses d'agrumes, adoucies et assouplies par la douceur du miel. Lentes à se révéler en bouche, l'intensité et la complexité de cette bière atteignent leur paroxysme lorsque la chaleur de l'alcool entre en scène.

ACCOMPAGNEMENT : délicieuse avec des préparations aux saveurs affirmées, notamment avec des plats pimentés ou épicés.

ABBEY ALES

www.abbeyales.co.uk

EN 1997, la ville historique de Bath renoua avec le brassage suite à l'implantation d'Abbey Ales, fondée par Alan Morgan, vétéran de l'industrie brassicole. Morgan appartenait à cette nouvelle génération d'entrepreneurs qui croyaient en un marché pour les bières de petits producteurs régionaux. Sa première création, la Bellringer, séduit locaux et visiteurs. Élaborée à partir d'orge Maris Otter, elle présente une robe aussi blonde que les façades des bâtiments de la cité.

ABBEYDALE

www.abbeydalebrewery.co.uk

« NOUS AIMONS juste faire de la bonne bière » confie Patrick Morton, fondateur de Abbeydale. Morton se forma à la brasserie Kelham Island de Sheffield, qui participa à restaurer la réputation brassicole de la cité de l'acier. Il fonda Abbeydale en 1996 avec son père, Hugh. Grand défenseur de la théorie selon laquelle on ne fait pas de bonne bière en optant pour la facilité, leur établissement ne brasse que 130 fûts par semaine. La Moonshine, vedette du catalogue, est une ale britannique blonde et dorée, à l'arôme séduisant de pamplemousse houblonné.

ACORN

www.acorn-brewery.co.uk

ACORN EST un établissement assez récent, fondé en 2003 à Barnsley, dans le sud du Yorkshire, par un ancien chef cuisinier, Dave Hughes. La levure utilisée a pourtant des racines historiques. Les bières sont issues d'un site au volume de production de 20 fûts, et emploient une souche de levure utilisée par la brasserie Barnsley dans les années 1850. La levure est ancienne, mais les bières résolument modernes – les deux fleurons de la gamme, la Barnsley Bitter et la Barnsley Gold, sont des bières primées.

ARKELL'S

www.arkells.com

FONDÉE PAR John Arkell en 1843, la brasserie est une affaire familiale. Traditionnelle et indépendante, elle est basée à Swindon, dans le Wiltshire. C'est l'une des rares à produire encore de la boy's bitter, une variété de bière désaltérante faiblement alcoolisée, autrefois très répandue. Si l'Arkell's 2B, titrant 3,2 % vol., se démarque avec ses notes de houblon acidulé, la Wiltshire Gold est une ale à l'arôme légèrement houblonné et à la saveur maltée.

ARKELL'S WILTSHIRE GOLD

ARRAN BLONDE

ARRAN

www.arranbrewery.com

FONDÉE EN 2000 sur l'île d'Arran, en Écosse, cette brasserie au volume de production de 100 fûts hebdomadaire se dresse à l'ombre de l'imposant mont Goatfell et domine la sublime Brodick Bay. Ses bières sont aussi vivifiantes que l'air écossais. Une des stars de la gamme, l'Arran Blonde, est une bière limpide avec une franche amertume, élaborée sans ajout d'ingrédients artificiels ni de conservateurs, à l'image de tous les breuvages de la brasserie.

B & T

www.banksandtaylor.com

FONDÉE EN 1994 sous le nom de Bank & Taylor dans le Bedfordshire, à Shefford, la brasserie brasse depuis toujours des ales traditionnelles, mûries en fûts, à partir d'ingrédients de qualité supérieure. Ses bières sont élaborées à partir de malt blond, malt de froment, malt caramélisé et malt torréfié, alors que l'ajout de houblon américain Cascade, aux arômes hespéridés, équilibre les variétés anglaises Challenger et Goldings, pour produire des ales de style traditionnel, propres au XXIe siècle.

BATEMANS

www.bateman.co.uk

LA BRASSERIE Salem Bridge brassa sa première bière en 1874. Malgré quelques épreuves et péripéties, l'établissement est encore à ce jour propriété de la famille Bateman. Cette brasserie pittoresque est bâtie autour d'un ancien moulin à vent, et l'Union Jack y flotte fièrement. Tenant à sa réputation de brasseur de « bonnes et honnêtes ales », Batemans compte parmi ses dernières créations la Mocha, une bière en bouteilles élaborée à partir de café arabica, de chocolat belge et d'une variété d'orge locale, du comté de Lincolnshire.

BATH ALES

www.bathales.com

LA BRASSERIE, fondée en 1995 par Roger Jones et Richard Dempster, a pour logo un lièvre bondissant. Les deux hommes travaillaient à l'ancienne brasserie Smiles de Bristol avant que leur rêve ne se réalise. Cette brasserie au volume de production actuel de 50 fûts est aujourd'hui considérée comme l'une des plus performantes du sud-ouest de l'Angleterre. Fleuron de la gamme, la Gem est une real ale aux notes de caramel.

BATHAMS

www.bathams.com

TIM ET MATTHEW BATHAM sont la cinquième génération de la famille à la tête de cette petite brasserie traditionnelle, installée au pub The Vine Inn, à Brierley Hill, dans les Midlands de l'Ouest. Fondée en 1877, elle brasse entre autre la célèbre Mild Ale – une bière sombre et fruitée, nuancée par la douceur d'un malt torréfié. Cette recette ancestrale se savoure dans l'un des dix pubs appartenant à la brasserie.

BEAVERTOWN

www.beavertownbrewery.com

LOGAN PLANT, fils de Robert Plant du groupe Led Zeppelin, a pris la tête d'un mouvement visant à faire revivre la tradition brassicole de l'East London. Après une longue nuit alcoolisée et cette déclaration selon laquelle le brassage, bien plus que le rock, était sa vraie voie, Logan concrétisa son projet fou et fonda Beavertown en 2012. Le meilleur de sa production reste l'IPA 8-Ball, une bière de seigle houblonnée à souhait, aux notes d'orange et de citron généreuses.

BLACK SHEEP

www.blacksheepbrewery.com

À MASHAM, dans le nord du Yorkshire, les Theakston comptent parmi les familles de brasseurs les plus réputées d'Angleterre. Paul Theakston créa Black Sheep en 1992, après la vente à un grand groupe d'investisseurs de l'ancienne brasserie du village, Theakston, fondée par sa famille en 1827. Deux établissements désormais redevenus propriété de la famille. Les bières Black Sheep doivent leur merveilleux bouquet floral aux houblons aromatiques Goldings et Fuggles.

BLUE ANCHOR

www.spingoales.com

LE PUB Blue Anchor de Helston, dans les Cornouailles, abrite une brasserie depuis le XVe siècle. Dans les années 1970, il était l'un des quatre pubs anglais à avoir gardé une activité de brassage. La brasserie, site d'un ancien hospice, était sur le déclin et sa survie inspira une nouvelle génération de pubs-brasseries. Sa gamme d'ales Spingo inclut la Bragget, une recette ancestrale aux notes de miel et de pomme et titrant 6 % vol., qui trouverait grâce auprès de n'importe quel brasseur américain amateur de bières extrêmes.

BLACK SHEEP RIGGWELTER

BRAKSPEAR

www.brakspear-beers.co.uk

LE TRANSFERT de la brasserie depuis son foyer spirituel du XVIIe siècle de Henley-on-Thames vers Witney, dans l'Oxfordshire, en 2004, ne changea rien à la qualité de ses bières. Ce départ fit suite à la fermeture de la brasserie originale et à la vente de la marque. Les équipements furent rachetés, traversèrent le pays en pièces détachées et furent remontés. Brakspear s'appuie sur sa célèbre méthode de fermentation « double drop » pour brasser ses bitters amères. Sa merveilleuse Triple regorge d'arômes de mélasse et de rhum brun.

BRECON BREWING

www.breconbrewing.co.uk

L'AUDACE des breuvages de Brecon est à la hauteur de la personnalité de son fondateur, Buster Grant. La brasserie ouvrit en 2011. Les noms des bières s'inspirent des Brecon Beacons voisins, ces escarpements de grès rouge populaires auprès des randonneurs. La Red Beacon, élaborée à partir d'un cocktail de houblons Goldings, Sovereign, Pioneer et First Gold, atteint des sommets d'amertume.

BREWSTER'S

www.brewsters.co.uk

SARA BARTON fonda Brewster's en 1998 et travailla dur pour prouver que les brasseurs pouvaient aussi être des femmes ! En 2012, son travail fut récompensé car elle se vit désigner « brasseur de l'année » par la British Guild of Beer Writers. Réputée pour son travail de brassage en collaboration avec d'autres femmes, elle s'attache à développer de nouvelles bières et à renouveler le style traditionnel en incorporant les derniers houblons en vogue.

BURTON BRIDGE

www.burtonbridgebrewery.co.uk

IMPLANTÉE DEPUIS PEU à Burton-on-Thames, foyer de la tradition brassicole anglaise, Burton Bridge vit le jour en 1982, sous l'impulsion de Geoff Mumford et Bruce Wilkinson. Les bières brassées à l'arrière du pub Bridge Inn portent souvent la signature distinctive des bières locales – les Burton Snatch – révélant une légère note soufrée au nez, souvent décelée dans l'ale classique de Burton Bridge, la Golden Delicious, connue pour sa vivacité et son fruité dominé par la pomme.

BUTCOMBE

www.butcombe.com

À SA CRÉATION en 1978, Butcombe faisait figure de rareté, avec son statut de nouvelle brasserie indépendante. Longtemps son fondateur, feu Simon Whitmore, resta fidèle au principe de ne brasser qu'une bière : la Bitter. Généreuse, sèche et propre en bouche, cette bière était dérivée de l'utilisation d'un malt Maris Otter. En 2002, Butcombe fut vendue à Guy Newell. Le catalogue s'enrichit, notamment de l'Adam Henson's Rare Breed, baptisée en référence à un présentateur du petit écran, aussi fermier dans les Cotswolds.

CALEDONIAN

www.caledonianbeer.com

LE FEU ne réussit pas à entamer la réputation de Caledonian, à Édimbourg, aujourd'hui propriété de Heineken. En peu de temps, la brasserie fut deux fois endommagée par les flammes, mais parvint toujours à renaître de ses cendres. Selon le brasseur, la chaudière à moût chauffée à flamme nue expliquerait la touche de caramel des bières. Caledonian est surtout connue pour la Deuchars, une bière houblonnée aux notes d'agrume, nuancées par une touche de caramel.

CASTLE ROCK

www.castlerockbrewery.co.uk

CETTE BRASSERIE fut fondée en 1997 par Chris Holmes, un propriétaire de pub soucieux de proposer des bières de qualité à sa clientèle. Fleuron de la gamme, la Harvest Pale, brassée pour la première fois en 2003 pour le festival de la bière de Nottingham, fut élue « meilleure bière de Grande-Bretagne » par la CAMpaign for Real Ale (CAMRA) en 2010. Une blonde, élaborée à partir d'un mélange de houblons américains, qui offre un arrière-goût citronné.

CONISTON

www.conistonbrewery.com

À CONISTON, dans la région de Lake District, les murs du pub Black Bull âgés de 400 ans abritent la Coniston Brewing Company. Fondée par Ian Bradley en 1995, la brasserie élabore notamment la Bluebird Bitter, désignée par la CAMRA « meilleure bière de Grande-Bretagne » en 1998. Élaborée à partir de l'eau de source de la région, cette bière porte le nom du bateau à moteur utilisé par Donald Campbell, qui trouva la mort en tentant de battre son propre record de vitesse sur le Coniston Water.

COTSWOLD

www.cotswoldlager.com

QUI A DIT que les Anglais ne savaient pas brasser de bonnes lagers ? Richard et Emma Keene fondèrent Cotswold en 2005 et voulurent prouver que les lagers artisanales méritaient le titre de grandes bières. Ils produisent une gamme de bières non pasteurisées, dont une version revisitée de bière blanche allemande. Une lager brassée à partir d'un malt d'orge et de froment, dotée d'une généreuse tête de mousse, aromatisée par un délicat houblon Saaz, aux saveurs authentiques de banane et de fruit tropical.

CROUCH VALE

www.crouchvale.co.uk

LA BRASSERIE Crouch Vale à South Woodham Ferrers, dans l'Essex, fut fondée en 1981 par Colin Bocking et Rob Walster. Leur rêve était de pouvoir organiser des fêtes dans leur propre brasserie. Depuis, les occasions de se réjouir se sont multipliées, notamment en 2006, après que la Brewers Gold ait été élue « meilleure bière de Grande-Bretagne » pour la deuxième année consécutive. Cette bière blonde est pâle et dorée, au nez d'agrumes généreux.

DARK STAR

www.darkstarbrewing.co.uk

FONDÉE EN 1994, dans la cave du pub The Evening Star, à Brighton, et disposant d'un équipement bien plus conséquent que la plupart de ses concurrentes, Dark Star a bâti sa réputation sur le houblon utilisé en quantité. La meilleure vente de la brasserie est la Hophead, qui, au-delà d'un simple clin d'œil aux bières artisanales américaines, recourt largement au houblon Cascade. Les spécialistes lui préfèrent toutefois l'Imperial, la « bière idéale avant de se coucher ».

DARTMOOR

www.dartmoorbrewery.co.uk

CETTE BRASSERIE, la plus haute d'Angleterre, est implantée à 420 m d'altitude et a pour ambition d'atteindre de nouveaux sommets avec sa gamme d'ales. Proche de la prison de Datmoor, l'établissement intègre à son catalogue la Jale Ale et la Dartmoor IPA – aussi appelée « Inmate's Pale Ale ». Fondée en 1994 sous l'appellation Princetown, la brasserie fut rebaptisée en 2008 et affiche aujourd'hui une production hebdomadaire de plus de 300 fûts.

DONNINGTON

www.donnington-brewery.com

DONNINGTON SIÈGE au cœur d'un moulin à eau du XIIIe siècle toujours en état de marche dont la façade est faite en pierre de Cotswold. Ici, rien ou presque ne semble avoir changé depuis 1865, année où la brasserie débuta son activité. Dirigée durant des années par Claude Arkell, décédé en 2007, Donnington passa aux mains de ses cousins Peter et James Arkell, aussi à la tête de la brasserie Arkell's (*voir* p. 42).

DORSET PIDDLE

www.piddlebrewery.co.uk

SITUÉE À PIDDLEHINTON, un village du Dorset, la brasserie multiplia son volume de production en portant à huit le nombre de ses cuves, et fit l'acquisition de nouveaux locaux en 2011, après une hausse significative de la demande. Fleuron de la gamme, la Jimmy Riddle est une bière désaltérante. Cette ale complexe à robe rousse doit ses notes épicées à l'utilisation de seigle et d'avoine. Autre succès de la brasserie, une IPA de saison, ample en bouche, titrant à 7 % vol., brassée en février – et à d'autres moments, quand le maître des lieux en a envie.

ELGOOD'S

www.elgoods-brewery.co.uk

FONDÉE À WISBECH, dans le Cambridgeshire, en 1795, Elgood's fut l'une des premières brasseries de l'Angleterre géorgienne implantée à l'extérieur de Londres, mais aussi l'une des rares à avoir survécu. Aux mains de la famille Elgood depuis 1878, la brasserie est dirigée par trois sœurs – de la cinquième génération de descendants du fondateur. Valeur sûre de la brasserie, la Cambridge Bitter est une ale anglaise classique, intégrant une orge Maris Otter et des houblons Fuggles et Challenger.

EVERARDS

www.everards.co.uk

WILLIAM EVERARD brassa sa première pinte en 1849. Ses descendants sont toujours propriétaires de la brasserie. Richard Everard, son actuel directeur, n'hésite pas à affirmer que la brasserie conjugue « tradition et ambition », à l'image de la Tiger Best Bitter, fleuron de la gamme, révélant une harmonie idéale, entre douceur du malt et amertume du houblon. Le malt caramel apporte à la bière une « rondeur de caramel en bouche », qui fait place à une longue finale douce-amère.

GRAIN BLONDE ASH

HARVIESTOUN OLA DUBH

EXMOOR

www.exmoorales.co.uk

À PEINE ÂGÉE de plus de 30 ans, la brasserie Exmoor ramena la bière au cœur de l'ancienne cité brassicole de Wiveliscombe, dans le Somerset, en s'implantant dans la salle de brassage de la brasserie Arnold & Hancock, fermée en 1959. L'Exmoor Beast est un « porter sombre, délicieusement volontaire et ample en bouche », renouant avec un style de bières apparues au XVIIIe siècle.

GRAIN

www.grainbrewery.co.uk

FONDÉE EN 2006 par Geoff Wright et Phil Halls, dans une ancienne laiterie de Waveney Valley, dans le South Norfolk, Grain acquis très vite une réputation d'excellence, revisitant avec talent et imagination d'anciens styles de bières. La Blonde Ash s'inspire d'une bière belge de type witbier. Cette bière de froment blanche et trouble offre des arômes classiques d'orange, de chewing-gum et de coriandre, révélant une séduisante et généreuse tête de mousse blanche. La brasserie appartient aujourd'hui au pub Plough.

GREENE KING

www.greeneking.co.uk

BIG IS BEAUTIFUL. Cette brasserie de Bury St Edmunds, dans le Suffolk, fut créée en 1799, année où Benjamin Greene brassa sa première pinte. Cette cité historique produit des ales depuis le XIe siècle. Aujourd'hui, Greene King a le privilège d'être le premier producteur d'ales du Royaume-Uni. Son IPA Reserve, puissante et ample, généreuse en arômes de raisin et d'orange tirés du houblon Styrian Golding, rallie tous les suffrages.

HALL & WOODHOUSE

www.hall-woodhouse.co.uk

FONDÉE EN 1777, la brasserie est dirigée par la septième génération de la famille Woodhouse, qui s'applique à perpétuer la tradition. Le président et directeur adjoint, Mark Woodhouse, assure que la société envisage le XXIIe siècle avec confiance. Une nouvelle brasserie, créée en 2012, a permis au maître brasseur Toby Heasman de lancer une gamme de bières en bouteilles en édition limitée, dont une version à base de levure de champagne, fidèle au credo de la firme qui s'applique à brasser des « ales du Dorset de caractère ».

HAMBLETON

www.hambletonales.co.uk

NICK STAFFORD quitta son métier d'enseignant en 1991 pour fonder cette brasserie. Son talent se concrétisa par une production de qualité. En plus des bières inscrites au catalogue standard de la brasserie caractérisées par un usage imaginatif du houblon, Hambleton brasse deux bières en bouteilles sans gluten. La Gluten Free Ale est aromatisée par des houblons Liberty, Cascade et Challenger, et la Gluten Free Lager dérive du caractère hespéridé des houblons East Kent Goldings et Styrian Continental.

HARDKNOTT

www.hardknott.com

DAVE BAILEY fonda cette petite brasserie en 2005, dans une région reculée du comté de Cumbrie. Selon lui, la bière ne doit pas rester confinée dans le cercle étroit du goût populaire et doit oser la différence. Il est vrai que ses bières sont audacieuses, volontaires et aventureuses, à l'image de la Queboid, une IPA puissante, résolument moderne, élaborée à partir de houblons américains de la côte Ouest et de levure belge. Une bière aux notes généreuses d'agrume et de banane épicée.

HARVIESTOUN

www.harviestoun.com

HARVIESTOUN est l'exemple à suivre parmi la nouvelle génération de brasseurs britanniques. Tout débuta en 1985, sur un site au volume de production de cinq fûts, installé dans la grange d'une ferme de Dollar, en Écosse. Aujourd'hui transférée sur un site spécialement adapté, à Alva, près d'Alloa, la brasserie a un volume de production annuel de plus de 10 000 fûts. À retenir : la Ola Dubh Ale, lentement mûrie en fûts de whisky Highland Park.

HAWKSHEAD

www.hawksheadbrewery.co.uk

ANCIEN CORRESPONDANT à l'étranger pour la BBC, Alex Brodie fonda Hawkshead en 2002, au cœur d'une grange du XVIIe siècle, dans la région de Lake District, sur la base d'un volume de production de sept fûts. Une vie passée à goûter aux bières du monde entier avait éduqué son goût. Dès 2006, il dut déménager à Staveley, dans une plus grande brasserie, à laquelle fut ajouté un centre d'accueil des visiteurs. Les dernières créations incluent des imperial stouts impressionnantes élevées en foudres de chêne.

HEPWORTH & CO

www.hepworthbrewery.co.uk

LORSQUE KING & BARNES ferma ses portes, son maître brasseur, Andy Hepworth, et trois autres employés ouvrirent leur brasserie à Horsham, dans le Sussex. C'était en 2001 et, depuis, Hepworth est devenue l'un des premiers producteurs de bière du pays. Fidèle à ses engagements, la brasserie utilise un houblon et une orge issus de producteurs locaux, et brasse des bières biologiques, labellisées Soil Association.

HESKET NEWMARKET

www.hesketbrewery.co.uk

LE POUVOIR AU PEUPLE. Fondée en 1988 par Jim Fearnley, qui gérait alors le pub Old Crown de Hesket Newmarket, en Combrie, cette brasserie semblait condamnée lorsque Fearnley annonça son retrait de l'affaire, en 1999. Un groupe d'amateurs passionnés ne put se résoudre à cette fermeture et c'est ainsi que vit le jour la Newmarket Brewery Co-operative, une entreprise communautaire regroupant plus de 60 membres. La plupart des bières brassées ici portent le nom de cascades locales. Ces breuvages sont à savourer après une journée de randonnée dans la région.

HOBSONS

www.hobsons-brewery.co.uk

QUE DE CHEMIN PARCOURU depuis 1993, année de fondation de la brasserie par Jim et Nick Davis, le père et le fils, qui débutèrent leur activité sous la forme d'un hobby, avant que ce dernier se métamorphose en une florissante affaire. En dépit de leur succès, le duo ne trahit jamais le principe fondateur de cette aventure : rester une brasserie locale au service de la communauté. Père et fils démontrèrent qu'il existait un marché pour les bières artisanales, à l'image de la Hobsons Mild, une bière aux généreux arômes maltés de noisette torréfiée, suave, délicieuse et aromatisée à souhait.

HOGS BACK

www.hogsback.co.uk

UNE TEA OU RIEN. Implantée à Tongham, dans le Surrey, Hogs Back jouit d'une solide tradition brassicole britannique. Sa bière vedette, la TEA (Traditional English Ale), a une robe d'un blond doré soutenu et un nez généreux en notes de baie noire et de zeste d'orange. Fondée en 1992, la brasserie fut vite débordée. Elle brasse aujourd'hui plus de 28 413 litres de bière par semaine. La version en bouteilles de la A Over T (Aromas Over Tongham), une barley wine puissante, riche et douce, est très recherchée.

HOLDEN'S

www.holdensbrewery.co.uk

EN 1915, après 17 ans passés à la tête de divers pubs, Edwin et Lucy Holden décidèrent de changer de vie avec l'achat du pub-brasserie Park Inn de Woodsetton, dans les Midlands de l'Ouest. Ils découvrirent les joies du brassage et de la commercialisation de leur propre bière. La brasserie Holden's était née… Une de leurs premières bières, la Black Country Mild, séduit plus particulièrement la clientèle. Le couple fit également l'acquisition d'un bâtiment voisin, une ancienne malterie qui approvisionnait la brasserie Atkinsons. Aujourd'hui, Holden's est aux mains de la quatrième génération de la famille, également propriétaire de 20 pubs.

JOSEPH HOLT

www.joseph-holt.com

L'ACTIVITÉ de la brasserie Holt de Manchester débuta en 1849, sous l'autorité d'une famille toujours aux commandes de l'établissement. La brasserie assume son côté désuet, mais présente par ailleurs un catalogue en constante expansion et possède plus de 100 pubs et auberges. L'entreprise est aujourd'hui dirigée par l'arrière-arrière-petit-fils de Joseph Holt. Une « nouvelle » brasserie vit le jour en 1860, et bien que la méthode de brassage ait peu évolué depuis, ses bières rafraîchissantes au palais séduisent nos contemporains.

HOOK NORTON

www.hooky.co.uk

FONDÉE EN 1849, l'actuelle brasserie Hook Norton, bâtie en 1899, est l'exemple même de la brasserie de l'époque victorienne. Un plan ingénieux fait appel aux lois de la gravité pour distribuer les ingrédients nécessaires au brassage, du toit au sous-sol de l'édifice. La tour abrite un des plus anciens moteurs à vapeur du pays encore en état de marche, mis en route lors des grandes occasions, et entraînant un ensemble de courroies, axes et rouages. La bière la plus séduisante de cette brasserie, où le « progrès se mesure en pintes », est la délicieuse et fruitée Old Hooky.

HOGS BACK TEA

HOP BACK

www.hopback.co.uk

DE SES MODESTES DÉBUTS, dans la cave du pub Wyndham Arms de Salisbury, la brasserie Hop Back, fondée par John Gilbert en 1986, évolua jusqu'à produire une bière qui initia une véritable révolution. Au début des années 1990, John fut l'un des premiers à brasser une bière dorée conçue pour persuader la nouvelle génération des qualités de l'ale. Depuis, la Summer Lightning délivre son intense amertume, nuancée par l'arôme herbacé et frais du houblon, comblant ainsi le fossé entre bitters britanniques traditionnelles et lagers de qualité.

HYDES

www.hydesbrewery.com

POUR DES GÉNÉRATIONS, Hydes est la marque préférée des amateurs de bières de Manchester. Affaire familiale fondée en 1863, Hydes a depuis peu rationalisé sa production et transféré son site de production à Salford, loin de son domaine attitré, à Moss Side. Favorisant la production de ses ales traditionnelles, ces nouvelles installations permettent aussi à la brasserie de varier son catalogue, avec des bières de saison et des breuvages plus spécialisés.

ICENI

www.icenibrewery.co.uk

INSPIRÉ PAR LA REINE BOUDICA, qui mena la rébellion contre l'envahisseur romain en Est-Anglie, vers 60 apr. J.-C., Brendan Moore fonda Iceni en 1995 pour faire barrage à l'avancée des bières industrielles dans la région. Nombre des bières d'Iceni portent des noms inspirés par la reine guerrière – même si Brendan n'appelle pas à la destruction de Londres et de St Albans, comme le fit Boudica ! Iceni dispose de son propre carré de houblon, où s'épanouit la variété First Gold.

INNIS & GUNN

www.innisandgunn.com

UNE EXPÉRIENCE menée en 2002 par le producteur de whisky William Grant changea la vie du brasseur Dougal Sharp. Le distillateur qui souhaitait produire un scotch aux arômes de bière demanda à Sharp d'abreuver un fût vide de bourbon en le remplissant de bière. Une fois l'objectif atteint, la bière devait être vidée et jetée, mais le potentiel commercial d'une bière mûrie en fûts de bois et imprégnée d'arômes d'alcool n'échappa pas au brasseur. Depuis, l'Oak Aged Beer, conservée 77 jours en foudres de chêne, collectionne les récompenses et ne cesse d'affirmer sa présence sur le marché.

JENNINGS

www.jenningsbrewery.co.uk

AUJOURD'HUI intégrée à un grand groupe – elle a été achetée par Marston's en 2005 – cette brasserie, fondée dans la région de Lake District en 1874, garde un caractère indépendant. La Sneck Lifter, une de ses bières les plus puissantes, est une ale sombre à robe acajou. La saveur sèche et biscuitée du malt Maris Otter fait place à des notes de chocolat et de café, qui s'accordent à la douceur amère et poivrée des houblons Goldings et Fuggles.

KELHAM ISLAND

www.kelhambrewery.co.uk

LA BRASSERIE fut fondée en 1990 par un maître de conférences devenu propriétaire de pub, Dave Wickett, décédé en 2012. Kelham fut la première brasserie à ouvrir à Sheffield en presque un siècle, et resta longtemps le seul établissement de ce type dans la ville. En 1999, Hope & Anchor, Whitbread, Stones et Wards avaient fermé leurs portes. La passion de Dave pour la bière de qualité inspira toute une génération de jeunes brasseurs dans le monde. On peut dire qu'il participa au retour de la ville sur le devant de la scène.

LEES

www.jwlees.co.uk

CRÉÉE PAR le visionnaire John Lees en 1828, la brasserie est depuis restée aux mains de cette famille légendaire. Ancien fabricant de coton, John sut anticiper la demande en bière de la classe ouvrière de Manchester, alors en pleine expansion. La brasserie, aujourd'hui dirigée par la sixième génération de la famille Lees, produit notamment la Moonraker, une barley wine puissante très appréciée. La brasserie a pour devise : « Désuète, mais résolument moderne. »

LOVIBONDS

www.lovibonds.com

LA FIÈVRE brassicole gagna Jeff Rosenmeier, le fondateur de Lovibonds, en 1994, lorsqu'il goûta une stout maison. En 2005, il abandonna son poste d'ingénieur en informatique pour faire de sa passion son nouveau métier. L'une des créations les plus originales, la Lovibonds Gold Reserve, est inspirée par les racines américaines de Rosenmeier. Cette bière bénéficie de l'apport d'une généreuse quantité de miel de l'Oxfordshire avant fermentation et d'une garde de six mois au froid avant embouteillage.

MARBLE

www.marblebeers.com

À MANCHESTER, il y a aujourd'hui bien plus de brasseries qu'il n'y en avait au XIXe siècle. En 1997, Vance Debechval, propriétaire du pub Marble Arch, et son directeur Mark Dade, eurent le choix entre l'organisation de soirées karaoké ou la création d'une brasserie pour assurer l'avenir du pub. Mark quitta l'affaire en 2000, mais son remplaçant, James Campbell, reprit la brasserie et chercha l'inspiration à travers le monde, et ses créations séduisirent le public.

MCMULLEN

www.mcmullens.co.uk

RARES sont les brasseries dont les racines remontent à 1827. Mais, pour les McMullen, cette longue histoire ne fut pas des plus paisibles. L'établissement frôla la fermeture en 2002 – un conflit familial a mis en péril l'avenir de la brasserie, alors que l'équipe dirigeante menaçait d'une rupture. Les problèmes trouvèrent une solution et une nouvelle brasserie fut créée en 2006. Le maître brasseur actuel, Chris Evans, affirme fièrement n'utiliser que du houblon entier, et non des granulés ou des extraits, pour brasser son ale.

MOOR

www.moorbeer.co.uk

« NOUS NE FAISONS que des bières naturelles, révélant un léger trouble au moment de leur dégustation » confie le brasseur Justin Hawke, originaire de Californie. La brasserie Moor vit le jour en 2006, dans une ancienne laiterie de Somerset Levels and Moors, au sud du pays. Le succès ne tarda pas et la brasserie multiplia les distinctions, avant de perdre en qualité, lorsqu'elle décida de sous-traiter le brassage. En 2007, Justin Hawke, qui avait appris le métier dans une brasserie artisanale de San Francisco, reprit l'affaire et améliora la qualité de la production. À ce jour, et après bien des efforts, les innovantes bières troubles de Moor jouissent d'une réputation internationale.

MOORHOUSE'S

www.moorhouses.co.uk

WILLIAM MOORHOUSE implanta son entreprise à Burnley, en 1865. À l'origine, Moorhouse's ne produisait que des eaux minérales et des bitters houblonnées peu alcoolisées pour des bars ne délivrant que des boissons sans alcool. En 1970, alors que l'époque n'était plus aux restrictions, l'entreprise se mit à brasser des bières plus alcoolisées. Mais les affaires périclitèrent et, en 1988, Bill Parkinson, un homme d'affaires de Manchester, racheta la brasserie et parvint à la sauver, notamment grâce à ses différentes versions de la Pendle Witches.

MORDUE

www.morduebrewery.com

EN 1995, deux frères de Tyneside, Matthew et Garry Fawson, fondèrent Mordue pour faire revivre le nom d'une illustre brasserie locale en sommeil depuis 1879. Il y a longtemps que les bières de Mordue n'étanchent plus la soif des milliers d'ouvriers du chantier naval, mais le nom de la brasserie est à nouveau sur toutes les lèvres. La plus connue de ses bières est la Workie Ticket, une expression qui, en argot, fait référence à un fainéant.

OAKHAM

www.oakhamales.com

LE HOUBLON joue un grand rôle dans la politique de brassage d'Oakham, notamment les variétés américaines aux arômes d'agrume. Fondée en 1993, l'entreprise déménagea pour Peterborough en 1998, où elle possède désormais deux sites – une usine au volume de production de 75 fûts pour les grandes bières du catalogue, et un petit site expérimental au volume de production de 6 fûts. En bouche, l'ale Citra est presque entièrement dominée par d'intenses saveurs de pamplemousse et de fruit tropical.

OKELLS

www.okells.co.uk

CHIRURGIEN RECONVERTI en brasseur, William Okell implanta sa brasserie sur l'île de Man en 1850. Les bières étaient brassées en accord avec le décret sur la pureté en vigueur sur l'île, comparable au Reinheitsgebot allemand (*voir* p. 52). La loi interdisait tout additif se substituant aux ingrédients naturels utilisés lors du brassage. Le décret fut amendé en 1998, ce qui permit à la brasserie d'intégrer froment et fruit dans ses bières.

ORKNEY DARK ISLAND

OTLEY O-GARDEN

ORKNEY

www.sinclairbreweries.co.uk

FONDÉE EN 1988, cette brasserie soucieuse du développement durable occupe une ancienne école dans l'archipel des Orcades, en Écosse. Le maître brasseur des lieux, Andrew Fulton, avoue un faible pour la Red MacGregor, une ale à robe fauve facile à boire, généreuse en notes florales et fruitées. Les amateurs de bières boisées lui préfèrent la Dark Island Reserve. Mûrie trois mois dans des fûts de whisky de malt des Orcades, elle exhale des arômes de fruit, d'épice, de chêne et de malt torréfié.

OTLEY

www.otleybrewing.co.uk

UNE BRASSERIE fondée en 2005, à Pontypridd, au sud du pays de Galles, par Nick Otley, ancien photographe professionnel. Elle est désormais une destination de choix pour les connaisseurs en quête de bières aux arômes de houblon floraux et hespéridés. Amateur de houblons américains, Otley utilisa son œil averti pour mettre en valeur l'aspect de ses bières. Sa O-Garden primée est une bière de froment nuancée d'orange, coriandre et clous de girofle.

OTTER

www.otterbrewery.com

LA DURABILITÉ est le mot d'ordre des McCaig, à l'origine de la brasserie Otter, fondée en 1990 dans la maison familiale de Blackdown Hills, dans le Devon. La brasserie est soucieuse de l'environnement, comme en témoigne sa cave alimentée en énergie par des panneaux solaires, l'utilisation d'une eau de source de la propriété et un système de filtration des rejets par filtre planté – en l'occurrence des saules, où prospère une faune sauvage abondante – avant leur entrée dans le réseau d'assainissement local.

PALMERS

www.palmersbrewery.com

FONDÉE EN 1794 sur le site d'un ancien moulin à eau, Palmers est la seule brasserie britannique à toit de chaume. À sa tête depuis les années 1890, la famille Palmer est aujourd'hui fière de la contribution de sa brasserie et de son pub à la vie de cette communauté du Dorset. La plus robuste de ses bières, la Tally Ho!, est une ale brune complexe, associant un caractère malté affirmé à des notes de banane, le tout équilibré par l'arôme épicé du houblon Fuggles.

PITFIELD

www.pitfieldbeershop.co.uk

EN 2007, le départ de Pitfield de Londres pour une ferme labellisée par la Soil Association, dans l'Essex, où prospère l'essentiel du houblon utilisé au brassage, renforça l'image écologique de l'établissement. Les bières sont vendues sur des marchés agricoles et biologiques dans tout le sud-est de l'Angleterre. La remarquable 1792 Imperial Stout est une bière audacieuse, généreuse en orge torréfiée et nuancée de notes de prune et de cerise.

PURITY

www.puritybrewing.com

CETTE BRASSERIE ouverte en 2005 dans une grange réaménagée revendique son parti pris écologique. Le site dispose d'un sanctuaire de vie aquatique assurant la filtration des rejets de la brasserie. La première bière de Purity à voir le jour fut la Pure UBU, du nom du chien de la brasserie. Elle associe houblons Challenger et Cascade pour donner vie à une bière fruitée, parfumée, presque épicée, étayée par le recours à un malt Maris Otter.

PURPLE MOOSE

www.purplemoose.co.uk

FONDÉE EN 2005 par Lawrence Washington, ancien brasseur artisanal, Purple Moose est une microbrasserie au volume de production de 10 fûts implantée à Porthmadog, dans le nord du pays de Galles, baptisant ses bières de deux noms (anglais et gallois). La plus populaire, la Cwrw Eyri/Snowdonia Ale, est une ale blonde rafraîchissante, rehaussée par des houblons d'Europe centrale – le Savinjski Golding de Slovénie et le Lubelski de Pologne, aux arômes d'agrume et de pin. À retenir aussi, la Cwrw Glaslyn/Glaslyn Ale, une bitter dorée et fruitée.

RAMSGATE

www.ramsgatebrewery.co.uk

EDDIE GADD fonda cette brasserie en 2002 à l'arrière du pub Ramsgate. Il préfère s'en remettre à la passion plutôt qu'aux formules toutes faites. « Les brasseurs ne sont pas des comptables et doivent diriger des brasseries », dit-il. Ce défenseur de la brasserie artisanale encourage les professionnels à initier des projets communs, incitant notamment les brasseurs du Kent à produire de nouvelles bières à partir de houblons verts locaux.

REDEMPTION

www.redemptionbrewing.co.uk

PETITE DERNIÈRE de cette nouvelle vague de brasseries artisanales londoniennes, Redemption fut fondée en 2010 à Tottenham par un ancien banquier, Andy Moffat, qui considère son nouveau métier comme une première étape sur la voie de la rédemption… La brasserie est modeste, mais ses breuvages ont tout des grandes bières. Pour Moffat, un brasseur doit savoir se montrer patient. « L'automatisation est subordonnée au talent du brasseur artisanal. » La brasserie revendique son parti pris écologique et utilise uniquement des sources d'énergie renouvelables.

RINGWOOD

www.ringwoodbrewery.co.uk

CETTE BRASSERIE mérite une place à part dans le cœur des défenseurs de la microbrasserie. Fondé en 1978 par Peter Austin, l'établissement est reconnu comme une source d'inspiration par la dernière génération de brasseurs britanniques. Peter Austin est aujourd'hui nonagénaire, et sa brasserie appartient désormais à Marston's, mais son Old Thumper aux saveurs maltées endiablées n'a rien perdu de sa puissance. Cette bière primée apparut en 1979, sans être baptisée, la brasserie organisa alors un concours pour lui trouver un nom.

ROBINSONS

www.robinsonsbrewery.com

IMPLANTÉ À STOCKPORT, dans le Cheshire, depuis 1838, cet établissement est toujours aux mains de la famille Robinson. Dans ses nouveaux locaux, il se vante d'avoir le plus grand *hopnik* au monde, un filtre géant destiné à concentrer les arômes des feuilles de houblon. Les amateurs privilégient l'Old Tom, une puissante bière brune aux notes de fruit noir et de chocolat. Une version de cette dernière renferme des extraits de racine de gingembre et d'autres extraits végétaux.

ROOSTERS

www.roosters.co.uk

LA BRASSERIE débuta son activité en 1993. Son fondateur, Sean Franklin, lassé des brunes britanniques, souhaitait proposer une bière à robe moins colorée, mais plus audacieuse sur le choix du houblon. Il développa donc la gamme des Yankee, qui associe eau douce du Yorkshire et houblon Cascade américain. La brasserie est aujourd'hui aux mains de la famille Fozard. Le houblon est toujours mis à l'honneur, avec l'ajout de fermentation de variétés aromatiques d'Australie, de Nouvelle-Zélande, de Slovénie et d'Amérique du Nord.

ST PETER'S

www.stpetersbrewery.co.uk

FONDÉE EN 1996, la brasserie se dresse face aux douves de St Peter's Hall, un corps de ferme médiéval, près de Bungay, dans le Suffolk. La brasserie propose des bières traditionnelles, versions mild et bitter, souvent rehaussées de notes fruitées. Cassis, pamplemousse et groseille sont intégrés en saison ; fruits secs, épices et zeste d'orange agrémentent une ale de Noël. Les bières en bouteilles imitent le design du flacon d'une bière vendue à Philadelphie, aux États-Unis, à partir de 1770. Bières conditionnées en kegs et fûts traditionnels sont également disponibles à la vente.

SAMUEL SMITH

www.samuelsmithbrewery.co.uk

CETTE AFFAIRE familiale a un nom si célèbre qu'elle peut se passer de publicité. La gamme des bières en bouteilles, incluant une imperial stout et une stout chocolat, est considérée comme une référence en matière de style, largement copiée par de nombreux brasseurs américains, mais rarement surpassée. Samuel Smith est la plus ancienne brasserie du Yorkshire – le puits de la « vieille brasserie » fut creusé en 1758.

SHEPHERD NEAME

www.shepherdneame.co.uk

AU XIIe SIÈCLE, les moines de Faversham, dans le Kent, découvrirent que l'eau de source de la région se prêtait au brassage. En 1698, le maire fit donc construire une brasserie à l'emplacement d'un puits artésien. Toujours en activité, cette brasserie baptisée Shepherd Neaman en 1864 est à ce jour la plus ancienne de Grande-Bretagne. La gamme de ses bitters, puissamment houblonnées, inclut l'iconique Bishops Finger, mêlant arômes de fruit sec, poire et banane. Autre valeur sûre, la Spitfire, aux saveurs de houblon épicé, fut brassée pour la première fois en 1990, à l'occasion de la célébration de la bataille d'Angleterre, qui eut lieu au-dessus du Kent.

THEAKSTON

www.theakstons.co.uk

EN 1827, la famille Theakston acheta le pub-brasserie Black Bull de Masham, dans le nord du Yorkshire. Elle perdit la direction de la brasserie dans les années 1980, mais certains membres continuèrent à travailler pour l'entreprise. En 2003, quatre des frères Theakston prirent les rennes de cette entreprise créée par leur arrière-arrière-grand-père. La bière la plus populaire de Theakston, l'Old Peculier, est une ale riche et ample, douce au palais et regorgeant de saveurs de fruit noir.

THWAITES

www.thwaites.co.uk

L'IMAGE SAGE longtemps renvoyée par cette brasserie familiale fondée en 1807 changea radicalement lorsqu'une microbrasserie fut implantée aux côtés du site de production principal. Baptisée Crafty Dawn, elle permit à Ian Bearpark, maître brasseur de Thwaites, de produire régulièrement et à petite échelle – 25 à 30 fûts – des bières plus audacieuses. Lors de sa première année d'activité, Crafty Dawn brassa 31 ales uniques.

TIMOTHY TAYLOR

www.timothy-taylor.co.uk

DEPUIS 1858, les Taylor gèrent leur entreprise brassicole à Keighley, dans le Yorkshire. Celle-ci a sa propre source, qui alimente les cuves en eau pure des Pennines. La plus populaire des bières du catalogue, la Landlord, fut brassée pour la première fois en 1953. Elle est élaborée à partir d'orge maltée Golden Promise, et de houblons aromatiques aux notes florales et hespéridées (Fuggles, Goldings et Styrian Golding).

TITANIC

www.titanicbrewery.co.uk

FONDÉE EN 1985 par les frères Dabe et Keith Bott, la brasserie fut baptisée en hommage à un jeune homme de la région, Edward Smith, capitaine à bord du Titanic. Le destin des brasseurs de Stoke-on-Trent fut heureusement plus souriant. Leur rafraîchissante Iceberg est une bière dorée effervescente, brassée à partir d'un mélange de malt blond Maris Otter et de malt de froment, auxquels sont ajoutés les aromatiques houblons Yakima Galena et Cascade, aux notes florales et hespéridées.

TRAQUAIR

www.traquair.co.uk

LA MAISON TRAQUAIR débuta son activité en Écosse au début du XVIIIe siècle, lorsque la bière était produite pour les ouvriers du domaine. La brasserie fut mise en sommeil dans les années 1800, jusqu'en 1965, année où Peter Maxwell Stuart, 20e lord de Traquair, renoua avec la tradition. La Traquair House Ale, bière la plus réputée de la brasserie, subit une fermentation en fûts de chêne bruts et exhale des notes entêtantes de xérès doux.

TRIPLE FFF

www.triplefff.com

CETTE PETITE BRASSERIE d'Alton, dans le Hampshire, fut fondée en 1997 par l'ébéniste et brasseur artisanal Graham Trott, qui voulait brasser « une real ale incitant les buveurs à boire ». Fan du rock des années 1970, il baptisa certaines de ses bières du nom de ses morceaux préférés. L'une d'elles, la Moondance, se présente comme une ale dorée, aux notes houblonnées par des poignées de Cascade. Plus complexe sous sa robe rubis, la Pressed Rat & Warthog est une mild aux accents de cassis.

WADWORTH

www.wadworth.co.uk

À DEVIZES, dans le Wiltshire, est brassée une champion real ale parmi les plus réputées d'Angleterre. Cette brasserie ancestrale, fondée en 1875 et faisant toujours appel à des chevaux de trait pour livrer sa bière, est néanmoins résolument ancrée dans le XXIe siècle. La populaire 6X est une ale fruitée à robe fauve, fabriquée depuis 90 ans. Récemment, le brasseur Brian Yorston a ouvert une microbrasserie pour créer quelques bières d'exception.

WELLS & YOUNG'S

www.wellsandyoungs.co.uk

DEUX ILLUSTRES FAMILLES de brasseurs, les Wells et les Young and Co. de Wandsworth, fusionnèrent en 2006 à Londres. Charles Wells avait créé sa brasserie à Bedford en 1876, une affaire toujours propriété de la famille cinq générations plus tard. Young's, d'abord basée sur un site où l'activité brassicole avait débuté en 1551, était désormais implantée à Bedford. Leurs bières les plus emblématiques incluent la riche et fruitée Wells Bombardier, ou encore la vive et légère Wells Eagle IPA.

TRAQUAIR HOUSE ALE

WESTERHAM FREEDOM ALE

WESTERHAM

www.westerhambrewery.co.uk

ROBERT WICKS créa sa brasserie en 2004 sur le site d'une ancienne laiterie de Westerham, dans le Kent. Il renouait ainsi avec la tradition brassicole de cette ville, où la dernière brasserie, Black Eagle, avait fermé ses portes en 1965. Une visite à la collection nationale de souches de levures aida Wicks à retrouver celle utilisée à l'époque par Black Eagle, ce qui lui permit de recréer la saveur des bières de Westerham. Nombre des bières de Wicks, puissamment houblonnées, font appel à des variétés locales de houblons Kentish.

WHITE HORSE

www.breweryoxfordshire.co.uk

EN 2004, après 20 ans passés comme ouvrier qualifié dans l'industrie brassicole, Andy Smith fonda sa propre brasserie, White Horse. Par temps clair, depuis les bâtiments situés dans le village de Stanford-in-the-Vale, dans l'Oxfordshire, on peut apercevoir cette falaise crayeuse au profil évoquant un cheval, dont Andy Smith s'inspira pour baptiser sa brasserie. Une des bières les plus populaires de la gamme, la Village Idiot, est une ale blonde au caractère affirmé, aux arômes de houblons Challenger et Bramling Cross.

WILD BEER

www.wildbeerco.com

« BUVEZ RÉSOLUMENT DIFFÉRENT » décrète la devise de cette brasserie fondée en 2012. Implantée à la sortie de Bristol, Wild Beer a pour objectif la production de différents types de bières, intégrant des levures sauvages aux saveurs complexes et une gamme d'ingrédients inédits, que seule pourrait freiner l'imagination du brasseur. La gamme inclut plusieurs bières élevées en fûts de chêne, afin de les enrichir d'arômes doux et généreux de vanille et de tanins. D'autres intègrent même une levure de champagne.

WILLIAMS BROTHERS

www.williambrosbrew.com

ALLOA, EN ÉCOSSE, jouissait par le passé d'une solide tradition brassicole. Au fil du temps, le nombre des brasseries implantées dans la cité s'effondra, à tel point que la reprise de l'ancienne brasserie Forth par les frères Williams, en 2003, permit de sauver l'ultime et dernier établissement brassicole d'Alloa. La Fraoch, bière la plus réputée de la brasserie, utilise une bruyère en fleurs au lieu du houblon. Les autres bières de la gamme font appel à des ingrédients ancestraux, récoltés dans les haies, les bois, les landes et le littoral, pour élaborer des breuvages aux recettes tirées de vieux manuscrits.

WILLIAM WORTHINGTON

www.nationalbrewerycentre.co.uk

SITUÉE dans le National Brewery Centre de Burton upon Trent et propriété d'un géant de l'industrie brassicole, Molson Coors, cette brasserie fabrique la plus authentique des india pale ales au monde. La Worthington's White Shield est une survivante des années 1820, où elle était connue pour sa faculté à résister aux voyages depuis l'Inde. La production fut longtemps délocalisée mais, en 2000, Steve Wellington, brasseur au National Brewery Centre, persuada le propriétaire de l'époque de rapatrier la production à Burton.

WOODFORDE'S

www.woodfordes.co.uk

LA WHERRY fut la première bière commerciale de Ray Ashworth et du Dr David Crease, deux brasseurs artisanaux dont l'établissement vit le jour en 1981. Le duo appartenait à la nouvelle vague de brasseurs britanniques, inspirés par leurs homologues américains à l'origine d'une révolution dans le monde de la brasserie traditionnelle. Ashworth et Crease souhaitaient bousculer ce qu'ils appelaient « la morne inertie » des grands brasseurs. Il est vrai que leur Wherry rafraîchissante aux vifs arômes d'agrume est tout sauf insipide.

WYE VALLEY

www.wyevalleybrewery.co.uk

CETTE BRASSERIE fut fondée en 1985 par Peter Armor, ancien brasseur chez Guinness. Inspiré probablement par son employeur précédent, Armor lança d'abord la Dorothy Goodbody's Wholesome Stout. La bière eut un succès immédiat. Elle est élaborée à partir de malt blond et d'orge torréfiée, ce qui donne une stout douce amère. À l'origine brassée comme bière de saison, cette stout plusieurs fois primée est aujourd'hui proposée tout au long de l'année. Autre production de la brasserie : la Butty Bach, l'HPA et la Wye Valley Bitter.

WILLIAMS BROTHERS FRAOCH

WYE VALLEY DOROTHY GOODBODY'S WHOLESOME STOUT

ALLEMAGNE

L'Allemagne est réputée pour sa culture brassicole. Patrie de la plus illustre des fêtes de la bière de la planète, l'Oktoberfest de Munich, elle est aussi à l'origine de la célèbre charte de qualité et loi sur la pureté de la bière, le Reinheitsgebot. Ces principes, édictés au XVIe siècle pour encadrer les méthodes de brassage, stipulaient que la bière ne pouvait être élaborée avec d'autres ingrédients que l'orge maltée, le houblon, la levure et l'eau – sans aucun autre ajout. Une loi abolie par la Cour européenne vers la fin du XXe siècle, mais encore largement respectée, non seulement en Allemagne, mais par beaucoup d'autres brasseurs à travers le monde.

L'Allemagne possède un riche catalogue de bières traditionnelles, avec plus de 15 styles classiques – des bières de froment de Bavière, Leipzig et Berlin, réputées pour leur acidité et leur turbidité, aux mystérieuses et sombres bières fumées de Bamberg. Dans le sud du pays, les brasseurs produisent de prestigieuses helles blond pâle, et dans le nord, le long du Rhin, sont brassées différentes bières à l'ancienne, ou altbier.

Il y a peu, les brasseurs allemands étaient encore perçus comme conventionnels et frileux face à l'innovation. Mais les temps ont changé. Une génération de brasseurs aux idées progressistes a découvert la richesse des ales aromatiques et a surtout pris conscience qu'il existait d'autres bières en dehors de l'omniprésente pilsner. Des styles de bières tombés dans l'oubli, comme l'adambier fumée de Dortmund, ont été ressuscités par certains, alors que d'autres s'aventurent sur la voie des pale ales, des IPA américaines puissamment houblonnées et des bières mûries dans le bois. Pour ne pas être en reste, l'industrie allemande du houblon puise désormais dans ses archives pour retrouver des variétés susceptibles de concurrencer les meilleurs houblons aromatiques des États-Unis et de Nouvelle-Zélande. Le génie brassicole allemand vient de se réveiller !

CAMBA BAVARIA

Inspirée par la bière artisanale américaine, Camba Bavaria a séduit les palais bavarois avec ses ales houblonnées et ses spécialités mûries en fûts de bois. Ce pub-brasserie propose une large sélection de styles allemands et exotiques.

REPÈRES

PROPRIÉTAIRE Camba Bavaria GmbH

FONDATION 2008

ADRESSE Mühlweg 2, 83376 Truchtlaching

SITE INTERNET www.cambabavaria.de

PHILOSOPHIE Préserver l'exceptionnel et l'associer aux variantes contemporaines issues des quatre coins du monde.

CAMBA BAVARIA
INDIAN PALE ALE

CAMBA BAVARIA
HELL

EN 2003, le brasseur Markus Lohner fonda Braukon, société spécialisée dans la location d'entrepôts et de matériel pour les brasseries. Il avait travaillé chez Hofbräuhaus à Newport, dans le Kentucky (États-Unis) comme maître brasseur. L'État du whiskey l'avait enchanté et il y avait découvert de nouveaux styles de bières dont certaines étaient mûries en fûts de bois. Il rentra en Allemagne des idées plein la tête. Ses projets finirent par se concrétiser lorsque le centre technique de Braukon devint le site de production de la brasserie nouvellement créée par Lohner, Camba Bavaria. Les premières bières déclinaient des styles classiques bavarois, mais les suivantes se révélèrent plus sophistiquées. Camba Bavaria fut parmi les premières brasseries du pays à introduire des bières élevées en fûts de chêne. La Bourbon Barrels, une bock brune, mûrie en fûts de Woodford Reserve, fut lançée en 2009. En 2012, la brasserie lançait près de 15 variétés, dont certains trésors, comme une bock légère mûrie en fûts de chêne ayant contenu du muscat.

Aux côtés de ces raretés, Camba Bavaria propose un large catalogue regroupant ale brune, ambrée et blonde, ale de Noël et IPA. Lohner affirme que même les plus conservateurs sont enthousiastes. Les clients du magnifique pub-brasserie ont le choix entre 40 variétés de bières, dont 15 proposées à la pression.

NOTES DE DÉGUSTATION

INDIAN PALE ALE 8 % VOL.
Robe orange et tête de mousse crémeuse. Arômes de houblon fruité. Attaque suave et fruitée, notes de pamplemousse, de fleur de sureau et de miel, évoluant vers une finale longue et amère.
ACCOMPAGNEMENT : parfaite avec le steak, les spécialités asiatiques, les soupes, le stilton, les desserts doux et fruités.

HELL HELLES, 4,7 % VOL.
Robe bronze doré, voile éclatant et généreuse tête de mousse blanche. Épicée et maltée, accents mentholés au nez. Attaque suave, texture pétillante, corps moyen et finale aromatique.
ACCOMPAGNEMENT : idéale pour étancher la soif, ou avec bœuf rôti, canard, pizza épicée, fromage des Alpes ou parmesan.

BOURBON BARRELS DOPPELBOCK, 8,5 % VOL.
Une bière châtain foncé, mûrie sept mois en fûts de whiskey. Bouquet aux notes de cerise noire, whiskey et vanille, corps ample, finale sèche et réchauffante.
ACCOMPAGNEMENT : bière digestive et de dégustation, parfaite avec un fromage persillé ou du chocolat noir.

Saveur complexe *Les bières de Camba Bavaria entraînent l'Allemagne dans un nouveau monde de saveur.*

CAMBA BAVARIA BOURBON BARRELS

REPÈRES

PROPRIÉTAIRE Brauhaus Faust OHG

FONDATION 1875

ADRESSE Hauptstraße 219, 63897 Miltenberg

SITE INTERNET www.faust.de

PHILOSOPHIE Brasser la meilleure bière de la région.

FAUST

La brasserie approvisionne avant tout les marchés locaux de Basse-Franconie, mais certaines bières de son catalogue ont de quoi revendiquer une réputation internationale. L'histoire de Faust n'est d'ailleurs pas sans lien avec l'étranger.

LA BRASSERIE a un passé tumultueux. Elle fut fondée en 1654 par un Français arrivé en Allemagne après la guerre de Trente Ans. Un propriétaire suivant, August Krug, chef du mouvement libéral, gagna les États-Unis, où il fonda, dans la ville de Milwaukee, une brasserie plus tard connue sous le nom de Schlitz. Aujourd'hui, Faust est dirigée par Cornelius et Johannes Faust, dont la famille acquit la brasserie en 1875.

Faust revendique un style régional, mais son maître brasseur et propriétaire Cornelius Faust ne cache pas l'influence du mouvement international de la brasserie artisanale. Membre régulier du jury de la World Beer Cup, il est ami avec des brasseurs américains, à qui il a repris des techniques de houblonnage. C'est ainsi qu'il créa sa version de l'imperial IPA, avec des variétés de houblon allemand et américain. Il s'agit de l'Auswandererbier 1849 (« bière de l'expatrié 1849 »), clin d'œil à ses prédécesseurs.

L'Eisbock est une autre bière intéressante, maintes fois récompensée. Cette bock est en partie congelée, ce qui facilite l'extraction de l'eau pour ne conserver qu'un extrait concentré en alcool, qui bénéficie d'une maturation de plusieurs mois en fûts de chêne. Elle révèle une douceur et une complexité séduisantes, sans jamais être écœurante. Faust a aussi lancé une édition millésimée de sa doppelbock, en plus maltée, ainsi qu'une puissante Brewer's Reserve, réservée à la garde – sans oublier la lager brune de la gamme permanente, épicée, avec une touche de malt fumé.

Sombre rêve
Une bière somptueusement complexe, comme le suggèrent l'or de son étiquette et son séduisant bouchon à étrier.

FAUST
EISBOCK

FAUST
AUSWANDERERBIER 1849

FAUST
SCHWARZVIERTLER DUNKEL

NOTES DE DÉGUSTATION

EISBOCK BOCK, 11 % VOL.
Robe brun clair teintée de rouge. Bière mûrie en fûts de chêne, naturellement peu pétillante. Suave et complexe, avec d'intenses arômes maltés, pour une finale aux notes de xérès.
ACCOMPAGNEMENT : à boire seule ou avec du fromage.

AUSWANDERERBIER 1849 IPA, 8 % VOL.
Ambre orangé et opaque, notes fruitées et florales évoquant l'abricot, la rose et les herbes aromatiques. Saveurs de caramel, finale houblonnée et bouche juteuse.
ACCOMPAGNEMENT : idéale avec des plats épicés et au dessert.

SCHWARZVIERTLER DUNKEL LAGER BRUNE, 5,2 % VOL.
Robe acajou, notes de toffee et de chocolat. Douceur née au cœur des saveurs d'un malt noir, nuancé de délicates notes de fumée. Corps moyen, bouche sèche, finale veloutée et fumée.
ACCOMPAGNEMENT : à déguster avec une viande ou un poisson, grillés ou fumés.

GOSLAR

À 16 ans, Odin Paul savait déjà qu'il serait un brasseur indépendant. Ce qu'il ignorait, c'est qu'il deviendrait un brasseur indépendant de gose. C'est à lui que l'on doit le retour en Allemagne de ce style de bière oublié.

REPÈRES

PROPRIÉTAIRE Odin Paul

FONDATION 2009

ADRESSE Marktkirchhof 2, 38640 Goslar

SITE INTERNET www.brauhaus-goslar.de

PHILOSOPHIE Redonner à la bière son statut de boisson culte en offrant une large gamme de styles et d'expériences sensorielles.

DANS LES ANNÉES 1980, lorsque Odin Paul débuta son apprentissage de brasseur, la gose avait presque disparu. Ce style de bière de froment de fermentation haute, originaire de la cité de Goslar, dans les monts du Harz, était tombé en disgrâce, après avoir été populaire aux XVIe et XVIIe siècles. Il fallut attendre la fin de la République démocratique allemande pour que des brasseurs de Leipzig la remettent au goût du jour.

En 2003, lorsque Paul prit la place de maître brasseur qualifié à Goslar, il rencontra un de ses confrères à la retraite, auteur d'une recette de gose recréée à partir de sources originales, et qui en avait brassé artisanalement de petites cuvées. Il demanda à Paul d'utiliser sa recette pour faire vivre la tradition. Ce dernier commença à brasser la gose dans un pub-brasserie, où elle se vendit bien. Assez vite, il fit bâtir sa propre brasserie dans une bâtisse du XVIIIe siècle de Goslar, classée monument historique. Afin de financer son projet, il fonda une coopérative, qui attira plus de 170 sociétaires locaux, aujourd'hui fiers de posséder une brasserie. Le pub-brasserie rénové fut inauguré en 2009 et devint le « restaurant le plus amical de la cité ».

Paul y propose trois bières à l'année – une pilsner, une bière brune et une gose légère. Il brasse en outre quelques spécialités, comme la märzen (bière de mars), élaborée à partir de différents grains. Il propose parfois même une bock ayant mûri en fûts de whisky. Mais la plus populaire reste sa gose légère, qui n'a pas l'acidité de son homologue de Leipzig. « Il arrivait autrefois que la gose devienne acide, notamment lors de son exportation vers des contrées lointaines. Mais ici, à Goslar, ce ne fut jamais le cas », explique Paul. Il ajoute un peu plus de sel et de coriandre pour insuffler au breuvage une saveur particulière.

NOTES DE DÉGUSTATION

HELLE GOSE 4,8 % VOL.

Robe or orangé, léger trouble et tête de mousse blanc crémeux. Accents d'épice légèrement soufrés, accompagnés de discrètes notes lactiques et salées. Une bière crémeuse, sèche et pétillante. Ses notes d'épice évoquent les aiguilles de pin et les herbes aromatiques, avant l'apparition de l'amertume fruitée d'un zeste d'orange qui domine la finale. Corps mince et savoureux, soutenant l'amertume.

ACCOMPAGNEMENT : désaltérante, idéale avec un fromage crémeux, des asperges, des fruits de mer, de tendres saucisses allemandes et du boudin noir.

RAMMELSBERGER PILS 4,7 % VOL.

Robe or orangé et trouble, tête de mousse blanc crémeux. Bouquet aux notes de foin, attaque crémeuse, touches de caramel dur. Pils au corps mince, sèche, avec une amertume affirmée. Longue finale.

ACCOMPAGNEMENT : parfaite avec des préparations épicées, du poulet ou du poisson grillé.

DUNKLE GOSE 4,8 % VOL.

Robe couleur de miel foncé, nimbée d'un voile éclatant, coiffée d'une épaisse tête de mousse couleur crème. Bouquet plus fruité que celui de la Helle. Attaque sèche, suivie d'une amertume affirmée conduisant à une finale épicée, aux notes persistantes de pamplemousse amer. Moelleuse en bouche.

ACCOMPAGNEMENT : idéale avec de douces viandes rôties, comme un suprême de canard rôti au miel.

GOSLAR
HELLE GOSE

GOSLAR
RAMMELSBERGER PILS

Cuivre bruni
La Dunkel Gose, une bière non filtrée, bénéficie de l'ajout de trois malts à l'origine de cette trouble robe acajou

GOSLAR
DUNKLE GOSE

LA BIÈRE EST UN PILIER DE LA CULTURE ALLEMANDE DEPUIS DES SIÈCLES, ET LES AMATEURS SE RÉVÈLENT FAROUCHEMENT ATTACHÉS À LA PRODUCTION DE LEUR BRASSERIE LOCALE.

PEU IMPORTE LA MÉTÉO, LA DÉGUSTATION D'UNE BIÈRE BAVAROISE GLACÉE DANS UN BIERGARTEN DE BAMBERG RESTE UN PASSE-TEMPS TRÈS APPRÉCIÉ.

RIEGELE

REPÈRES

PROPRIÉTAIRE Sebastian Priller
FONDATION 1874
ADRESSE Fröhlichstraße 26, 86150 Augsbourg
SITE INTERNET www.riegele.de
PHILOSOPHIE Assurer à la bière le statut qu'elle mérite.

Avec Sebastian Priller à sa tête, une nouvelle génération a intégré l'équipe dirigeante de Brauhaus Riegele, œuvrant pour la promotion d'une culture de la bière, pour l'éducation des amateurs et pour la production de bières de caractère.

SEBASTIAN PRILLER, à la tête de Brauhaus Riegele, milite pour une meilleure appréciation de la bière : « Au vu du travail accompli derrière chaque grande bière, une nouvelle approche s'impose, une nouvelle culture dédiée à la consommation de la bière, de sa température de service au verre de dégustation approprié. » Membre de la cinquième génération de la famille aux commandes de Riegele, il ne cache pas son enthousiasme à voir les clients du pub redécouvrir cette boisson « populaire » – qu'elle soit servie à température ambiante comme l'imperial stout, ou dans un verre de bordeaux, comme la double bock à base de froment. Priller se dit ravi lorsqu'il surprend la clientèle converser autour de la bière, et avoue se passionner pour tout ce qui relève de sa culture en général. Pourtant, durant de nombreuses années, le brassage fut bien loin de ses préoccupations. Après des études de gestion, il entreprit une carrière de conseiller pour un cabinet réputé. Il passa quatre ans à parcourir le monde, avant de prendre son destin en main et rejoindre son père, à la tête de cette affaire familiale, en 2006. Priller avait alors 31 ans. Il obtint sans effort son diplôme de maître sommelier, et accéda au cours des années suivantes au titre de vice-champion du monde des sommeliers de bière, puis de champion dans la même catégorie.

Priller ne tarit pas d'éloges sur son maître brasseur Frank Müller. « Il est essentiel que le propriétaire et le maître brasseur visent le même objectif », dit-il. Créateur de bières ambitieux, Müller s'est forgé une réputation d'expert en levure. Il cultive et utilise plus de 20 variétés dans sa brasserie, chacune développée pour un seul type de bière. Il a ainsi brassé une dubbel belge et une impérial stout anglaise, chacune avec une levure appropriée. Il a expérimenté une levure d'ale anglaise dans une kellerbier non filtrée pour lui insuffler une structure inédite. En tout et pour tout, Müller brasse 13 bières de style allemand classique et quelques éditions spéciales, comme une IPA, ainsi que de puissantes bières mûries en fûts de chêne et de xérès. Toutes sont élaborées à partir de méthodes de brassage traditionnelles, ne subissent aucune pasteurisation ou chauffage rapide, de façon à préserver intactes les vitamines et la qualité de leurs ingrédients.

Augsbourg mérite une visite. La brasserie propose un programme alléchant à tous les amateurs de bière, dont une visite guidée du site de production, des séances de dégustation professionnelles, une initiation au brassage et des séminaires avec des spécialistes de la bière, où les participants sont initiés à l'évaluation sensorielle de la bière.

L'embarras du choix
Riegele est à l'avant-garde d'un mouvement soucieux de célébrer le caractère unique de la bière et de faire la promotion de sa diversité.

RIEGELE
KELLERBIER

RIEGELE
AUGSBURGER HERREN PILS

RIEGELE
COMMERZIENRAT RIEGELE PRIVAT

Verres sophistiqués
La séduisante tête de mousse de la Dubbel mérite un verre à la hauteur, comme cet élégant verre tulipe à long pied.

Étiquetage vintage
Les étiquettes sont attachées par une ficelle tressée, pour une touche glamour. Un bonheur pour les collectionneurs.

Question de style
Une gamme de bouteilles uniques à bouchon de liège, pour les éditions spéciales de la brasserie, comme la Dubbel.

RIEGELE DUBBEL

NOTES DE DÉGUSTATION

KELLERBIER 5 % VOL.
Robe orangée, aux reflets étincelants. Nuage opaque et chatoyant. Mousse fine. Fermentée avec une levure d'ale anglaise, cette bière délivre des accents de levure et des notes d'abricot et de pêche, où pointe un subtil arôme de torréfaction. Une première approche veloutée et fruitée est équilibrée par une nette amertume en bouche. Finale longue et fraîche, semi-sèche en bouche.

ACCOMPAGNEMENT : idéale avec des antipasti, comme des légumes grillés ou marinés, les viandes séchées et le jambon. Facile à associer avec le fromage – notamment le brie ou le camembert – et des viandes grillées ou rôties.

AUGSBURGER HERREN PILS 4,7 % VOL.
Robe paille éclatante. Généreuse tête de mousse blanche. Pilsner très houblonnée. Notes herbacées et florales. Attaque douce, mais sèche ; amertume très présente, équilibrée par des houblons aux arômes d'herbe, foin et agrume. Finale pétillante, longue et houblonnée.

ACCOMPAGNEMENT : une bière apéritive, parfaite avec de légers en-cas, comme un fromage de chèvre, des salades, des pâtés ou terrines épicés et du poisson grillé.

COMMERZIENRAT RIEGELE LAGER, 5,2 % VOL.
Lager blonde dorée, à fine mousse. Notes maltées biscuitées au nez. Belle acidité fruitée, nuancée de notes florales et hespéridées. Bouche souple et crémeuse, corps moyen. Harmonie entre notes sucrées et acidité, touches houblonnées. Finale souple et soyeuse.

ACCOMPAGNEMENT : une bière sophistiquée désaltérante, idéale avec des préparations froides, du rôti de porc, des ragoûts et des fromages crémeux.

DUBBEL 11 % VOL.
Strong ale ambre orangée, voile éclatant et tête de mousse crémeuse. Fermentation en bouteilles avec une touche de miel pour un séduisant bouquet, fruité et herbacé, nuancé de touches alcoolisées. Attaque douce et crémeuse, évoluant vers une bouche ample, aux notes de miel, prune et amande. La chaleur alcoolisée est rehaussée d'une amertume fruitée et herbacée. Finale réchauffante, moyennement amère.

ACCOMPAGNEMENT : à associer à des saveurs puissantes comme celles du gibier, de la viande rôtie épicée et des champignons. La Dubbel est une grande bière de dégustation, révélant tout son potentiel avec du chocolat, des fromages des Alpes comme le gruyère, et, à l'occasion, accompagnée d'un cigare.

Schlenkerla SCHLENKERLA

La préservation des traditions brassicoles peut mener à la création de bières excitantes. Schlenkerla s'emploie à maintenir en vie le style de l'ancienne rauchbier, une bière fumée, tout en l'enrichissant de variantes inédites.

REPÈRES

PROPRIÉTAIRE Heller-Bräu Trum GmbH

FONDATION Circa 1405

ADRESSE Dominikanerstraße 6, 96049 Bamberg

SITE INTERNET www.schlenkerla.de

PHILOSOPHIE La tradition ne signifie pas raviver des cendres, mais passer le flambeau.

LE PUB-BRASSERIE SCHLENKERLA est une référence nationale. Ses origines remontent au XVe siècle au moins – la première mention de ses märzen fumées apparaît dans des documents de 1405. Son actuel propriétaire, Matthias Trum, appartient à la sixième génération de la famille à la tête de l'établissement, et s'emploie à préserver la tradition brassicole. Il sèche encore son propre malt dans des fours chauffés au bois de hêtre, comme le faisaient les brasseurs avant l'introduction d'installations plus modernes – ce qui explique que toutes les bières étaient alors imprégnées de ces notes de fumée si particulières.

De nos jours, ce style ne survit plus que dans la région de Bamberg, où la bière fumée est une boisson courante – une bière festive. Hors de cette région, la rauchbier est plus ou moins considérée comme une curiosité. La plus célèbre de toutes est brassée par Schlenkerla. Comme l'explique Trum, la recette est inchangée depuis le XVe siècle, seul l'équipement a été modernisé. À l'étranger, elle fait figure de référence en matière de rauchbier, et les brasseurs artisanaux s'en inspirent pour créer des bières aux malts fumés. Elle est aussi celle qui incarne le mieux la bière de spécialité allemande – bien plus que la bière de froment. Seule lager allemande entièrement élaborée à partir de malts fumés, la Märzen est appréciée comme un classique intemporel. En 2009, Schlenkerla sortit une formidable doppelbock. L'Eiche, qui signifie « chêne », est brassée avec un malt séché au four, sur un lit de braises de bois de chêne. La fumée du chêne apporte à la bière un caractère plus moelleux et complexe que ne le fait le bois de hêtre épicé. L'alimentation des fours avec du chêne était autrefois un luxe, car cette essence était avant tout considérée comme un bois de charpente. Trum, qui dit avoir mis au point sa recette à partir de sources anciennes, a choisi le chêne pour créer une délicieuse bière moderne.

À l'attaque
L'épaisse et crémeuse tête de mousse de la Märzen révèle dès l'attaque son caractère complexe, associant fumée et amertume.

SCHLENKERLA MÄRZEN

NOTES DE DÉGUSTATION

MÄRZEN 5,2 % VOL.
Robe châtain et éclatante, tête de mousse dense et épaisse de couleur crème. Notes de fumée et de cendres de cuir sur le nez, touches de bois calciné et accents terreux évoquant la tourbe. La saveur proche de celle du jambon fumé, soutenue par de solides notes de malt torréfié, une pointe de chocolat et de toffee – le tout équilibré par une franche amertume. Veloutée en bouche, corps moyen, finale sèche, fumée et amère.

ACCOMPAGNEMENT : à déguster avec des viandes rôties. Également bonne avec des préparations goûteuses et crémeuses, comme un velouté de pomme de terre au lard.

EICHE DOPPELBOCK FUMÉE, 8 % VOL.
Brune ambrée, teintée de rouge, coiffée d'une tête de mousse d'un blanc éclatant. Doppelbock fumée à l'arôme agréable de bois calciné, mêlé de touches de vanille et de notes toastées. Douces saveurs de toffee et miel, avec des notes terreuses, suivies d'une harmonieuse finale.

ACCOMPAGNEMENT : parfaite avec du chocolat et des fromages au goût puissant.

URBOCK 6,5 % VOL.
Robe brun foncé à reflets rougeâtres, tête de mousse couleur crème. Notes de fumée ; saveurs épicées et fumées de jambon, de cendres et de bois calciné, équilibrées par un doux malt, aux arômes de fruit sec, chocolat et toffee. L'amertume persistante en arrière-plan étaye cette boisson corsée. Veloutée en bouche, finale rôtie et fumée.

ACCOMPAGNEMENT : à associer à des viandes goûteuses (canard, oie rôtie ou bœuf épicé).

SCHLENKERLA
EICHE

SCHLENKERLA
URBOCK

SCHNEIDER WEISSE

La brasserie a toujours été innovante. Collaboration avec d'autres brasseurs, maturation en fûts et houblonnage à sec, ce spécialiste de la bière traditionnelle à base de froment est un pionnier de la nouvelle scène brassicole allemande.

REPÈRES

PROPRIÉTAIRE Weisses Bräuhaus G. Schneider & Sohn GmbH

FONDATION 1872

ADRESSE Emil-Ott Straße 1-5 93309 Kelheim

SITE INTERNET www.schneider-weisse.de

PHILOSOPHIE « Depuis plus de 140 ans, nous consacrons notre savoir-faire, notre talent et nos forces vives au pur plaisir. »

EN UN SENS, Schneider Weisse participa à sauver la bière de froment au XXe siècle. Durant près de deux siècles, les souverains bavarois jouirent du monopole du brassage de cette bière. Weisse Brauhäuser, duché à la tête de plusieurs brasseries de bière blanche, accumulait les richesses en obligeant les seigneurs locaux à consommer ce breuvage royal. Lorsque la bière de froment passa de mode au XVIIIe siècle, le roi loua ses brasseries et vendit le droit de brasser ce style de bière. Georg Schneider fut le premier brasseur privé à acquérir une licence, et fonda Schneider Weisse en 1872. La brasserie est aujourd'hui dirigée par un membre de la sixième génération de la famille, Georg Schneider VI, spécialiste de la bière de froment.

L'Original, une bière de froment bavaroise à robe ambrée, est toujours brassée selon la recette originale du fondateur de Schneider Weisse. Ce savoir-faire, qui fait appel à des cuves de fermentation ouvertes, permet d'écumer le « kräusen », cette mousse amère remontant en surface du moût, avant une coûteuse refermentation en bouteilles, qui rehausse plus encore la texture de la bière. L'Aventinus, créée en 1907 et première doppelbock à base de froment de Bavière, a depuis acquis une véritable notoriété, comme en témoignent ses nombreuses médailles décrochées lors de compétitions internationales.

Si Schneider Weisse fait preuve d'un attachement à la tradition, la brasserie n'en est pas moins ancrée dans le nouveau millénaire. En 2007, elle fut la première brasserie allemande à proposer une bière issue d'une collaboration. Avec le brasseur américain Garrett Oliver, de Brooklyn Brewery, Hans-Peter Drexler, maître brasseur chez Schneider Weisse, créa une doppelbock inédite à base de froment, houblonnée à sec et inscrite au catalogue sous l'appellation Tap 5 – Meine Hopfenweisse. La brasserie expérimente aussi la maturation en fûts et propose régulièrement des éditions limitées.

SCHNEIDER WEISSE
TAP 7 – UNSER ORIGINAL

SCHNEIDER WEISSE
TAP 5 – MEINE HOPFENWEISSE

SCHNEIDER WEISSE
TAP 6 – UNSER AVENTINUS

NOTES DE DÉGUSTATION

TAP 7 – UNSER ORIGINAL BIÈRE DE FROMENT, 5,4 % VOL.
Robe ambrée et généreuse tête de mousse, exhalant des arômes de banane mûre, clous de girofle et noisette. Attaque effervescente, puis agréables saveurs maltées, équilibrées par des notes d'épice et une pointe d'acidité. Finale douce.

ACCOMPAGNEMENT : parfaite avec des viandes rôties, du poisson frit, du camembert ou une crème glacée fruitée.

TAP 5 – MEINE HOPFENWEISSE DOPPELBOCK, 8,2 % VOL.
Robe jaune orangé. Doppelbock de froment au bouquet floral et fruité, évoquant les fruits exotiques. Puissante amertume, équilibrée par le fruité de la levure et la douceur d'un corps malté. Finale aux notes épicées de houblon aromatique.

ACCOMPAGNEMENT : à servir avec du poisson fumé, des currys, des chiles ou une salsa, ou encore des chutneys.

TAP 6 – UNSER AVENTINUS DOPPELBOCK, 8,2 % VOL.
Robe rubis sombre, tête de mousse compacte. Bouquet aux arômes fruités et acides, notes de chocolat. Légèrement aigre au palais, en même temps que moelleuse en bouche, équilibrée par des saveurs de banane, poire, toffee et chocolat noir, glissant vers une finale sèche, épicée par le clou de girofle.

ACCOMPAGNEMENT : à savourer comme un digestif ou à associer à des saveurs intenses.

SCHÖNRAM

Dirigée par la huitième génération d'une seule et même famille depuis sa création, cette brasserie bavaroise est aujourd'hui à l'avant-garde de la nouvelle vague brassicole allemande et mise sur une approche artisanale de qualité.

REPÈRES

PROPRIÉTAIRE Alfred Oberlindober

FONDATION 1780

ADRESSE Salzburger Straße 17, 83367 Petting/Schönram

SITE INTERNET www.brauerei-schoenram.de

PHILOSOPHIE Rendre les bonnes choses encore meilleures.

POUR LE PROPRIÉTAIRE, Alfred Oberlindober, la philosophie de Schönram se résume à poursuivre un seul et unique objectif : « brasser une bonne bière – non pas pour le plus grand nombre, mais pour ceux qui l'apprécient ». Le volume de production est le dernier des soucis de Schönram. La qualité reste la seule priorité.

La brasserie ne renonce pas pour autant à accroître ses capacités de production. Oberlindober prit la tête de l'établissement en 1994, alors qu'il était âgé de 27 ans, et parvint à tripler la production annuelle pour atteindre 55 000 hectolitres. Cette réussite insolente fit entrer la brasserie dans une nouvelle ère. Mais cette envolée de la production est aussi liée à un autre atout de Schönram. Peu après sa prise de fonction, Oberlindober engagea le brasseur américain Eric Toft comme responsable du brassage. Cet artiste brasseur joua un rôle déterminant dans la révolution microbrassicole qui balaya les États-Unis dans les années 1980. Écœurés par les bières insipides de la grande distribution, Toft et d'autres aussi passionnés que lui, décidèrent de brasser des bières de caractère de qualité supérieure.

Toft étudiait la géophysique à Golden, dans le Colorado, lorsqu'il commença à brasser de la bière en amateur. Puis il abandonna ses études pour gagner l'Europe et apprendre l'art du brassage. Il se nourrit de précieux enseignements en Suisse, en Belgique et en Allemagne, et transmet aujourd'hui son savoir aux brasseurs allemands. À Schönram, Toft s'est bâti une réputation d'expert en houblon. Alors que la majorité de ses homologues allemands utilise un houblon amérisant, avec une ou deux variétés aromatiques toujours identiques, Toft compose un profil houblonné distinct pour chacune de ses créations. « Les houblons façonnent le caractère d'une bière », confie Toft. Sans surprise, son India Pale Ale fut l'une des premières du genre brassées en Allemagne. Il innova aussi avec une bock brassée à partir d'une seule variété de houblon. Mais il rêve de bien d'autres choses encore. Persuadé de l'influence du site sur la qualité du houblon et de l'orge qu'il utilise dans ses bières, il a une ambition simple : « Je veux démontrer toute l'importance du terroir », déclare-t-il.

Le fin du fin
La Schönramer Hell est une des bières les plus populaires du sud-est de la Bavière, comme le mentionne fièrement la brasserie.

Star blonde
L'orge utilisée – sélectionnée avec soin par Toft – donne à la robe cette couleur dorée unique.

SCHÖNRAM HELL

SCHÖNRAM PILS

NOTES DE DÉGUSTATION

HELL 5 % VOL.
Robe limpide blond doré, tête de mousse crémeuse. Parfums d'aromates et de miel, nuancés de notes d'agrume. Texture pétillante fondant en bouche. Corps léger à moyen, malts astringents, houblon aux arômes herbacés et finale harmonieuse.

ACCOMPAGNEMENT : très agréable avec des préparations froides, à base de copieuses saucisses allemandes, de jambon et de fromages doux. À déguster également avec des ragoûts et des gâteaux à la crème et aux fruits.

PILS 5 % VOL.
Robe blond doré, éclatante et généreuse tête de mousse blanche. Complexe bouquet houblonné, évoquant le géranium, les aromates et les agrumes. Fraîche et sèche. Corps allégé et franche amertume. Houblon aux notes florales et résineuses adoucissant l'ensemble. Longue finale amère et aromatique.

ACCOMPAGNEMENT : grande bière apéritive, parfaite avec des préparations légères, comme une salade de pousses sauvages au fromage de chèvre, ou un poisson avec des pommes de terre.

BAVARIAS BEST 10 % VOL.
Robe sombre et brune à reflets rubis, tête de mousse ocre et crémeuse. Notes de chocolat noir et touches de vanille et de cerise. Une attaque épicée évoluant vers des arômes complexes de malt noir, texture souple, notes de baie noire. Touches de menthe et d'ache des montagnes accompagnent la finale.

ACCOMPAGNEMENT : idéale avec des préparations riches à base de bœuf, des gâteaux à la crème ou des fromages de garde, comme le comté ou le cheddar.

ALTBAYRISCH DUNKEL 5 % VOL.
Robe sombre à reflets rougeâtres et tête de mousse crémeuse colorée. Lager brune généreuse en notes d'orange, d'aromates et de croûte de pain. Corps moyen séduisant, nuancé de caramel et de chocolat, invitant un houblon aux arômes de pin rafraîchissants. Finale aromatique et amère.

ACCOMPAGNEMENT : à associer à des aliments fumés au barbecue, des fromages fruités comme le gouda, et des desserts sucrés, comme des pancakes.

SAPHIR BOCK 8 % VOL.
Blonde dorée à tête de mousse fine. Bouquet fruité aigre, évoquant la prune, le melon et le citron vert. Attaque souple, avec une délicate effervescence. Notes florales aux accents de géranium se mêlant à l'amertume dominant le palais, évoluant dans une longue finale vers une saveur herbacée et poivrée. Sèche en raison de la chaleur de l'alcool.

ACCOMPAGNEMENT : à déguster seule, dans un verre à bordeaux ou avec des fromages des Alpes acides ou des viandes épicées.

Magie noire
De plus en plus de brasseurs dans le monde cherchent à s'affirmer en brassant de prestigieuses imperial stouts, comme cette complexe Bavarias Best.

SCHÖNRAM BAVARIAS BEST

SCHÖNRAM
ALTBAYRISCH DUNKEL

SCHÖNRAM
SAPHIR BOCK

STÖRTEBEKER

Störtebeker BRAUSPEZIALITÄTEN

REPÈRES

PROPRIÉTAIRE Jürgen Nordmann

FONDATION 1991

ADRESSE Greifswalder Chaussee 84-85, 18439 Stralsund

SITE INTERNET www.stoertebeker.com

PHILOSOPHIE « Nous ne brassons pas pour la grande distribution, mais cherchons à distinguer nos bières par leur saveur. »

Ancienne brasserie nationale, Störtebeker fut reprise en 1991 par les Nordmann, une famille d'entrepreneurs ouest-allemands, qui modernisèrent les installations et s'attirèrent le soutien de la population locale en jouant la carte de la saveur.

LE SITE DE LA BRASSERIE abrita une activité brassicole dès 1827. Au XIXe siècle, Stralsunder Brauerei, la brasserie de l'époque, était le premier fournisseur des stations balnéaires de la Baltique. Après la Seconde Guerre mondiale, l'Allemagne de l'Est nationalisa l'établissement. Dans les années 1970, les bières acquirent une certaine réputation, mais les installations se dégradèrent peu à peu. Après la réunification allemande, les Nordmann, une famille de grossistes ouest-allemands, rachetèrent le site pour y implanter leur siège. La brasserie modernisée lança trois bières : deux styles de la marque régionale Stralsunder et une Schwarz-Bier premium. Inspiré par la légende du pirate médiéval allemand Klaus Störtebeker, qui vint à bout des marchands de la Ligue hanséatique du Nord et de la mer Baltique en 1400, la brasserie Stralsunder avait baptisé sa lager brune Störtebeker Schwarz-Bier. Rééditée en 1991, celle-ci ne tarda pas à devenir le best-seller de la brasserie. C'est ainsi que, par la suite, d'autres styles de bière au goût distinct virent le jour sous l'étiquette Störtebeker, qui finit par donner son nom à la brasserie.

En 2012, l'établissement rebaptisé Störtebeker Braumanufaktur créa un espace événementiel pour accueillir séances de dégustation professionnelle et organiser des repas autour de la bière. Le cofondateur de la brasserie avoue apprécier sa position à la tête de l'établissement. « C'est gratifiant de faire quelque chose qui participe à l'identité culturelle de la population de cette région. » Störtebeker souhaite continuer à surprendre sa clientèle. En 2012, la brasserie lança l'Atlantik-Ale, une ale blonde sèche et houblonnée à la saveur puissante, très différente de tout ce qui avait été brassé jusqu'alors dans cette région littorale de la Baltique.

STÖRTEBEKER SCHWARZ-BIER

STÖRTEBEKER ATLANTIK-ALE

STÖRTEBEKER KELLER-BIER 1402

NOTES DE DÉGUSTATION

SCHWARZ-BIER LAGER BRUNE, 5 % VOL.

Robe couleur café, légèrement voilée. Tête de mousse crémeuse et colorée. Attaque souple au palais, évoluant vers un corps moyen, notes de café, caramel, chocolat et grillé, soutenues par une légère amertume. Finale veloutée, nuancée de touches de grillé.

ACCOMPAGNEMENT : délicieuse avec des mets aux saveurs puissantes, comme le steak grillé, la viande ou le poisson fumé, les fromages au goût de noisette, comme l'emmental, mais aussi avec des desserts au chocolat doux-amer.

ATLANTIK-ALE PALE ALE, 5,1 % VOL.

Robe dorée chaleureuse et opaque, généreuse tête de mousse. Bière aux arômes exotiques et hespéridés, nuancés de notes florales. Attaque sèche évoluant vers un corps léger, dominé par une puissante amertume fruitée. Impression de pétillant en bouche, légèrement astringent. Longue finale amère.

ACCOMPAGNEMENT : à découvrir avec des maquereaux ou des sardines grillés, des mets épicés, comme les falafels, ou du poulet grillé.

KELLER-BIER 1402 4,8 % VOL.

Robe blond pâle et trouble, tête de mousse compacte. Notes florales et herbacées. Bouche fruitée et houblonnée, légèrement sucrée, avec une pointe d'acidité apportée par l'arôme de levure. Corps moyen, marqué par le houblon, mais néanmoins doux, avec une finale aromatique.

ACCOMPAGNEMENT : idéale avec du ragoût de bœuf, du poulet, des asperges, de la viande au vinaigre ou des fruits de mer.

REPÈRES

PROPRIÉTAIRE Freistaat Bayern (État libre de Bavière)

FONDATION 1040

ADRESSE Alte Akademie 2, 85354 Freising

SITE INTERNET www.weihenstephaner.de

PHILOSOPHIE Associer la tradition aux dernières avancées scientifiques et à l'expertise technique.

WEIHENSTEPHAN

Étroitement liée à sa célèbre académie, cette brasserie, la plus ancienne au monde, se distingue autant par son respect de la tradition que par le niveau de son expertise technique.

LES PREMIERS TÉMOIGNAGES de l'existence du site remontent à 1040 et attestent du droit de brasser de la bière accordé au monastère situé sur la colline de Weihenstephan. L'authenticité du document est controversée, mais il est certain qu'un monastère fondé en 725 occupait le site, et que le propriétaire d'un champ de houblon proche payait une dîme aux moines. Ces certitudes laissent supposer une activité de brassage largement antérieure au XIe siècle, ce qui fait de Weihenstephan la plus ancienne brasserie au monde.

Le monastère ferma en 1803. Bâtiments et droits d'exploitation revinrent à l'État libre de Bavière. En 1852, une école agricole, intégrant des cours d'initiation au brassage, fut intégrée au complexe. En 1919, l'école devint une académie, puis en 1930 l'académie fut annexée à l'université de technologie de Munich. En 1921, Weihenstephan accéda au statut de brasserie de l'État libre de Bavière.

L'académie Weihenstephan a formé des générations de brasseurs venus des quatre coins du monde. Cette dernière et la brasserie coopèrent étroitement sur le plan de la recherche et du développement, à travers la mise en application pratique du savoir scientifique. Le système sophistiqué de contrôle de la qualité en vigueur au sein de la brasserie, Premium Bavaricum, s'applique à toutes les étapes de la fabrication et est géré par les brasseurs et les universitaires à l'aide des dernières technologies à leur disposition. Les bières de froment et les lagers de la brasserie comptent parmi les exemples les plus aboutis du style Weihenstephan, aujourd'hui apprécié dans plus de 40 pays. Le parti pris de la tradition implique que l'essentiel de la production soit des bières classiques allemandes. Il existe une seule exception à cette règle, née d'une collaboration en 2010 avec la brasserie Boston Beer Company, la bière Infinitum. Cette strong ale à double fermentation est ensemencée avec de la levure de vin, ce qui crée une boisson complexe, à la texture plaisante.

WEIHENSTEPHAN ORIGINAL

WEIHENSTEPHAN VITUS

WEIHENSTEPHAN HEFE WEISSBIER

NOTES DE DÉGUSTATION

ORIGINAL PALE ALE, 5,1 % VOL.

Robe blond pâle, doux arômes maltés. Attaque suave, élégantes notes houblonnées et légère nuance d'amertume. Fin pétillant en bouche, finale douce, pointe d'acidité.

ACCOMPAGNEMENT : avec des petits-fours, un ragoût ou une génoise.

VITUS WEIZENBOCK, 7,7 % VOL.

Bock à base de froment. Robe blond doré, voilée, fermentée en bouteilles. Arômes fruités, touches de vanille et pointe de fumée issue de la levure. Pétillante au palais. Corps puissant, aux riches saveurs fruitées et épicées, avant une finale douce.

ACCOMPAGNEMENT : parfaite avec une viande fumée ou rôtie, des fromages à pâte persillée, des desserts fruités.

HEFE WEISSBIER BIÈRE DE FROMENT, 5,4 % VOL.

Robe blond doré et opaque, généreuse tête de mousse blanche. Bière de froment aux arômes de banane, clous de girofle et levure. Attaque sucrée et fruitée, corps riche, pétillant généreux en bouche, finale douce et sèche.

ACCOMPAGNEMENT : à associer à du poulet grillé, des fruits de mer, de la crème glacée, ou, si vous êtes dans la région, à une saucisse de veau bavaroise.

ALDERSBACH

www.aldersbacher.de

MERVEILLEUSEMENT SITUÉ au sud-est de la Basse-Bavière, l'ensemble monastique baroque d'Aldersbach fut acheté en 1811 par le baron von Aretin. La famille aménagea le site au fil du temps et dirige aujourd'hui une maison d'hôte, une brasserie de taille acceptable et une taverne populaire – Bräustüberl – où les clients peuvent apporter leur repas. Fidèle à la tradition brassicole monastique, aux standards de qualité rigoureux, la gamme proposée couvre tous les classiques bavarois, des bières de froment aux lagers brunes, même si l'helles Urhell reste la plus populaire.

ALPIRSBACHER

www.alpirsbacher.de

DEPUIS 1877, la famille Glauners cultive l'art du brassage à Alpirsbach, petite ville de la Forêt-Noire. L'eau tirée de leur puits assure le brassage de pilsners de qualité. Fidèle à la tradition, la brasserie utilise des cônes de houblon entiers. Cette technique contribue à la production de bières savoureuses qui sont des références en matière de pilsners. La brasserie propose aussi une large gamme de lagers et de bières de froment, et une version récente et puissante de bière belge d'abbaye.

ANDECHS

www.andechs.de

L'ACTIVITÉ BRASSICOLE de l'abbaye d'Andechs, qui remonte à 1455, est la source de revenus de cette communauté bénédictine. Le volume de production annuel de la brasserie modernisée – selon les critères des moines – atteint 10 millions de litres et ne cesse d'augmenter. Beaucoup attribuent cette prospérité au caractère et à la qualité des bières uniques d'Andechs. La plus réputée, l'Andechser Doppelbock Dunkel, une merveille brune corsée, attire chaque année plus de 1,5 million d'amateurs au monastère.

APOSTELBRÄU

www.apostelbraeu.de

INSPIRÉ PAR une cultivatrice locale d'épeautre, Rudolf Hirz commença à brasser une bière d'épeautre *(dinkelbier)* en 1989. Une première en Allemagne à cette époque, peu après que la Cour européenne ait abrogé le Reinheitsgebot, ce décret bavarois sur la pureté de la bière. Hirz reprit la brasserie en 2005. Il expérimenta différents styles de bières et fut l'un des premiers brasseurs du pays à proposer une ale blonde de style anglais. L'essentiel de ses spécialités est exporté vers l'Italie et les États-Unis, mais seule sa Birreria en Bavière offre au visiteur l'occasion d'apprécier toute l'étendue de son talent.

ARCOBRÄU

www.arcobraeu.de

LA BRASSERIE du château de Moos vit le jour en 1567. Holger Fichtel dirige désormais cette brasserie de Basse-Bavière, à Moos, pour le compte des descendants de la noble famille Arco-Zinneberg. La brasserie cultive sa propre souche de levure et revendique sa méthode d'ensemencement très pure – les brasseurs déposent de la levure fraîche dans chaque brassin de Zwickl non filtré. D'autres sites de production utilisent jusqu'à 15 fois la même levure. Pour Fichtel, la fraîcheur distincte de chaque brassin tient à cette méthode.

ASGAARD BRAUEREI SCHLESWIG

www.asgaard.de

LES DIEUX païens des Vikings, grands buveurs de bière, étaient les Ases, eux-mêmes amateurs de ce breuvage. Selon la mythologie nordique, ils vivaient à Asgaard. Pour Ronald T. Carius, il allait de soi qu'aucun autre nom ne pouvait être donné à son « temple de la bière » lorsqu'il ouvrit son auberge-brasserie en 1994, à Schleswig, ancienne cité viking. Sa lager ambrée et maltée The Divine, titrant 4,8 % vol., associe les saveurs d'un malt fruité à une puissante et tranchante amertume.

AU-HALLERTAU

www.auer-bier.de

DEPUIS 1846, le château d'Au in der Hallertau, au cœur de la plus vaste région productrice de houblon d'Allemagne, est la propriété des barons Beck von Peccoz. La brasserie du château propose une gamme classique de helles et de dunkels lagers. Pourtant, lorsque vous demandez à Michael Beck von Peccoz quelle est sa bière préférée, il désigne la spécialité de la brasserie, la Hallertauer Pale Ale. « La tradition familiale veut que nous ne perdions pas de vue les tendances », confie-t-il. Rien de surprenant donc à ce que les caves frigorifiées abritent des bières puissantes élevées en fûts de chêne.

AUGUSTINER

www.augustiner.de

LA PLUS ANCIENNE brasserie de Munich vit le jour en 1328. À l'origine partie intégrante d'un monastère augustinien rattaché à la cathédrale de la ville, Augustiner est désormais une société en commandite par actions, dont 51 % des parts sont détenus par une fondation d'utilité publique créée par le dernier descendant des propriétaires originels, la famille Wagner. La brasserie emploie un équipement ultra sophistiqué, une eau puisée dans son puits et un malt issu de ses malteries. L'affaire réussit à survivre et à prospérer sans marketing ni publicité. Ses bières parlent d'elles-mêmes, et a priori de façon convaincante. La valeur sûre d'Augustiner, la Lagerbier Hell, est une pale lager aux notes de malt intenses, étayée par l'amertume du houblon. Elle est vendue dans la taverne – Bräustüberl – de la brasserie.

AYINGER

www.ayinger.de

LA SOCIÉTÉ MUNICHOISE est très attachée à une culture de la bière sophistiquée. Non loin de la ville, Ayinger s'applique à répondre à ces attentes. Réputé pour la qualité de sa cuisine, le restaurant de la brasserie est une adresse incontournable pour les amateurs de bonne chère – et de bonnes bières. Institution vieille de plus de 130 ans, la brasserie a revisité et adapté certaines de ses recettes traditionnelles, comme la nouvelle Lager Hell, plus douce que la précédente. Les amateurs de sensations fortes se laisseront tenter par la Celebrator, de renommée mondiale, une doppelbock brune surtout destinée à l'export.

BARRE

www.barre.de

SELON SON PROPRIÉTAIRE, Barre fut la première brasserie à produire de la pilsner dans le nord de l'Allemagne. Fondée en 1842, la plus grosse brasserie indépendante de Westphalie orientale est aujourd'hui aux mains de Christoph Barre, membre de la sixième génération de la famille. Ce dernier est fier d'avoir gardé l'indépendance de son établissement, à une époque où tant d'entreprises familiales ont été contraintes à fermer leurs portes. La gamme inclut la Barre Pilsener et la Barre Festbier. La brasserie attire par ailleurs plus de 7 000 visiteurs par an venus pour découvrir la cuisine régionale du restaurant et s'initier au savoir-faire des brasseurs à travers la visite du musée aménagé dans les anciennes caves du site.

BAUHÖFER

www.ulmer-bier.de

JOUXTANT L'ALSACE, la région de l'Ortenau, en basse vallée du Rhin, est réputée autant pour sa cuisine que pour ses vins. Dans cette région, une bière ordinaire, sans saveur particulière, ne pouvait espérer se distinguer. Le maître brasseur Gustav Bauhöfer, membre de la quatrième génération à la tête de cette affaire familiale créée en 1852, travaille dur pour assurer une production de qualité. Une de ses spécialités, l'Ulmer Maibock, brassée depuis 1893 et réputée dans toute la région, porte un nom qui fait référence à sa ville natale, Renchen-Ulm. Pleine de caractère mais facile à boire, la célèbre bock dorée associe légèreté et profondeur. Médailles et récompenses récoltées chaque année par la brasserie témoignent d'un incontestable savoir-faire.

BAYERISCHER BAHNHOF

www.bayerischer-bahnhof.de

LES BÂTIMENTS de la plus ancienne gare terminus de Leipzig, bâtie en 1842, abritent cette vaste auberge-brasserie depuis 2000. L'établissement a réussi à se faire un nom auprès des amateurs de bière surtout grâce à son auberge traditionnelle qui sert la spécialité de la maison, l'Original Leipziger Gose. En plus de ce style de bière aigre, le maître brasseur Matthias Richter élabore aussi la Berliner Weisse, sans modifier la recette originale pour l'export vers les États-Unis, ou des bières plus expérimentales, utilisant aiguilles de pin et herbes aromatiques, brassées lors d'occasions spéciales. Autres bières disponibles à la pompe, la pilsner Schaffner, une bière de froment de fermentation haute, la Kuppler, et la Heizer, une bière légère et douce, sombre et veloutée.

BERG BRAUEREI

www.bergbier.de

AFFAIRE FAMILIALE depuis 1757, cette brasserie est dirigée par Uli Zimmermann Jr et son épouse, Beate. Les Zimmermann ont pour philosophie : « Petit, mais efficace ! Petit, mais séduisant ! » Ils emploient les meilleurs ingrédients locaux et des méthodes de brassage traditionnelles, comme la fermentation à froid sans pasteurisation et le processus de maturation. Le statut culte de leur Ulrichsbier, une fraîche lager brune, les encourage à ne pas céder à la tendance et à continuer à brasser des bières de caractère. Cette brasserie unique et farouchement indépendante est devenue l'une des plus réputées de Haute-Souabe.

BERGQUELL BRAUEREI LÖBAU

www.bergquell-loebau.de

CETTE BRASSERIE lusacienne est connue pour ses porters de fermentation haute, des bières aux notes légères de malt sucré et à la saveur douce distincte. Les Lausitzer Porter, Cherry Porter et Strawberry Porter ont participé à accroître la renommée de la brasserie hors de sa région d'origine, la Saxe, tout en gonflant considérablement le chiffre d'affaires de l'entreprise. Fondée en 1846, la brasserie cessa brièvement toute activité à la chute de la République démocratique allemande (RDA). En 1996, pour le 150e anniversaire de la brasserie, son propriétaire Steffen Dittmar inaugura un tout nouveau site de production, dont il vante fièrement la technologie verte, soucieuse d'économie d'énergie.

BISCHOFF

www.bischoff-bier.de

FONDÉE EN 1866, cette brasserie du district de Winnweiler, dans le Palatinat, est gérée par Sven Bischoff, membre de la cinquième génération de la famille. La bière est encore conservée dans une cave creusée dans la roche par le fondateur de la brasserie. La gamme des bières proposées est variée, depuis les lagers blondes et bières de froment jusqu'à des spécialités comme la Streinbrecher Original, une lager à robe ambre aux accents maltés. Mais la Pils reste la plus populaire. Les brasseurs expérimentent avec l'utilisation de fûts de bois charbonnés et l'ajout de copeaux de bois à la blonde Bockbier en cours de maturation.

BOLTEN

www.bolten-brauerei.de

KORSCHENBROICH, en Basse-Rhénanie, abrite une brasserie depuis 1266. Implantée au même endroit, Bolten se targue ainsi d'être la plus veille brasserie du pays productrice d'altbier. Les Bolten, propriétaires depuis 1753, vendirent l'affaire en 2005. Michael Hollman, ancien directeur d'un grand groupe brassicole, s'en porta acquéreur et transforma l'établissement en un atout pour la région. Sa délicieuse Ur-Alt est une ale non filtrée qui renoue avec les racines de la brasserie.

BOLTEN UR-ALT

BÜRGERBRÄU BAD REICHENHALL

www.buergerbraeu.com

BAD REICHENHALL est un centre de production de sel gemme, où l'on compta toujours sur la bière pour étancher sa soif. Fondée en 1653, Bürgerbräu comprend six auberges-brasseries alpines – dont Alte Post dans la ville de pèlerinage de Altötting, et Berghof Schroffen à Bad Reichenhall. La gamme des bières de la brasserie inclut des lagers blondes et brunes, des bières de froment et des bockbiers. La lager douce, à robe blond doré, vendue sous le nom d'Alpenstoff, a une étiquette très tendance, conçue pour séduire la jeune génération.

BÜRGERLICHES BRAUHAUS SAALFELD

www.brauhaus-saalfeld.de

MAÎTRE BRASSEUR à Saalfeld, Ralf Hohmann peut être fier de son Ur-Saalfelder ambrée et de sa blonde Saalfelder Bock, plusieurs fois primées lors de la compétition de l'European Beer Star. Fondée vers 1892, la brasserie familiale est devenue une société par actions en 1925. Nationalisée entre 1948 et 1951, elle fut rachetée à la chute de la RDA par un groupe d'investisseurs privés. La brasserie produit surtout des bières de fermentation basse, dont trois variétés de pilsners.

CREW ALE WERKSTATT

www.crewale.de

MARIO HANEL et Timm Schnigula, deux jeunes consultants en affaires, découvrirent l'ale blonde en parcourant le monde et décidèrent d'en lancer la fabrication en Allemagne. Ils apprirent les méthodes de brassage, mirent au point une recette et trouvèrent une brasserie. Mise sur le marché en 2011, le résultat n'est ni une pilsner, ni une lager et encore moins une bière de froment. Utilisant trois fois plus de houblon qu'une pilsner, dont des variétés aromatiques rarement sollicitées en Allemagne, cette pale ale n'est qu'une des bières de la gamme, dont le catalogue intègre aussi une india pale ale (IPA). La société a installé son siège à Munich, mais la brasserie avec laquelle elle travaille, Schlossbrauerei Hohentann, est à une heure de route au nord-est de la capitale de la bière.

CREW ALE WERKSTATT IPA

DISTELHÄUSER FRÜHLINGSBOCK

DACHSBRÄU WEILHEIM

www.dachsbier.de

LORSQUE GEORG DACHS, maître brasseur à Munich, s'installa à Weilheim en 1879, il acheta une propriété agricole sur laquelle se trouvait une brasserie, désormais connue sous le nom de Dachsbräu. Son descendant, Ulrich Klose, secondé par sa fille Ulrike et son fils Günter, produit aujourd'hui une bière fidèle à une recette ancestrale, selon une méthode de brassage artisanale. La famille fait encore appel à un système de refroidissement par échangeur à plaque permettant de refroidir le moût après ébullition. En plus de la bière de froment, la brasserie propose d'autres styles de lagers typiquement bavarois, déclinés en versions blonde, brune, bock et festbier.

DINKELACKER-SCHWABENBRÄU

www.privatbrauerei-stuttgart.de

LA FUSION des brasseries Dinkelacker et Schwabenbräu date de 1994. À partir de 2004, la société fut la propriété du groupe InBev, avant d'être rachetée par l'arrière-petit-fils du fondateur en 2007. Avec 600 employés et un portefeuille incluant les marques Dinkelacker, Sanwald, Schwabenbräu, Haigerlocher, Sigel Kloster, Cluss et Wulle, l'affaire est l'une des entreprises brassicoles privées les plus importantes de Bade-Wurtemberg. Parmi ses valeurs sûres, la CD-Pils, première pilsner de Stuttgart, frappée des initiales du fondateur, et la Wulle-Bier, relancée en 2008.

DISTELHÄUSER

www.distelhaeuser.de

CETTE BRASSERIE de Distelhausen, sur les rives de la Tauber, appartient depuis 1876 à la famille Bauer, fière de pouvoir produire plus de 18 styles de bière différents, dont des bières de saison, comme la Winterbock et la Frühlingsbock. Parmi les spécialités proposées toute l'année se trouvent plusieurs bières primées, dont une ale d'épeautre et la Kristall-Weizen (bière de froment filtrée). En 2011, Distelhäuser a pris les rênes d'une microbrasserie où sont expérimentées diverses variétés de houblon, levure et malt pour créer de délicieuses bières de caractère. Si les bières du catalogue sont distribuées dans les environs de Tauberbischofsheim, les versions artisanales ne sont proposées que sur le site.

DITHMARSCHER

www.dithmarscher.de

LA PILSNER de Dithmarscher est un exemple parfait de ce qui se fait de mieux au nord de l'Allemagne : une bière à l'amertume vivifiante et au corps léger. Les notes franches de houblon amer donnent le ton et dispensent de tout autre ajout aromatique. Une bière douce et épicée, au noble arôme de houblon, à l'acidité plaisante, regorgeant de cette fraîcheur propre à l'eau de la région et bénéficiant d'une carbonatation à froid. Autre offre : la Dithmarscher Dark, une bière basée sur une recette vieille de cinq siècles, intégrant du malt noir pour une ampleur en bouche sans équivalent. Fondée en 1884 par Christian Hintz, la brasserie est restée propriété de la famille jusqu'à nos jours. Alors que d'autres s'étaient convertis à la bouteille encapsulée, Dithmarscher, qui était resté fidèle à la bouteille à bouchon mécanique, se retrouva sans le vouloir à l'avant-garde d'une nouvelle tendance.

DÖBLER

www.brauhaus-doebler.de

LA BRASSERIE Döbler à Bad Windsheim abrite aussi une auberge de pur style franconien, où les convives peuvent savourer saucisses et fromages régionaux. La brasserie familiale élabore quatre types de bière : pilsner, kellerbier, bière de froment et bière de saison. La gamme, déclinée en versions bouteille, inclut la rare Bavarian Märzen, une lager ambrée aux accents de malt. Fondée en 1867, Döbler est la dernière des 30 brasseries autrefois en activité au sein de cette petite ville de Moyenne-Franconie.

DREI KRONEN

www.drei-kronen.de

À L'AUBERGE-HÔTEL-BRASSERIE Drei Kronen (« les trois couronnes ») de Memmelsdorf, en Haute-Franconie, le brassage est l'affaire du patron. Depuis 2008, ils sont deux à la tête de l'entreprise : Hans Ludwig-Straub et sa fille aînée, Isabella, maître brasseur. Le duo perpétue 550 ans de tradition brassicole sur ce site en élaborant une gamme de bières de style franconien unique, et qui qualifie à juste titre son entreprise de « brasserie pour gourmets ». La gamme inclut la Balthasar, la Bockla, la KellerPils en bouteilles à bouchon mécanique et la Hefeweizen. Néanmoins la Stöffla, une lager brune primée, au malt fumé, reste la bière préférée de nombreux clients. Cette bière se déguste sur place ou peut être achetée en bouteille.

EINBECKER BRAUHAUS

www.einbeckerbrauhaus.de

SANS EINBECK, la bock n'aurait pas existé. Aux XVIe et XVIIe siècles, la bière d'Einbeck battait tous les records à l'exportation en Europe. À Munich, cette bière puissante était si populaire que la brasserie Ducale recruta un maître brasseur d'Einbeck pour brasser de l'Einbecker, *Einpökisch Bier* en dialecte bavarois. Le patois transforma le nom en « Oanpock », d'où fut tiré le nom de « bock ». Einbeck compta jusqu'à 700 brasseries-auberges. À ce jour, Ducale est la dernière du genre aux mains de propriétaires privés.

ERDINGER

www.erdinger.de

LA BRASSERIE débuta son activité en 1886. Après plusieurs changements de propriétaires, elle fut achetée en 1935 par Franz Brombach. Celui-ci rebaptisa l'établissement Erdinger Weissbräu, et brassa des bières de froment, les premières à devenir populaires hors de Bavière. Son fils, Werner Brombach, actuel propriétaire, poursuit sur la voie de son père. Erdinger, qui exporte dans 70 pays, est la plus grande brasserie au monde spécialisée dans un seul type de bière.

ERL

www.erl-braeu.de

À GIESELHÖRING, en Basse-Bavière, les techniques de brassage traditionnelles restent d'actualité. La fermentation en cuves ouvertes entraîne la remontée en surface de tanins agressifs et de résines de houblon, qui forment une mousse abondante écumée à la main. La bière est aussi conditionnée dans des tanks de stockage à l'horizontale pour minimiser la pression exercée et permettre à la levure restante de poursuivre le processus de fermentation tranquillement. Cela explique l'équilibre parfait des bières brassées par Erl. Fondée en 1871, la brasserie est gérée depuis 1998 par Ludwig Erl, membre de la cinquième génération de la famille.

ETTAL

www.klosterbrauerei-ettal.de

FONDÉES EN 1330, la brasserie et la ferme d'Ettal étaient au centre des activités de cette abbaye bénédictine. Le brassage commercial sur le site remonterait à 1609. Le catalogue actuel inclut des bières bavaroises classiques de fermentation basse, de type helles, dunkel et bock, mais aussi des bières de froment fruitées. Ettal est l'une des cinq brasseries-monastères de Bavière encore gérées par des moines ou des nonnes.

FÄSSLA

www.faessla.de

CETTE AUBERGE-BRASSERIE de Bamberg fut fondée au XVIIe siècle après la guerre de Trente Ans. À l'endroit où se dresse à présent le bar se trouvait la grande porte que franchissaient jadis les fardiers de tonneaux tirés par des chevaux. Les passants peuvent commander une des six lagers de la maison depuis la rue. La brasserie, l'auberge et l'hôtel sont gérés par la famille Kalb depuis 1986. Parmi leurs bières vedettes, une lager titrant 6 % vol., la Zwergla à robe acajou, maltée et aigre en bouche, et la Gold-Pils titrant 5,5 %, une pilsner de fermentation basse, au bouquet fleuri.

FELSENBRÄU

www.sonnenstoff.com

CETTE BRASSERIE de Moyenne-Franconie n'utilise aucune énergie fossile, et fonctionne grâce à une chaudière à bois et des panneaux solaires. Certifiées en 2007 par l'université de Munich-Weihenstephan, les bières de Felsenbräu sont les premières à porter le titre officiel de « bière solaire ». Fondée en 1927, cette brasserie, aujourd'hui dirigée par la troisième génération de la famille Glossner, continue à produire une glace naturelle en hiver pour refroidir la cave taillée dans la roche, où les lagers mûrissent cinq semaines au minimum. La blonde Felsentrunk est aujourd'hui la plus populaire des 12 variétés de bière de la maison.

FIEGE

www.moritz-fiege.de

FONDÉE EN 1876, la brasserie produisait à l'origine une bière surtout destinée à l'export. Tout changea en 1926, lorsqu'elle introduisit la pilsner dans cette région de la Ruhr. Un véritable défi, sachant que les mineurs de charbon et les ouvriers de l'acier préféraient depuis toujours les bières puissantes et amples de style export aux lagers houblonnées et légères. Mais Fiege remporta son pari et acquit une réputation de brasseur de pilsners. Aujourd'hui, la brasserie offre différents styles, comme des lagers ou des bières de froment.

FLENSBURGER

www.flens.co.uk

FLENSBURGER DEVINT une marque culte dans les années 1980 avec le succès d'un dessin animé mettant en scène le personnage de Werner, motard au chômage à l'accent du nord de l'Allemagne et amateur de bière. La notoriété conduisit cette brasserie indépendante, fondée en 1888, à distribuer ses pilsners à l'échelon national. Les fans de Werner découvrirent ainsi les étranges bouteilles à bouchon mécanique de cette bière au caractère typique du nord de l'Allemagne. La Flens est une pilsner sèche et franchement amère.

FLÖTZINGER BRÄU

www.floetzinger.com

SEULE BRASSERIE indépendante de Rosenheim encore en activité, Flötzinger fut fondée en 1543. Après de multiples changements de propriétaires, elle fut rachetée en 1894 par un ancêtre de la famille Steegmüller, dont les descendants de la troisième génération gèrent aujourd'hui la brasserie. L'établissement offre 13 bières à l'année et cinq bières de saison, et brasse une bière de froment selon une recette achetée à la brasserie Bierbichler Weißbierbrauerei, peu après sa fermeture. Comme la Bierbichler, la Flötzinger Hell fait figure de bière culte à Rosenheim.

FORSTHAUS TEMPLIN

www.braumanufaktur.de

LES MAÎTRES BRASSEURS de Forsthaus Templin, Thomas Köhler et Jörg Kirchhoff, étudièrent à l'université de technologie de Berlin après avoir appris le métier à l'école VEB-Getränkekombinat de Postdam. Ils achetèrent le terrain de Lake Templin en 2002, réaménagèrent l'auberge, installèrent une brasserie et ouvrirent l'établissement en 2003. Leurs bières, reprenant pour l'essentiel d'anciens styles régionaux, sont toutes biologiques et non filtrées. À découvrir, la Postdamer Stange, une bière de fermentation basse, bénéficiant de l'ajout de moût fermenté *(kraüsen)* pour raviver la levure et entraîner une fermentation secondaire. Le résultat ? Une bière effervescente et rafraîchissante.

FRIEDENFELSER

www.friedenfelser.de

LE NOM Friedenfelser évoque Schlossbrauerei, qui n'est pourtant qu'une des nombreuses entreprises du groupe, propriété de la famille du baron de Gemmingen-Hornberg, depuis 1886. Sur les 15 variétés de bière brassées, deux sont qualifiées de « zoigl ». Le terme fait référence à une pratique impliquant un brassage collectif du moût au sein des installations de la brasserie communale, avant la mise en fermentation et le stockage de la bière dans les caves individuelles familiales.

FRITZALE

www.fritzale.de

FRITZ WÜLFING est l'homologue allemand du brasseur artisanal américain. La recherche de bières très houblonnées le conduisit à parcourir les États-Unis, où il s'intéressa au brassage des IPA et aux techniques de houblonnage. Sa première bière maison eut tant de succès auprès de ses amis qu'il fonda FritzAle en 2010. Depuis, ses bières brassées selon le style américain créent l'engouement. Frtitz utilise les installations de brasseries locales, d'abord celle de Braustelle à Cologne et aujourd'hui celle de Vormann à Hagen.

FÜCHSCHEN

www.fuechschen.de

MISE À L'HONNEUR cette dernière décennie, la brasserie Im Füchschen devint culte auprès de la jeune génération, séduite par les bières de cet établissement de Düsseldorf. Le renouveau fut assuré par Peter König, membre de la quatrième génération à la tête de cette auberge-brasserie. Cuisinier confirmé, brasseur et malteur, il reprit l'affaire en 1995, améliora la carte avec des menus allégés, modernisa les installations de la brasserie, relança la marque et organisa des manifestations autour de son établissement. Sa bière vedette reste toutefois la même, une version sèche et suave de l'altbier.

GUTMANN

www.brauerei-gutmann.de

PROPRIÉTÉ DE LA FAMILLE Gutmann depuis 1855, cette brasserie associant ferme et malterie est implantée sur le site d'un ancien château fort. Les Gutmann se spécialisèrent dans la bière de froment dans les années 1990. Après une première fermentation en cuves ouvertes, l'ajout de levure fraîche participe à une nouvelle fermentation en bouteille. Dans cette bière ne bénéficiant pas de pasteurisation éclair ou de filtration, un voile fin de levure vivante enrichit le breuvage de délicieuses saveurs, à l'origine de l'engouement suscité par cette brasserie.

HACHENBURGER

www.hachenburger.de

EN ACTIVITÉ depuis 1861, dans la région de Westerwald, la brasserie a bâti sa réputation sur la pilsner. En réalité, le maître brasseur Heinz Bosslet utilise cinq variétés de houblons aromatiques pour ses pilsners. Il utilisa pour sa première édition spéciale un houblonnage à froid et créa une bière que l'on pourrait qualifier d'ale blonde version « indo-germanique ». Il utilisa pour l'occasion un seul houblon, le Hallertauer Mittelfrüh, une variété aromatique allemande, récolté dans le jardin de la brasserie. Le succès fut au rendez-vous et Bosslet continue à développer ses propres styles de bière.

HAMMERBRÄU

www.hammerbraeu.de

FONDÉE EN 1999, cette auberge-brasserie se situe sur une colline artificielle du terrain de l'hôtel Mercure de Riesa, en Saxe. Le complexe, qui inclut un restaurant américain, appartient à Magnet Riesa GmbH, société spécialisée dans les loisirs et la gastronomie. Cela explique le programme de manifestations variées organisées par la brasserie. Les festins sont accompagnés de trois types de bière, une lager blonde non filtrée, une märzen ambrée et une schwarzbier.

HÄRLE

www.haerle.de

EN 1897, Clemens Härle fonda sa brasserie à Leutkirch, dans l'Allgäu. Une de ses premières bières fut une lager non filtrée à la robe brun clair et au caractère malté accentué. Gottfried Härle, membre de la quatrième génération, reprit les rênes 90 ans plus tard. Il décida de faire revivre cette bière originale et créa la Clemens Ohne Filter, une lager non filtrée à la robe au reflet orangé – moins maltée que son aînée, à la finale propre et épicée.

HERBSTHÄUSER

www.herbsthaeuser.de

L'ÉTABLISSEMENT fut fondé en 1851, d'abord sous la forme d'une auberge-brasserie. Il fut acheté en 1878 par la famille Wunderlich, qui s'employa à agrandir le site de production. Christian Wunderlich, membre de la cinquième génération de la famille, a pris les commandes en 2006. La brasserie produit deux bières de référence, la Herbsthäuser Pils et une lager légère, toutes deux intensifiées par des notes

HOFBRÄU MÜNCHEN HOFBRÄU ORIGINAL

de houblon aromatique. Comme toutes les bières Herbsthäuser, elles sont brassées avec des cônes de houblon biologique, pour une complexité d'arômes sans égal et des notes douces-amères.

HESSISCHES LÖWENBIER

www.hessisches-Loewenbier.de

FONDÉE À LA FIN du Moyen Âge, cette brasserie est profondément ancrée dans la communauté de Malsfeld. En 2003, elle frôla la faillite et fut sauvée par une campagne de soutien des habitants. Frank Bettenhäuser, propriétaire de la brasserie Hütt voisine, acheta l'établissement et coopéra avec les habitants. Un musée consacré au brassage fut créé dans la salle d'embouteillage, et l'activité reprit. La pilsner ample et inédite de la brasserie mérite bien la récompense qu'elle s'est vue attribuer.

HIRSCHBRAUEREI SCHILLING

www.boehringer-biere.de

AUBERGE à laquelle étaient associées une brasserie et une exploitation agricole, Böhringer devint propriété de la famille Schilling en 1874. En 1996, Marianne Spitzer, membre de la quatrième génération de la famille, reprit le flambeau. Elle dirige aujourd'hui cette petite brasserie des Alpes souabes avec son mari, le maître brasseur Johann Spitzer, et leur fille Stephanie, qui s'est fait un nom en tant que sommelière de bière. Les Spitzer proposent pas moins de huit bières sous leur marque.

HOCHDORFER KRONENBRAUEREI

www.hochdorfer.de

LA JEUNE Katharina Haizmann officie au brassage des bières de Hochdorfer Kronenbrauerei – brasserie traditionnelle fondée en 1654, en lisière de la Forêt-Noire. Son diplôme de maître brasseur en poche, Haizmann intégra l'entreprise en 2010. Dès son arrivée, une IPA particulièrement fruitée – la Hochdorfer Meistersud, variante d'une bière créée par ses soins au cours de ses études – fut lancée en production. Au catalogue se retrouvent aussi des exports, des pilsners, des bières de froment et de saison, comme la sombre et maltée Barbara Bock.

HOFBRÄU MÜNCHEN

www.hofbraeu-muenchen.de

DEPUIS SA FONDATION, à la fin du XVIe siècle, la brasserie est aux mains des souverains bavarois. En 1852, Maximilien II la légua à l'État libre de Bavière, auquel elle appartient encore. Jusqu'en 1896, le brassage se faisait aussi dans l'auberge-brasserie de la vieille ville de Munich, mais faute d'espace, la brasserie fut transférée à Munich-Riem en 1988. L'établissement propose 11 bières à l'année, dont la Munich Helles et l'illustre Oktoberfest. Son éclatante Hofbräu Original est la bière emblématique de la brasserie – un breuvage ample et malté titrant 5,1 % vol.

HOPF WEISSBIERBRAUEREI

www.hopfweisse.de

FONDÉE EN 1892 sous le nom de Miesbach, cette brasserie dédiée à la bière de froment fut propriété de la famille Hopf de 1921 à 2006. Elle fut ensuite rachetée par le groupe Paulaner, lui-même intégré au partenariat Heineken-Schörghuber. La brasserie se fit un nom avec ses bières de froment inventives. Dans les années 1980, elle lança sa première bière de froment à la pression. Elle fut aussi pionnière sur le plan des bières légères de ce style. À découvrir : sa Spezial Weisse à robe rouge dorée, une bière d'hiver titrant 6 % vol.

HÖVELS HAUSBRAUEREI

www.hoevels-hausbrauerei.de

LAGER AMÈRE ou altbier aux accents de pilsner ? La rouge Hövels Original semble associer les qualités de différents styles. Elle est probablement la création la plus sophistiquée de l'ancienne « capitale de la bière », Dortmund. La brasserie vit le jour en 1893 pour répondre à une demande en bières toujours plus élaborées. Revisitée en 1984, la Hövels fait désormais appel à quatre malts (de froment, léger, d'orge noire et torréfiée), auxquels fut ajouté le houblon aromatique Hallertauer.

Aujourd'hui, la brasserie propose trois bières différentes basées sur des recettes originales, et la Hövels est produite sur le site d'Actien-Brauerei à Dortmund, propriété du groupe Radeberger. Les visiteurs sont invités à se restaurer dans l'établissement associé et à participer au test de dégustation de la PinkusHövel et de différentes bières, proposées en accompagnement d'une cuisine typiquement allemande.

HUPPENDORFER

www.huppendorfer-bier.de

PROPRIÉTÉ DE LA FAMILLE Grasser depuis 1750, cette modeste auberge-brasserie ne cessa de prospérer, jusqu'à devenir une entreprise de taille moyenne. Avant 1982, le moût était refroidi dans une cuve en bois, depuis remplacée par un refroidisseur par immersion et un échangeur thermique à plaques. Cette brasserie de Haute-Franconie est surtout réputée pour ses lagers, dont sa Vollbier ambrée. Une ample bière de froment est également au catalogue depuis 1999. Chaque dimanche, l'auberge propose des spécialités culinaires franconiennes.

HÜTT

www.huett.de

CETTE BRASSERIE du Baunatal, propriété des descendants de son fondateur Johann Friedrich Pierson, est ancrée dans la culture de la ville voisine de Kassel et de la région environnante. Pièce maîtresse de l'édifice, le Knallhütte est l'endroit où s'arrêtaient à l'époque les cochers pour se rafraîchir. Ici naquit en 1755 la petite-fille du fondateur de la brasserie, Dorothea Viehmann, qui raconta aux frères Grimm les histoires entendues de la bouche de ses hôtes – qui se retrouvèrent dans les célèbres contes éponymes. Le catalogue de Hütt inclut la Luxus Pils, une bière remarquablement robuste.

KARMELITEN

www.karmeliten-brauerei.de

CETTE BRASSERIE, fondée à Straubing en 1367 par des carmélites, appartient à la famille Sturm depuis 1879. En 1984, la société Private Weissbierbrauerei Georg Schneider & Sohn prit une participation dans l'affaire. Depuis 2008, Karmeliten est dirigée par Christopher Kämpf, qui souhaite promouvoir une grande diversité de saveurs. En 2011, il introduisit une märzen classique au catalogue, puis en 2012, une bière de caractère fermentée avec des levures de bière trappiste belge et de champagne français ; un délice aux arômes complexes.

KETTERER

www.kettererbier.de

FONDÉE À HORNBERG en 1877, cette brasserie indépendante est aujourd'hui gérée par Bärbel et Michael Ketterer. Sa pilsner, à la saveur houblonnée, est le résultat de l'association d'une eau de source de la Forêt-Noire et du houblon aromatique Tettnanger. La Ketterer Edel, elle, révèle un délicat accent malté. Les spécialités de saison incluent une bière de Noël blonde et dorée, ainsi que la brune Schützenbock, brassée à l'aide d'une levure traditionnellement utilisée pour la stout. La Ketterer Kellerbier et l'Ur-Weisse ont remporté des médailles lors de la World Beer Cup.

KNEIPE PUR

www.kneipepur.de

DEPUIS 1988, à Plaue, dans le Brandebourg, la famille Brätz dirige le Rock and Blues Pub, qui accueille souvent des stars de la musique. Gernot Brätz se voit comme un « missionnaire défendant la cause de la bière allemande », brassant bières aux fruits aigres (framboises et cerises), porters, bières fumées, bières d'avoine, bières de froment et autres créations. Elles accompagnent la cuisine de Karola Dröske préparée dans l'établissement, lieu de rendez-vous de chefs étoilés et autres célébrités.

KNOBLACH

www.brauerei-knoblach.de

LA FÊTE DE LA BIÈRE de Schammelsdorf est légendaire. Alors que la rencontre opposant l'équipe de football locale au club rival voisin attire une foule digne d'un match de la Bundesliga, les fêtards se délectent des bières de Knoblach. Fondée en 1880, cette auberge-brasserie est restée une affaire familiale. Les lagers mûrissent selon la méthode traditionnelle, sans pression, permettant ainsi à une partie du gaz carbonique de s'échapper. De quoi obtenir une bière moins mousseuse et moins vivifiante, mais très agréable. La Räuschla à robe brun châtain est une märzen maltée plus vive.

KÖNIG LUDWIG SCHLOSSBRAUEREI

www.koenig-ludwig-brauerei.com

CETTE BRASSERIE de Kaltenberg appartient à un descendant du dernier roi de Bavière, Ludwig III. Le site de production actuel, ouvert en 1870, fut un temps détenu par la Munich Unionsbrauerei (actuelle Löwenbräu, du groupe A-B InBev), avant d'être racheté en 1955 par l'ancienne famille royale. En 1976, le propriétaire actuel, S.A.R. Luitpold Prince de Bavière, reprit la tête de la brasserie et participa à asseoir la réputation de la marque dans le pays, grâce à la König Ludwig Dunkel, version légère de la dunkel bavaroise. En 2001, le groupe Warsteiner acheta une licence de vente et de commercialisation nationale, ainsi que d'autres licences pour produire à l'étranger.

LANDSKRON BRAU-MANUFAKTUR

www.landskron.de

LA BRASSERIE fut fondée en 1869 sous la forme d'une société par actions, puis fut achetée par Theodor Scheller en 1903. En 1945, elle passa sous contrôle soviétique, avant d'être nationalisée par la RDA, puis rachetée par la famille Scheller. Acquise en 2003 par Holsten AG (devenu Carlsberg-Allemagne), elle fut enfin intégrée à la fondation Rolf and Heidrun Lohbeck en 2006. Landskron anime la région en organisant différentes manifestations autour de la cuisine et de la musique, tout en brassant lagers blondes et éditions spéciales.

LÖWENBRÄU BUTTENHEIM

www.loewenbraeu-buttenheim.de

CETTE AUBERGE-BRASSERIE fut fondée en 1880 par Johann Modschiedler. La quatrième génération de la famille dirige aujourd'hui l'établissement, soumis à la rude concurrence d'un talentueux voisin, St Georgen Bräu. Avec deux bières de saison, la brasserie décida de proposer une troisième festbier à l'année. La Bartholomäus Festbier est un pur délice, d'un blond doré, douce et fruitée, au bouquet floral et au corps crémeux, nuancé de touches de vanille et d'une élégante amertume.

MAHRS BRÄU

www.mahrs.de

MAHRS BRÄU est l'une des brasseries de Bamberg au succès le plus éclatant. L'ancienne auberge-brasserie sert une bière baptisée U (U pour Ungespundetes, une kellerbier), issue de kegs de bois. Le mercredi des Cendres, quelques chanceux, dont le maire de Bamberg, se réunissent pour célébrer la sortie de la Der Weisse Bock. Depuis son lancement en 1994, cette ale de froment a su s'attirer de fidèles partisans. Le maître brasseur et propriétaire, Stephan Michel, membre de la quatrième génération à la tête de l'établissement, utilise un malt de froment noir, des malts Munich et Pilsner, et procède à une infusion du brassin en deux temps, selon une méthode traditionnelle.

MAISEL

www.maisel.com

LES FRÈRES Eberhardt et Hans Maisel ouvrirent leur brasserie aux portes de Bayreuth, en Franconie, en 1887. En 1955, leurs successeurs lancèrent une des premières bières de froment limpide, la Champagner-Weizen, bâtissant ainsi les fondations de ce qui deviendrait une brasserie de bière de froment de réputation nationale. Jeff Maisel, qui appartient à la quatrième génération de la famille, est aujourd'hui aux commandes et brasse des bières de caractère, sous l'étiquette « Maisel & Friends », élaborées avec le brasseur Marc Goebel et du vigneron producteur Stefan Sattran. Le catalogue inclut IPA, weizenbock et variantes de stouts.

MAXLRAIN

www.maxlrain.com

LE CHÂTEAU du XVIe siècle de Maxlrain, en Bavière, acheté par la famille Lobkowicz dans les années 1980, sert de cadre à des manifestations populaires attirant nombre de visiteurs. Le site abrite une activité brassicole depuis 1636, et la famille Lobkowicz n'a d'autre objectif que de brasser les bières les plus sophistiquées de Bavière. De leur imposant catalogue, l'export Schloss Gold reste la plus populaire. La brasserie expérimente par ailleurs le mûrissement d'une sombre doppelbock en fûts de bois.

MECKATZER LÖWENBRÄU

www.meckatzer.de

IMPLANTÉE DANS la région de l'Allgäu, cette brasserie du XVIIIe siècle, propriété familiale depuis 1853, est aujourd'hui gérée par Michael Weiß. Diversité et qualité sont les valeurs prônées par la brasserie. Une de ses spécialités, la Weiss-Gold, est une lager blonde agréable en bouche, révélant une parfaite harmonie entre malts et houblons, tout en développant une excitante complexité.

MEISSNER SCHWERTER

www.privatbrauerei-schwerter.de

FONDÉE EN 1460, Meissner Schwerter est la plus ancienne brasserie de Saxe. Achetée en 1953 par Wilhelm Wohlers, elle fut nationalisée en 1972. À partir de 1997, la brasserie fut gérée par un descendant de la famille Wohlers qui, suite à des difficultés financières, vendit l'affaire à Eric Scäffer, propriétaire de l'entreprise de production d'eau minérale Oppacher Quellen. Le catalogue de la brasserie inclut une pilsner, une lager brune et une bock ambrée.

PAULANER SALVATOR

NEUMARKTER LAMMSBRÄU

www.lammsbraeu.de

FRANZ EHRNSPERGER, membre de la sixième génération propriétaire de la brasserie, était âgé de 25 ans lorsqu'il prit la tête de cette affaire familiale en 1971. Il fut l'un des premiers brasseurs du pays à s'intéresser aux ingrédients biologiques – il dut d'ailleurs déployer une grande énergie pour convaincre les agriculteurs et ignorer ses collègues qui le prenaient pour un fou. Il lança la première bière biologique au monde en 1987. Le catalogue de la brasserie compte aujourd'hui plus d'une dizaine de styles de bière, dont l'Urstoff – une lager légère – et plusieurs excellentes weizens.

PAPIERMÜHLE

www.jenaer-bier.de

LE PAPIERMÜHLE, à Jena, sert de la bière depuis 1737. Il fut acheté en 1998 par la famille Kanz, qui le rénova et ajouta une brasserie. Cinq bières – deux bocks, deux pilsners et une schwarzbier – sont proposées à la pression. L'affaire intègre aussi une distillerie, où deux bocks mûrissent en fûts de chêne, autrefois utilisés pour stocker du whisky dans la cave de l'établissement. Le tilleul du *Biergarten* (jardin de la brasserie) est classé monument national.

PAULANER MÜNCHEN

www.paulaner-brauerei.de

LES MOINES de l'ordre des minimes se mirent à brasser de la bière à Munich en 1634. La brasserie fut privatisée en 1813 et se trouve aujourd'hui intégrée au groupe né de la fusion de Heineken avec Schörghuber. Les marques chapeautées par le groupe incluent Hacker-Pschorr, Auer-Bräu, Thurn & Taxis et Hopf. Paulaner propose 15 bières, dont la célèbre Salvator – autrefois consommée par les moines pour se nourrir en période de Carême et considérée comme le breuvage fondateur du style doppelbock. La bière de froment Paulaner avec levure compte parmi les bières les plus vendues en Allemagne.

PINKUS MÜLLER

www.pinkus.de

ENTREPRISE FAMILIALE depuis 1816, Pinkus Müller est la dernière des quelque 150 brasseries d'altbier de Münster, en Westphalie. Le maître brasseur Hans Müller travaille avec sa fille Barbara et son mari Friedhelm Langfeld au brassage des dix bières inscrites à l'année au catalogue. Toutes sont brassées selon la loi de pureté allemande sur la bière et emploient des ingrédients biologiques. La Pinkus Special est une bière maltée élaborée à partir d'eau, de houblons et de levure de qualité supérieure. Cette bière sans adjonction de protéines de stabilisation est conservée trois mois à 0 °C, ce qui permet d'obtenir une bière non filtrée naturellement limpide. Autres bières du catalogue : la Pinkus Pils, aux notes épicées et herbacées, et la Pinkus Alt, au caractère rafraîchissant comparable à celui du vin.

PLANK

www.brauerei-plank.de

EN 2001, à Laaber, près de Regenburg, on fêta les 50 ans de Maria Plank, qui est à la tête de la brasserie familiale. Son fils, Michael, brassa pour l'occasion la Dunkler Weizenbock, inspirée de la recette d'une ale produite par l'établissement jusque dans les années 1980. Aujourd'hui, la version revisitée de cette référence suscite l'admiration à travers le monde. Elle valut d'ailleurs à la Dunkler Weizenbock une médaille d'or au World Beer Cup, où Plank, fondée en 1883, décrocha une autre récompense avec sa Heller Weizenbock.

PYRASER LANDBRAUEREI

www.pyraser.de, www.pyraser-herzblut.de

FONDÉE EN 1870 dans un village de Franconie, Pyraser est la plus audacieuse des brasseries allemandes. En 2010, Marlies Bernreuther prit la place de son père à la tête de l'établissement. Aidé du maître brasseur Helmut Sauerhammer, il propose une large gamme de spécialités et de bières de saison : la Hopfenpflücker Pils, une pilsner à base de houblon récolté sur les terres de la brasserie, la Rotbier (lager viennoise), trois ou quatre variétés de weizens, et une 6-Korn-Bier unique, brassée à partir de froment, d'orge, d'épeautre (40 %), de seigle, de grain ancien, de petit amidonnier et d'avoine. Une nouvelle série, l'Edition PyraserHerzblut, fait sensation avec des créations sophistiquées incluant une IPA et une doppelbock mûrie en fûts de bourbon.

PINKUS MÜLLER PINKUS PILS

PLANK-BIER DUNKLER WEIZENBOCK

RATSHERRN

www.ratsherrn.de

LANCÉE PAR LA BRASSERIE Elbschlossbrauerei de Hambourg, en 1951, Ratsherrn devint une des grandes marques de pilsners de la ville dans les années 1980. En 1994, la brasserie ferma et la marque reprise par Bavaria fut oubliée. En 2005, le groupe Nordmann, grossiste en alcools et spiritueux, racheta les droits d'exploitation et rouvrit la brasserie Ratsherrn. La marque revint sur le devant de la scène avec l'image d'une bière artisanale. Aujourd'hui, les brasseurs Thomas Art, Philip Boll Horn et Nile Timmann rivalisent d'ingéniosité pour élaborer les bières les plus savoureuses du nord de l'Allemagne. Ils renouent avec la longue tradition brassicole de Hambourg, tout en s'inspirant de la microbrasserie des États-Unis, du Danemark, d'Italie et d'Autriche, pour produire une pilsner, une rotbier et une ale blonde brassées autant que possible à partir d'ingrédients locaux.

RIEDENBURGER BRAUHAUS

www.riedenburger.de

MARTHA ET MICHAEL KRIEGER, membre de la quatrième génération à la tête de cette brasserie en activité depuis 1866, découvrirent l'engrain et l'amidonnier en collaborant avec le monastère voisin de Plankstetten ; des variétés de grains avec lesquelles ils créèrent une ale spéciale, à l'occasion d'un festival historique local. Le public se montra à ce point enthousiaste que les Krieger décidèrent d'inclure cette bière à leur catalogue. On leur doit aujourd'hui d'avoir participé au renouveau de ces anciennes céréales. L'Emmerbier, à base d'amidonnier, est une ale remarquablement crémeuse.

RITTMAYER

www.rittmayer.de

GEORG RITTMAYER, propriétaire et maître brasseur, réussit à transformer cette petite affaire familiale – fondée en 1442 à Hallendorf, en Haute-Franconie – en une entreprise prospère. En plus d'une unité d'embouteillage, Rittmayer ouvrit en 2012 une nouvelle ligne de brassage employant des énergies renouvelables. Il parvint par ailleurs à se faire un nom en proposant sur le marché des bières inédites. En plus des classiques allemandes landbier, hefeweissbier, kellerbier, bock et radler, Rittmayer brasse une Vintage Edition et une Oak Reserve mûrie en fûts de chêne.

RATSHERRN ROTBIER

RITTMAYER HEFEWEISSBIER

ROSENBRAUEREI

www.rosenbrauerei.de

APRÈS LA RÉUNIFICATION allemande, Nicolaus Wagner, arrière-petit-fils du cofondateur de la brasserie, acheta Rosenbrauerei et en fit l'une des plus grandes brasseries indépendantes de la Thuringe. Depuis 1938, la brasserie, qui disposait de sa propre source, sut tirer partie de la qualité de l'eau, bien adaptée au brassage de la pilsner. Le catalogue inclut deux pilsners, une ale, une bockbier et une schwarzbier.

ROTHAUS

www.rothaus.de

ROTHAUS est une des trois brasseries appartenant à l'État allemand, avec Hofbräu et Weihenstephan, toutes deux en Bavière. Heureusement, la région du Bade-Wurtemberg sut gérer l'établissement et faire face à la crise : alors que le marché de la bière domestique chutait, Rothaus prospérait. Implantée au cœur de la Forêt-Noire, la brasserie utilise une eau très douce issue de sources situées dans une zone forestière préservée. La Tannenzäpfle, une pilsner douce, aromatique et équilibrée, est la bière la plus bue à Hambourg et à Berlin.

SCHAUMBURGER

www.schaumburger-brauerei.de

CETTE BRASSERIE de Stadthaguen propose 16 types de bière basés sur des lagers de fermentation basse : de la Pils, meilleure vente du catalogue, à la sombre Schwarzen Ritter, en passant par la Landbier à robe ambrée. La brasserie utilise l'eau de la source de Bornau, responsable de la douceur de la Schaumburger Pilsner. Fondée en 1873, cette brasserie indépendante de Basse-Saxe est dirigée par Friedrich W. Lambrecht depuis 2003, et appartient aujourd'hui à la cinquième génération de la famille Schaumburger.

SCHEYERN

www.klosterbrauerei-scheyern.de

LES MOINES bénédictins brassèrent de la bière au monastère de Scheyern, en Bavière, dès 1119. En 1951, Hasen-Bräu (groupe Tucher/Radeberger) loua le site, avant de transférer l'unité d'embouteillage, puis toute la production à Augsbourg. Face au délabrement de la brasserie à l'abandon, la communauté monastique décida de réagir. Elle mit fin au bail et construisit une nouvelle brasserie, louée au maître brasseur Tobias Huber de Aichach. Inaugurée en 2006, la brasserie propose à son catalogue lagers blonde et brune, bière de froment, doppelbock et pilsner. La Hopfazupfabier, une märzen blonde, est une bière de saison servie à l'époque de la récolte du houblon – Scheyern se situe dans la région agricole de l'Hallertau.

SCHLOSSBRAUEREI HERRNGIERSDORF

www.schlossbrauerei-herrngiersdorf.de

EN 2010, cette brasserie lança la Hallertauer Hopfen-Cuvée, une pilsner aromatisée par les variétés de houblons Hallertauer Perle, Tradition, Mittelfrüh et Saphir. Une bière élégante qui suit la tendance voulant que le houblon serve à enrichir le profil aromatique, et non plus simplement à insuffler de l'amertume. Fondée par des moines bénédictins, la brasserie appartient à la famille Pausinger depuis 1899.

SCHMUCKER

www.schmucker-bier.de

DEPUIS SA CRÉATION à Odenwald, la brasserie est restée aux mains d'intérêts privés. Le volume de production ne cessa de croître à partir des années 1960, et la direction investit dans un nouveau site. En 2006, la brasserie fut rachetée par Brauholding International (BHI), née de la fusion de Heineken et du groupe allemand Schörghuber. Le catalogue de cette entreprise de taille moyenne est impressionnant, avec ses 16 bières, dont la curieuse Rosé Bock, une starkbier à robe rougeâtre brassée à partir de différents types de malt, ou la rafraîchissante et dorée Maister Pils. À découvrir, la fête de la bière organisée par Schmucker, manifestation régionale annuelle qui se déroule en juillet.

SCHNITZER

www.schnitzerbraeu.de

CET ÉTABLISSEMENT fondé en 1968 par un dentiste, le Dr Schnitzer, était à l'origine spécialisé dans la production d'aliments complets et de céréales, auxquels vinrent plus tard s'ajouter des produits biologiques sans gluten. Une bière sans gluten, élaborée à partir de millet et de haricot mungo et brassée sous licence fut introduite en 2006. Elle est commercialisée en Europe, au Canada et en Australie sous le nom de « Schnitzer Bräu German Premium ». L'établissement est implanté à Offenburg, dans le Bade-Wurtemberg, à proximité de la frontière française.

SPEZIAL

www.brauerei-spezial.de

FONDÉE EN 1536, la brasserie est propriété de la famille Merz depuis 1898. Il s'agit de l'une des deux brasseries traditionnelles de rauchbier (bière fumée) de Bamberg qui produit son propre malt, séché dans un four traditionnel alimenté au bois de hêtre. Ces rauchbier, lagers, märzen, bières de froment et bocks, brassées à partir de généreuses quantités de malt fumé, révèlent une discrète saveur fumée. Seule exception à la règle, la Ungespundete, une lager mûrie en cave sans pression, ce qui permet à une partie du gaz carbonique de s'échapper et d'obtenir ainsi une bière à texture souple.

ST GEORGEN BRÄU

www.st.georgenbraeu.de

CETTE BRASSERIE EST réputée pour sa kellerbier. St Georgen se vante d'avoir été la première brasserie à embouteiller sa lager directement, sans la filtrer depuis la cuve de garde, et ce dès 1900. À la différence des grandes brasseries qui, depuis les années 1990, proposent des kellerbiers faisant l'objet d'une filtration, d'une pasteurisation éclair ou non, St Georgen offre des bières populaires non traitées. En plus des classiques inscrits au catalogue, la brasserie de Buttenheim brasse des bières de saison, comme l'Hopfenzupferbier, aromatisée par les cônes de houblon récoltés dans son jardin. Sa Doppelbock Dunkel très alcoolisée (7,3 % vol.) est une bière suave aux notes de prune.

STAFFELBERG BRÄU

www.staffelberg-braeu.de

CETTE AUBERGE-BRASSERIE implantée au cœur de la Suisse Franconienne fait la joie des touristes. Le brasseur et boucher Karl-Heinz Wehrfritz appartient à la sixième génération de cette famille, propriétaire de l'établissement depuis sa fondation en 1856. Sa Staffelberg Märzen est brassée ici dès 1951. Une lager ambrée franconienne de fermentation basse, équilibrant avec brio notes de caramel et amertume, mais une bière puissante (5,5 % vol.) et plutôt suave, d'où l'abandon de ce style traditionnel par la plupart des autres brasseries. Mais Staffelberg mise aussi sur sa märzen, appréciée par de nombreux amateurs. Mai-Bock, Landbier Hell, Landbier Dunkel, Pils, Hefe-Weissbier, Festbier sont aussi inscrites au catalogue, aux côtés d'une Doppel-Bock éclatante et épicée, puissamment houblonnée.

SPEZIAL RAUCHBIER

STERNQUELL

www.sternquell.de

CETTE BRASSERIE saxonne fut fondée en 1883 à Plauen. En 1910, le volume de production annuel était impressionnant et durant les années de division de l'Allemagne, la Sternquell Pils s'était déjà fait un nom. Strenquell s'agrandit, jusqu'à devenir la brasserie la plus importante de la région administrative de Chemnitz. Après la réunification, elle fut rachetée par Brauholding International (BHI), issue de la fusion Heineken-Schörghuber, et gérée par Kulmbacher Brauerei AG.

Pour son 150e anniversaire, en 2007, Sternquell lança la Kellerbier ambrée. Sa bière emblématique, la Sternquell Pils, est une lager de fermentation basse, au bouquet dominé par un houblon à l'arôme puissant. Une bière d'une fraîcheur pétillante, titrant 4,9 % vol.

STRECK

www.streck-bier.de

BRASSERIE INDÉPENDANTE fondée en 1718 à Ostheim par le brasseur et boucher Peter Streck, Streck est gérée depuis 2010 par Axel Kochinki, membre de la dixième génération de la famille. Le maître brasseur Gerhard Felber est fier de sa Burgherren Pils, aromatisée par des houblons Hallertauer et Spalter, et bénéficiant d'une longue maturation en cave fraîche. En 1996, lors du 500e anniversaire d'Ostheim, et pour la première fois depuis 50 ans, Streck brassa une dunkel, l'Ostheimer Dunkel. Celle-ci bénéficie d'une généreuse quantité de malt Munich, à l'origine de la couleur brun marron de sa robe. La Weizen de Streck est une bière de froment légère de fermentation haute, naturellement trouble, récompensée en 2011 par la médaille d'or de la Deutsche Landwirtschafts-Gesellschaft (Société allemande d'agriculture).

TALSCHÄNKE

www.talschaenke-woellnitz.de

HOPPE CRÉA Talschänke peu après la chute du mur de Berlin et ouvrit en 1997 une unité de brassage qu'il avait lui-même bâtie. Le district Wöllnitz de Jena était autrefois réputé pour sa Berliner Weiße – rien d'étonnant à ce que la seule bière élaborée par Hoppe dans son auberge-brasserie soit une bière de froment de la variété Berlin. La bière est servie pure, avec un sirop de framboise ou d'aspérule, et une liqueur de carvi, la Strippe. L'auberge, avec son espace buvette et son *Biergarten*, dispose d'un bel espace pour accueillir les visiteurs.

TRUNK ALTE KLOSTERBRAUEREI

www.bierfranken.eu

L'ÉGLISE DE PÈLERINAGE de Vierzehnheiligen, près de Bad Staffelstein, fut inaugurée en 1772. La brasserie du monastère, qui entra en activité à la même époque, offrait les services d'une auberge dotée d'un Biergarten. Depuis 1803, la famille Trunk y assure le brassage de bières sous la marque Nothelfer (« saints auxiliaires »). Le catalogue inclut une pilsner, une lager, une bière de froment biologique et une dunkel. Bock, festbier et erntebier (bière d'automne) sont proposées en saison. La qualité de la bière et la beauté du site, qui domine la vallée de l'Obermain, contribuèrent à hisser cet établissement au rang de brasserie culte en Haute-Franconie.

UERIGE OBERGÄRIGE HAUSBRAUEREI

www.uerige.de

DEUX FOIS PAR AN, le troisième mardi de janvier et d'octobre, l'auberge-brasserie Uerige fait salle comble. On y sert une variante de l'albiert Uerige, titrant 6,5 % vol. Brassée avec bien plus de malt et de houblon que la version standard, elle tire son nom du mot *stickum*, signifiant en dialecte local « commérage » – la rumeur dit que le maître brasseur eut la main lourde lorsqu'il pesa les ingrédients de la recette. La brasserie fondée en 1862 travaille encore selon des méthodes traditionnelles, en utilisant une cuve de refroidissement et un refroidisseur par immersion. Son Alt standard est l'altbier la plus amère de Düsseldorf, patrie de ce style d'ale. La DoppelSticke (8,5 % vol.), réservée à l'export, est une bière huileuse d'une complexité mêlant un doux goût fruité à une amertume herbacée.

UNERTL

www.unertl.de

LA WEISSBIER (bière blanche) Unertl révèle une robe ambrée au reflet cuivré, troublée par un voile de levure et couronnée par une mousse crémeuse. La recette est la même depuis l'ouverture de la brasserie en 1895. À l'époque où d'autres brasseurs de weissbier se mirent à proposer des variantes, Unertl resta fidèle à sa recette. Alois Unertl, membre de la troisième génération de la famille, explique que cette weissbier est brassée avec 70 % de froment au lieu des 50 % habituels, ce qui insuffle cette fraîcheur inégalée à leur bière blanche.

WELDE WEIZENGRAPE

WALDHAUS

www.waldhaus-bier.de

LES BRASSEURS de Waldhaus, au cœur de la Forêt-Noire, sont fiers de leurs nombreuses récompenses témoignant de la qualité de leur production, notamment de leur bière vedette, la Diplom Pils, primée au World Beer Cup et à l'European Beer Star. Bière favorite de nombreux connaisseurs, elle est parfaitement équilibrée et offre un caractère légèrement malté et un complexe bouquet houblonné. Pour Dieter Schmidt, membre de la quatrième génération propriétaire de cette brasserie, Waldhaus s'est contentée d'intégrer des houblons naturels issus de Spalt, Hallertau et Tettnang. Autre ingrédient essentiel, l'eau douce des sources de la forêt locale.

WELDE

www.welde.de

HANS SPIELMANN, membre de la quatrième génération propriétaire de cette brasserie familiale, associe l'art à son établissement. Il a conçu la « bouteille dansante », première bouteille d'artiste de l'histoire de la bière, et fut en 1994 l'initiateur du prix artistique Welde, une manifestation annuelle internationale. Tous les ans, il propose une édition limitée de sa bière porte-drapeau, la Welde N° 1 Premium Pils, dont l'étiquette est conçue par des artistes. Le maître brasseur Stephan Dück brasse chaque année une bière du nouveau millésime, pimentée par des houblons exotiques. En plus de sa hefeweizen légère et sombre, la brasserie produit une WeizenGrape – bière de froment légère au jus de pamplemousse.

WISMAR BRAUHAUS

www.brauhaus-wismar.de

LA BRASSERIE, implantée face au vieux port de Wismar, brassa sa première bière en 1452. La ville comptait alors plus de 100 brasseries et la bière de Wismar était connue dans toute l'Europe. Un de ses breuvages, la Mumme, était une bière brune de fermentation haute, agrémentée d'herbes aromatiques. En 1995, Herbert Wenzel rouvrit la brasserie traditionnelle. Stephan Beck y est maître brasseur depuis 2000. Pour le 550e anniversaire de l'établissement, il brassa la Jubiläums-Mumme, starkbier brune titrant 24,4% vol. – une version moins alcoolisée, titrant 10 % vol, est aujourd'hui intégrée au catalogue standard. Autres bières de la maison, une pilsner, la douce et aromatique Roter Erik, une weinachstbier, la maltée Herbsfestbier et une maibock.

BELGIQUE

Witbier, trappiste, lambic, kriek, gueuze... Forte de ses 25 styles de bières différents, la scène brassicole belge mise sur la diversité. Avec l'Allemagne et les Pays-Bas pour voisins, de nombreux brasseurs et consommateurs s'emploient à résister à ce qu'ils qualifient « d'invasion de la pilsner ». Ainsi, la Belgique est à juste titre réputée pour l'individualité de ses bières. En Flandre, région jouissant d'une riche et créative tradition brassicole, s'épanouissent des pale ales imposantes, des red ales aigres et des bières de froment à la coriandre. En Wallonie, on apprécie les bières de saison aigres et sèches – un style désormais incontournable pour tout brasseur. De nombreuses bières de style belge ont désormais acquis une popularité planétaire, à tel point que l'on consomme aujourd'hui probablement bien plus de lambics belges à New York que sur leur terre d'origine.

Les brasseurs belges se mettent aussi à explorer de nouvelles saveurs. C'est ainsi que des variétés de houblons pour le moins exotiques, comme les aromatiques Citra et Amarillo, se retrouvent dans les cuves de nombreuses brasseries, alors que les Belges eux-mêmes ne semblent pas indifférents au potentiel de ces houblons, que de nombreux restaurateurs des environs de Bruxelles associent à la gastronomie en proposant une cuisine à la bière. Tout visiteur de la capitale se doit d'aller faire un tour à la brasserie Cantillon (*voir* p. 86), devenue un véritable musée vivant et sans aucun doute la plus authentique des brasseries de gueuze du pays. Pour le touriste engagé sur la « route de la bière belge », le grand frisson restera la dégustation de cette bière aigre sans concession, incroyablement sèche, savourée au cœur de la brasserie en compagnie du brasseur.

3 FONTEINEN

Armand Debelder préserve la tradition d'assemblage des lambics utilisée pour créer ce breuvage belge traditionnel, la gueuze. Il produit son propre lambic, faisant appel à la fermentation spontanée, pour donner vie à ces bières réputées.

« ON NE FAIT PAS fortune avec la gueuze, confie le brasseur de lambic et assembleur Armand Debelder. Mais je me consacre aux lambics car leur goût me fascine. » Debelder crée des bières comme un artiste. « Heureusement, nous pouvons à nouveau brasser ces bières comme on le faisait jadis », ajoute-t-il. Avec leur procédé de fermentation spontanée, ces bières ont acquis une réputation mondiale. Mais la carrière de Debelder ne fut pas de tout repos.

En 1953, son père acheta le café et sa *geuzestekerij* (« site d'assemblage des lambics ») avant d'agrandir l'affaire avec un restaurant, dirigé désormais par le frère d'Armand, Guido. Armand s'initia à l'art de l'assemblage aux côtés de son père dans les années 1980, et se lança dans le métier dix ans plus tard. « La pratique exige de l'expérience, et seul le temps permet de l'acquérir », confie-t-il. Soucieux du détail, il refusa longtemps de brasser sa propre bière aigre. En 1998, une petite brasserie fut aménagée et, une fois encore, Armand prit le temps d'apprendre à brasser le parfait lambic.

En 2009, le dysfonctionnement d'un thermostat de la brasserie entraîna une hausse de température atteignant 60 °C dans la zone de stockage. Les bouteilles en fermentation explosèrent, d'autres se mirent à fuir. La gueuze de 80 000 bouteilles encore intactes fut perdue. On retira les bouchons de liège des bouteilles, et Debelder distilla leur contenu, qu'il commercialisa sous l'appellation Armand'Spirit. Mais le brasseur dut vendre son équipement. Plusieurs amateurs et confrères le soutinrent dans l'épreuve. Son épouse, Lydie Hulpiau, lança une série « vintage » exclusive Armand'4, basée sur différents assemblages des derniers lambics d'avant la catastrophe. Pour assurer la survie de 3 Fonteinen, Debelder prit Michaël Blanckaert pour associé. Après l'acquisition d'un nouvel équipement, le brassage put reprendre.

3 FONTEINEN
OUDE KRIEK

3 FONTEINEN
OUDE GEUZE VINTAGE

REPÈRES

PROPRIÉTAIRE Armand Debelder
FONDATION 1953
ADRESSE Hoogstraat 2a, 1650 Beersel
SITE INTERNET www.3fonteinen.be
PHILOSOPHIE La tradition associée à la passion.

NOTES DE DÉGUSTATION

OUDE KRIEK 5 % VOL.
Robe rubis, légère tête de mousse et fine dentelle. Une kriek à base de jeunes lambics, mûrie en fûts avec des cerises, entre 6 et 8 mois, avant une fermentation en bouteilles de 4 mois. Une boisson tonique, aux notes aigres de cerise et de musc.

ACCOMPAGNEMENT : délicieuse avec des mets riches, comme le canard et l'oie, les gibiers ou le fromage de chèvre.

OUDE GEUZE VINTAGE 7 % VOL.
Une gueuze millésimée qui, après une refermentation en bouteilles, bénéficie d'une garde de plusieurs années. Son acidité évolue vers de complexes, intenses et douces notes d'agrume, de fruit et de saveurs terreuses de bois et de cuir.

ACCOMPAGNEMENT : à déguster avec des fruits de mer, des terrines et des saucisses, des salades en vinaigrette à base de gueuze ou un stilton aux saveurs terreuses.

BEERSEL BLOND PALE ALE, 7 % VOL.
Puissante pale ale. Robe blonde, tête de mousse blanche. Fruitée sur le nez, notes de prune jaune, mandarine et banane, sur un malt biscuité, épicé d'arômes floraux et terreux de houblon. Première gorgée suave et fruitée, équilibrée par une amertume épicée. Corps moyen et texture crémeuse, avec une belle et sèche finale houblonnée.

ACCOMPAGNEMENT : idéale en entrée, avec un jambon sec ou du saumon fumé, avec des pâtes au pesto ou un poisson grillé.

Rafraîchissement léger
Les bières blondes sont idéales pour étancher la soif.

3 FONTEINEN
BEERSEL BLOND

ACHEL

La plus jeune et plus petite des six brasseries de bières trappistes en Belgique, Achel, ressuscita en 1998, après plus de 80 ans d'abstinence, lorsque l'abbaye Notre-Dame-de-Saint-Benoît décida de renouer avec la tradition brassicole.

REPÈRES

PROPRIÉTAIRE Abbaye Notre-Dame-de-Saint-Benoît d'Achel

FONDATION 1998

ADRESSE 3930 Hamont-Achel

SITE INTERNET www.achelsekluis.org

PHILOSOPHIE Une vie monastique allie simplicité, force et qualité. La bière trappiste incarne cet idéal.

LES ORIGINES DE L'ABBAYE Notre-Dame d'Achel remontent au XVIIe siècle, à l'époque où des moines néerlandais fondèrent une petite chapelle, plus tard devenue abbaye. La première bière, la Patersvaatje, y fut brassée en 1852, mais il fallut attendre 1871 et la transformation du site en une abbaye trappiste pour que le brassage devienne une activité pérenne. Tout s'arrêta lors de la Première Guerre mondiale. En 1917, l'armée allemande démantela la salle de brassage pour récupérer le cuivre des cuves. Après la guerre, les moines d'Achel se concentrèrent sur l'agriculture et l'élevage du bétail.

À cette époque, les abbayes, dont celle d'Achel, peinaient à recruter des moines prêts à s'engager dans un style de vie monastique. La moyenne d'âge au sein de ces communautés religieuses ne cessait de croître, à tel point qu'il fallut se tourner vers des travaux jugés moins pénibles pour les moines. La majorité des terres fut vendue pour financer l'équipement de nouvelles brasseries, tavernes, maisons d'hôtes et boutiques. Les moines aidés de leurs frères de Westmalle et Rochefort renouèrent avec le brassage. Ils commencèrent par des bières légères, seulement servies à la taverne de l'abbaye, une blonde et une brune, toutes deux non filtrées, titrant 5 % vol., et à ce jour uniquement disponibles sur place à la pression. Deux bières en bouteilles, une blonde et une brune titrant 8% vol., comme la brune Achel Extra (9,5 % vol.), virent le jour en 2001. Dernière création, l'Achel Extra Blonde (9,5 % vol.), uniquement disponible sur place.

ACHEL BRUNE 5.5

NOTES DE DÉGUSTATION

BRUNE 5.5 ALE BRUNE, 5,5 % VOL.
Robe brune et trouble à tête de mousse couleur fauve. Bouquet de toffee et de fruit noir, avec des notes grillées. Attaque suave, suivie de notes fruitées et herbacées, nuancées de caramel, équilibrées par un houblon amérisant. Finale maltée.

ACCOMPAGNEMENT : idéale avec des préparations à base de porc rôti ou des sandwiches au pain noir et à la viande froide.

BLONDE 8 ALE BELGE, 8 % VOL.
Ferme tête de mousse blanche sur une robe orangée. Cette ale puissante révèle des arômes fruités et céréaliers évoquant l'abricot sucré et la poire. Les notes fruitées se traduisent en bouche par un malté complexe, agrémenté de touches d'épice. Bouche épaisse, corsée et herbacée, finale amère.

ACCOMPAGNEMENT : avec de savoureuses saucisses épicées, comme celles du cassoulet ou de la choucroute. Parfaite avec des jarrets de gibier ou des steaks poivrés.

Ales angéliques
Les bénéfices tirés de la vente des bières trappistes financent les œuvres de charité de l'abbaye.

ACHEL BLONDE 8

REPÈRES

PROPRIÉTAIRE Davy Spiessens, Glenn Castelein, Marc De Keukeleire

FONDATION 2004

ADRESSE Vaartstrat 4a, 8552 Moen/Zwevegem (Province de Flandre-Occidentale)

SITE INTERNET www.alvinne.be

PHILOSOPHIE Un art du brassage innovant et créatif, dans le respect des traditions.

ALVINNE

Cette brasserie est réputée pour souffler le chaud et le froid dans le monde de la bière – elle ose, souvent avec des résultats surprenants. Très vite, Alvinne est passée du statut de microbrasserie à celui d'entreprise florissante.

DEPUIS 2004, les cofondateurs d'Alvinne (dont le nom signifie « elfe »), Glenn Castelein et Davy Spiessens, testent les limites du brassage. « Nous visons l'expérimentation et l'innovation en revisitant la tradition », confie Castelein. Les deux anciens maîtres brasseurs évoluèrent vite, jusqu'à rejoindre l'avant-garde de la scène brassicole internationale. Alvinne fut l'une des premières à adopter la maturation en foudres de chêne, à utiliser de nouvelles variétés de houblon et à collaborer avec des homologues européennes. Après avoir acquis une certaine notoriété internationale, elle se développa rapidement, puis quitta la remise en bois d'une arrière-cour privée pour de nouveaux et grands locaux à Heule, près de Kortrijk. Trois ans plus tard, en 2010, Marc De Keukeleire impulsa un nouvel élan à Alvinne, en introduisant une innovation technologique. Ingénieur dans l'agro-alimentaire et brasseur amateur, il avait réussi à cultiver sa propre souche de levure, Morpheus.

Cette dernière est un mélange de souches de levure d'ale et de bactéries d'acide lactique, susceptible d'ensemencer bières acides et non acides. Elle est idéale pour les styles de bières de fermentation mixte, typiques de Flandre-Occidentale, comme l'oud bruin ou la vlaams rood. Cet atout permit à Alvinne d'investir dans l'installation d'une unité de brassage d'une capacité de 200 hl et de cuves de fermentation dans un bâtiment industriel classé monument historique, près de Moen. La brasserie s'y installa en 2011. Le site abrite une boutique et la brasserie elle-même, avec ses ateliers de brassage et un espace dégustation ou « Proefloft ». Le Festival de la bière artisanale d'Alvinne qui a lieu tous les deux ans (années paires) est un rendez-vous apprécié des amateurs de bière du monde entier, mais aussi l'occasion de rencontres entre brasseurs internationaux de renom.

NOTES DE DÉGUSTATION

GASPAR 8 % VOL.
Une ale de caractère, à robe orangée. Notes de terre et de foin sur le nez. Puissamment houblonnée, accents d'agrume issus d'une tête de mousse blanche et crémeuse. Les houblons apportent des touches herbacées et épicées.

ACCOMPAGNEMENT : complète bien les saveurs d'un généreux hamburger, de frites et d'une salade.

CUVÉE D'ERPIGNY 15,2 % VOL.
Une bière mûrie en fûts de montbazillac, à la robe brun ambré trouble. Tête de mousse couleur fauve. Bouquet enchanteur aux arômes de miel, raisin et noix, nuancé de notes vineuses. Saveur suave, crémeuse en bouche, évoquant la prune, le chêne, le vin et les nuances terreuses. Finale réchauffante.

ACCOMPAGNEMENT : une bière complexe, à savourer au coin du feu, en prenant tout son temps.

MORPHEUS WILD UNDRESSED 5,2 % VOL.
Robe brun roux et tête de mousse couleur fauve. Première bière ensemencée avec la souche de levure Morpheus, exclusivement destinée aux États-Unis. Bouquet fruité et épicé, avec des touches boisées, modérément acide, avec des notes de cerise, citron et terre. Finale acide.

ACCOMPAGNEMENT : rafraîchissante, facile à boire, idéale avec des fruits de mer, notamment du homard. Également délicieuse avec une omelette ou des œufs Bénédicte.

ALVINNE GASPAR

REPÈRES

PROPRIÉTAIRE Frank Boon, coentreprise avec Palm Breweries

FONDATION 1975

ADRESSE Fonteinstraat 65, 1502 Lembeek, Brabant flamand

SITE INTERNET www.boon.be

PHILOSOPHIE Une brasserie primée, fière de sa production de STG, ou « spécialités traditionnelles garanties ».

BOON

En 1975, alors que nombre de brasseurs et d'assembleurs abandonnaient leur activité, Frank Boon reprit un site de production de gueuze et de kriek, et parvint à développer une florissante brasserie à l'origine d'excellents lambics.

EN 1975, les bières acides étaient le style préféré de Frank Boon, alors âgé de 20 ans. Son assembleur vedette était l'ancien propriétaire de la brasserie, René De Vits. Ce dernier n'avait pas d'héritier et, lorsqu'il annonça son intention de fermer la brasserie, le jeune homme décida d'en prendre la tête. Boon avait grandi dans le monde de la bière. Sa grand-mère et ses frères avaient dirigé une brasserie de lager qui connut des temps difficiles, avant de fermer en 1970 et sa famille brassait sa propre bière à domicile. Boon leur avait promis de ne jamais se lancer dans le métier. Mais, du haut de ses 20 ans, une licence de sciences sociales en poche, il était prêt à rompre sa promesse.

Boon acheta le site de De Vits et s'installa avec l'objectif de produire une gueuze et une kriek traditionnelles d'excellente qualité, sachant qu'aucun grand brasseur n'était prêt à se lancer dans ce style de bière ancien, synonyme d'un important investissement financier et de main-d'œuvre. À ses débuts, il assembla sa gueuze en utilisant des lambics issus de deux autres brasseries. Mais à l'arrêt de leur production, comme beaucoup d'autres dans la région du Pajottenland, Boon se décida à brasser son propre lambic. Nous étions en 1990.

Le lambic était resté une petite spécialité, mais Frank Boon maîtrisait son brassage. Il sauva sa chère et vieille brasserie, dont il accrut la capacité de production en la multipliant par 20. Un partenariat avec Palm Breweries lui offrit les moyens de réaliser son rêve d'expansion. Aujourd'hui, près de 230 cuves de bois remplies de lambic sont alignées dans sa cave de Lembeek, ce qui représente quelque 10 000 hl de boissons prêts à être utilisés. Boon reconnaît qu'il « faut beaucoup de bière pour faire une petite quantité de bonne gueuze ». À la différence de ses amis conservateurs, qui suivent à la lettre l'*oud* (« vieille ») et traditionnelle recette, Boon a revisité les styles, avec des produits plus fruités et moins acides, en faisant notamment appel pour sa Kriek à un *meerts*, ou « très jeune lambic ».

Heureux mélange
La réussite d'une kriek tient à la maîtrise et au talent mis en œuvre lors de l'assemblage de lambics de différents âges.

BOON KRIEK BOON

NOTES DE DÉGUSTATION

KRIEK BOON 4 % VOL.
Robe rouge éclatant. Kriek issue d'un assemblage de lambics de différents âges. Après une fermentation de 12 mois en fûts, 400 g/l de cerises sont ajoutés afin d'activer une refermentation en bouteilles. Après deux ans de garde, les rafraîchissantes notes douces amères de cerise se métamorphosent en arômes plus matures de porto ou de xérès.

ACCOMPAGNEMENT : à servir avec des fruits de mer.

FRAMBOISE BOON 5 % VOL.
Robe rouge rosé éclatant, tête de mousse blanc rosé. Bière élaborée à partir de l'ajout de 300 g/l de framboises fraîches et de quelques cerises sauvages. Légère et effervescente, fruité affirmé sur le nez. Modérément acide, longue finale fruitée nuancée de touches d'amande.

ACCOMPAGNEMENT : délicieuse avec une mousse au chocolat ou une salade au fromage de chèvre.

OUDE GEUZE BOON 7 % VOL.
Robe blond doré, trouble et tête de mousse blanche. Assemblage de 90 % d'un lambic doux de 18 mois d'âge, de 5 % d'un lambic fort de 3 ans d'âge et de 5 % d'un très jeune lambic. Refermentation en bouteilles de plusieurs mois. Notes de pamplemousse, gingembre et raisin muscat, étayées par une douce amertume. Finale suave.

ACCOMPAGNEMENT : bière acide et amère, à associer à des mets salés, comme la charcuterie.

KRIEK MARIAGE PARFAIT 8 % VOL.
Robe rubis, tête de mousse rose. Gueuze élaborée à partir d'un lambic fort de 1 an d'âge, mûri en barriques de chêne, avec 400 g/l de cerises mûres. Refermentation en bouteilles et maturation de 2 ans. Arômes de vanille, mousse, rose et clous de girofle, rondeur et fruité évoquant la cerise, équilibrés par de douces notes suaves.

ACCOMPAGNEMENT : parfaite avec des mets riches, comme le canard, l'oie, les gibiers et le foie gras.

GEUZE MARIAGE PARFAIT 8 % VOL.
Assemblage d'un lambic de 3 ans d'âge avec des variétés plus jeunes. Bière filtrée avant une maturation en bouteilles de 6 mois minimum. Douceur, acidité subtile, notes boisées, corps vanillé et arrière-goût amer aux accents de clous de girofle, s'intensifiant au fur et à mesure de la consommation.

ACCOMPAGNEMENT : à déguster avec des mets riches – escargots, saumon fumé, fromage de chèvre ou huîtres.

FARO BOON 5 % VOL.
Robe brune coiffée d'une petite tête de mousse. Bière composée d'un vieux lambic agrémenté d'épice et de sucre candi, pour le rendre léger et faiblement alcoolisé. Notes douces-amères évoquant le vinaigre balsamique qui équilibrent le côté suave.

ACCOMPAGNEMENT : bière douce-amère parfaite avec des desserts à base de fruit.

BOON
KRIEK MARIAGE PARFAIT

BOON
FRAMBOISE BOON

BOON
GEUZE MARIAGE PARFAIT

BOON
OUDE GEUZE BOON

BOON
FARO BOON

FORTE DE PLUS DE 25 STYLES DE BIÈRE ET D'INNOMBRABLES VARIANTES RÉGIONALES LA BELGIQUE N'A RIEN D'UN PETIT PAYS EN MATIÈRE BRASSICOLE.

LE MUSÉE DE LA GUEUZE DE LA BRASSERIE CANTILLON (*VOIR* P. 86), EN PLEIN CŒUR DE BRUXELLES, CÉLÈBRE LE MARIAGE DE L'ART DU BRASSAGE ET DU DESIGN.

CANTILLON

REPÈRES

PROPRIÉTAIRE Jean Van Roy

FONDATION 1900

ADRESSE 56 Rue Gheude, 1070 Bruxelles

SITE INTERNET www.cantillon.be

PHILOSOPHIE Brasser selon les règles de l'art, avec un équipement traditionnel et des ingrédients naturels, sans édulcorants, conservateurs ou sirops à la place des fruits.

« Il faut de la passion et de la patience pour brasser cette bière, confie Jean Van Roy, propriétaire de Cantillon. Un brasseur de lambic doit garder le contact avec sa bière. C'est à cette seule condition qu'il peut s'en imprégner. »

ÉTABLIR CE CONTACT n'est pas aisé avec les bières de Jean Van Roy. La fermentation spontanée offre une issue toujours différente. Chaque fût de lambic, qui mûrit jusqu'à trois ans, est unique. « Nous ne pouvons pas contrôler la fermentation, nous devons l'accompagner », explique Van Roy. Il remarque aussi que les brasseurs de lambic ne sont jamais qualifiés de maîtres, car ces derniers ne s'en remettent qu'à leurs sens. Il teste ainsi jusqu'à dix fûts de lambic, jeune et vieux, avant d'assembler sa gueuze.

Van Roy appartient à la quatrième génération de la famille propriétaire de la brasserie. Il prit la tête de l'affaire en 1989 et s'applique depuis 1990 à intervenir personnellement à chaque étape du processus de brassage. Il rêve depuis longtemps de parcourir le monde, mais c'est le monde qui semble venir à lui. Cantillon accueille près de 14 000 visiteurs par an, dont 90 % d'étrangers. Certains amateurs de gueuze s'y rendent comme on accomplit un pèlerinage, mais la plupart des visiteurs viennent surtout découvrir le « musée », fondé par le père de Jean Van Roy en 1978. Il transforma la brasserie en une exposition vivante, mettant en scène la famille en train de travailler avec un équipement identique à celui utilisé en 1900. Le prix de l'entrée participa à assurer la survie de Cantillon lors des décennies économiquement mouvementées qui allaient suivre.

Si son père était connu pour son attachement à la tradition, Jean Van Roy ose expérimenter. La Fou' Foune est brassée avec des abricots, alors que l'Iris fait appel à parts égales à un houblon séché et à un frais, puis subit un autre houblonnage avant embouteillage. Il procéda aussi à une fermentation de lambics dans des amphores en terre cuite, technique apprise auprès du vinificateur sicilien Gabrio Bini.

CANTILLON
KRIEK

CANTILLON
GUEUZE 100% LAMBIC BIO

CANTILLON
GRAND CRU BRUOCSELLA

NOTES DE DÉGUSTATION

KRIEK 5 % VOL.

Robe ambrée, trouble. Kriek issue de l'assemblage de lambics de 6 mois à 1 an d'âge, mûris plusieurs mois avec des cerises en fûts de chêne ou de châtaignier, avant une fermentation en bouteilles de 5 mois. Arômes de cerise et de bois, saveur aigre mais souple, crémeuse en bouche. La brasserie recommande une consommation dans les 12 mois qui suivent l'embouteillage.

ACCOMPAGNEMENT : une bière désaltérante, parfaite comme boisson estivale, à apprécier avec des en-cas pleins de saveurs, comme du fromage, des olives ou des radis.

GUEUZE 100% LAMBIC BIO 5 % VOL.

Gueuze à robe d'un blond pâle, trouble, issue de l'assemblage de lambics de 1, 2 et 3 ans d'âge. Arômes de fruit et de cuir, plutôt âpre en attaque. Saveur aigre, avec des notes de paille, de cidre et de cuir, avant une finale sèche.

ACCOMPAGNEMENT : bière polyvalente, parfaite en apéritif ou avec des fruits de mer, intéressante avec des pâtés délicatement fruités et des terrines épicées.

GRAND CRU BRUOCSELLA LAMBIC, 5 % VOL.

Ce lambic à robe blond doré opaque est une édition spéciale de 3 ans d'âge, tirée d'un même fût. Arômes de pomme et de miel avec une élégante acidité et une touche de pain grillé.

ACCOMPAGNEMENT : idéale avec des fruits de mer et des préparations à base de viande délicates, comme le poulet à l'estragon.

REPÈRES

PROPRIÉTAIRE Yvan De Baets, Bernard Leboucq

FONDATION 2006

ADRESSE Steenweg op Gent 565, 1080 Bruxelles

SITE INTERNET www.brasseriedelasenne.be

PHILOSOPHIE Des bières peu alcoolisées et pleines de saveurs.

DE LA SENNE

Cette brasserie est résolument tournée vers Bruxelles et la remise au goût du jour des bières oubliées. L'essentiel de sa production pourrait être exportée, mais De la Senne privilégie le marché local.

NOUVELLE VENUE sur la scène brassicole belge, De la Senne bouscule les dernières tendances en matière de brassage artisanal, mais aussi l'image dominante de la brassiculture belge. « Notre idée est de proposer des bières généreuses en saveurs, mais renfermant le moins d'alcool possible », explique Yvan De Baets, cofondateur et maître brasseur de la brasserie De la Senne. « Nous brassons ce que nous aimons boire nous-mêmes », ajoute-t-il. Après une longue journée de travail, De Baets et son associé Bernard Leboucq choisissent « quelque chose de facile à boire, rafraîchissant et savoureux ». Ainsi, leurs Saison de la Senne (4,3 % vol.), Stouterik (4,5 % vol.) et la blonde Taras Boulba (4,5 % vol.) sont très bien équilibrées, complexes, uniques et faciles à boire – et, encore plus surprenant, il s'agit de bières inspirées par la tradition belge. « Dans les abbayes, mais aussi pour le commun des mortels, la boisson ordinaire était la bière et non l'eau », rappelle De Baets. En vrai passionné de la bière, De Baets a étudié la brassiculture belge depuis ses origines. Il a aussi écouté ce que d'anciens brasseurs lui ont raconté sur ces styles de bière ordinaires, dont la tafelbier, ou bière de table, pourrait être le dernier vestige. De la Senne a recréé certains de ces styles de bière peu alcoolisées et parvient à faire revivre une culture oubliée.

Le catalogue de la brasserie compte néanmoins quelques bières puissantes – comme la sombre ale d'hiver Zwarte Piet (8 % vol.), la triple La Jambe-de-Bois (8 % vol.) ou l'ale brune de Flandre, aujourd'hui épuisée, Crianza (7 % vol.). « Autrefois, les bières fortes étaient réservées aux occasions spéciales, pour accueillir des visiteurs de marque ou lors d'une fête », explique De Baets. De la Senne n'attend pas ce genre d'occasion pour servir ce type de bières.

NOTES DE DÉGUSTATION

STOUTERIK STOUT, 4,5 % VOL.
Robe très sombre, tête de mousse couleur fauve. Stout belge aux notes riches, suaves et torréfiées, touches de chocolat et de grains de café. Légère en bouche, amertume herbacée rafraîchissante, notes de grillé. Finale sèche, amère.

ACCOMPAGNEMENT : bière festive, parfaite avec une large gamme de saveurs, depuis les fromages à goût de noisette jusqu'au poisson grillé et les pommes de terre sautées.

TARAS BOULBA ALE, 4,5 % VOL.
Robe d'un blond doré intense, teintée d'orange. Fine tête de mousse. Bouquet de citron vert et mandarine, notes sous-jacentes de caramel et de grillé. Attaque vive et sèche, dotée d'une franche amertume, évoluant vers un caramel moelleux et des touches de pain grillé, avant une légère acidité, conduisant à une finale marquée par une persistante et aromatique amertume.

ACCOMPAGNEMENT : bière apéritive et désaltérante, à apprécier avec des préparations légères mais épicées, comme une salade au fromage de chèvre, un curry de crevettes ou une tarte au citron.

ZWARTE PIET STRONG DARK ALE, 8 % VOL.
Ale à robe brun ambré, tête de mousse crémeuse et dorée. Bouquet aux riches arômes de malt, avec des notes de grillé, de cacao et de fruit sec, nuancées de touches alcoolisées et d'accents de levure. Généreuse en fruit sec et chocolat, avec une pointe de vanille, rehaussée de houblons aromatiques. Finale modérément douce.

ACCOMPAGNEMENT : à savourer au coin du feu ou à déguster avec des chocolats, un cigare, ou de savoureux fromages faits à point.

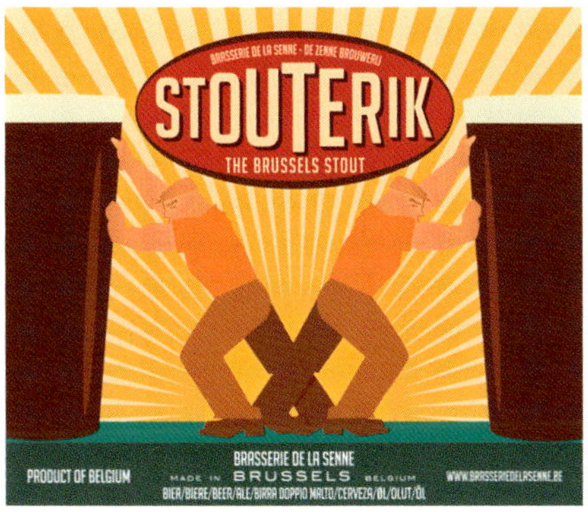

DE LA SENNE
STOUTERIK

DE LA SENNE
TARAS BOULBA

DE LA SENNE
ZWARTE PIET

REPÈRES

PROPRIÉTAIRE Palm Breweries

FONDATION 1836

ADRESSE Spanjestraat 133–141, 8800 Roeselare, Flandre-Occidentale

SITE INTERNET www.rodenbach.be

PHILOSOPHIE Des bières brassées avec le respect de la culture brassicole et un savoir-faire artisanal.

RODENBACH

Rodenbach, l'une des brasseries les plus étonnantes au monde, est attachée à la défense et à la promotion d'un processus brassicole classique de fermentation mixte en fûts pour élaborer sa gamme d'ales traditionnelles, rouge brun et aigres.

PROPRIÉTÉ D'UNE FAMILLE de brasseurs, Rodenbach fut fondée en 1821 sous l'impulsion de quatre frères. Dans les années 1870, l'un d'eux, Eugène, partit au Royaume-Uni s'initier à l'assemblage de bières jeunes et matures, fermentées en fûts de chêne – un procédé devenu la spécialité de la brasserie. En 1998, l'affaire tomba aux mains des brasseries Palm. L'ancienne brasserie fut transformée en une salle de conférence, mais un nouveau site de production vit le jour.

La cathédrale des foudres Rodenbach avec ses cuves en bois, indispensables à l'étape de fermentation mixte, est devenue une attraction touristique. Sous un plafond de bois sombre, le long d'allées sans fin aux murs revêtus de briques, sous un éclairage au néon, se succèdent d'immenses foudres de chêne cerclés de fer rouge, chacun assujetti à des piles de briques. « Sans ces foudres, Rodenbach n'aurait pas existé », confie Rudi Ghequire, le directeur de la brasserie. Le brassin ensemencé par une souche de levure de chez Rodenbach subit une première fermentation en cuves cylindro-coniques. La seconde fermentation se déroule en cuves à l'horizontale afin que se déposent les enveloppes de levure et les bactéries lactiques produisant l'acide lactique, même si au minimum « deux années supplémentaires de maturation et de patience » sont exigées. Durant cette période, la bière conservée dans 300 immenses foudres de chêne (120 à 600 hl chacun) acquiert des saveurs complexes délivrées par le bois et les micro-organismes qu'il abrite. Nombre de ces foudres sont aussi vieux que la brasserie elle-même. Plusieurs ont été façonnés sur place, d'autres achetés à des brasseries de la région. La brasserie emploie une équipe de tonneliers pour entretenir ces précieux témoignages de l'histoire.

NOTES DE DÉGUSTATION

VINTAGE MATURATION EN FÛTS DE CHÊNE, 7% VOL.
Édition tirée d'un même fût, la Vintage est une bière de connaisseurs, sélectionnée dans les plus grands foudres, où le contact avec le bois est limité et où la bière mûrit plus lentement. Arômes complexe de grenade, de chêne vanillé, avec des notes terreuses, d'épice et de cerise. Son malt caramélisé, suave et rond en attaque, est équilibré par une franche acidité. Longue finale.

ACCOMPAGNEMENT : complète les saveurs puissantes du gibier, des terrines de foie de gibier et des fromages matures.

GRAND CRU RED ALE FLAMANDE, 6% VOL.
Red ale composée de 2/3 de bière mûrie en fûts de chêne et d'1/3 de bière jeune. Bouquet aux notes de fruit rouge, curcuma et vinaigre balsamique. Aigre-douce, avec des bouffées de fruit et de chêne, finale agréablement sèche.

ACCOMPAGNEMENT : grande bière apéritive, parfaite avec des olives, des pickles, du poisson, du homard et du crabe.

CARACTÈRE ROUGE ALE FRUITÉE, 7% VOL.
Édition limitée, mûrie 2 ans en fûts de chêne, avec cerise, fraise et canneberge. Robe rouge rubis et trouble. Bouquet aux notes de fruit rouge, touches boisées et vineuses. Texture crémeuse, sèche et bien équilibrée. Finale fruitée rafraîchissante.

ACCOMPAGNEMENT : parfaite avec le foie gras et les fromages doux à pâte persillée.

RODENBACH
VINTAGE

RODENBACH
GRAND CRU

RODENBACH
CARACTÈRE ROUGE

WESTVLETEREN

Cette brasserie est l'une des plus vénérées au monde. Réputée pour sa production de bières parmi les plus difficiles à dénicher, elle attire des visiteurs venus des quatre coins du monde.

WESTVLETEREN BLOND

SUR LES PLAINES DE L'OUEST de la Flandre, on avait l'habitude de voir se former une longue file de voitures progressant vers les portes de l'abbaye de Saint-Sixte, à Westvleteren. Les amateurs de bière venaient se procurer un casier ou deux de Westvleteren Twaalf. Cette barley wine populaire, comme les deux autres bières de l'abbaye, est exclusivement vendue sur le site. Lorsque la circulation devint trop dense, les moines commencèrent à vendre leur bière aux seuls clients réservant par téléphone. Mais l'encombrement des lignes posa à son tour problème…

La brasserie de Westvleteren est devenue un site de pèlerinage – un gobelet de 12 représente une sorte de saint Graal pour les amateurs de cette dark strong ale, inscrite en tête de nombreux classements des meilleures bières au monde. Ainsi, de plus en plus d'autocars déversent des nuées de touristes, auxquels se mêlent des voyageurs solitaires, tous avides de déguster les produits de Westvleteren au sein de l'immense taverne de l'abbaye. Ces produits sont interdits à la vente partout ailleurs. Sous le porche à l'arrière de la taverne, illuminé par la lumière dorée d'un soleil de fin d'après-midi, les visiteurs partagent le privilège de savourer la blonde Westvleteren Acht ou la Twaalf.

La vingtaine de frères de cette abbaye trappiste ne semble pourtant pas perturbée par l'agitation. Attachés à leur mode de vie monastique, les frères brassent leur bière, sans rien changer à leur rythme de production. Chaque année, un critique spécialisé est invité à visiter la brasserie. Comme le disent les moines, ils brassent de la bière, mais leur abbaye n'est pas une brasserie. Ils brassent pour prier.

NOTES DE DÉGUSTATION

BLOND ALE, 5,8 % VOL.
Robe blonde, légèrement trouble, généreuse tête de mousse blanche. Notes de fruit exotique, foin et épice sur le nez. Attaque suave, corps ample, équilibré par une amertume, une effervescence et un moelleux en bouche. Finale longue et sèche.

ACCOMPAGNEMENT : parfaite avec des plats copieux, comme la choucroute.

8 DOUBLE, 8 % VOL.
Une double à robe brune et à tête de mousse crème. Complexes arômes maltés, évoquant les raisins secs, clous de girofles et herbes aromatiques. Saveurs équilibrées, douces et délicates touches torréfiées, soutenant l'amertume. Vive et propre en bouche, longue et savoureuse finale.

ACCOMPAGNEMENT : idéale avec des viandes grillées et fumées.

REPÈRES

PROPRIÉTAIRE Saint Sixtus Trappistenabdij

FONDATION 1839

ADRESSE Donkerstraat 12, 8640 Westvleteren, Flandre-Occidentale

SITE INTERNET www.sintsixtus.be

PHILOSOPHIE « Nous brassons pour prier. »

WESTVLETEREN 8

ABBAYE DES ROCS

www.abbaye-des-rocs.com

EN 1979, Jean-Pierre Eloir se mit à pratiquer le brassage à Montignies-sur-Roc pour le plaisir. Un loisir qui se transforma vite en une véritable vocation. Depuis, sa fille Nathalie a repris l'affaire. Les bières de l'Abbaye des Rocs sont exclusivement élaborées à partir d'eau, de houblons, de malt, de levure et d'épices. Nathalie utilise la coriandre, le zeste d'orange, le cumin ou le gingembre, mais jamais de sucre. La brasserie fut l'une des premières à utiliser de l'avoine maltée, dans la Blanche des Honnelles (6 % vol.), lancée en 1991.

ACHOUFFE

www.achouffe.be

CETTE BRASSERIE de Houffalize-Achouffe incarne la réussite d'une start-up et la référence en matière de bière belge artisanale. Brasseurs amateurs, Pierre Gobron et Chris Bauweraerts montèrent leur affaire en 1982 pour produire des bières de spécialité de qualité supérieure. Leur première création, La Chouffe, une ale blonde titrant 8 % vol., fédéra de nombreux amateurs dans le monde, jusqu'à se hisser au rang de bière belge classique. En 2006, la brasserie fut rachetée par Duvel Moortgat.

AFFLIGEM

www.affligembeer.be

EN 1970, la brasserie familiale De Smedt, à Opwijk, acheta une licence pour brasser de la bière dans l'abbaye bénédictine d'Affligem, dont les origines remontent à 1790. Le succès fut tel que le géant Heineken racheta De Smedt en 1999. En plus de sa Dubbel et de sa Tripel, la Blond du catalogue compte parmi ses bières les plus réputées. Affligem assure également le brassage à l'abbaye de Postel, où elle propose les trois mêmes styles de bière.

BELGOO

www.belgoobeer.be

LES BIÈRES de Belgoo sont créées et brassées par Jo Van Aert, dans la brasserie La Binchoise, à Binche. Van Aert fonda sa société en 2007. Il produit des ales élaborées à partir de plusieurs types de céréales. La blonde Magus (6,6 % vol.) renferme de l'orge, du malt de froment, du seigle et de l'avoine. La blonde Luppo (6,5 % vol.), houblonnée à sec, est brassée à partir d'orge et d'avoine. La Saisonneke est une bière de saison, également houblonnée à sec.

BELGOO SAISONNEKE

BOSTEELS DEUS BRUT DES FLANDRES

BLAUGIES

www.brasseriedeblaugies.com

CET ÉTABLISSEMENT produit les meilleures bières de saison du pays. Pierre-Alex Cartier et Marie-Noëlle Pourtois fondèrent cette brasserie de bières de saison en 1988, puis la cédèrent à leurs fils. Cédric dirige le restaurant attenant et Kévin s'occupe du brassage. L'unique bière de la maison, Saison d'Épeautre (6 % vol.), est à base de sarrasin. En 2013, ils collaborèrent avec la brasserie Hill Farmstead (*voir* p. 191) pour produire la Vermontoise (6 % vol.), une bière de saison à l'épeautre, assaisonnée d'amarillo.

BOSTEELS

www.bestbelgianspecialbeers.be

JUSQU'ALORS concentrée sur le brassage de pilsners, Bosteels se tourna vers les ales de spécialité dans les années 1990. La Pauwel Kwak (8 % vol.), une bière suave à l'origine destinée aux cochers, est réputée pour son verre original. La Tripel Karmeliet (8 % vol.) est une ale « trois grains » fruitée. L'épicée Deus Brut des Flandres (*voir* aussi Malheur, p. 93) est une innovation. Fondée en 1791, Bosteels est dirigée par Ivo Bosteels et son fils, Antoine.

BROOTCOORENS

www.bierenaturelle.be

DANS LES ANNÉES 1990, Alain Brootcoorens se mit à travailler sur des recettes dans son garage. En 2000, il fonda sa brasserie à Erquelinnes, où il brassait à temps partiel. Ses bières sont de qualité supérieure, comme sa blonde et sa brune Angelus, deux ales basées sur une fermentation naturelle en bouteilles. Le site ouvert au public le samedi permet de venir brasser sa propre bière (sur demande).

CARACOLE

www.brasserie-caracole.be

FRANÇOIS TONGLET inaugura Caracole en 1990. D'abord installée dans une remise à Namur, la brasserie fut transférée dans une bâtisse du XVIIIe siècle de Falmignoul, cadre de l'ancienne brasserie Lamotte. Tonglet travaille dans l'ancienne salle de brassage à cuves verticales et à flamme nue. Caracole propose quatre bières de refermentation en bouteilles, l'ale ambrée Caracole (8 % vol.), la riche et brune Nostradamus (9,5 % vol.), la sèche et blonde Saxo (8 % vol.) et la Troublette (5 % vol.), une bière de froment légèrement épicée.

CAZEAU

www.brasseriedecazeau.be

CETTE BRASSERIE de bières de saison trouve ses origines au XVIIIe siècle. En 2004, après 35 ans de sommeil, elle reprit son activité grâce à Laurent Agache et Quentin Mariage, descendants de la famille propriétaire. Les deux cousins brassent plusieurs ales sous l'étiquette Tournay, bénéficiant d'une refermentation en bouteilles, ainsi qu'une édition limitée annuelle, la Saison Cazeau (5 % vol.) parfumée au sureau.

CHIMAY

www.chimay.com

L'ABBAYE NOTRE-DAME de Scourmont fut la première en Belgique à commercialiser ses bières, dès 1862, mais aussi la première à utiliser l'appellation « trappiste » après la Première Guerre mondiale. En 1992, une grande salle de brassage fut inaugurée. Si les bières brassées dans les nouvelles installations – la Rouge (7 % vol.), la Tripel (8 % vol.) et la Bleue (9 % vol.) manquent de notes épicées, elles retrouvent toutes leur qualité après leur garde en bouteilles.

CNUDDE

www.eine.be/index.php/nl/brouwerij-cnudde

EN 1919, la famille Cnudde acheta une brasserie à Eine, au nord d'Oudenaarde. La Flandre Brown Ale, lancée en 1933, s'appuie sur une fermentation en cuves ouvertes. En général, la Cnudde Bruin (5 % vol.) n'est disponible qu'en kegs, mais elle est parfois conditionnée en bouteilles, dans les locaux de la brasserie Strubbe, à Ichtegem (*voir* p. 94). Les frères Lieven, Steven et Piet Cnudde brassent aussi à la demande, en fonction des besoins de la communauté. Une fois par an, ils élaborent la Bizon (7 % vol.), une kriek parfumée aux cerises.

DE CAM

www.decam.be

LE DIRECTEUR du groupe Palm Brewery, Willem Van Herreweghen, inaugura la brasserie De Cam, à Gooik, dans les années 1990. Seuls deux assembleurs de gueuze étaient alors en activité dans la région du Pajottenland, 3 Fonteinen (*voir* p. 79) et Hanssens. Le premier assemblage De Cam sortit en 1997. Le directeur actuel, Karel Godeau, se forma à l'art du brassage à Gand, mais avoue avoir été déçu de recevoir si peu d'informations sur la fermentation spontanée. Toutefois cela n'entama en rien sa passion. Ses gueuzes et ses krieks sont issues de l'assemblage de lambics de Lindemans (*voir* p. 93), Girardin (*voir* p. 92) et Boon (*voir* p. 82-83).

DE GRAAL TRIPEL

DE DOCHTER VAN DE KORENAAR

www.dedochtervandekorenaar.be

VERS 1550, Charles Quint préférait le jus de « l'épi de maïs » au vin, explique Ronald Mengerink, fondateur en 2007 de De Dochter Van De Korenaar. Il fit de son mieux pour convertir les gourmets d'aujourd'hui au goût de cet empereur de la Renaissance. La blonde Noblesse (5,5 % vol.), la Bravoure (6,5 % vol.) raisonnablement fumée, comme l'Embrasse (9 % vol.) (riche et crémeuse mais vivifiante) sont toutes présentes sur les tables new-yorkaises depuis 2009. À noter, la production de plusieurs éditions mûries en foudres de chêne.

DE DOLLE BROUWERS

www.dedollebrouwers.be

SOUS LEUR ASPECT fantasque, les bières brassées par De Dolle Brouwers (« les brasseurs fous ») possèdent chacune un caractère bien trempé. Kris Herteleer, fondateur et directeur de la brasserie, insuffla un nouvel élan à la brassiculture belge. En 1980, ce médecin de formation reprit une brasserie abandonnée du village d'Esen, près de Diksmuide, et créa une des premières microbrasseries du pays. Ses bières sont élaborées à partir d'un malt complexe et de houblons issus de la cité voisine de Poperinge. Sa première création, l'Oerbier, une bière à robe brun roux de fermentation mixte, développe une certaine aigreur avec l'âge.

DE GRAAL

www.degraal.be

DÈS SES DÉBUTS, De Graal chercha à offrir une large palette de bières de qualité. Ainsi, la brasserie s'appuie sur des classiques, comme la Blond (6,5 % vol.), la Tripel (9 % vol.) et la Dubbel (6,5 % vol.), mais brasse aussi quelques variantes, comme la Gember (9 % vol.), une blonde épicée au gingembre, ou encore la Slock (6,5 % vol.), une blonde amère à base de houblons américains. Wim Saeyens inaugura sa microbrasserie dans les Ardennes flamandes en 2002. Depuis, son activité n'a cessé de croître.

DE HALVE MAAN

www.halvemaan.be

DE HALVE MAAN (« la demi-lune ») est la seule brasserie familiale en activité à Bruges. En 1856, la famille Maes débuta avec le brassage d'une ale brune et aigre. La génération suivante brassa des stouts de style anglais et des pale ales. Dans les années 1980, Véronique Maes introduisit l'ale Straffe Hendrik, avant que la brasserie ne ferme. En 2005, le fils de Véronique, Xavier Vanneste, reprit l'affaire et lança avec succès la Brugse Zot.

DE KONINCK

www.dekoninck.be

CETTE BRASSERIE familiale, rachetée en 2010 par le groupe Duvel Moortgat, est dirigée comme une marque indépendante. De Koninck, dont les origines remontent à 1833, influença la culture belge de la bière. Seule brasserie de la cité d'Anvers, elle devint l'icône de la métropole flamande. Sa bière la plus populaire, une pale ale belge (5 % vol.), est la référence du style. Elle est servie dans un *bolleke*, terme aussi utilisé pour commander une bière.

DE RYCK

www.brouwerijderyck.be

EN 1886, Gustaaf De Ryck, le fondateur de la brasserie, se rendit à Brême pour apprendre le métier. Le propriétaire actuel, An De Ryck, membre de la quatrième génération de la famille, se rendit aussi en Allemagne (et à Gand) pour apprendre à brasser dans les règles de l'art. Il s'agit d'une des rares femmes brasseurs de Belgique. Elle est à la tête de la brasserie familiale depuis les années 1970. La bière emblématique du catalogue, la Special (5 % vol.) est tirée d'une recette des années 1920. De Ryck propose aussi des bières fruitées et des grands classiques belges, comme la primée Arend Tripel.

DUPONT

www.brasserie-dupont.com

EN 1986, année de la bière en Belgique, la petite brasserie familiale accéda à la notoriété – elle connut un essor rapide et devint l'une des brasseries belges les plus populaires au monde. Dupont utilise encore un procédé de chauffage à flamme nue et des cuves de fermentation carrées à fond plat. La Moinette (à la fois blonde et brune) était sa bière la plus vendue dans la région, avant la sortie de la Saison Dupont, bière porte-drapeau de la brasserie.

DE RYCK AREND TRIPEL

DUVEL MOORTGAT

www.duvelmoortgat.be

EN 1923, pour concurrencer les grandes ales britanniques qui monopolisaient le marché belge, Moortgat, fondée en 1871, introduisit la Duvel (8,5 % vol.), qui fut reconnue comme le *must* de l'ale blonde. La brasserie, rebaptisée Duvel Moortgat, fit son entrée en Bourse en 1999 et investit dans le segment des bières de spécialité. Des brasseries comme la tchèque Bernard (*voir* p. 104), l'américaine Ommegang (*voir* p. 151) et la belge Achouffe (*voir* p. 90) appartiennent à ce groupe indépendant qui, après un rachat d'actions et une sortie des marchés, reste la propriété de la famille.

GÉANTS

www.brasseriedesgeants.com

L'INGÉNIEUR BRASSEUR Pierre Delcoigne restaura un château du XIIIe siècle à Irchonwelz et ouvrit la brasserie Géants en 2000. Il utilise une orge maltée de la région et des houblons de Poperinge. La première et la plus populaire de ses bières, la Gouyasse (6 % vol.), est une blonde non épicée, conditionnée en bouteilles. Delcoigne est aussi à la tête de la brasserie voisine, Ellezelloise, connue pour ses ales Quintine et sa riche Hercule Stout (9 % vol.). Toutes deux sont vendues sous l'étiquette Brasserie des Légendes.

GIRARDIN

PAS DE SITE INTERNET ni de brasserie à visiter : le plus grand brasseur de lambics traditionnels et assembleur de gueuzes, Girardin, est aussi le plus discret. Depuis 1882, la famille entretient une activité brassicole sur sa ferme de Chapelle-Saint-Ulrich. Elle cultive son froment et son orge. En hiver, elle brasse des lambics, en été une pilsner, l'Ulricher Extra. Un brasseur doublé d'un assembleur, renommé pour sa Gueuze Girardin 1882 (5 % vol.), modérément aigre, équilibrée par un jeu complexe de saveurs.

GLAZEN TOREN

www.glazentoren.be

LA BRASSERIE vit le jour lorsque l'expert en bières Jef van den Steen et l'amateur de bières Dirk De Pauw s'associèrent pour donner corps à leur passion. Ils commencèrent à pratiquer le brassage en amateur, mais se rendirent vite compte qu'ils avaient beaucoup à apprendre. Ils s'inscrivirent à l'école brassicole de Gand, et décrochèrent leur diplôme de maître brasseur. Avec Mark De Neef, ils trouvèrent une bâtisse à Erpe-Mere, en Flandre-Occidentale. En 2004, ils lancèrent leur première bière, Saison d'Erpe Mere (6,5 % vol.), et Glazen Toren accéda vite à la notoriété, exportant même vers les États-Unis et le Japon. Peu après 2006, et une nouvelle fois en 2008, la brasserie dut agrandir son site de production.

HET ANKER

www.hetanker.be

EN 1990, Charles Leclef, un descendant de la famille qui acheta la brasserie Het Anker (« l'ancre ») en 1872, prit la tête de l'entreprise. Après une période de déclin dans les années 1980, Leclef restaura les bâtiments historiques de cette brasserie de Mechelen, modernisa le système de production, revisita la gamme, inaugura un hôtel et aménagea une distillerie. En plus de la classique Gouden Carolus, une ale blonde titrant 8,5 % vol., Het Anker ajouta des bières de spécialité à son catalogue, comme la Cuvée van de Keizer (11 % vol.).

HOEGAARDEN

www.hoegaarden.com

LE STYLE witbier (bière de froment belge) avait presque disparu lorsque Pierre Celis décida, en 1966, de faire revivre une vieille brasserie à Hoegaarden, ancienne ville champignon née de la brassiculture près de Louvain. Sa witbier à la coriandre et au zeste d'orange, souvent considérée comme la bière estivale idéale, connut un grand succès. Aujourd'hui, la brasserie appartient au groupe Anheuser-Busch InBev. L'Hoegaarden (4,9 % vol.) est distribuée partout dans le monde et l'Hoegaarden Grand Cru (8,5 % vol.) est moins représentée à l'export.

HOF TEN DORMAAL

www.hoftendormaal.com

SANS LA FERME, les bières de Hof Ten Dormaal n'auraient jamais vu le jour. Fondée en 2009, la brasserie se suffit entièrement à elle-même. Les Janssen cultivent leur orge et leurs houblons, puisent l'eau de leur puits et produisent leur propre levure. Ils brassent différents styles, dont une curieuse bière au chicon, et se sont dernièrement lancés dans un projet de maturation en fûts en provenance de toute l'Europe. La première bière née de cette démarche, une blonde alcoolisée ayant mûri en fûts de genièvre *(jenever)*, sortit en juin 2012.

HUYGHE

www.delirium.be

EN 1906, Léon Huyghe, originaire de la ville houblonnière de Poperinge, et son épouse Delfina, fille de brasseur, achetèrent une brasserie à Melle, en Flandre-Orientale. Quatre-vingts ans plus tard, leur arrière-petite-fille, Any, et son mari Jean De Laet, ont transformé cette modeste brasserie en un site de production d'ales de spécialité. Leur étonnante Delirium Tremens, une ale blonde (8,5 % vol.), est conditionnée dans une bouteille imitation grès à l'étiquette ornée d'éléphants roses. En 2012, Huyghe a ouvert un nouveau site doté d'une capacité de production de 350 000 hl.

JANDRAIN-JANDRENOUILLE

www.hesbayebrabanconne.be/spip.php?article555

EN 2007, deux ingénieurs reconvertirent une ancienne exploitation agricole en une brasserie, à l'origine de bières bien pensées, comme la IV Saison (ale blonde, 6,5 % vol.), la V Cense (ale ambrée, 7 % vol.) et la VI Wheat (witbier belge sans ajout d'épices, 5 % vol.). On ignore ce qu'il advint de leurs breuvages jamais distribués, la I, II et III, mais nombre d'amateurs attendent la VII. Les deux brasseurs espèrent bien accroître leur volume de production, aujourd'hui limité à seulement 8 000 bouteilles à l'année.

LEFEBVRE

www.brasserielefebvre.be

FONDÉE EN 1876, la brasserie Lefebvre est dirigée par Ann, Philippe et leurs enfants, Paul et Céline, appartenant à la cinquième et sixième génération de la famille propriétaire de cet établissement. En 1983, l'abbaye de Floreffe autorisa Lefebvre à brasser des bières d'abbaye, en plus des bières fruitées, des bières de saison et des witbiers. La savoureuse Barbãr (8 % vol.) agrémentée de miel, fut introduite en 1989. Il fallut deux ans de recherches pour choisir les houblons de l'Hopus, alors que de fortes ales blondes et bitter ales (8,3 % vol.) sont brassées à partir de cinq variétés de houblon.

LINDEMANS

www.lindemans.be

GRÂCE À L'EXPERTISE de la famille Lindemans, propriétaire d'une ferme à l'ouest de Bruxelles où le brassage était auparavant une activité accessoire, cette brasserie se consacre depuis près de 60 ans à la production de lambic et de gueuze.Dans les années 1970, Lindemans fit revivre la Faro, un lambic adouci par l'ajout de sucre candi, puis développa d'autres bières fruitées aux côtés de la Kriek. Les bières les plus étonnantes de cette talentueuse brasserie de lambic sont la Gueuze et la Kriek Cuvée René.

MALHEUR

www.malheur.be

EN 2001-2002, les deux brasseries de la petite ville de Buggenhout proposèrent une première mondiale, la Bière Brut. Brassée en Belgique, elle bénéficie d'une refermentation en bouteilles à l'aide de levure de champagne. Elle est agitée et retournée durant tout le processus, puis finalement expurgée de sa levure. Ce procédé unique produit des bières mousseuses, sèches et fruitées. Manu De Landtsheer, maître brasseur chez Malheur, produit plusieurs autres ales de qualité dans sa brasserie familiale, restaurée en 1997.

MORT SUBITE

www.mort-subite.be

LA MORT SUBITE est souvent la première bière aigre que l'on déguste. Le café Cour Royale fut rebaptisé du nom de ce populaire jeu de dés, et la brasserie De Keersmaeker adopta le nom du café dont elle fit l'acquisition dans les années 1970. Depuis, la brasserie fut à son tour rachetée et appartient désormais au groupe Heineken. Ses Lambic, Gueuze, Faro et sa remarquable Oude Kriek sont toujours brassées dans le charmant village de Kobbegem, près de Bruxelles.

ORVAL

www.orval.be

L'ORVAL est la seule bière trappiste de cette abbaye éponyme de Wallonie, reconstruite en 1926. La brasserie ouvrit en 1931 pour financer en partie la reconstruction. Sèche, complexe, élégante, développant d'intrigantes saveurs en cours de maturation, l'Orval (6,2 % vol) bénéficie d'une fermentation et d'une garde utilisant différentes souches de levure, d'un houblonnage à sec avec des cônes frais, et d'un embouteillage après ajout de levures Brettanomyces. La bière encore jeune présente un bouquet dominé par les notes d'un houblon floral et herbacé, qui après un mois de fermentation évoluent vers des arômes plus terreux de levures sauvages. Il faut une année à l'Orval pour révéler sa saveur.

OUD BEERSEL

www.oudbeersel.com

TECHNIQUEMENT le lambic pourrait être brassé n'importe où, mais on ne le trouve qu'en Belgique et surtout dans un petit secteur à l'ouest de Bruxelles, dans les environs de Beersel. En 2005, de courageux habitants de cette dernière remirent en activité la brasserie Oud Beersel fondée en 1882. Aujourd'hui, Gert Christiaens et son père, Jos, brassent les excellentes Oude Gueuze et Oude Kriek, et deux ales, vendues sous la marque Bersalis.

PALM

wwww.palm.be

VERS 1920, la brasserie du village de Steenhuffel ne put investir dans le matériel de réfrigération nécessaire à la production de lagers modernes et se mit donc à brasser la Spéciale – bière de fermentation haute, plus puissante que la pilsner, tant au niveau de la teneur en alcool que de la saveur. Palm devint culte aux Pays-Bas et après l'Exposition universelle de 1958, elle incarnait à elle seule la bière belge. La famille Palm préserva la tradition avec la production de bières comme les gueuzes et lambics de Boon (*voir* p. 82-83, coentreprise) ou les red ales de Rodenbach (*voir* p. 88, rachat).

ROCHEFORT

www.abbaye-rochefort.be

LES MOINES de l'abbaye de Rochefort brassent trois ales brunes trappistes, basées sur la même recette, mais dont la teneur en alcool diffère, 7,5 % vol., 9,2 % vol. et 11,3 % vol. Les visiteurs peuvent séjourner pour la nuit à l'abbaye Notre-Dame-de-Saint-Rémy, mais les bières ne sont pas vendues sur place. Les deux bières les plus alcoolisées sont disponibles dans toute la Belgique, mais la 6, brassée une fois par an, est plus difficile à trouver hors de Rochefort.

ROMAN

www.roman.be

MÊME EN BELGIQUE, il est rare de trouver une brasserie aux mains de la 14e génération d'une même famille. Les premiers témoignages faisant état de Roman dans le village de Mater, près d'Oudenaarde, remontent au XVIe siècle. Carlo et Lode Roman sont aujourd'hui à la tête d'une affaire de taille moyenne, brassant tous les styles de bière belge, des lagers et witbiers, aux ales (Sloeber) et bières d'abbaye (Ename). Spécialité régionale : l'Adriaen Brouwer.

RULLES

www.larulles.be

DÈS LE DÉPART la barre était placée très haut pour la brasserie de Rulles, une ville située près d'Orval et de son illustre brasserie Orval (*voir* p. 93). Mais ce que Grégory Verhelst réussit à produire mérite le plus grand respect. Ses premières ales (Blonde, Brune, Triple) se révélèrent propres et bien équilibrées, mais ses créations de 2005 furent tout simplement sensationnelles : une fraîche ale Estivale, généreuse en arômes, et une savoureuse brune Cuvée Meilleurs Vœux. Depuis, Rulles a triplé sa production, passée à 2 500 hl, puis portée à 5 000 hl en 2012.

SILENRIEUX

www.brasseriedesilenrieux.be

DANS SON EXPLOITATION agricole située au pied du massif ardennais, Eric Bedoret cultive d'anciennes variétés de céréales, comme l'épeautre et le sarrasin. Vers le milieu des années 1990, en collaboration avec des scientifiques du laboratoire des sciences et technologies brassicoles de l'université de Louvain-la-Neuve, il développa une witbier à base d'épeautre (Joseph) et une ale brune de sarrasin (Sara). Depuis, d'autres bières de spécialité ont intégré son catalogue, dont une ale biologique sans gluten. Le succès est tel que les récoltes de Bedoret ne suffisent plus à alimenter sa brasserie.

SILLY

www.silly-beer.com

LE NOM de la brasserie (« stupide ») participa à sa popularité. Affaire familiale fondée en 1850, Silly, aujourd'hui dirigée par la sixième génération de la famille, fut baptisée en référence au village éponyme qui l'abrite, traversé par la Sylle, serpentant dans la région boisée de la province du Hainaut. La brasserie produit pour moitié des bières de fermentation basse, alors que les bières de fermentation haute incluent une brune baptisée Saison et la Scotch, aux saveurs de noisette, récemment déclinée en une version mûrie en fûts. En 1975, Silly racheta la brasserie Tennstedt-Decroes, ce qui lui permit d'ajouter à son catalogue la légendaire gamme de bières Double Enghien. En 1990, l'introduction d'une bière blanche, la Titje, participa un peu plus encore au développement de la brasserie, brassant par ailleurs la Saison de Silly, une Double Enghien et la Divine.

SINT BERNARDUS

www.sintbernardus.be

LA VILLE de Watou bénéficie d'une situation privilégiée au cœur de la région houblonnière de Poperinge et à proximité de l'abbaye de Saint-Sixte, à Westvleteren (*voir* p. 89). Entre 1946 et 1992, Watou assura la production des bières commerciales trappistes. L'Abt 12 et la Prior 8 sont encore brassées selon les recettes trappistes, avec une levure de Westvleteren. Une politique commerciale efficace permet à l'excellente Tripel d'être appréciée partout dans le monde, même si rien ne vaut de la déguster dans le restaurant de la brasserie.

SINT CANARUS

www.sintcanarus.be

PIET MEIRHAEGHE, ingénieur agroalimentaire, dit de sa brasserie, fondée en 2002, qu'elle est « la plus petite de Belgique ». Le manque de place et d'équipement le conduit à brasser sa bière brune la plus populaire, la Sint Canarus Tripel, dans les locaux de Proefbrouwerij, à Lochristi. Dans l'idyllique village de Gottem, en Flandre-Orientale, Meirhaeghe brasse sa De Maeght van Gottem, une ale blonde, agrémentée d'un cône de houblon frais dans chaque bouteille. Il organise aussi des séminaires sur la bière, sous la direction du Dr Canarus.

STRUBBE

www.brouwerij-strubbe.be

AU CŒUR de la petite commune d'Ichtegem, en Flandre-Occidentale, deux structures pointent vers le ciel sur la place du marché – le clocher de l'église et la cheminée de la brasserie. C'est dans ce cadre que la famille Strubbe décida en 1854 de brasser de la bière. La septième génération de la famille est toujours à la tête de l'établissement. Depuis les fermetures massives des brasseries dans les années 1970, les Strubbe améliorèrent leur équipement et développèrent leur production. La gamme s'étend aujourd'hui des bières de table classiques à la remarquable Keyte Dobbel-Tripel.

TILQUIN

www.gueuzerietilquin.be

TILQUIN DÉMARRA sous les meilleurs auspices. Peu après que Pierre Tilquin, bio-ingénieur de formation, inaugura son site d'assemblage de lambics à Bierghes, en mai 2011, son Oude Gueuze proposée en bouteilles et à la pression, fut vendue à deux bars de Bruxelles, le Moeder

Lambic et le Café Délirium, mais aussi au Monk's Café de Philadelphie. Tilquin est connue pour être l'unique « gueuzerie » de Wallonie. Elle vend de jeunes lambics – mûris des années en foudres de chêne –, assemble des lambics de différents âges et procède à leur mise en bouteilles, pour une refermentation de six mois.

TIMMERMANS

www.brtimmermans.be

FONDÉE AU XVIIIe SIÈCLE, la brasserie est réputée pour être le plus ancien producteur de lambic du pays. Implantée à Itterbeek, près de Bruxelles, elle brasse une large palette de gueuzes, lambics et bières fruitées, dont de nouvelles créations, comme un lambic à la citrouille ou la Blanche Lambicus, une witbier élaborée comme un lambic. Entre 1985 et 2013, Timmermans brassa aussi une bière de spécialité brune et aigre de la région de Bruges, la Bourgogne des Flandres. La brasserie appartient au groupe John Martin depuis 1993.

TRIEST

www.dentriest.be

C'EST EN 2009 que Marc Struyf commença à produire de la bière dans sa petite brasserie de Kapelle-op-den-Bos, au nord de Bruxelles. Il avait expérimenté le brassage en amateur dans la cuisine de son pub-restaurant. Mais il acquit rapidement une certaine réputation avec ses bières à la cerise, et son IPA Triest – élaborée à partir d'une nouvelle variété de houblon, le Mosaic – lui valut de remporter le prix du public en 2013 au Brugs Bierfestival.

TROUBADOUR (BROUWERIJ THE MUSKETEERS)

www.troubadourbeers.com

CETTE BRASSERIE fut fondée en 2000 par quatre ingénieurs brasseurs (dont deux seulement restèrent au sein de l'établissement). Le quatuor avait pour passion la bière anglaise, mais leurs créations, comme la douce red stout Troubadour Obscura, ou la pale ale Spéciale, témoignent toutes d'une finesse typiquement belge. Avec la Magma, les brasseurs créèrent une bière très typée, une triple (tripel) aux vigoureux accents houblonnés, comparables à ceux d'une IPA. Les « mousquetaires » brassent dans les locaux de Proefbrouwerij, à Lochristi.

TROUBADOUR MAGMA

URTHEL

www.urthel.com

DEPUIS 2000, à Koningshoeven, terre des bières trappistes La Trappe, Hildegard Van Ostaden élabore des bières exquises dans sa brasserie de De Leyerth, aujourd'hui rebaptisée « Urthel ». Soucieuse de rafraîchir les styles de bière belge par l'ajout d'excitants houblons, elle créa notamment la Hop-It, une IPA de style belge à la tête de mousse généreuse et aux riches saveurs fruitées et épicées. La brasserie produit par ailleurs de délicates bières maltées, comme la réchauffante Parlus Magnificum, une dubbel de fermentation haute, conditionnée en bouteilles, aux notes de houblon amérisant. En 2011, Van Ostaden inaugura Hoppeschuur à Ruiselede, une brasserie expérimentale ouverte au public.

VAPEUR

www.vapeur.com

VAPEUR RÉUNIT la tradition brassicole belge et la révolution microbrassicole. Fondée en 1785 dans le village wallon de Pipaix, la brasserie ferma ses portes en 1983, avant son rachat par un couple d'amateurs de bières, Jean-Louis et Sitelle Dis. Jean-Louis avait pour seule expérience son enthousiasme et quelques tentatives de brassage amateur. Sa visite de l'ancienne brasserie Dupont en 1967 lui avait laissé un souvenir marquant et, lorsque l'occasion d'acquérir cette vieille brasserie se présenta à lui, il n'hésita pas un seul instant. Sa complexe Saison de Pipaix, sa puissante ale ambrée Cochonne, comme ses lagers audacieusement assaisonnées, démontrent toute l'étendue de son talent et de son imagination.

VERHAEGHE

www.brouwerijverhaeghe.be

DANS LE NORD-OUEST de la Flandre, le long de la Leie, entre Kortrijk et Gand, les aigres red ales dominent le paysage brassicole. La brasserie Verhaeghe, affaire familiale fondée en 1885 par Paul Verhaeghe, au cœur du village de Vichte, est l'un des rares établissements de la région à avoir survécu au boom récent des lagers. Toutes ses bières, y compris les plus modestes, comme l'aigre et fruitée Vichtenaar, bénéficient d'une garde de 8 mois en foudres de chêne. La complexe Duchesse de Bourgogne mûrie quant à elle un an et demi. L'Echt Kriekenbier est élaborée à partir d'une red ale et de cerises, avant une maturation en foudres de chêne.

RÉPUBLIQUE TCHÈQUE

Impossible d'évoquer la tradition brassicole tchèque sans y associer l'adjectif « remarquable ». Cette région du monde peut s'enorgueillir d'avoir inventé un style de bière qui a envahi la planète : la pilsner. Vers le milieu du XIXe siècle, un brasseur de la ville de Plzeň innova en proposant une bière blonde et dorée de fermentation basse. Rehaussée de notes d'une variété de houblon aromatique local, le Žatec, ce style de bière fut largement copié, mais rarement surpassé. La création de Josef Grolle reposait aussi sur la prisée et douce orge de Moravie, qui reste à ce jour l'ingrédient de base de la majorité des bières tchèques. Bien avant cela, la bière locale était le plus souvent issue d'une fermentation haute, de qualité inégale. Alors que les bières de la région arboraient en majorité une robe brune, le breuvage blond et doré de Grolle, fermenté à froid, fit l'effet d'une révélation. Agréable à l'œil, sa bière connut un succès immédiat.

Les brasseries tchèques, pour beaucoup héritières d'une longue et remarquable histoire, sont fières de leur tradition. Le pays abrite les plus anciens pubs-brasseries au monde. Mais aussi prestigieux soit-il, aucun pays ne parvient à défendre cette réputation sans passer par une évolution de sa culture brassicole. De nouveaux brasseurs tchèques ont aujourd'hui rejoint la scène nationale. Dans les environs de Plzeň est apparue la brasserie de l'hôtel Purkmistr (*voir* p. 102), ouverte en 2007. Soucieuse de bousculer la tradition, elle inclut à son catalogue une lager blonde non filtrée, une bière de cerise et une bière aromatisée au cappuccino. Chaque année, en septembre, le brasseur Petr Míč accueille une fête de la bière dans la cour de sa brasserie et dans les rues environnantes. L'occasion de présenter plus de 140 bières de la nouvelle vague de brasseurs tchèques, et de faire découvrir au public que le pays compte d'autres trésors nationaux, en dehors de la glorieuse pilsner.

BUDWEISER BUDVAR

La plus célèbre des brasseries de Bohême-Méridionale utilise des méthodes de brassage traditionnelles, des ingrédients de qualité supérieure et une garde prolongée, pour produire une des meilleures bières de République tchèque.

EN 1895, la ville de Budweis, en Bohême-Méridionale, abritait une minorité de natifs allemands à la tête de la brasserie Budweiser. La communauté tchèque décida de fonder une brasserie concurrente pour proposer des bières plus adaptées à son goût. C'est ainsi que Budvar vit le jour. La brasserie produisait la Světlý Ležák à robe dorée éclatante, mais aussi une lager blonde, qui devint l'une des bières de Bohême les plus réputées au monde.

La brasserie est aujourd'hui ultramoderne. On y utilise une décoction multipaliers à deux trempes. L'orge maltée est issue de Moravie et les feuilles de houblon Saaz sont portées à ébullition. L'eau est tirée d'un puits artésien situé sous la cité. La Budvar bénéficie d'une garde en cave réfrigérée de 90 jours, pendant lesquels la bière se « repose » pour mieux faire émerger sa fraîcheur et sa vitalité. Longtemps, la brasserie se concentra sur le brassage de sa Světlý Ležák 12 °P, et d'une lager 10 °P, servie à la pression dans les pubs. En 1997, elle lança la Premier Select, ou Buder Super Strong, bientôt suivie d'une Budvar Dark, puis d'une bière de fermentation basse. La Budvar est nommée Czechvar aux États-Unis, en raison d'un différend d'ordre juridique portant sur l'utilisation du nom Budweiser.

REPÈRES

PROPRIÉTAIRE Gouvernement tchèque

FONDATION 1895

ADRESSE Budweiser Budvar, Karolíny Světlé 4, České Budějovice 370 21

SITE INTERNET www.budejovickybudvar.cz

PHILOSOPHIE Utiliser les meilleurs ingrédients, s'en tenir à des méthodes de brassage traditionnelles et à un contrôle qualité exigeant.

Fraîcheur oblige
Une longue garde de 90 jours, à une température proche de 0 °C, apporte à la Budvar cette vitalité légendaire.

BUDWEISER BUDVAR PREMIER SELECT

BUDWEISER BUDVAR IMPORTED DARK LAGER

BUDWEISER BUDVAR CZECH IMPORTED LAGER

NOTES DE DÉGUSTATION

PREMIER SELECT STRONG LAGER, 7,6% VOL.
Bière d'un blond éclatant, au nez élégant mêlant miel et amande, alors que la bouche se laisse envahir par de brûlantes notes d'alcool, bientôt nuancées de saveurs de miel, d'amande et de cerise, évoluant vers une finale sèche et douce-amère.

ACCOMPAGNEMENT : bière apéritive à associer à des tapas ou à de la charcuterie (salami, jambon sec et chorizo doux).

IMPORTED DARK LAGER 4,7 % VOL.
Connue sous le nom de Tmavý Ležák en République tchèque. Robe brun sombre, bouquet aux notes de café, caramel léger et fumée, évoluant vers une bouche élégante, au corps moyen, nuancée de saveurs de grains de café torréfiés moulus, de caramel et de vanille, avant une finale sèche.

ACCOMPAGNEMENT : bière assez affirmée pour se confronter à un goulasch tchèque.

CZECH IMPORTED LAGER LAGER BLONDE, 5 % VOL.
Robe blond doré, nez céréalier, touche de citron et d'épice en arrière-plan. Bouche douce-amère et juteuse, évoluant vers une sèche, suave et appétissante amertume en finale.

ACCOMPAGNEMENT : à associer à des gambas grillées à l'ail. L'amertume de la bière tempère la douceur des fruits de mer.

NA RYCHTĚ

La ville d'Ústí nad Labem abrite la grande brasserie Zlatopramen, rachetée par Heineken en 2008. En 2010, les habitants qui rêvaient de disposer d'une bière locale virent leur vœu se concrétiser à l'ouverture du pub-brasserie Na Rychtě.

REPÈRES

PROPRIÉTAIRE Pub-brasserie Na Rychtě

FONDATION 2010

ADRESSE Pivovar Hotel Na Rychtě, Klášterní 75/9, Ústí nad Labem 400 01

SITE INTERNET www.pivovarnarychte.cz

PHILOSOPHIE Une bière tchèque traditionnelle, brassée au sein d'un établissement animé.

NA RYCHTĚ loge dans un bâtiment du XIXe siècle abritant un hôtel-restaurant, sur la grande place d'Ústí nad Labem, en Bohême-Septentrionale. Dans la salle du restaurant aux boiseries sombres règne une atmosphère survoltée, animée par le va-et-vient des serveurs aux plateaux chargés de spécialités locales et de verres coiffés de mousse. À l'arrière de la salle, harmonieusement intégré à l'esthétique des lieux, un équipement de microbrasserie flambant neuf habillé de cuivre, d'une capacité de production de 1 000 l par brassin, emploie une méthode classique de décoction multipaliers à deux trempes, une orge maltée et un houblon tchèque Saaz. La décoction à deux trempes rallonge le brassage de 12 heures. Une fois prête, la bière est pompée vers la cave, où elle fermente 7 à 12 jours, avant une garde d'un mois minimum en cuves fermées. Ici, pas de compromis sur la durée de maturation.

Jaroslav Rottenborn est en charge du brassage. Brasseur expérimenté, il travailla un certain temps pour Zlatopramen, avant son rachat par Heineken, puis pour Breznak, qui élabore sa bière sur les rives de l'Elbe, près de Velké Březno. Le catalogue de Na Rychtě inclut une lager blonde, mais aussi une bière inédite à l'airelle. La brasserie ne produit ni bière brune, ni de bière de froment – le maître brasseur ne voulant pas introduire une souche de levure différente, éventuellement source de complication. Chaque année au printemps, l'établissement organise une fête de la bière au cours de laquelle est présentée une sélection de produits des petites brasseries locales.

NOTES DE DÉGUSTATION

BRUSINKA LAGER FRUITÉE, 4,8 % VOL.
Ajout de jus d'airelle lors de la garde pour obtenir une saveur aigre-douce et contrebalancer la douceur des fruits. Léger caractère houblonné. Le jus d'airelle apporte une désaltérante sensation de fraîcheur au cœur d'une chaude journée d'été.

ACCOMPAGNEMENT : l'acidité de la bière relève la douceur d'un plat de saucisses grillées et de pommes de terre.

MAZEL LAGER BLONDE, 5,2 % VOL.
Une classique Světlý Ležák (également connue sous le nom de lager blonde) à robe d'un léger blond doré. Bouquet aux notes de malt sucré et pain grillé, marqué par une touche épicée de Saaz sur le nez. Douce-amère en bouche, corps moyen, avec une légère touche de caramel, avant une finale sèche et amère.

ACCOMPAGNEMENT : à déguster avec du canard rôti en sauce, accompagné de chou sauté aux oignons rouges, ou d'autres plats de viande, pour apprécier la façon dont l'amertume de la bière rehausse la douceur de la viande.

VOJTĚCH LAGER AMBRÉE, 4,8 % VOL.
Une robe châtain ambré, éclatante et soyeuse, coiffée d'une mousse couleur café. Nez aux légères notes de caramel et de houblon terreux, attaque douce, évoluant vers des touches amère, terreuse et sèche en bouche, pour un corps moyen dans sa pleine expression.

ACCOMPAGNEMENT : le malt caramélisé invite à un barbecue, avec au menu poulet grillé, accompagné d'une simple trévise pour les plus sages.

NA RYCHTĚ BRUSINKA

NA RYCHTĚ MAZEL

NA RYCHTĚ VOJTĚCH

PILSNER URQUELL

La bière de Plzeň étant jugée imbuvable, on finit par appeler à l'aide un brasseur bavarois. C'est ainsi que Josef Groll débarqua en 1842, avec la première lager blonde au monde. Pilsner Urquell reste à ce jour synonyme de bière de qualité.

Réputation mondiale
Copiée, mais rarement surpassée, la bière de type pilsner est aujourd'hui brassée sur tous les continents.

PILSNER URQUELL PILSNER URQUELL

LA LAGER BLONDE vit le jour à Plzeň en 1842, lorsque les autorités de la ville décidèrent de mettre un terme à la mauvaise réputation de la bière locale. On loua les services d'un brasseur bavarois, Josef Groll, créateur d'une bière dorée de fermentation basse qui séduisit Plzeň et Prague, avant d'entamer sa conquête de l'Europe. Cette bière devint si populaire que toutes les bières similaires furent qualifiées de « pilsner ». En 1898, le nom de Pilsner Urquell (« Pilsner de source originelle ») fut déposé, afin de contrecarrer toute une vague de pâles imitations.

Sous le régime communiste, la Pilsner Urquell et la Budvar restèrent les deux grandes bières tchèques disponibles à l'Ouest. En 1989, après la révolution de velours, Pilsner Urquell abandonna sa méthode traditionnelle de fermentation en fûts de chêne alignés dans des galeries souterraines, au profit de cuves de fermentation coniques en acier inoxydable et de cuves, ou tanks, de garde. D'autres changements intervinrent en 1999, au rachat de la brasserie par le groupe de brasseurs SAB-Miller, mais pas de quoi troubler les milliers de visiteurs qui se pressent pour visiter les attractions touristiques. Le processus de brassage est resté inchangé : une décoction multipaliers à trois trempes, un malt à lager bien modifié et une eau d'empâtage douce. Le houblon Saaz est ajouté dans la chaudière, pour une fermentation de 10 jours, suivie de 30 jours de garde. À Prague, la Pilsner Urquell non pasteurisée peut être servie à partir de sacs en polyester sous pression conservés dans de vastes cuves d'acier.

NOTES DE DÉGUSTATION

PILSNER URQUELL LAGER BLONDE, 4,4 % VOL.
Une blonde au parfum subtil, au caractère délicatement malté, avec un houblon résineux, une touche de miel et des arômes herbacés. Légèrement râpeuse en bouche, avec un goût herbacé et une légère touche de citron. Plaisante amertume et sécheresse râpeuse en finale.

ACCOMPAGNEMENT : la sécheresse et le malté de la Pilsner Urquell font merveille avec des viandes naturellement douces, comme le porc, des viandes grillées ou cuites au barbecue.

GAMBRINUS LAGER BLONDE, 5 % VOL.
Une excellente lager blonde, facile à boire, au corps puissant, nuancée de notes de citron et de malt sucré, bouche dominée par les agrumes, finale ample et fraîche.

ACCOMPAGNEMENT : à associer à des viandes douces aux saveurs légères, comme le porc ou le poulet, qui se marient bien avec la fraîcheur de cette bière corsée en bouche.

REPÈRES

PROPRIÉTAIRE SAB-Miller

FONDATION 1842

ADRESSE U Prazdroje 64/7, Východní Předměstí, 301 00 Plzeň

SITE INTERNET www.pilsner-urquell.com

PHILOSOPHIE Brasser la lager blonde et dorée originale.

PILSNER URQUELL GAMBRINUS

LA VILLE DE PRAGUE, AVEC SES CAFÉS HISTORIQUES ET PUBS TRADITIONNELS, FAIT FIGURE DE DESTINATION INCONTOURNABLE POUR L'AMATEUR DE BIÈRE.

EN RÉPUBLIQUE TCHÈQUE VIT LE JOUR UN STYLE DE BIÈRE DE RÉPUTATION INTERNATIONALE – LA PILSNER – CRÉÉ PAR PILSNER URQUELL (*VOIR* P. 99).

REPÈRES

PROPRIÉTAIRE Lukrécius a.s.

FONDATION 2007

ADRESSE Selská náves 2 1/2, 32600 Plzeň

SITE INTERNET www.purkmistr.cz

PHILOSOPHIE Bière, espace santé et bien-être, restauration et hôtellerie réunis sur un seul et même site.

PURKMISTR

Classique Světlý Ležák, lager brune, bière parfumée au cannabis ou à la myrtille… Purkmistr est capable de satisfaire tous les goûts. La brasserie dispose même d'un spa de bière, mais c'est une autre histoire…

SI VOUS RÊVEZ d'un bain de bière, Purkmistr est fait pour vous, avec son spa à la bière inauguré en 2012. Bien entendu, vous trouverez aussi un lit pour la nuit et de quoi vous restaurer. La brasserie ouverte en 2007 est un des éléments de ce complexe hôtel-spa-restaurant, aménagé dans des bâtiments du XVIIe siècle, aux environs de Plzeň, à quelque 90 km à l'ouest de Prague. La brasserie a été installée dans l'une des aires de restauration, avec sa collection de cuves en cuivre patiné sur fond de briques rouges. Les clients peuvent déguster une Cooper's Skewer – copieuse brochette à base de filet et de longe de porc et de blanc de poulet – avec une bière maison titrant à 12° (88 % d'eau et 12 % d'extrait fermentable), tout en observant le brasseur au travail.

Comme toutes les brasseries tchèques dignes de ce nom, Purkmistr utilise un malt morave et un houblon Zatec. Au même titre que son illustre voisine Pilsner Urquell, à plusieurs kilomètres de là, elle bénéficie d'une eau très douce, particulièrement adaptée au brassage des bières de sa production. Après une décoction multi-paliers à deux ou trois trempes, les lagers connaissent une garde de trois à quatre semaines, portée à sept ou huit semaines pour les bières plus puissantes. Deux souches de levures sont utilisées, une pour les bières de fermentation basse, l'autre pour la bière de froment Scribe. En plus du brassage d'une gamme de bières de styles tchèques, Purkmistr est réputée pour l'ajout d'arômes inédits. C'est ainsi que la brasserie propose des bières parfumées à l'essence de myrtille ou de cassis, ou plus étonnant encore, une bière aux notes de cannabis.

NOTES DE DÉGUSTATION

SVĚTLÝ LEŽÁK LAGER BLONDE, 4,8 % VOL.

Robe orange doré, coiffée d'une tête de mousse blanche à l'aspect meringué. Notes délicates de pain grillé et touche herbacée aromatique sur le nez, bouche sèche aux accents de caramel, pour une finale persistante et amère.

ACCOMPAGNEMENT : la fraîche pétillance, la douceur céréalière et l'amertume tranchante de cette lager classique contrecarrent avec bonheur les saveurs épicées de la cuisine vietnamienne, thaïe, ou même mexicaine.

PIVO WASABI LAGER ÉPICÉE, 4,8 % VOL.

Sans surprise, l'ingrédient ajouté à la Světlý Ležák de la brasserie insuffle à la bière sa teinte verdâtre et cette légère note exotique au niveau du bouquet. En bouche, la chaleur du wasabi offre un curieux contraste avec la douceur du malt et le houblon herbacé de la Světlý Ležák.

ACCOMPAGNEMENT : incontournable avec des sushis, pour un supplément de chaleur.

POLOTMAVÝ LEŽÁK LAGER AMBRÉE, 4,8 % VOL.

Décrite comme une « bière de style anglais », il s'agit pourtant bien d'une lager ambrée tchèque classique, à la robe châtain brun, exhalant des notes de malt caramélisé et de houblon Saaz herbacé, aux saveurs délicates de pain grillé, nuancées de caramel juteux, pour une finale sèche.

ACCOMPAGNEMENT : le rosbif reste la viande de choix à associer à cette bière dont les saveurs amplifient la douceur de la viande.

PURKMISTR
SVĚTLÝ LEŽÁK

PURKMISTR
PIVO WASABI

PURKMISTR
POLOTMAVÝ LEŽÁK

U MEDVÍDKŮ

REPÈRES

PROPRIÉTAIRE U Medvídků

FONDATION 2005

ADRESSE Na Perštýně 7, 100 01 Praha 1

SITE INTERNET www.umedvidku.cz

PHILOSOPHIE Offrir le meilleur du brassage en utilisant des techniques traditionnelles.

En 2005, le brassage fit un retour acclamé au restaurant U Medvídků de Prague. La microbrasserie de cet établissement, à la fois hôtel, pub et restaurant, est réputée autant auprès des locaux que des touristes.

LA MICROBRASSERIE U MEDVÍDKŮ fut fondée en 2005, au cœur de l'hôtel-pub-restaurant éponyme connu pour servir une Budvar originale. Le retour d'une activité brassicole dans ce bâtiment historique ayant abrité une brasserie du XVe siècle à la fin du XIXe siècle semblait logique. Le site était devenu un cabaret, puis il fut laissé à l'abandon après la Seconde Guerre mondiale suite à sa confiscation par le régime socialiste. En 1989, le bâtiment rétrocédé aux descendants des premiers propriétaires fit l'objet d'une minutieuse restauration et d'une transformation en un hôtel, pub et restaurant inauguré en 2005. Une partie du complexe occupe l'ancienne malterie, alors que certaines des chambres de l'hôtel ont conservé des éléments de charpente et de décoration remontant à l'époque de la brasserie originelle. La première bière de la nouvelle brasserie fut lancée le 17 novembre 2005, 15 ans après la révolution de 1989. La microbrasserie est si petite qu'elle disparaît presque entre les tables et les chaises de la salle de restaurant de l'ancienne malterie. Mais elle clame haut et fort : « Notre objectif n'est pas de brasser le plus de bière possible, mais de donner à voir le meilleur du processus de brassage, y compris des méthodes et des équipements depuis longtemps abandonnés, comme le refroidissement traditionnel du moût, la fermentation en cuves ouvertes, la garde en fûts de bois et le soutirage manuel en bouteilles avec système de fermeture mécanique breveté. »

La brasserie peut produire 250 l de bière par brassin. Après ébullition, le moût est refroidi dans une cuve ouverte, évoquant le populaire bac refroidisseur des brasseries de lambic des Flandres. La fermentation se déroule à l'air libre en fûts de chêne, et la maturation en fûts enduits de poix. La garde est généralement d'un mois, même si la surpuissante X-Beer 33 mûrie durant 200 jours – la brasserie se vante de produire avec cette bière la lager la plus alcoolisée au monde, en tenant compte du pourcentage d'alcool et d'extrait sec du moût résiduel. Pour séduire définitivement l'amateur, la brasserie propose une journée payante d'initiation, offrant aux apprentis brasseurs la possibilité de repartir avec le fruit de leur travail.

Temps précieux
Un mois de garde au minimum pour révéler toute la complexité des saveurs.

U MEDVÍDKŮ OLDGOTT

U MEDVÍDKŮ X-BEER 33

NOTES DE DÉGUSTATION

OLDGOTT LAGER VIENNOISE/AMBRÉE, 5,2 % VOL.
Une lager ambrée non filtrée, mûrie en fûts de chêne, aux notes de caramel et d'orge torréfiée, nuancées de séduisants arômes d'épices. Suave en bouche, avec une accentuation du caramel, et des notes de fruit sec. Finale douce-amère.

ACCOMPAGNEMENT : une bière aux notes de caramel torréfié pour révéler la douceur de viandes délicatement parfumées, comme des escalopes de porc panées.

X-BEER 33 STRONG LAGER, 12,6 % VOL.
Lager à robe châtain foncé coiffée d'une tête de mousse crémeuse. Nez agréablement vineux, avec des notes d'alcool suave, nuancées de touches de moisi terreux. La bouche complexe mêle saveurs vineuse et sucrée, évoquant presque un vin de dessert, avec des pointes de xérès et de miel, le tout équilibré par un terreux affirmé.

ACCOMPAGNEMENT : à déguster nature ou pour les amateurs de dessert, à associer avec une gourmandise douce-amère, comme un pudding au chocolat.

BERNARD

www.bernard.cz

LA RÉVOLUTION DE VELOURS de 1989 apporta son lot de faillite et de réussite dans l'industrie brassicole tchèque. À Humpolec, tout débuta par la fermeture de la brasserie locale, avant l'arrivée de la famille Bernard qui fit revivre l'établissement sous son nom. La brasserie est aujourd'hui prospère. Elle a sa propre malterie et brasse une bière exclusivement microfiltrée et non pasteurisée, à l'origine d'élégantes lagers blondes, comme la Celebration et la généreuse Dark, riche, mais rafraîchissante en bouche.

ČERNÁ HORA

www.pivovarcernahora.cz

LA MORAVIE est surtout réputée pour ses vins, mais Černá Hora – baptisée du nom d'un mont de la région et de son village natal – produit une bière élevée au rang de fierté régionale, sur un site où le brassage débuta à la fin du XIXe siècle, alors que des témoignages écrits mentionnent l'existence d'une brasserie locale dès le Moyen Âge. Aujourd'hui intégrée au groupe brassicole Lobkowicz, la brasserie produit une sélection de bières séduisantes.

DĚTENICE

www.pivovardetenice.cz/en_pivovar.html

BANQUETS MÉDIÉVAUX, belles serveuses et joutes de chevaliers animent le château de Dětenice, au nord-est de la Bohême. Le site abritait jadis une brasserie, fermée à l'ère communiste. Mais à l'image de la plupart des contes médiévaux, l'histoire connut une fin heureux, avec le retour d'une activité brassicole sur le site en 2003. Deux bières y sont brassées, une lager blonde aromatique et une plus sombre et trouble, fermentées en fûts de bois.

JEŽEK

www.pivovar-jihlava.cz

JEŽEK BRASSE de la bière dans la ville de Jihlava, entre Bohême et Moravie, depuis les années 1860. En tchèque, le nom de la brasserie signifie « hérisson », bien que sa gamme de bières n'ait rien qui puisse évoquer un quelconque aspect piquant. Une brasserie également à l'origine d'une puissante lager blond miel, titrant 8,1 % vol. – que certains qualifient d'Imperial Pils – et d'une riche et forte Jihlavský Grand, à 18° (82 % d'eau et 18 % d'extrait fermentable).

HEROLD

www.pivovar-herold.cz

APRÈS LA RÉVOLUTION de velours et la privatisation de l'industrie brassicole, cette brasserie de Březnice fut l'une des premières à remettre au goût du jour la bière de froment avec la création d'Herold. Sa production resta sporadique en 2007, mais elle fit un retour en force deux ans plus tard, lorsque la brasserie redevint propriété tchèque. Elle reste au cœur du catalogue, qui inclut par ailleurs une riche et crémeuse lager brune, ainsi qu'une fraîche et vive lager blonde à 12°.

KOZEL

www. kozelbeer.cz

LA BRASSERIE est implantée à Velké Popovice depuis les années 1870, époque où Kozel imposa une chèvre – *kozel* en tchèque – pour logo. Celui-ci fut dessiné par un artiste français, qui fit don de sa création à l'établissement en remerciement de son hospitalité. Désormais intégrée à l'empire SAB-Miller, Kozel brasse une gamme de bières populaires, dont une lager brune primée titrant 3,8 % vol. Elle produit aussi la sombre et riche Master Tmavý à 18° pour le compte de Pilsner Urquell.

KRUŠOVICE

www.krusovice.cz

CETTE BRASSERIE royale implantée au cœur de la Bohême fournissait en bière l'empereur austro-hongrois Rodolphe II en 1543. Elle resta un temps propriété royale. Beaucoup de bières ont été brassées depuis, et Krušovice fut achetée en 2007 par un nouvel empire, celui du brasseur Heineken. Son Imperial à 12° est l'expression du meilleur de ce que peuvent produire le malt morave et les houblons Saaz.

OSTRAVAR

www.pivovary-staropramen.cz/en

LA TROISIÈME plus grande ville de République tchèque, Ostrava, abrite la brasserie Ostravar depuis la fin du XIXe siècle. Les ouvriers de cette ancienne cité industrielle participèrent à entretenir la production. Au déclin de l'industrie, la brasserie continua à prospérer avec des bières comme la blonde douce-amère Premium à 12°, ou encore la brune et carbonatée Velvet. Depuis 1997, Ostravar est intégrée au groupe Staropramen, propriété de Molson-Coors.

PROTIVÍN MERLIN

PERNŠTEJN

www.pernstejn.cz

CETTE VÉNÉRABLE brasserie, dotée de sa propre malterie, est depuis 1872 un des piliers de la cité de Pardubice, en Bohême-Orientale. Une production de lagers blondes, ambrées et brunes satisfait la clientèle locale, mais Pernštejn se distingue avant tout par sa Pardubický Porter, un sombre et sensuel porter de la Baltique, richement malté, titrant 8 % vol. Elle est brassée là depuis 1891 et est la rare survivante de ce style de bière si particulier.

PIVOVAR EGGENBERG

www.eggenberg.cz

EGGENBERG est la seule brasserie au monde à occuper un site classé par l'Unesco, la ville médiévale de Český Krumlov. On y brasse de la bière depuis le Moyen Âge – l'établissement portait alors le nom de Schwarzenberg. La lager blonde traditionnelle reste la bière de référence d'Eggenberg, qui produit par ailleurs une appétissante bière fumée, témoignant de pratiques brassicoles allemandes. En effet, à Český Krumlov, la population est en majorité allemande depuis 1945.

PROTIVÍN

www.pivovar-protivin.cz

LA BRASSERIE porte le nom d'une ville de Bohême-Méridionale, dont l'activité brassicole remonte à plusieurs siècles. Ses bières de qualité supérieure sont connues des amateurs sous le nom « Platan » qui fait référence à l'avenue bordée de platanes menant à la brasserie. La riche et douce-amère Prácheňská Perla à 14° (86 % d'eau et 14 % d'extrait fermentable) est une valeur sûre du catalogue. En 2008, le groupe Lobkowicz acheta la brasserie et son catalogue, intégrant par ailleurs une bière brune faiblement alcoolisée.

SVIJANY

www.pivovarsvijany.cz

CETTE BRASSERIE du petit village éponyme de Bohême-Septentrionale débuta son activité dans les années 1560. Propriété de différentes familles au cours des âges, elle fut nationalisée après la Seconde Guerre mondiale. Dans les années qui suivirent la révolution de velours, différentes firmes et sociétés s'y impliquèrent, avant qu'un groupe d'investisseurs tchèques se porte acquéreur en 2010. La brasserie propose aujourd'hui une séduisante variété de bières tchèques, dont la Kvasničák à 13° (87 % d'eau et 13 % d'extrait fermentable), une incroyable bière légère non filtrée.

U FLEKŮ

www.ufleku.cz

U FLEKŮ est le pub-brasserie incontournable de Prague. On ne brasse là qu'une seule bière et, si les serveurs se montrent parfois pressants, tout est vite oublié dès la première gorgée de cette somptueuse lager brune. Cette maison abrita une activité brassicole l'année même de sa construction en 1499.

ŽATEC

www.zatec-brewery.com

LA VILLE DE ŽATEC resta des siècles durant au cœur de la principale région productrice de houblon de la République tchèque – en tchèque, son nom est synonyme de Saaz. La brasserie fut fondée au début du XIXe siècle. En 2001, à deux semaines de sa fermeture annoncée, deux repreneurs se présentèrent et sauvèrent l'affaire. Žatec est une brasserie où règne une certaine atmosphère, avec ses longs couloirs et ses bières, comme la Blue Label, mettant à l'honneur le houblon de la région.

ZLATOPRAMEN

www.zlatopramen.cz

SI LES RELENTS de brassage emplissent l'air de la ville d'Ústí nad Labem depuis le XVIe siècle, la brasserie prit le nom de Zlatopramen (puits d'or) en 1967, année où un malteur local remporta le concours organisé pour baptiser l'établissement. En 2008, la brasserie intégra le groupe Heineken, et se concentre sur plusieurs bières, dont une lager blonde à 11° (89 % d'eau et 11 % d'extrait fermentable).

ZUBR

www.zubr.cz

EN MORAVIE, où le vin et la bière s'affrontent, cette brasserie dont le nom signifie « bison » s'implanta au cœur de la ville de Přerov. Zubr est à ce jour le plus gros producteur de bière du pays en termes de volume. La Classic Dark, au riche arôme de torréfaction et à la saveur douce-amère, et la puissante Maxxim (6,5 % vol.) fermentée en cuves ouvertes et objet d'une garde de trois mois, sont à retenir.

SVIJANY KVASNIČÁK 13°

ŽATEC BLUE LABEL

AUTRES GRANDS PAYS PRODUCTEURS EUROPÉENS

Du nord, aux limites du cercle polaire Arctique, jusqu'aux îles de Méditerranée, les hommes brassent de la bière. Au Danemark et en Espagne, des brasseries fortes d'un héritage de plus d'un siècle côtoient une nouvelle race de brasseurs, cherchant l'inspiration dans les herbes et les épices de leur région. En Finlande, on assiste au renouveau d'un des styles de bière les plus anciens au monde, la sahti, alors que les brasseurs des Norvège et de Suède découvrent les traditions brassicoles ancestrales de leur nation respective.

Ces dernières années, l'Italie est devenue un lieu de création et d'innovation en matière de bière. L'Autriche, réputée pour sa vienne lager, abrite par ailleurs une jeune génération de brasseurs innovants, explorant la maturation en fûts d'alcool. En France, les brasseurs s'emploient à marier grandes bières et gastronomie, alors que les Pays-Bas développent des bières de différents styles, sous l'impulsion d'une nouvelle vague de brasseurs passionnés. L'Irlande reste la terre d'une solide brune, la Guinness, une marque de bière au statut d'icône internationale.

Au Portugal, le pays du raisin est en passe de devenir le pays du grain, pendant qu'en Suisse, une armée de brasseurs engagés dans l'exploitation des ressources locales s'applique à élever le brassage au rang de discipline artistique. Les petits pub-brasseries de Chypre travaillent pour les touristes avertis, alors que Malte brasse des bières largement influencées par les traditions du Royaume-Uni. La Pologne s'agite sous les soubresauts d'une jeune industrie brassicole artisanale, alors que les anciennes nations du bloc de l'Est – Croatie, Estonie, Hongrie, Roumanie, Russie, Serbie, Slovaquie, Slovénie et Ukraine – présentent les premiers signes d'une nouvelle révolution brassicole.

BØGEDAL BRYGHUS

Dans cette brasserie fondée en 2004, pas un brassin ne se ressemble. Si son volume de production est relativement modeste, Bøgedal Bryghus mise d'abord sur la qualité et le respect de la bière.

REPÈRES

PROPRIÉTAIRE Bøgedal Bryghus

FONDATION 2004

ADRESSE HØllundvej 9, 7100 Vejle

SITE INTERNET www.boegedal.com

PHILOSOPHIE Le respect du caractère de chaque bière.

BØGEDAL BRYGHUS
HVEDE

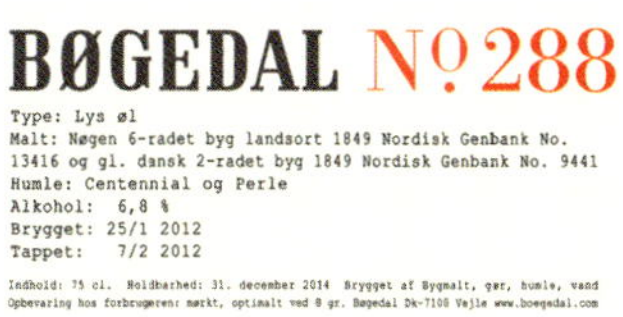

BØGEDAL BRYGHUS
N° 288

PAS UN JOUR et pas une bière ne se ressemblent à Bøgedal Bryghus, brasserie artisanale du Jylland, au Danemark, tenue par les brasseurs passionnés Gitte Holmboe et Casper Vorting. Chaque brassin est couvé pour qu'il développe son propre caractère, ainsi la recette peut être la même, mais les résultats varient à chaque fois. Les cuvées numérotées sont uniques et limitées à la production de 700 bouteilles. Sur l'étiquette figurent le nom de la bière, les houblons utilisés, ainsi que les dates du brassage et de l'embouteillage. Une visite de la brasserie s'apparente à la visite d'un chai, tant l'attention et les soins prodigués à la bière sont palpables.

Holmboe et Vorting veillent à ce que le caractère des ingrédients sélectionnés et façonnés par le terroir se reflète dans leurs créations. Autant que possible, le travail à la brasserie est effectué manuellement, sans recours à la technologie. La force de gravité et une série de poulies assurent le transfert des ingrédients d'un endroit à l'autre, et le moût est chauffé directement à la flamme. Du remplissage et du vidage de la cuve-matière à la pose des bouchons, tout le processus est manuel, ce qui, aux dires des brasseurs, offre une bière de meilleure qualité ; une bière non filtrée et non pasteurisée, considérée comme une des meilleures du pays.

Tout sucre
Des bières riches et fortes, brassées en conservant une grande partie de leurs sucres naturels.

BØGEDAL BRYGHUS N° 321

NOTES DE DÉGUSTATION

HVEDE BIÈRE DE FROMENT, 7 % VOL.
Plus douce que la bière de froment de style belge classique, mais dotée d'un zeste rafraîchissant, délivré par le recours à l'orange et à la coriandre. Robuste bouquet aux notes d'agrume, cédant place aux saveurs parfumées du zeste de citron et de la sauge.

ACCOMPAGNEMENT : à associer à du poisson cru et des pickles.

N° 288 PALE ALE, 6,8 % VOL.
Dentelle de délicates et fines bulles blanches évoquant une broderie sur les parois du verre. Une bière suave, avec des touches d'amande et d'agrumes – sobre amertume.

ACCOMPAGNEMENT : une bière pour les longs déjeuners, à déguster avec du jambon et des pickles.

N° 321 STOUT, 6,1 % VOL.
Du chocolat liquide dans le verre. Notes de chocolat noir, vanille et café, cédant place à la douce amertume des houblons Perle, Cascade et Centennial, et aux arômes bruts d'un sucre muscovado.

ACCOMPAGNEMENT : idéale avec une tarte au chocolat noir amer, ou pourquoi pas, une riche terrine belge.

HORNBEER

REPÈRES

PROPRIÉTAIRE Hornbeer

FONDATION 2008

ADRESSE Hornsherredvej 463, 4070 Kirke Hyllinge

SITE INTERNET www.hornbeer.dk

PHILOSOPHIE Aucun style de bière n'est assez grand.

On ne devient pas un grand brasseur par hasard, mais après un long voyage émaillé de découvertes. Comme tout artiste talentueux, Jørgen Rasmussen cherche toujours à parfaire sa gamme de bières afin de créer la boisson idéale.

RIEN NE SEMBLE intimider Jørgen Rasmussen, fondateur de la brasserie Hornbeer, dans l'est du Danemark en 2008. Pas même le feu qui anéantit sa brasserie un an plus tard. Tel un phénix renaissant de ses cendres, Rasmussen se remit au travail et a depuis accumulé éloges et récompenses pour ses impressionnantes créations à sa façon : « allons-y et voyons si ça marche ». Mais ne nous y trompons pas, sous son apparente désinvolture, cette approche est en réalité soutenue par une incroyable compréhension des accords joués par les malts et les houblons. Il a été dit que, si les bières de Jørgen avaient été de la musique, cette dernière aurait triomphé au festival de jazz de Copenhague.

Les bières de Hornbeer sont un concentré de style, sur la forme comme sur le fond. Ramussen est soutenu par sa femme, Gunhild, qui décide des ingrédients à ajouter à la bière et réalise les œuvres qui ornent les bouteilles. Ces bières sont parfois souples, élégantes même, et révèlent souvent une surprise sur le plan du houblon. La large gamme du catalogue compte une imperial stout russe, une âpre bière fruitée à la framboise, une bière « rhum stout » caribéenne, une bière acide parfumée à la canneberge et mûrie en fûts de chêne, mais aussi une blonde et une brown ale, ainsi qu'une IPA.

Pour Rasmussen, la bière ne doit pas cibler exclusivement les jeunes ou les plus âgés. De telles bêtises ont été inventées par les professionnels du marketing. Rasmussen pense que la bière est faite pour des gens perspicaces. Mais, tel un artiste tourmenté, il considère son travail comme jamais achevé. Dans sa quête de la bière idéale, où qu'il aille, il cherche toujours l'inspiration pour une prochaine création.

HORNBEER DRYHOP

HORNBEER FUNKY MONK

HORNBEER ESKIL

NOTES DE DÉGUSTATION

DRYHOP ALE, 5 % VOL.
Les houblons Amarillo sont les stars de cette ale aussi sèche qu'un citron pressé. Choix judicieux pour une bière misant sur une seule variété de houblon, à la fois amer et aromatique. Très atténuée, la douceur du moût a été convertie par la levure, pour laisser une bière à la saveur intense de pamplemousse sec.

ACCOMPAGNEMENT : idéale avec une assiette de rôti de porc, de la moutarde, des cornichons et des tranches de pain de seigle.

FUNKY MONK ALE, 8,8 % VOL.
Une grande bière, affirmée, à robe cuivrée. Assaisonnée d'un sucre candi fait maison – seule une levure belge pouvait affronter tant de sucre fermentescible. Achetez deux bouteilles : dégustez-en une et laisser évoluer l'autre plusieurs mois en bouteille.

ACCOMPAGNEMENT : une bière à déguster lentement, parfaite avec différentes saveurs complexes, comme celles d'un puissant fromage de qualité, de pommes de terre rôties caramélisées ou d'un gâteau de riz sucré.

ESKIL OLD ALE, 5,6 % VOL.
Brassée en collaboration avec le critique brassicole danois réputé Carsten Berthelsen, cette bière est un emprunt aux bières belges d'abbaye. Une ale brune, non filtrée, généreuse en saveurs de mélasse et de fruits, aux notes de houblons perceptibles en bouche.

ACCOMPAGNEMENT : À apprécier avec un smörgåsbord (buffet de poissons, charcuterie et salade).

MIKKELLER

Dès son entrée sur scène, en 2006, Mikkel Borg Bjergsø a rapidement imposé son talent de brasseur artisanal à l'origine de bières séduisantes, innovantes et toujours intéressantes. Dire qu'il ne possède pas sa propre brasserie…

REPÈRES

PROPRIÉTAIRE Mikkeller

FONDATION 2005

ADRESSE Viktoriagade 8, KLD, 1655 Copenhague V

SITE INTERNET www.mikkeller.dk

PHILOSOPHIE Les règles sont faites pour être transgressées.

MIKKELLER BEER GEEK BREAKFAST

ENSEIGNANT RECONVERTI en maître brasseur, Mikkel Borg Bjergsø a pour particularité d'avoir tourné le dos à l'orthodoxie. Il fit d'une classe expérimentale une des brasseries les plus innovantes au monde. Mais une brasserie sans murs, ni toiture. Mikkel est un nomade et sa carrière de brasseur itinérant le conduisit à exercer partout et à collaborer avec tous ceux qui partagent sa passion pour l'émotion, l'enthousiasme et la créativité du monde de la bière. Ses voyages l'ont mené au Royaume-Uni, aux États-Unis, en Belgique, en Norvège et, bien sûr, à travers le Danemark.

Sa première bière commerciale, développée avec son associé Kristian Klarup Keller, prit la forme d'une stout étonnante, la Beer Geek Break fast. Le duo transforma littéralement l'évier d'une cuisine en une cuve de brassage – ils ajoutèrent sept malts différents et de l'orge dans la cuve-matière, et consacrèrent des heures à brasser le café nécessaire à l'ajout de saveur au breuvage. Mais toutes les bières, aussi extrêmes soient-elles, exigent un minimum d'équilibre, et la puissance des notes de malts noirs et du café fut contrôlée par l'ajout de houblons Centennial et Cascade. Un bouquet d'agrumes éclatant transparaît à travers la noirceur torréfiée de cette stout. Entre autres projets, Mikkel s'attaqua à une série d'IPA, faisant chacune appel à une seule variété de houblon, créée afin d'éduquer le public au potentiel de chacun d'entre eux. Les bières de ce brasseur itinérant peuvent se déguster au Bar Mikkeller, situé dans le Vesterbro, quartier branché de Copenhague, proposant une sélection variable de 20 bières à la pression.

NOTES DE DÉGUSTATION

BEER GEEK BREAKFAST OATMEAL STOUT, 7,5 % VOL.

Une bière intense, harmonieusement structurée par des notes d'orge grillée, de malts noirs et de café, avec une vague rafraîchissante d'agrumes née des houblons américains. Une bière déclinée en plusieurs versions, dont chocolat ou piment.

ACCOMPAGNEMENT : à associer avec la saveur réconfortante de croissants au beurre encore chauds.

BLACK IMPERIAL STOUT, 17,5 %

Plus noire qu'une nuit sans lune. De sombres bouffées de chocolat noir, de café et de prune, mêlées à des touches de porto et xérès noir. Houblonnée, un peu fumée et aussi très sèche.

ACCOMPAGNEMENT : à déguster avec des biscuits amaretti.

MIKKELLER BLACK

AMAGER BRYGHUS

www.amagerbryghus.dk

COMBIEN DE BRASSERIES sont aménagées dans un abri antiaérien ? Amager Bryghus fut fondée en 2007 par deux amis, Jacob Storm et Morten Lundsback, qui firent de leur rêve une réalité commerciale. Les bières ne contiennent aucun additif artificiel. Le duo a pour devise : « Ce que l'on ignore peut s'apprendre ! », et tire son inspiration de la tradition brassicole nord-américaine, pour brasser de puissantes IPA. Dynamisées par des houblons Amarillo, Cascade et Simcoe, leurs bières ont une finale agréable et persistante.

BEER HERE

www.beerhere.dk

CHRISTIAN SKOVDAL ANDERSEN est une sorte de légende du brassage et la force créatrice cachée derrière cette brasserie, fondée en 2008. Ce « mordu » du brassage peaufina ses recettes à l'aide de son kit de brassage à Copenhague, avant de se lancer dans une production commerciale avec d'autres brasseurs comme BrewDog au Royaume-Uni et Herslev Bryghus au Danemark. Andersen a bâti sa renommée avec des bières innovantes, sans compromis, brassées selon sa devise : « Ne pas gâcher la soif ».

BREWPUB KØBENHAVN

www.brewpub.dk

CET ÉTABLISSEMENT novateur réunit une microbrasserie, un bar et un restaurant dans un immeuble du XVIIe siècle au centre de Copenhague. Certaines des 11 bières du catalogue proposées à la vente sont brassées dans la cave de l'établissement, sous l'autorité de Hans-Ole Kragelund. Ses bières sont à l'image de ce qui se fait un peu partout dans le monde, avec un souci constant de créativité et d'audace. La plus populaire, la Stevie Ray, est l'interprétation danoise d'une lager artisanale de style nord-américain. Modérément amère, au bouquet floral caractéristique, avec un malt torréfié aux fraîches flaveurs biscuitées.

CARLSBERG

www.carlsberg.com

CETTE BRASSERIE est une des ancêtres de la tradition brassicole danoise, et la plus influente. Carlsberg vit le jour en 1847 à Copenhague, sous l'impulsion de Jacob Jacobsen, et fut baptisée ainsi en référence à son fils, Carl. Jacobsen légua au monde brassicole la mise en application de techniques scientifiques dans l'art du brassage. Il popularisa le brassage à la vapeur et la réfrigération, mais sa plus grande contribution fut l'identification et la culture d'une unique souche de levure, permettant de brasser au fil du temps une bière aux qualités gustatives inchangées.

CARLSBERG ELEPHANT

JACOBSEN WEISSBIER

DET LILLE BRYGGERI

www.detlillebryggeri.dk

CETTE BRASSERIE modeste par sa taille a un grand cœur et une imagination sans limites. Piments, genièvre, réglisse et miel ont tous été utilisés dans ses bières, influencées par les styles nord-américain, britannique, belge ou allemand – ou un mélange des quatre. Un de ses fleurons, une puissante barley wine, titrant 10 % vol., est mûrie en fûts de chêne ayant abrité du cognac. Une bière de garde, à savourer dans quelques années.

EVIL TWIN

www.eviltwin.dk

DANS LA MYTHOLOGIE, la gémellité oppose souvent le bien au mal. Les Romains ont Romulus et Remus, les Danois ont Mikkel et Jeppe Jarnit-Bjergsø. Mais dans ce cas, les jumeaux incarnent la force positive de la bière. Mikkel est la force créatrice de Mikkeller (*voir* p. 109) et Jeppe, sous le nom d'Evil Twin, appartient à ce groupe de brasseurs « troubadours » contant de fabuleuses fables avec leurs IPA, stouts et pale ales.

GOURMETBRYGGERIET

www.gourmetbryggeriet.dk

« LA BIÈRE est un moyen de s'enivrer à table », telle est la devise de ce pub-brasserie fondé en 2005 par le chef cuisinier Lars Dietrichsen et le brasseur Michael Knoth. L'établissement appartient à la brasserie Harboe, et si ses fondateurs ne font plus partie de cette affaire, leur éthique demeure. Le catalogue inclut quatre bières régulières et une bière de saison, dont un puissant porter, généreux en notes de chocolat et de café, aussi sombre qu'une nuit d'hiver danoise sans étoile.

HERSLEV BRYGHUS

www.herslevbryghus.dk

TORE JØRGENSEN, le fondateur de la brasserie, a pour devise : « Les bières sont inspirées par les saisons. » Ce brasseur est passionné par sa ferme et la façon dont le terroir influe sur ses bières. « Nous brassons une bière que nous aimerions boire, et nous sommes inspirés par les saisons – chaque breuvage à sa saveur et son histoire », confie-t-il. Il affirme que la terre et le climat des environs de Roskilde affectent en profondeur ses bières biologiques non pasteurisées.

INDSLEV BRYGGERI

www.indslevbryggeri.dk

L'ÉPEAUTRE est une variété de blé, à l'origine du malt des bières d'Indslev. Le brasseur Anders Busse Rasmussen remet en cause la théorie du brassage en affirmant que toutes les bières peuvent être brassées avec du blé. Il est d'ailleurs fier des nombreuses récompenses décrochées par la stout élaborée dans cette brasserie fondée en 1897 par son ancêtre Frederik Christian Rasmussen. « Nous sommes déterminés à montrer au monde que la bière à base de blé vaut tellement mieux que les hefeweizens et les witbiers », confie-t-il.

JACOBSEN

www.jacobsenbeer.com

L'HISTOIRE EST PRÉSENTE dans chaque brique, chaque rivet et chaque cuve de cette brasserie. Là, dès 1847, le fondateur de Carlsberg, Jacob Jacobsen, mit en pratique sa théorie sur la levure. Aujourd'hui, la brasserie produit une gamme de bières de spécialité. Dans cet établissement moderne en apparence, les brasseurs utilisent des ingrédients ancestraux, comme l'aspérule odorante, une herbe aux vertus antiseptique et diurétique, en l'intégrant à leurs bières de printemps.

MIDTFYNS BRYGHUS

www.midtfyns-bryghus.dk

FONDÉE EN 2004, cette brasserie connut un nouvel essor lorsque Eddie Szweda, natif des États-Unis, en fit l'acquisition. Il repensa le catalogue pour créer des « expériences inoubliables » – goutez la Chili Tripel, vous comprendrez. La brasserie située à Brobyværk, sur l'île de Fyn, brasse des bières pour chaque saison et d'autres plus occasionnellement. L'une d'elles rend hommage au club de football anglais d'Arsenal. La Gunner Ale, développée à l'attention des nombreux supporters danois du club, doit, selon Eddie, être consommée en compagnie d'autres admirateurs.

NØRREBRO BRYGHUS

www.norrebrobryghus.dk

CE PUB-BRASSERIE de Copenhague concrétise le rêve de son fondateur, Anders Kissmeyer. On trouve au catalogue jusqu'à dix bières artisanales de style traditionnel brassées sur le site. L'ambition de Kissmeyer est de renouveler la culture brassicole danoise, en bousculant les idées reçues sur ce que doivent être une bière et sa saveur. Dans son combat contre le dogmatisme, il reste convaincu que la qualité est plus importante que la tradition. Bières acides et mûries dans le bois occupent une place de choix au sein de son catalogue.

ØERBAEK BRYGGERI

www.oerbaek-bryggeri.nu

LE FUTUR semblait bien terne pour cette brasserie, jusqu'à son acquisition par Niels et Nicolai Rømer en 1996. Fondé en 1906, l'établissement vit se succéder beaucoup de propriétaires et frôla la faillite dans les années 1990. Sans se décourager, les nouveaux propriétaires décidèrent de restaurer les installations et de recommencer à brasser une gamme de bières biologiques. Elles sont aujourd'hui parmi les meilleures du Danemark. Les ingrédients utilisés incluent épeautre et fleur de sureau.

REFSVINDINGE

www.bryggerietrefsvindinge.dk

DEPUIS 1885, quatre générations de la famille Rasmussen se sont succédé à la tête de cette brasserie agricole. Mais c'est le travail accompli par la famille dans les années 1990 qui forgea la réputation de novateur de ce brasseur. Son Ale N° 16, brassée pour la première fois en 1995, attira une nouvelle génération de consommateurs vers cette excitante bière artisanale – une ale brune, forte et suave, ensemencée avec une levure anglaise. Une popularité qui conduisit le brasseur à faire produire certaines de ses bières par la brasserie Vestfyen, sous son autorité.

SVANEKE BRYGHUS

www.svanekebryghus.dk

DEPUIS 2000, cette brasserie de la petite ville de Svaneke, sur l'île de Bornholm, produit des bières non filtrées. En plus de ses trois références – une pilsner, une ale blonde et une douce stout –, elle brasse une gamme de bières de spécialité, conçues pour séduire le palais des amateurs, comme la primée Mork Guld (5,7 % vol.), à robe cuivrée, généreuse en flaveurs de noix amère et de caramel. La Red Hot Chili Ale, elle, est une bière de fermentation à la robe rouge étonnante aromatisée aux piments frais.

THISTED

www.thisted-bryghus.dk

LA PLUS ANCIENNE brasserie du Danemark appartient aux nouveaux et aux anciens habitants de la ville de Thisted. Tous les ans, plus de 1 000 actionnaires se réunissent pour une journée de dégustation lors de l'assemblée générale de la brasserie. Thisted brassa la première bière biologique du Danemark en 1995 et produit le très recherché Baltic Porter, une bière de fermentation basse aux accents de malt et de réglisse.

UGLY DUCK

www.uglyduckbrewing.dk

IL FUT CONSIDÉRÉ comme le plus jeune brasseur artisanal du Danemark, lorsque la brasserie Rassted vit le jour en 2005. Aujourd'hui, Martin Jensen est à la tête d'Ugly Duck, créée en 2006. Devenu l'un des brasseurs les plus novateurs de la scène brassicole artisanale danoise, Jensen est constamment à la recherche de nouvelles variétés de houblon, afin d'ajouter de la texture à ses étonnantes stouts et IPA. Il ose, et ensemence certains fûts de Brettanomyces, juste par curiosité…

MIDTFYNS CHILI TRIPEL

SVANEKE MORK GULD

REPÈRES

PROPRIÉTAIRE Jämtlands

FONDATION 1996

ADRESSE Jämtlands Brewery, Box 224, 831 23 Östersund

SITE INTERNET www.jamtlandsbryggeri.se

PHILOSOPHIE La qualité avant tout.

JÄMTLANDS
HELL

JÄMTLANDS
JULÖL

JÄMTLANDS

Les pèlerins qui venaient se recueillir sur la tombe de saint Olaf louaient, disait-on, les vertus curatives de l'eau d'Östersund. Aujourd'hui, ce sont les amateurs de bière qui vantent les qualités divines des breuvages de Jämtlands.

DURANT UNE GRANDE PARTIE du xxe siècle, la Suède fut le pays d'Europe dont la législation était la plus rigoureuse en matière d'alcool. La production et la vente étaient largement contrôlées par l'État et la ligue de tempérance. La production de bière se répartissait donc à l'époque entre un petit nombre de grands brasseurs. Il était alors difficile d'imaginer que la Suède verrait un jour se développer la microbrasserie.

Pourtant, dans les années 1990, quelques brasseurs artisanaux, probablement inspirés par les États-Unis, tentèrent de transformer leur loisir en une activité commerciale. En 1995, l'entrée de la Suède dans l'Union européenne entraîna un assouplissement de la législation sur la production d'alcool. Ainsi, on autorisa entre autres le brassage de bières supérieures à 5,6 % vol.

Parmi les premières brasseries à tirer parti de cette nouvelle réglementation se trouvait Jämtlands, située dans une région reculée du nord-ouest du pays. Tous les ans, son maître brasseur David Jones produit une ale à 6 % vol. pour célébrer son premier brassin. Le catalogue de la brasserie propose par ailleurs une large gamme de bières disponibles toute l'année ou saisonnières. Ces bières tirent leur puissance d'un malt anglais, et leur légendaire amertume de houblons issus d'Angleterre, d'Allemagne, de Slovénie et des États-Unis. Les styles puisent dans les traditions du Royaume-Uni, d'Allemagne et de Belgique. Comme beaucoup de microbrasseries, Jämtlands est attentive aux derniers développements américains. Toutes les bières sont filtrées, mais aucune n'est pasteurisée. La formule fonctionne si l'on en juge par la taille surdimensionnée de l'étagère où reposent les trophées décrochés par l'établissement – dont de nombreuses récompenses décernées au Festival de la bière de Stockholm.

NOTES DE DÉGUSTATION

HELL LAGER, 5,1 % VOL.
Une bière blonde, presque pétillante, sous sa tête de mousse blanche. Nez aux notes de houblon citronné, évoluant vers des arômes de fruit doux, miel et zeste d'orange. Finale longue, substantielle et très addictive.

ACCOMPAGNEMENT : saveurs franches qui résisteront sans mal à celles des épices asiatiques ou du poisson fumé façon suédoise.

JULÖL ALE, 6,5 % VOL.
Une bière de saison, surtout d'hiver. Sa robe brun roux exhale de puissants arômes de fruit noir et de pruneau. Notes d'alcool et d'orange sucrée se disputent la vedette, nuancées par des touches de cannelle épicée. Un breuvage suffisamment robuste pour affronter les froides et sombres nuits d'hiver.

ACCOMPAGNEMENT : cette bière fait merveille avec un cake aux fruits noirs, ou des petits pains à la cannelle.

POSTILJON ALE, 5,8 % VOL.
Une version suédoise de la strong ale anglaise pour cette bière ambrée, aux arômes audacieux. Saveur évidente de caramel. Notes de zeste d'orange de Séville, mêlées à des touches de mie de pain fraîche, le tout équilibré par un houblon anglais amérisant.

ACCOMPAGNEMENT : une bière idéale avec les viandes rôties et braisées, comme le porc et le bœuf.

Confrérie de brasseurs
Les brasseurs artisanaux tirent leur inspiration de leurs homologues à travers le monde.

JÄMTLANDS POSTILJON

NILS OSCAR

Nils Oscar fut sûrement un sacré personnage pour que son petit-fils baptise sa brasserie de son nom. Héros de son enfance, Oscar possédait toutes les qualités que Sundberg souhaitait mettre à l'honneur à travers son activité.

REPÈRES

PROPRIÉTAIRE Nils Oscar
FONDATION 1996
ADRESSE Fruängsgatan 2, 611 31 Nyköping
SITE INTERNET www.nilsoscar.se
PHILOSOPHIE L'honnêteté avant tout. Dur à la tâche.

SI SEULEMENT Karl-David Sundberg avait pu cultiver le houblon sur ses terres natales, à Tärnö Manor, au sud-ouest de Stockholm, il aurait disposé de tous les ingrédients bruts nécessaires pour proposer des bières directement de la ferme au verre. Sundberg cultive de l'orge, de l'avoine, du seigle et du froment, que son maître brasseur Patrick Holmqvist utilise dans ses créations. Les meilleures latitudes pour cultiver du houblon se situent entre 35° et 55° dans les deux hémisphères. Pour bien pousser, le houblon exige beaucoup d'ensoleillement. Or, même sur les terres du soleil de minuit, à 58° de latitude Nord, les heures d'ensoleillement ne sont pas suffisantes pour permettre au houblon de prospérer.

La brasserie Nils Oscar appartient à cette nouvelle vague de la scène brassicole suédoise qui profita de l'assouplissement de la législation sur l'alcool. Fondée à Stockholm sous le nom de Kungsholmens Kvartersbryggeri, elle adopta très vite le nom de Tärnö Bryggeri et quitta la ville. En 1999, la brasserie fut rebaptisée Nils Oscar. La révolution brassicole suédoise n'a pas encore atteint le niveau de croissance exponentielle rencontré dans d'autres pays d'Europe, ce qui pourrait être imputé à Systembolaget, une chaîne de magasins propriété de l'État détenant le monopole de la vente d'alcool en Suède.

Sundberg donna à la brasserie le nom de son grand-père, Nils Oscar, personnage qui eut une influence déterminante sur le jeune Karl-David. Né en 1865, Oscar émigra aux États-Unis alors qu'il avait à peine 17 ans. Il y réussit une brillante carrière d'homme d'affaires, puis de fermier à son retour en Suède. Des documents le décrivent comme sérieux, travailleur et dur à la tâche. Autant de qualités que Sundberg mit à l'honneur au sein de sa brasserie. Sur les quelque 15 bières du catalogue, la plus vendue est la God Lager. Un breuvage divin, tout droit descendu des cieux, mais baptisé ainsi car ce mot signifie « bon » en suédois.

NILS OSCAR IMPERIAL STOUT   **NILS OSCAR** COFFEE STOUT   **NILS OSCAR** GOD LAGER

NOTES DE DÉGUSTATION

IMPERIAL STOUT 7 % VOL.
Une bière de longue garde, ronde, généreuse en notes de chocolat noir et de caramel grillé, générées par les malts torréfiés, mais adoucies par l'orge issue de la ferme de la brasserie. Les houblons lui insufflent une persistante amertume.
ACCOMPAGNEMENT : parfaite avec un riche dessert au chocolat ou des truffes au chocolat parfumées au rhum.

COFFEE STOUT 6,4 % VOL.
Les grains de café du producteur Fazenda Ambiental Fortaleza, au Brésil, participent à cette riche harmonie née de l'association à des notes de chocolat. Une douceur affirmée et vibrante, sans être dominante, associée à l'amertume citronnée des houblons.
ACCOMPAGNEMENT : à déguster avec un gâteau au chocolat ou parfumé au café, pour retrouver les saveurs de la bière.

GOD LAGER 5,3 % VOL.
Une lager céréalière, aux arômes évoquant la noisette, nuancée de notes de beurre doux. Les houblons apportent des accents citronnés, évoluant vers une longue et agréable finale, presque réchauffante. Une bière propre et nette, facile à boire.
ACCOMPAGNEMENT : la rondeur torréfiée de la bière fait merveille avec des viandes grillées, cuites au barbecue ou frites.

ÅBRO BRYGGERI

www.abro.se

LENNARTH ANEMYR, maître brasseur chez Åbro Bryggeri, dit que la bière est bien plus que ce qui se trouve dans le verre, c'est une philosophie et une façon de concevoir la vie. Åbro est la plus ancienne brasserie familiale de Suède. Fondée à Småland Vimmerby en 1856, elle est située au pied d'un escarpement, avec un accès direct à une eau de source utilisée pour le brassage.

Anemyr produit certaines de ses meilleures créations non pasteurisées et non filtrées pour le Stockholm Beer and Whisky Festival, et explore avec ses bières de spécialité tout le répertoire des styles européens, revisitant notamment de façon subtile la bière fumée de Bamberg, en Allemagne.

DUGGES ALE & PORTER

www.dugges.se

HOUBLONS, MALT et passion sont les ingrédients essentiels des bières de Mikael Dugge Engström, qui prospère sous l'afflux des visiteurs venus s'immerger dans l'atmosphère d'une « authentique brasserie artisanale ». Dans cette brasserie située à Landvetter, près de Göteborg, Engström puise son inspiration au Royaume-Uni et aux États-Unis pour brasser ses bières de style ale. Pour lui, un bon malt et des houblons épicés suffisent à éclairer le parcours initiatique du consommateur dans le monde de la bière.

GOTLANDS

www.gotlandsbryggeri.se

PROPRIÉTÉ DU SECOND plus gros brasseur de Suède, la famille Spendrup, Gotlands est utilisée pour la production de bières commerciales et expérimentales. Selon certains, le houblon coule dans les veines de Johan Spendrup, qui supervise la production. Membre de la quatrième génération de la famille, il apprit le métier en Allemagne. Une touche de malt fumé est ajoutée à la Wisby Stout pour, selon Spendrup, atteindre de nouveaux sommets.

HANTVERKS

www.hantverksbryggeriet.se

L'ÉTABLISSEMENT FUT fondé en 2003. Hantverks veut accroître nos connaissances sur le brassage et la culture de la bière en produisant des bières qui sortent de l'ordinaire. Son catalogue étendu inclut l'Alchemist, qui s'inspire de la tradition belge voulant que des fruits soient ajoutés aux lambics. Une bière à l'intrigante robe bleutée, renfermant des myrtilles et bénéficiant d'une maturation d'une année, ce qui laisse le temps à un exquis duo de saveurs âpres et acides de se développer. La Chimney Sweep est une stout brune savoureuse, intégrant de l'avoine associée à un malt caramel et chocolat, pour une saveur chocolatée amère.

MONKS CAFÉ

www.monkscafe.se

EN 2008, après plusieurs années de silence, Monks Café réintroduit le brassage à Stockholm. Sa formule couronnée de succès conduisit l'entreprise à ouvrir un second pub-brasserie, le Monks Porterhouse. La ville abritait autrefois nombre d'établissements de ce genre. Le Monks Café a toujours proposé une gamme de bières intéressante. À ses références, incluant une IPA et un porter, s'ajoutent des bières créées en collaboration avec des brasseurs de passage ou par des étudiants en brassiculture. L'établissement propose aussi des ateliers pour tous ceux qui souhaitent brasser leur bière à domicile ou fonder leur propre entreprise.

NÄRKE KULTURBRYGGERI

www.kulturbryggeri.se

« LA BIÈRE est un art », confient Berith Karlsson et Rolf Larsson, les fondateurs de cette brasserie inaugurée en 2003 à Grenadjärstaden, et dont la première bière fut brassée en 2004. Leur mission ? Freiner le développement de la bière industrielle médiocre. S'appuyant sur leur expérience de passionnés de bière et de brasseurs amateurs, ils se spécialisèrent dans le brassage d'une large gamme, allant des ales légères houblonnées, non filtrées et non pasteurisées, aux porters sans compromis. Ils recommandent de laisser reposer leurs bières les plus alcoolisées vendues en bouteille.

NYA CARNEGIE

www.nyacarnegiebryggeriet.se

EN 2011, le maître brasseur de la brasserie Brooklyn (*voir* p. 152), Garrett Oliver, collabora avec Carlsberg, en Suède, au brassage d'une bière mûrie en fûts de bourbon – une version de l'illustre Carnegie Stark-Porter, bière historique lancée en 1836. Cette initiative

NYNÄSHAMNS INDIAN VIKEN PALE ALE

rapprocha deux entreprises situées de chaque côté de l'Atlantique et se concrétisa par l'ouverture d'une brasserie et d'un restaurant à Stockholm. Avec le brassage supervisé par Brooklyn, Nya Carnegie espère fédérer les amateurs suédois de bières artisanales.

NYNÄSHAMNS

www.nyab.se

LES AMIS qui se réunirent en 1988 pour se lamenter du manque de choix en matière de bières étaient loin d'imagnier qu'ils finiraient par fonder l'une des brasseries artisanales les plus influentes de Suède. Ils voyagèrent en Europe et découvrirent les bières de Belgique et de Grande-Bretagne, puis, dix ans plus tard, se lancèrent dans l'aventure et inaugurèrent leur brasserie commerciale, Nynäshamns. Leur première bière, la Bedarö Bitter, inspirée des ales anglaises, leur valut une médaille d'or au Stockholm Beer Festival. À découvrir, l'aromatique Indian Viken Pale Ale, une bière également primée.

OCEAN

www.oceanbryggeriet.se

LE BRASSEUR Thomas Bingebo se passionna pour la bière après un voyage à Londres, où il apprécia particulièrement la saveur des breuvages maltés. Aidé d'un groupe d'amis, il fonda sa brasserie en 2007 à Göteborg. Sa bière met le malt à l'honneur et s'appuie sur les houblons pour enrichir la gamme de notes épicées. La brasserie s'est depuis développée considérablement et distribue sa production à travers toute la Suède.

Avec le temps, Bingebo s'est aussi « adouci » et fait désormais appel aux notes d'agrumes de houblons nord-américains dans nombre de ses bières équilibrées. La gamme classique inclut la Glenn N° 5 au bouquet fruité, la 12 Plato Lager maltée, la fraîche et fruitée West Coast, et la Gothenburg Sports, un concentré de flaveurs de chocolat, cassis et réglisse. Le catalogue propose aussi une large sélection de bières de saison et de spécialité.

OPPIGÅRDS

www.oppigards.com

EN 2004, Björn Falkeström transforma en brasserie la grange d'une ferme, propriété de la famille depuis 250 ans. Le catalogue rassemble quatre ales – la populaire et maltée Golden Ale, la Single Hop d'inspiration anglaise, la fruitée Amarillo Ale, et l'houblonnée Indian Tribute Ale – associant avec dextérité une sélection d'ingrédients naturels de qualité supérieure ; une formule qui vaut à la brasserie un public d'amateurs fidèles.

SIGTUNA

www.sigtunabrygghus.se

L'AMBITION N'EST PAS un défaut pour Peter Forss, qui veut faire de sa brasserie artisanale la meilleure du pays. L'établissement ouvert en 2006 a vu sa production croître rapidement. Son brasseur, Mattias Hammenlind, attribue cette croissance au fait que la fermentation de la bière s'effectue sur fond de musique rock. Ses bières fusionnent les styles – avec l'ajout de lemon-grass dans une witbier belge et l'assaisonnement d'une IPA 100 % américaine avec de généreuses quantités de houblons néo-zélandais.

SLOTTSKÄLLANS

www.slottskallan.se

NÉE SUITE À UN VOYAGE à San Francisco dans les années 1990, où son fondateur assista à l'émergence de la scène microbrassicole, cette brasserie, située à Uppsala, produit aujourd'hui une gamme d'ales et de lagers faciles à boire. Un de ses objectifs est de conduire le public à penser à la bière comme il penserait au vin. Chacune d'elles est accompagnée de suggestions d'accords de mets. Ainsi, la forte et amère Slottskällans Slottslager s'apprécie avec des salades et du poisson, ou avec les saveurs iodées ou grasses des fruits de mer ou de viandes. Goût et équilibre sont les maîtres mots de ces bières, plusieurs fois récompensées au Stockholm Beer Festival. Slottskällans s'est aussi distinguée avec son Imperial Stout refermentée en bouteilles.

SPENDRUPS

www.spendrups.se

CETTE BRASSERIE familiale, en activité depuis 1897, s'inspire de la tradition brassicole allemande. Spendrups brasse une large gamme de pilsners et de bières de style de Dortmund. Avec trois sites de production, l'entreprise a un large réseau de distribution. La Norrlands Guld est la plus populaire des bières du catalogue, mais beaucoup lui préfèrent l'Old Gold, une pilsner de style allemand, ou la Pistonhead Hot Roddin' Lager, une lager modérément amère. La Pistonhead Plastic Fantastic est une bière corsée, conditionnée dans une bouteille en plastique recyclable.

SPENDRUPS PISTONHEAD HOT RODDIN' LAGER

ANNOEULLIN

Depuis six générations, une famille est parvenue à maintenir vivace la tradition brassicole à Annoeullin, et même à survivre au déménagement de ses cuves de cuivre plus que centenaires.

REPÈRES

PROPRIÉTAIRE Famille Lepers
FONDATION 1905
ADRESSE 199 bis rue Marle, 59930 La Chapelle d'Armentières
SITE INTERNET www.langelus.fr
PHILOSOPHIE Croire en la diversité.

LES BRASSEURS de Flandre française, dans le nord-est du pays, sont à juste titre très fiers de leurs traditions brassicoles et beaucoup brassent encore une bière de garde épicée et aromatique. Les bières de garde étaient élaborées en hiver ou lors des mois les plus froids du printemps, puis étaient stockées pour être consommées en été par les paysans qui travaillaient aux champs, alors que la chaleur interdisait toute activité de brassage. Aujourd'hui, ce style de bière est brassé toute l'année.

Les brasseries artisanales disparurent peu à peu, mais une famille réussit à faire prospérer la sienne jusqu'à nos jours. Il y a peu, Charles Lepers a pris la tête de l'affaire que ses parents, Bertrand et Yolande, dirigeaient depuis les années 1970. Une des premières tâches de Charles fut de déménager la brasserie à La Chapelle d'Armentières, pour l'installer dans les bâtiments de l'ancienne brasserie Motte-Cordonnier, où fut autrefois brassée la Stella Artois. Soucieux de préserver l'arôme malté et épicé de la bière familiale, Charles décida de transférer les deux cuves de cuivre de la brasserie, installées en 1905 par son ascendant. Les nouveaux locaux ont permis l'instauration de visites guidées, l'aménagement d'une salle de dégustation et d'une boutique, où sont vendues les bières du catalogue, conditionnées pour la plupart en bouteilles de style champagne.

NOTES DE DÉGUSTATION

L'ANGELUS BIÈRE DE FROMENT, 7 % VOL.
Orge maltée, froment non malté, houblons et épices participent à ce bouquet d'arômes mêlant notes de citron jaune et vert, nuancées de touches de fruit vert et de banane. Une bière non filtrée, à robe d'un blond doré, troublée.
ACCOMPAGNEMENT : à déguster avec un ragoût à la bière.

LEPERS 8 BIÈRE DE GARDE, 8 % VOL.
Robe d'un blond orangé, coiffée d'une tête de mousse blanche trouble. Notes d'épice affirmées, caractère malté biscuité, vif, nuancé d'arômes de litchis et de citron.
ACCOMPAGNEMENT : idéale avec le potjevleesch – une spécialité flamande à base de dés de poulet, porc, lapin et veau en gelée.

LEPERS 6 BIÈRE DE GARDE, 6 % VOL.
Robe brun roux, aux notes de zestes d'orange et de citron. Suave, avec des touches de tendre caramel au beurre, sur des accents de clou de girofle et une agréable saveur de plante.
ACCOMPAGNEMENT : à savourer avec du fromage et du pain.

ANNOEULLIN L'ANGELUS

REPÈRES

PROPRIÉTAIRE Duyck

FONDATION 1922

ADRESSE 113 Route nationale, BP 6, 59144 Jenlain

SITE INTERNET www.duyck.com

PHILOSOPHIE Évoluer et laisser le temps faire son travail.

DUYCK OR BIÈRE BLONDE

DUYCK AMBRÉE

DUYCK

Depuis quatre générations, les Duyck, brasseurs de Jenlain, assurent la réputation de la brasserie artisanale française et veillent désormais à ce que la génération suivante puisse prendre le relais.

DEPUIS 1922, les Duyck brassent de la bière à Jenlain, près de la frontière belge. Le fondateur de la brasserie, Félix Duyck, apprit le métier aux côtés de son père, Léon, agriculteur et brasseur installé en Belgique. Les Flandres, qui avaient vu la tradition du brassage se développer des siècles durant, sont devenues le foyer de certains styles de bière les plus remarquables au monde – comme la bière belge rouge, brune ou encore la bière de garde. Si l'on ignore le type de bière que brassait Léon, il est certain que son fils Félix fut influencé par son héritage belge.

C'est à ce dernier que l'on doit les recettes des bières traditionnelles de Duyck, ainsi que l'introduction en 1950 de bouteilles de champagne recyclées. Au fil du temps, de subtiles différences apparurent entre les bières des brasseurs belges et français. Les Belges proposaient des bières au corps plus léger, des bières de saison puissamment houblonnées ou d'amères bières rouges, alors que les Français, comme Duyck, développaient des bières plus fortes, plus suaves et maltées.

De nos jours, la moderne mais artisanale brasserie Duyck est dirigée par Raymond Duyck, qui s'emploie à ce que son fils prenne la relève, et qui rêve que la France soit un jour reconnue non seulement pour ses vins, son champagne et sa gastronomie, mais aussi comme une grande nation brassicole.

NOTES DE DÉGUSTATION

OR BIÈRE BLONDE BIÈRE DE GARDE, 7,5 % VOL.
Robe blonde pour cette bière complexe, associant un malt audacieux à des houblons terreux amérisants, des épices aromatiques, des touches de clou de girofle et de vanille.

ACCOMPAGNEMENT : à associer à des fromages acides ou un plat de moules marinées dans la bière.

AMBRÉE BIÈRE DE GARDE, 7,5 % VOL.
Une bière non pasteurisée, aux reflets ambrés. Arômes de fruits à noyau, touches de malt toasté. Loin d'être insipide, une bière de garde audacieuse et savoureuse.

ACCOMPAGNEMENT : idéale avec de riches préparations sucrées. À savourer avec une oie lentement rôtie farcie aux pruneaux.

ÉCLATS D'AMBRE BIÈRE DE GARDE, 6,8 % VOL.
Riches arômes de cannelle et clou de girofle, notes d'écorces confites de mandarine satsuma. Généreuse en saveurs de malt, touches de toffee et caramel brûlé.

ACCOMPAGNEMENT : à déguster avec un cake aux fruits confits.

Élégance ambrée
Certaines grandes bières méritent d'être vénérées au même titre que le champagne.

DUYCK ÉCLATS D'AMBRE

AU BARON

www.brasserieaubaron.com

AU VILLAGE DE GUSSIGNIES, dans une région où gastronomie française et tradition brassicole belge se mélangent, Alain et Xavier Bayeux, père et fils, brassent une bière inscrite au menu du restaurant familial depuis 1989. Leur bière de printemps, la Cuvée des Jonquilles, est une riche ale à la robe d'un blond doré, aussi éclatant que celui des jonquilles qui tapissent les berges de la rivière voisine. Autres productions de la maison, une bière de Noël et une bière ambrée.

BOURGANEL

www.bieres-bourganel.com

CHRISTIAN BOURGANEL est fier des spécialités de sa région. Sa brasserie se situe dans la ville thermale de Vals-les-Bains, à l'ombre des montagnes ardéchoises. La région est réputée pour ses châtaignes, son nougat et ses myrtilles. Rien d'étonnant donc que ces ingrédients se retrouvent dans la gamme des bières blondes et ambrées, qu'il élabore depuis 1997, année d'ouverture de la brasserie.

CASTELAIN

www.chti.com

LE NORD de la France a une riche tradition de brassage de bières de garde, des strong ales ou des lagers destinées à être conservées. Ces bières étaient brassées par les paysans en hiver et au printemps. Cette brasserie, propriété de la famille Castelain depuis 1926, élabore une gamme de bières ayant toutes bénéficié d'une longue période de garde en cave froide. De quoi ajouter profondeur et complexité aux saveurs. La plus populaire, la Ch'ti Blonde, est une bière corsée.

LA CHOULETTE

www.lachoulette.com

RARE SURVIVANTE des centaines de brasseries implantées dans la région du Nord-Pas-de-Calais à la fin du XIXe siècle, La Choulette fut fondée en 1885. Alain Dhaussy, le brasseur actuel, est fier de proposer des bières brassées selon la tradition. Elles sont embouteillées avec la levure pour favoriser le développement de saveurs complexes. La valeur sûre du catalogue reste la robuste Choulette Ambrée. Les bières de saison incluent la Choulette Framboise, parfumée aux framboises fraîches.

GAYANT LA GOUDALE

DEUX RIVIÈRES

CETTE BIÈRE FRANÇAISE révolutionnaire trouve ses origines dans une brasserie anglaise du Hampshire. Jean-François Malgorn et Christian Blanchard appartenaient à cette nouvelle vague de producteurs de bières bretons, à l'époque où ils inaugurèrent Deux Rivières, en 1985. Au début des années 1980, le duo travailla deux ans à Ringwood (*voir* p. 49), dans le Hampshire, sous l'autorité du pionnier de la microbrasserie, Peter Austin. Leurs bières corsées sont issues d'un insolent mélange de malts français et anglais.

LA FERME BECK

www.fermebeck.com

LA FAMILLE BECK débuta une activité brassicole à la ferme Beck en 1994 avec le houblon cultivé dans leur ferme du Nord-Pas-de-Calais, à deux pas de la frontière belge. Avec pour principe la qualité, et non la quantité, ils produisent chaque année un brassin de Hommelpap, élaborée à partir d'un houblon fraîchement récolté. Une bière au caractère affirmé, dominée par des notes de citron et d'orange, brassée pour le Festival annuel du houblon, en septembre.

GAYANT

www.brasseurs-gayant.com

LES GAYANT dirigent cette brasserie familiale de Douai, en Flandre française, depuis 1919. La plus populaire de leurs créations, la Bière du Démon, titrant 12 % vol., est réputée pour être la bière la plus alcoolisée brassée en France. Aussi au catalogue, l'Amadeus, une bière de froment trouble aux notes de coriandre et d'orange, et La Goudale, basée sur une recette du Moyen Âge. Brasseurs fiers de leur tradition artisanale, préférant la qualité à la quantité, les Gayant privilégient les méthodes traditionnelles. Toutes leurs bières sont, disent-ils, brassées avec la même attention que celle apportée aux plus grands vins.

LORRAINE

www.brasseurs-lorraine.com

EN 2003, Régis Bouillon et Jean-François Drouin décidèrent de redonner vie à la tradition brassicole lorraine et fondèrent les Brasseurs de Lorraine – l'histoire nous apprend que jadis le brassage prospéra dans cette région. La brasserie produit des bières de fermentation haute, à base de malts d'orge et de froment, et revendique de n'utiliser aucun additif. Sa Duchesse de Lorraine, inspirée par une recette du XVIIIe siècle, inclut malts rouge et fumé, ainsi que du sassafras, apportant de vivifiantes saveurs d'épice à cette bière non pasteurisée.

MÉTÉOR

www.brasserie-meteor.fr

CETTE BRASSERIE de Hochfelden, inaugurée en 1644, est la plus ancienne brasserie familiale du pays. Sa bière la plus populaire, la Météor Pils, fut développée en 1927 par Louis Haag et son fils Frederick, avec pour objectif d'imiter les bières brassées à Pilsen, en République tchèque. Elle est élaborée avec du houblon tchèque Saaz et un malt local, le Strisselpalt. Commercialisée dans les bars de la région, cette bière non pasteurisée est rafraîchissante, nuancée par un malt biscuité et une généreuse amertume florale, tirée du houblon.

MICHARD

www.bieres-michard.com

JEAN MICHARD avait un esprit révolutionnaire lorsqu'il ouvrit son premier pub-brasserie, Bières Michard, mais il était persuadé qu'il y avait alors un marché pour les bières fraîches, non pasteurisées. Aidé de sa fille Julie, il développa une gamme de bières inspirées des méthodes de brassage bavaroises. Si Michard brasse ses bières avec un équipement de pointe, artisanat et tradition restent au cœur de sa production, comme en témoigne son Ambrée, une bière vive et rafraîchissante, nuancée par juste ce qu'il faut d'amertume.

PIETRA

www.brasseriepietra.com

ARMELLE ET DOMINIQUE SIALELLI retournèrent sur leur île natale, la Corse, avec le projet fou d'ouvrir leur propre brasserie. Ils souhaitaient offrir à leur île une bière locale. Pietra, qui ouvrit en 1992, était déterminée à produire des bières enrichies des saveurs et parfums des fleurs sauvages de l'île. C'est ainsi que châtaignes, genévrier, myrte et arbousier furent exploités.

Leur bière porte-drapeau, la Pietra, est une bière ambrée, brassée avec de la farine de châtaigne corse. La Colomba, une bière blanche élaborée à partir d'orge et de froment, est parfumée d'herbes aromatiques locales. La Serena est une bière de malt légère, la Pietra de Noël, une bière festive, brassée à partir de farine de châtaigne de l'île.

ST SYLVESTRE 3 MONTS

THIRIEZ ÉTOILE DU NORD

ROUGET DE LISLE

www.brasserie-rouget-lisle.fr

SITUÉE AU PIED des montagnes du Jura, la brasserie fut baptisée en référence à Rouget de Lisle, qui composa *La Marseillaise* en 1792. Inaugurée en 1994, la brasserie produit une large gamme de bières à base des ingrédients locaux (absinthe, pissenlit, cassis et gentiane), pour ajouter un goût piquant à ses breuvages. Sa blonde Absinthe Lager révèle une amertume particulière, tirée de l'absinthe.

SAINT GERMAIN

www.page24.fr

LES DEUX BRASSEURS qui fondèrent cet établissement en 2003 sont attachés au caractère artisanal de leurs bières et au lien qu'elles entretiennent avec l'agriculture. En 2008, ils décidèrent d'utiliser exclusivement des houblons issus d'une coopérative de Flandre française et participèrent à maintenir la production de houblon dans la région. Toutes leurs bières subissent une fermentation haute. L'une d'elles est baptisée en référence à Hildegarde de Bingen, religieuse allemande souvent créditée, à tort, d'avoir été la première à utiliser du houblon pour brasser de la bière.

ST SYLVESTRE

www.brasserie-st-sylvestre.com

QUICONQUE SE TIENT au sommet d'un des trois monts qui donnèrent son nom à une des bières de la brasserie peut apercevoir les champs de houblon et les malteries fournissant la brasserie. Deux frères, François et Serge Ricour, dirigent cette brasserie artisanale de Flandre, à la suite de leur père qui racheta l'établissement en 1954. La 3 Monts est l'exemple vibrant et audacieux d'une robuste bière blonde de garde, non pasteurisée.

THIRIEZ

www.brasseriethiriez.com

EN 1996, lorsque Daniel Thiriez s'installa à Esquelbecq, au cœur des Flandres, il fit revivre la tradition brassicole de ce village. En 1997, il inaugura une nouvelle brasserie, logée dans les bâtiments d'un ancien corps de ferme qui avait accueilli la brasserie Poitevin. Sa bière Étoile du Nord fut développée en partenariat avec le brasseur anglais John Favidson, de la brasserie Swale. Blonde et faiblement alcoolisée, son caractère unique s'appuie sur un généreux houblon aromatique du Kent.

BROUWERIJ'T IJ

De son ancienne carrière de rock star le brasseur Kasper Peterson tire son goût pour les breuvages puissants et cette volonté de vouloir brasser lui-même ses bières. Sa brasserie est désormais une véritable institution à Amsterdam.

REPÈRES

PROPRIÉTAIRE Brouwerij't IJ

FONDATION 1985

ADRESSE Funenkade 7
1018 AL Amsterdam

SITE INTERNET
www.brouwerijhetij.nl

PHILOSOPHIE Brasser des bières de caractère.

BROUWERIJ'T IJ fut fondée en 1985 par le rocker Kasper Peterson, qui avait passé de longues années en tournée à sillonner l'Europe et donc à goûter aux bières locales. Ses préférées étaient les bières belges, qu'il se mit en tête de brasser lui-même. En 1983, il s'attela à la tâche avec zèle, s'initiant au brassage dans le squat où il vivait, à Amsterdam.

Ce loisir se transforma peu à peu en une véritable affaire professionnelle, et en quelques années la brasserie Brouwerij't IJ vit le jour, avec son pub et sa terrasse en bordure de canal. L'établissement est situé dans les anciens bains publics, près d'un des plus grands moulins à vent en bois du pays. Vingt ans plus tard, Kasper se retira des affaires et la brasserie fut rachetée par Patrick Hendrikse et Bart Obertop.

Au fil des ans, l'activité prit de l'ampleur et une seconde brasserie fut ouverte, à quelques mètres du site original. Les bières y sont brassées et embouteillées, mais l'ancienne brasserie continue à produire celles servies à la pression au bar. La quasi-totalité des ingrédients utilisés au brassage est recyclée. Une fois utilisée, l'orge maltée, qui donne sa saveur, sa couleur et sa teneur en alcool à la bière, est transformée en aliment pour animaux. La brasserie expédie ses grains de céréale, riches en protéines, chez un éleveur de moutons de la région, producteur d'un délicieux fromage de brebis à pâte molle, le Skeapsrond, bien évidemment inscrit au menu du pub de la brasserie.

Rares sont les brasseries implantées à côté d'un moulin à vent, mais Batemans (*voir* p. 42), propriété d'une des plus anciennes familles de brasseurs anglais, en fait partie. Leur brasserie unit son savoir-faire à celui de Brouwerij't IJ, pour brasser une bock à l'occasion d'un festival de la bière qui se déroule en Angleterre.

BROUWERIJ'T IJ ZATTE

NOTES DE DÉGUSTATION

ZATTE TRIPEL, 8 % VOL.
Une blonde qui tire son inspiration des puissantes bières blondes belges traditionnelles. Arômes de tendres fruits rouges s'opposant à des notes de pain malté plein de mâche et de caramel. Finale chaude, généreusement épicée.

ACCOMPAGNEMENT : idéale avec des préparations à base d'agneau ou de poulet légèrement épicé.

IJWIT BIÈRE DE FROMENT, 7 % VOL.
Une bière blonde et trouble tourbillonnant tel un nuage dans le verre – l'opacité tient à l'usage du froment au cours du brassage. Fraîcheur aigrelette, amplifiée par des notes de banane, citron jaune et clou de girofle. Une bière désaltérante.

ACCOMPAGNEMENT : le pub invite à déguster cette bière avec des cacahuètes fraîches, des œufs durs, du fromage, du salami et une spécialité néerlandaise, la saucisse de bœuf.

SPECIALE VLO ALE, 7 % VOL.
Bière spéciale, plus alcoolisée que la Vlo Extra Speciale et brassée pour le 25e anniversaire du distributeur De Bierkoning, à Amsterdam. Généreuse en notes de coriandre et de caramel, arôme hespéridé lié à l'utilisation d'un houblon Cascade amérisant.

ACCOMPAGNEMENT : les sucres de cette bière s'associeront à merveille aux préparations au basilic ou aux asperges.

BROUWERIJ'T IJ
IJWIT

BROUWERIJ'T IJ
SPECIALE VLO

REPÈRES

PROPRIÉTAIRE De Molen

FONDATION 2004

ADRESSE Overtocht 43, 2411 BT Bodegraven

SITE INTERNET www.brouwerijdemolen.nl

PHILOSOPHIE La recherche de l'excellence.

DE MOLEN

En quelques années, cette brasserie, baptisée du nom de la ville où elle est implantée, à l'ouest des Pays-Bas, a révolutionné la scène brassicole artisanale, avec des ingrédients inédits, des collaborations et un sens de l'humour décalé.

À DE MOLEN, la quête de l'excellence pousse les brasseurs à oser de nouvelles saveurs et à s'attaquer à presque tous les styles de bière – avec un penchant particulier pour les stouts et les porters. Ils acceptent la critique lorsqu'elle est justifiée, mais savent aussi faire preuve d'humour. Ainsi, lorsque la brasserie se mit à exporter la Rasputin aux États-Unis, une des bières de la gamme d'imperial stouts russes, l'affaire prit des allures de querelle de bar. En effet, un brasseur américain qui produisait une bière baptisée Old Rasputin se plaignit à De Molen et, plutôt que de dépenser une fortune en avocat, la brasserie préféra changer le nom de sa bière aux États-Unis pour Disputin. Elle fit en outre imprimer ce texte sur l'étiquette : « Cette stout devait être baptisée Rasputin, mais les brasseurs de l'Old Rasputin en Californie, trop stupides pour faire la différence entre les deux produits, craignaient que nous leur intentions un procès pour contrefaçon de marque déposée. »

De Molen vit le jour en 2004, sous l'impulsion d'Olivier Menno. Ce brasseur artisanal croit en la collaboration avec des brasseurs à travers le monde pour développer de nouvelles bières ou redécouvrir des styles oubliés. Ses bières puissantes, nées de différentes collaborations, notamment avec Flying Dog (*voir* p. 158), sont entrées dans la légende. Des breuvages inspirés, comme la stout primée Hel & Verdoemenis (« Enfer & Damnation ») signée De Molen, ou l'énigmatique et complexe Gonzo Imperial Porter, brassée avec Flying Dog. C'est également ainsi que l'imperial Bat out of Hell, à la robe nuit d'encre et houblonnée à souhait, vit le jour. La brasserie a un immense succès et en 2010, elle était la seule brasserie européenne classée dans le top 10 des RateBeer Best Brewers of the World. De Molen abrite aussi un restaurant et une boutique proposant quelques-unes des meilleures bières artisanales au monde. Chaque année en automne, la brasserie accueille le festival Borefts Beer.

DE MOLEN KOPI LOEWAK

DE MOLEN TSARINA ESRA

DE MOLEN HEMEL & AARDE

NOTES DE DÉGUSTATION

KOPI LOEWAK IMPERIAL STOUT, 9,5 % VOL.

Une bière intégrant du Kopi Loewak, le café le plus onéreux au monde. Les cerises du caféier sont consommées par la civette asiatique, qui rejette le noyau dans ses excréments. Les graines collectées et lavées sont ensuite torréfiées. La bière possède la puissante amertume du café.

ACCOMPAGNEMENT : à associer à un chocolat artisanal belge, noir ou au lait.

TSARINA ESRA IMPERIAL STOUT, 11 % VOL.

Bière à robe ébène et à petite tête de mousse crémeuse brun pâle. Une bière corsée et alcoolisée, aux notes de miel, vanille, malts noirs, café, chocolat noir, gingembre, porto et pruneau.

ACCOMPAGNEMENT : idéale avec des saveurs puissantes, comme un riche fromage bleu, du tiramisu, ou de la crème glacée au chocolat.

HEMEL & AARDE IMPERIAL STOUT, 9,5 % VOL.

Les cieux et la terre en bouteilles. La seconde est apportée par un malt très tourbé, utilisé à l'élaboration du whisky Bruichladdich. Les cieux, quant à eux, s'invitent à travers l'envolée angélique de notes de chocolat torréfié, réglisse caramélisée et bois de pin fumé.

ACCOMPAGNEMENT : divine avec des saveurs de chocolat noir, des fromages bleus, du poulet ou du saumon fumé au feu de bois.

GROLSCH PREMIUM LAGER

ALFA

www.alfabier.nl

RARES SONT les brasseries aux Pays-Bas dont les origines remontent au XIXe siècle. Joseph Meen fonda Alfa en 1870. La brasserie a toujours puisé l'eau de son propre puits pour alimenter sa production. Elle est aussi l'une des dernières à adhérer aux lois de pureté allemandes. La plus populaire de ses créations, l'Edel Pils, est une bière désaltérante aux subtils arômes de houblons amérisants.

BUDELS

www.budels.nl

UNE ANCRE, symbole d'espoir, est liée depuis 1870 à cette brasserie de la cité de Budel, fondée par Gerardus Arts dans la région du Brabant. Elle figure toujours sur les étiquettes de bières de Budels, aujourd'hui aux mains de la quatrième génération de la famille Arts. La brasserie produit une gamme de bières de fermentation haute et basse, dont beaucoup sont inspirées de la tradition allemande.

DE 3 HORNE

www.de3horne.nl

FONDATEUR DE LA BRASSERIE De 3 Horne en 1991, Sjef Groothuis mit toute sa passion à repousser les limites du brassage. Il fut l'un de ces nouveaux brasseurs qui, aux Pays-Bas, luttèrent contre la domination des bières industrielles de style pilsner. Il commença par puiser son inspiration dans les bières belges, puis expérimenta différentes variétés de fruits, dont l'abricot et le cassis. Il est surtout connu pour sa bière à la banane, la Bananatana, une ale de fermentation haute titrant 7 % vol.

DE BEKEERDE SUSTER

www.beiaardgroep.eu

SI VOUS AIMEZ les arômes suaves libérés au brassage, le jeudi ou le vendredi sont de bons jours pour déguster une bière au Converted Sister. À l'arrière de ce petit bar, souvent encombré, se devinent tubes et cuves de cuivre étincelantes, sans compter les équipements derrière les portes vitrées où s'activent les brasseurs. Harrie Vermeer, maître brasseur expérimenté, produit ici une gamme de blondes, *dubbels* (doubles) et *tripels* (triples), dont une bière de froment titrant 4,9 % vol., parfumée au citron et à la coriandre.

DE PRAEL

www.deprael.nl

« ENSEMBLE, NOUS POUVONS faire de la bière. » Telle est la devise de cette brasserie implantée dans une allée peu engageante, à deux pas de la gare centrale d'Amsterdam. Elle fut fondée en 2002, par deux brasseurs amateurs, Arno Kooy et Fer Kok, anciens employés de l'hôpital psychiatrique voisin. Plusieurs anciens patients réinsérés furent intégrés à l'équipe, et De Prael en accueille désormais d'autres, sur la base du volontariat. La brasserie s'est développée, mais reste animée par une vive conscience sociale. Toutes les grandes bières de style belge et néerlandais du catalogue portent les noms de chanteurs connus pour leurs interprétations de classiques du répertoire néerlandais.

DE SCHANS

www.schansbier.nl

CETTE PETITE BRASSERIE et distillerie du village de Uithoorn se trouve en bordure de l'Amstel, à quelques kilomètres d'Amsterdam. Ancien brasseur amateur, Guus Roijen aménagea sa brasserie en 1998 dans l'atelier d'un ancien barbier de la rue Schans. La production limitée de la brasserie compte quelques trésors, dont une American Stout assez complexe, une bière de saison et une puissante ale, inspirée des bières d'abbaye de style belge.

EMELISSE

www.emelisse.nl

EMELISSE FAIT PARTIE des brasseries néerlandaises qui ont décidé de tourner le dos à la production exclusive de bières de type pilsner. La gamme de ses bières, brassées à la vue des clients du restaurant attenant, inclut une IPA puissamment houblonnée, une bière fumée et une robuste imperial stout. Le maître brasseur, Kees Bubberman, est un amateur de houblons aromatiques et fait souvent appel à des variétés américaines ou néo-zélandaises. Les arômes et saveurs de son Espresso Stout sont dynamisés par l'apport de grains de café italiens. Le volume de production annuel ne cesse de croître et l'essentiel des bières est à présent destiné à l'export, notamment aux États-Unis, au Brésil et en Europe.

GROLSCH

www.grolsch.nl

FONDÉE EN 1615, cette brasserie appartient au groupe brassicole international SAB-Miller.

De ses bières, souvent conditionnées en bouteilles à bouchon mécanique, la Premium Pilsner (ou Premium Lager) est la plus populaire. Une bière audacieuse et épicée, nuancée d'une touche suave. Le catalogue étendu de la brasserie compte aussi une bière de froment, aussi appelée hefeweizen.

GULPENER

www.gulpener.nl

SOUCIEUSE DE L'ÉCONOMIE locale, la brasserie utilise orge maltée, froment, seigle, épeautre et houblons d'une coopérative agricole de Limbourg. Le maître brasseur, Jan Willem den Hartorg, travaille en étroite collaboration avec les agriculteurs. La brasserie a récemment lancé une gamme comptant trois bières biologiques. La Korenwolf, un des breuvages les plus intéressants de Gulpener, est une bière blanche de style belge, aux saveurs de sureau.

HANZE-STADS

www.hanze-stadsbrouwerij.nl

AU MOYEN ÂGE, plus de 40 brasseries étaient implantées dans l'ancienne cité hanséatique de Zutphen. Toutes ont aujourd'hui disparu. La tradition brassicole revit néanmoins avec ce petit pub-brasserie ouvert au centre de la ville. Au catalogue, une gamme de bières de fermentation haute, non filtrées et non pasteurisées. Une blonde, une *dubbel* (double) et une *tripel* (triple) sont disponibles à l'année. Parmi les bières de saison, il y a une barley wine titrant 12 % vol., décrite comme une « sombre bière digestive pour les mois d'hiver ».

HEMEL

www.brouwerijdehemel.nl

BAPTISÉE D'UN NOM signifiant « paradis », cette brasserie fondée en 1983 par un connaisseur est un endroit particulier. Sous le nom de Raven, elle produisit la première blanche néerlandaise, la White Raven, si appréciée que la marque fut vendue à Oranjeboom avant la fermeture de la brasserie. La ville de Nijmegen accueillit une nouvelle brasserie en 1996. Située au cœur d'une abbaye du XIIe siècle, la brasserie prit la sage décision de ne pas viser l'expansion et se décrit aujourd'hui comme un « musée vivant de la bière ». Hemel produit plusieurs styles traditionnels de bières néerlandaises et une bière au cognac mûrie en fûts de bois.

HERTOG JAN

www.hertogjan.nl

PROPRIÉTÉ DE L'EMPIRE d'Anheuser-Busch InBev, la brasserie Hertog Jan reste chère au cœur de bien des amateurs de bières néerlandaises. On se souvient d'elle en 1981, à l'époque où elle échappa à la fermeture après son rachat par les salariés. Dans les années qui suivirent, elle participa au renouveau de la culture brassicole du pays, avec sa gamme de bières de fermentation basse. Sa Dubbel, une ale brune à base de malt torréfié, de froment et de sucre de brassage, est brassée dans le style des puissantes bières belges.

JOPEN

www.jopen.nl

LA BRASSERIE fut fondée en 1994 par un groupe de passionnés qui cherchaient à faire revivre les styles de bières oubliés de la cité de Haarlem – autrefois réputée pour sa tradition brassicole et dont la dernière brasserie ferma en 1916. La première bière de Jopen, inspirée d'une recette de 1501, fut baptisée « Jopen » en référence au nom donné à un ancien modèle de cuve de brassage. Alcoolisée, titrant 6,8 % vol., la bière est élaborée à partir d'orge, de froment et d'avoine. Une bière de fermentation haute, à teneur élevée en houblon justifiant son arôme floral, suivi d'une longue et amère finale. La Bokbier est la bière, issue d'une brasserie indépendante, la plus vendue aux Pays-Bas.

KLEIN DUIMPJE

www.kleinduimpje.nl

ANCIEN BRASSEUR amateur, Erik Bouman a fini par ouvrir sa brasserie, Klein Duimpje (Tom Pouce), qui offre un catalogue étendu. Erik s'inspire des brasseurs américains, anglais et belges pour mettre au point ses bières de fermentation haute. Sa création la plus populaire est un porter aux accents de café noir et de chocolat. Cette bière lança sa carrière, honorée par une récompense lors d'une compétition nationale dédiée aux bières artisanales, en 1997.

LA TRAPPE

www.latrappe.nl

LA TRAPPE est une brasserie trappiste de l'abbaye Notre-Dame de Koningshoeven. Toutes les bières brassées dans une abbaye et où les moines sont impliqués dans l'activité peuvent être qualifiées de trappistes. Une part des bénéfices réalisés est souvent reversée à des œuvres caritatives. La Trappe est certainement la plus commerciale de toutes les brasseries trappistes et produit une large gamme de bières, dont la Quadrupel titrant 10 % vol., une bière piquante en bouche mûrie en fûts de chêne. La salle de dégustation de l'abbaye invite les visiteurs à goûter aux références du catalogue.

LINDEBOOM

www.lindeboom.nl

CETTE PETITE BRASSERIE familiale du Limbourg, province la plus méridionale des Pays-Bas, fut fondée en 1870 par Willem Geenen, et appartient toujours à la famille. Son nom fait référence à un tilleul prospérant à ses abords. Lindeboom brasse une gamme de bières de fermentation haute et basse. Sa pilsner est nuancée de notes de houblon florales et herbacées, mêlées bien évidemment à une touche de tilleul.

MOMMERIETE

www.mommeriete.nl

DEUX ANCIENS brasseurs amateurs, Gert et Carina Kelder, produisent à grande échelle de délicieuses bières depuis près d'une décennie. Le duo s'inspira des puissantes bières belges et passa près de 15 ans à expérimenter recettes, ingrédients et levures, avant d'oser se lancer dans les affaires. Valeur sûre du catalogue, leur Scheerse Triple titrant 9,9 % vol., leur attira de nombreux admirateurs. Une bière généreuse aux notes de houblon épicé, aux saveurs de miel, tabac et poivre en bouche. Autres références pérennes : la Blond, la Meibock, la Klokhenne's Weizen, la Gramsbarger Najaars Bock et la Bisschops Bier.

ST CHRISTOFFEL

www.christoffelbier.nl

FONDÉE EN 1986, cette brasserie porte le nom du saint patron de l'ancienne ville minière de Roermond, dans la province de Limbourg. St Christoffel est l'une des plus anciennes brasseries de la nouvelle vague brassicole néerlandaise. Toutes ses bières sont issues d'une fermentation basse en cuves ouvertes. La plus connue, la Christoffel Blond, titrant 6 % vol., est une bière vive et épicée, non filtrée et non pasteurisée, plusieurs fois récompensée du titre de meilleure bière de Hollande. Autre référence, une sombre doppelbock d'hiver, est disponible durant quatre mois de l'année.

BALADIN

Teo Musso, de la brasserie Baladin, est à l'avant-garde d'un mouvement visant à transformer l'image de la bière dans l'opinion publique. Sa mission est d'étendre la culture de la bière à l'univers de la gastronomie.

REPÈRES

PROPRIÉTAIRE Baladin

FONDATION 1996

ADRESSE Piazza V Luglio 15, 12060 Piozzo (CN)

SITE INTERNET www.baladin.it

PHILOSOPHIE Amitié et partage.

BALADIN XYAUYÙ

LA BRASSERIE et le bar de Teo Musso se situent à Piozzo, village haut perché de la région du Piémont, au-dessus des terres viticoles d'Asti et du Barolo. Le terme « baladin » renvoie à ces histoires que Teo cherche à raconter avec ses bières. Son établissement vit le jour en 1996. Musso s'inspira des bouteilles de vin pour concevoir celles de ses bières, consommées en accompagnement des plats proposés au pub. Certains voient en lui une sorte de Frank Zappa de la bière et, à l'image de ce dernier, le grand Teo affiche une certaine indolence et une allure savamment négligée. Son application désinvolte, son souci de la différence et sa quête de la perfection font de lui un personnage à part. Ses bières éclectiques et expérimentales défient les idées préconçues. Elles ne bénéficient pas d'un grand renfort de publicité, n'ont rien d'insipide, ne sont pas forcément blondes et sont obligatoirement servies glacées.

Teo s'est fixé pour mission d'évincer le vin du devant de la scène. Ses créations relèvent bien plus de l'art que de l'artisanat ou de la science. La Xyauyù porte sur son étiquette la mention : « À consommer à la fin du monde. » Il n'hésite pas à jouer de la musique pour ses bières, écouteurs collés aux oreilles, un peu comme le feraient des parents attentionnés avec leur nouveau-né. Après tout, ses cuves de fermentation sont la matrice de ses créations. Un compositeur a même écrit un morceau de musique, à jouer aux différentes étapes de la fermentation.

Mais quelles notes Teo utilise-t-il pour composer ses hymnes à la bière ? La section rythmique est bien évidemment assurée par l'orge et les houblons. On y distingue parfois un chœur d'arômes fruités et épicés. La levure de bière joue souvent les seconds rôles, face aux levures de vin ou de whisky. Mais par-dessus tout, il y a le chef d'orchestre, Teo Musso, avec pour seuls instruments, son imagination et sa créativité.

Œuvre d'art
Le brasseurTeo Musso tient à ce que ses bières se différencient du lot.

BALADIN ISAAC

BALADIN NORA

NOTES DE DÉGUSTATION

XYAUYÙ BARLEY WINE, 14 % VOL.
Une bière brune complexe, bénéficiant d'une maturation de 18 mois minimum en fûts de bois, d'où cet exceptionnel bouquet enivrant de madère. Une bière liquoreuse et sombre, sans tête de mousse ni effervescence. Un breuvage complexe, riche et noiseté, aux notes de raisin sec, pruneau et bois ciré. Une bière millésimée qui évolue avec l'âge.

ACCOMPAGNEMENT : parfaite pour un dernier verre, à déguster avec des biscuits au chocolat.

ISAAC WHITE ALE, 5 % VOL.
Une certaine précocité émane des arômes d'agrume et d'épice, qui explosent littéralement hors du verre. Mais l'énergie du curaçao et de la coriandre est adoucie par les saveurs fruitées de figue et poire pochée. Glacée, c'est un vrai rafraîchissement.

ACCOMPAGNEMENT : une bière à savourer nature avant le dîner ou accompagnée d'une salade légère ou de poisson.

NORA SPICED ALE, 6,8 % VOL.
Ale brassée à partir de kamut non malté (une ancienne variété de froment), généreuse en notes de gingembre et d'orange. Robe ambrée, effluves de vanille et de rose sur le nez. Longue finale, presque vineuse. La myrrhe apporte une amertume balsamique.

ACCOMPAGNEMENT : idéale avec des desserts sucrés, comme un gâteau aux poires pochées et au gingembre ou à l'eau de rose.

BIRRIFICIO ITALIANO

Agostino Arioli, fondateur de Birrificio Italiano, est un maître brasseur, doublé d'un artiste doué d'une incroyable maîtrise technique et d'un sens aigu du détail, intarissable sur la complexité et la poésie de son métier, le brassage.

REPÈRES

PROPRIÉTAIRE Birrificio Italiano

FONDATION 1994

ADRESSE Nuovo Birrificio Italiano srl, Via Monviso, 1, 22070 – Limido Comasco, Como

SITE INTERNET www.birrificio.it

PHILOSOPHIE Transformer les émotions et les idées en bières d'exception.

BIRRIFICIO ITALIANO
FLEURETTE

BIRRIFICIO ITALIANO
TIPOPILS

ARIOLI EST un des pionniers de la scène brassicole italienne. Il considère ses bières comme des œuvres d'art, et les ingrédients comme des couleurs. Il s'initia au brassage alors qu'il était encore écolier, mais ce fut à l'occasion d'un voyage à la brasserie Granville Island de Vancouver, au Canada, qu'il prit conscience du potentiel du processus du brassage.

Il fonda son pub-brasserie Birrificio Italiano à Lurago Marinone, près du lac de Côme, avec son frère et quelques amis. Il se concentra d'abord sur des bières de style allemand, avec pour ambition de brasser ce que l'on pourrait trouver de meilleur. Son souci du détail le conduisit à faire le tour des fermes bavaroises pour trouver ses houblons. Ses processus de production, complexes et longs, n'ont d'autres objectifs que de tirer des ingrédients les arômes et saveurs recherchés. Son ambition était alors de libérer de l'emprise des brasseurs internationaux un style de bière comme la pilsner, afin de démontrer que l'on pouvait y retrouver tout l'arôme du houblon. Puis Arioli découvrit d'autres saveurs et son offre s'élargit. Fleurs, cannelle, gingembre, cassis et levure sauvage ont été utilisés. Il désire plus que jamais donner vie à des bières inventives, désaltérantes et savoureuses.

NOTES DE DÉGUSTATION

FLEURETTE ALE, 3,8 % VOL.
Légère, effervescente et rosée, avec des notes de rose, violette et fleur de sureau, nuancées de touches de miel. Une bière à l'amertume naturelle, à la fois plaisante et piquante.

ACCOMPAGNEMENT : idéale pour débuter une soirée. À déguster devant un coucher de soleil sur les Alpes italiennes.

TIPOPILS PILSNER, 5,2 % VOL.
Bière blond doré, sèche en bouche, aux saveurs de houblon floral et herbacé, nuancées de touches de miel. Finale rafraîchissante, avec une agréable et persistante amertume. Une bière considérée comme l'une des meilleures pilsners au monde.

ACCOMPAGNEMENT : à savourer avec une pizza, des plats épicés, des préparations riches et des fromages italiens.

SCIRES ALE À LA CERISE, 7,5 % VOL.
Bière née de l'utilisation de bactéries lactiques, de levure sauvage et de la variété de cerises Tardif de Vignola. Une bière à longue maturation en fûts de bois, avant son transfert en bouteilles, où ses saveurs âpres, vineuses et enivrantes poursuivent leur évolution.

ACCOMPAGNEMENT : idéale avec les huîtres ou un entremets crémeux, comme un gâteau au fromage blanc.

BIRRIFICIO ITALIANO SCIRES

32 VIA DEI BIRRAI

www.32viadeibirrai.com

UN BRASSAGE ARTISANAL envisagé comme un voyage… Telle pourrait être la philosophie des trois fondateurs de cette brasserie qui vouent une véritable passion pour l'art du brassage et sont fiers d'être reconnus pour leur utilisation d'ingrédients 100 % italiens. Les Italiens sont réputés pour leur sens du design. Le trio a su exploiter ces qualités dans la production de ses bières et de leurs bouteilles. Son ale puissante de style belge, à robe blond doré, mêlant notes d'épice et d'agrume, est à elle seule un chef-d'œuvre à boire.

ALMOND 22

www.birraalmond.com

LE GRAND COMPOSITEUR Claudio Monteverdi dit un jour : « Le but ultime de toute bonne musique est de toucher l'âme. » Jurij Ferri, le fondateur d'Almond 22, est convaincu que la bonne bière touche l'âme tout autant. Beaucoup des ingrédients présents dans ses bières, non pasteurisées et non filtrées, sont issus des collines des Abruzzes, où se dresse sa brasserie. Ferri s'inspire de styles anglais et belge, mais rien ne lui plaît autant que de dénicher de nouvelles saveurs.

BARLEY

www.barley.it

« BIÈRE ET VIN devraient partager la même table », confie le brasseur Nicola Perra, fondateur de cette brasserie sarde, en 2006, avec Isidoro Mascia. Comme beaucoup de ses homologues italiens, il emploie des ingrédients locaux. Le raisin noir Cannonau de ses vignes apporte son caractère vineux à la barley wine BB10. Le moût du raisin est bouilli, jusqu'à former un riche sirop. La puissante bière qu'il produit dégage de riches saveurs de fruit noir, se mariant avec délice à celles d'un fromage frais de brebis sarde.

BEBA

www.birrabeba.it

À L'OUVERTURE DE BEBA en 1996, le nombre de microbrasseries en Italie se comptait sur les doigts de la main. Il en existe aujourd'hui plus de 400. Ses fondateurs, les frères Enrico et Alessandro Borio, firent œuvre de pionniers en introduisant d'audacieuses et fraîches saveurs. Le seigle est utilisé au brassage d'une bière de saison, l'estivale et âpre Talco. La plus puissante des bières du catalogue, la Motor Oil, dissimule sous sa robe brune des saveurs éclatantes de réglisse et de malt torréfié, avant une longue finale mémorable.

BI-DU

www.lebirredelbidu.altervista.org

DANS LES ALPES, à la frontière de l'Italie et de la Suisse, se dresse le pub-brasserie Bi-Du. Les bières y sont aussi imposantes et audacieuses que le propriétaire et brasseur des lieux, le solide montagnard Beppe Vento. Beppe aime le houblon – tous les houblons –, qu'il associe aux plats servis dans son pub, de généreuses assiettes de choucroute ou de risotto au gingembre. Mais Beppe révèle aussi un côté plus doux avec sa Rodersch, subtile interprétation d'une kölsch allemande. Parmi ses autres références, l'Artigian (« Artisan ») Ale, une bière cuivrée titrant 6,2 % vol., et la Confine, un porter brun de style anglais.

BIRRA DEL BORGO

www.birradelborgo.it

LA PREMIÈRE bière commerciale de l'ancien brasseur artisanal Leonardo Di Vincenzo, lancée à l'inauguration de la brasserie en 2005, la ReAle APA, était une pale ale américaine d'inspiration britannique rehaussée par les notes poivrées de houblons américains. Di Vincenzo proposa également My Antonia, une imperial pilsner brassée avec le brasseur américain Sam Calagione de Dogfish Head (*voir* p. 154-155). Cette bière intègre des houblons Saaz, Simcoe et Warrior. Tabac, thé et racines de gentiane ont aussi été exploités. Avec Teo Musso de Baladin (*voir* p. 124), Leo participa à la création de l'Open Baladin, un pub-brasserie du centre de Rome, et de Birreria, à New York.

BRÙTON

www.bruton.it

LES MINOENS de la Crète antique appréciaient une bière d'orge appelée « brùton ». Aucun témoignage sur l'âge de bronze de la bière n'a été mis au jour, aussi les brasseurs de ce petit pub-brasserie de Toscane ont-ils cherché l'inspiration aux États-Unis et en Belgique pour élaborer l'essentiel de leurs créations. Une de leurs références les plus intéressantes, la Bianca, est brassée à partir d'une variété d'épeautre italien et de froment non malté ; une bière acerbe, opaque, dotée d'une franche acidité, où se mélangent coriandre et orange.

CITABIUNDA

www.birrificiocitabiunda.it

LES COLLINES du Piémont semblent recouvertes de vignes à l'infini. Mais elles abritent aussi un coin de paradis où prospère le pub-brasserie Birrificio CitaBiunda. En dialecte local, ce nom signifie « femme blonde », et c'est à elle que pensait probablement Marco Marengo lorsqu'il créa cette pseudo bière blanche (witbier) belge, la Biancaneive. Un breuvage idéalement proportionné, généreux en notes florales, nées du recours à une levure de champagne.

DUCATO

www.birrificiodelducato.net

LES CRÉATIONS de Giovanni Campari, fondateur de cette microbrasserie inaugurée en 2007, sont aussi éclatantes que les chœurs des opéras composés par une légende locale, Giuseppe Verdi. Campari est l'un des brasseurs les plus créatifs et les plus passionnés de son temps. Il associe l'art, la technique et la patience pour donner vie à ses chefs-d'œuvre. Une de ses bières primées, la Sally Brown, fut brassée pour la première fois alors que Giovanni était encore un brasseur amateur. Une bière à base de dix malts différents, aussi brune et douce qu'une étoffe de soie noire.

GRADO PLATO

www.gradoplato.it

LE RÊVE de Sergio et Gabriele Ormea devint réalité à l'inauguration de leur pub-brasserie à Chieri, près de Turin, en 2003. Le public apprécia tant leurs bières que le couple dut transférer son affaire pour répondre à la demande. La cuisine proposée décline des spécialités locales – notamment les escargots, cuisinés de 20 manières différentes. Si ces derniers n'entrent pas dans l'élaboration de leurs bières, d'autres délices locaux ont été mis à contribution, comme les châtaignes.

LAMBRATE

www.birrificiolambrate.com

COPIÉE, MAIS JAMAIS surpassée, la brasserie Lambrate fut la première à ouvrir à Milan, en 1996. Ses propriétaires mirent à profit leur visite de la célèbre brasserie Brouwerij't IJ (*voir* p. 120) à Amsterdam, et créèrent un temple dédié au mouvement brassicole artisanal italien. Le lieu se présente comme un pub au mobilier de bois sombre, bruyant et animé, idéal pour déguster les bières du catalogue.

MALTUS FABER IMPERIAL

L'OLMAIA

www.birrificioolmaia.com

MORENO ERCOLANI, le brasseur de L'Olmaia, défend une chose : le brassage artisanal de qualité. Après deux ans d'apprentissage, il installa une petite brasserie commerciale dans une ferme. C'était en 2005 et la ferme s'appelait L'Olmaia, en référence aux trois ormes qui bordent le bâtiment. Aujourd'hui, une autre brasserie a vu le jour, qui est installée dans des locaux plus grands à Montepulciano, dans la province de Sienne. Dédiée à la production de bières de qualité, Moreno y brasse une bière de Noël, intégrant un miel de fleurs des ormes locaux.

MALTUS FABER

www.maltusfaber.com

AMOUREUX DES BIÈRES belges, Fausto Marenco et Massimo Versaci, fondèrent Maltus Faber en 2007. La brasserie est implantée à Gênes, dans un immeuble ayant autrefois abrité une grande brasserie, propriété de Dreher, puis de Heineken. Massimo est un collectionneur réputé de tout ce qui se rapporte à la bière, et la brasserie expose de nombreux objets en rapport avec l'histoire brassicole de Gênes. Une des meilleures bières du catalogue, une imperial stout, séduit par ses touches de réglisse et son bouquet aussi intense que celui d'un espresso italien fraîchement préparé.

MONTEGIOCO

www.birrificiomontegioco.com

PÊCHES, RAISINS, sauge et coriandre des monts Tortona sont utilisés dans les bières de Riccardo Franzosi, qui fonda Montegioco en 2005. Ses ales mûries en fûts de chêne, aux notes vineuses, astringentes et citronnées, et aux tanins très affirmés, se marient à merveille avec des plats de poisson. L'âpreté de sa Quarta Runa, une ale aigre parfumée à la pêche, est tirée de l'usage de levures présentes sur la peau du fruit.

PANIL (TORRECHIARA)

www.panilbeer.com

EST-IL VRAI que l'une des meilleures bières rouges acides au monde – un style historique dérivé de bières brassées dans les Flandres belges et aux Pays-Bas – est élaborée en Italie, dans une brasserie fondée en 2000 ? Le brasseur Renzo Losi hérita probablement de son père, vinificateur, cette passion pour les bières mûries en fûts de bois. La Barriqueè Sour de Panil est une bière vineuse, qui bénéficie d'une garde de trois mois en fûts de cognac. Levure lactique et levure sauvage Dekkera bruxellensis œuvrent mystérieusement, au cours d'un processus imprévisible, mais au résultat toujours intéressant.

PICCOLO

www.piccolobirrificio.com

PAS DE DEMI-MESURE pour les bières de la brasserie Piccolo – Lorenzo Bottoni, le maître des lieux, vise l'excellence. Sa brasserie vit le jour en 2005 dans le sublime village d'Apricale, près de la frontière franco-italienne. La Chiostro reste la plus illustre de ses références. Une ale blonde de style belge, épicée, aux notes de levure très présentes, rehaussée de touches d'armoise qui ajoutent à la saveur boisée, amère et anisée du breuvage.

SCARAMPOLA

www.birrificioscarampola.it

L'ANCIENNE ABBAYE de Saint-Étienne, à Millesimo, abrite la brasserie Scarampola, où le brasseur Maurizio Ghidetti s'applique à créer de divins breuvages. Après cinq ans passés en Angleterre à étudier les bières locales, il rentra en Italie et travailla aux côtés de Teo Musso à la brasserie Baladin (*voir* p. 124). Il fonda ensuite sa brasserie dans une ancienne grange. Ghidetti aime utiliser des ingrédients locaux, comme les châtaignes ou une rare variété d'orange, la chinotto. Son IPA de style italien, parfumée au pamplemousse pour le côté amer et piquant, s'enrichit d'intenses notes d'agrume qui s'ajoutent aux arômes hespéridés du houblon Cascade.

ZAHRE

www.zahrebeer.com

PERCHÉ DANS LA MONTAGNE, le petit village de Sauris, à proximité des frontières avec l'Autriche et la Slovénie, s'enorgueillit d'une délicieuse spécialité, le jambon fumé. Sandro Petris fonda sa brasserie en 1999 et trouva naturel de produire une bière susceptible d'accompagner ce mets. Son Affumicata, à l'arôme subtil et indéfinissable de malt d'orge fumé, est une des références les plus intéressantes de sa gamme de lagers. La Canapa est quant à elle parfumée aux fleurs de chanvre de Campagnola, apportant de douces et suaves notes florales.

GUINNESS

La seule évocation de « black stuff » suffit souvent à qualifier la Guinness, cette pinte de stout parfaite. En partie aidée par une campagne publicitaire devenue culte, cette marque est l'une des plus connues au monde.

REPÈRES

PROPRIÉTAIRE Diageo

FONDATION 1759

ADRESSE St James' Gate, Dublin 8

SITE INTERNET www.guinness.com

PHILOSOPHIE « Bonne pour vous. »

LE FONDATEUR de la brasserie, Arthur Guinness, commença par brasser du porter dans les années 1770. À cette époque, le secteur brassicole, gagné par la révolution industrielle, quittait la ferme pour l'usine. D'ambitieux brasseurs exportaient leurs bières dans les villes industrielles anglaises, mais aussi aux quatre coins de l'Empire colonial.

En 1880, la réputation de la brasserie et de sa bière, une stout corsée, avait gagné les contrées les plus reculées. Guinness était alors le plus grand brasseur au monde, avec un volume de production annuel de plus de 1,6 million d'hectolitres. Guinness acquit le quasi monopole de la stout lors de la Première Guerre mondiale, à l'époque où les restrictions en combustible mettaient à mal les malteurs britanniques – l'Irlande était exemptée de tels sacrifices.

Mais à la fin des années 1920, les consommateurs britanniques délaissèrent les stouts pour des bières plus légères. La brasserie prit alors une décision qui scella son succès. En 1927, elle testa une campagne publicitaire en Écosse. Le succès de l'accroche *« Guinness is good for you »* précéda le démarrage d'une campagne dynamique au Royaume-Uni, en 1929. La publicité vantait les mérites de la Guinness, bonne pour le système nerveux, la digestion, l'insomnie et la fatigue. Un temps, on conseilla même aux femmes enceintes et aux jeunes mères de boire de la Guinness pour prévenir l'anémie – les médecins eux-mêmes allaient jusqu'à la prescrire. Si les brasseurs ne peuvent plus user de tels arguments, ces derniers n'ont pas pour autant disparu, comme en témoigne la rétrospective des publicités les plus iconiques de la marque présentées aux visiteurs de la brasserie, à Dublin. Les plus célèbres, créées par John Gilroy entre 1930 et 1960, faisaient appel à des accroches comme *« Good things come to those who wait »* (« Tout vient à point pour qui sait attendre »), *« My Goodness My Guinness »* (« Mon dieu, ma Guinness ») et *« Lovely Day for a Guinness »* (*voir* ci-contre).

Aujourd'hui, la Guinness est brassée dans plus de 50 pays à travers le monde et se décline en un grand nombre de variantes, dont trois versions pression – la Red, l'Extra Smooth et l'Extra Cold. Dans plusieurs pays, la fermentation est réalisée à partir d'un extrait élaboré en Irlande, auquel sont incorporées des céréales locales. Ainsi, la version nigériane fait appel au sorgho, qui insuffle une saveur de banane. Au Royaume-Uni et en Irlande, les consommateurs la dégustent le plus souvent à la pression, mais dans bien d'autres endroits du monde, la Guinness est distribuée en bouteilles, sous différentes teneurs en alcool, de 4,1 à 8 % vol.

La Guinness se distingue des autres stouts par sa sécheresse affirmée, ses notes fumées et torréfiées, issues d'une orge non maltée. Dans la brasserie St James'Gate – premier édifice à étages et à charpente d'acier des îles britanniques – se dresse un tambour géant, où l'orge grillée emplit l'air d'arômes de grains de café torréfiés.

Une des caractéristiques de la Guinness, telle qu'elle est servie dans les pubs irlandais, tient au temps nécessaire pour la verser. Bien souvent, le pub prépare plusieurs pintes avant l'ouverture. Au Royaume-Uni, les gérants de pubs prétendent qu'il faut compter 119,5 s pour servir une « black stuff » dans les règles de l'art.

AFFICHE DE JOHN GILROY
« BELLE JOURNÉE POUR UNE GUINESS »

GUINNESS DRAUGHT

Beauté noire
Une sécheresse unique et des saveurs fumées distinguent la Guinness des autres stouts.

GUINNESS FOREIGN EXTRA

GUINNESS ORIGINAL

NOTES DE DÉGUSTATION

DRAUGHT STOUT, 4,1 % VOL.
Notes de fruit, crème et café noir, mêlées à des touches de réglisse. Saveur houblonnée détectable, mais non envahissante. Finale intensément sèche.

ACCOMPAGNEMENT : les stouts sèches sont associées traditionnellement aux huîtres fraîches et au champagne.

FOREIGN EXTRA STOUT, 7,5 % VOL.
Robe d'un rubis foncé intense, saveur riche et puissante de réglisse caramélisé, avec une pointe de levure sauvage. Brassée à Dublin, elle est stockée 100 jours en cuves, afin de développer une intense saveur lactique, puis assemblée à une stout fraîchement mûrie.

ACCOMPAGNEMENT : à déguster avec un gâteau au chocolat, pas trop sucré, ou une saucisse épicée.

ORIGINAL 4,3 % VOL.
Robe brune, coiffée d'une fine tête de mousse foncée. Bouquet dominé par les houblons, faisant place à des notes de toast brûlé et à de riches saveurs maltées, dont le café et la réglisse.

ACCOMPAGNEMENT : idéale avec un cheddar affiné ou un copieux rôti de bœuf. Autre proposition, coiffée d'une boule de crème glacée à la vanille.

RED STOUT, 4,1 % VOL.
Légèrement plus suave que la Guinness Draught, cette stout présente une robe brune teintée de reflets rouges. Les notes d'orge grillée sont bien présentes, sans l'intensité du café et de la réglisse de sa grande sœur. Légère à boire, finale d'une belle amertume.

ACCOMPAGNEMENT : idéale avec des saucisses, une sauce à l'oignon doux et une purée de pommes de terre.

EXTRA COLD STOUT, 4,1 % VOL.
La même bière que la Guinness Draught, à robe rubis sombre, coiffée de la traditionnelle tête de mousse Guinness, créée par injection d'azote dans la bière au moment du service. À déguster à 3,5 °C pour obtenir cette incomparable texture craquante et glacée en bouche.

ACCOMPAGNEMENT : une assiette de poisson pané et un plat de frites brûlantes saupoudrées de sel.

EXTRA SMOOTH STOUT, 5 % VOL.
Cette version ougandaise est brassée à Kampala. Des ingrédients locaux sont étayés par un extrait non fermenté, mais houblonné, importé par bateau depuis Dublin. Touche distincte de la Guinness, mais le surplus d'alcool se traduit par une finale plus chaude.

ACCOMPAGNEMENT : à associer à une viande rouge marinée dans un bouillon à base de Guinness.

FINLANDIA

Déguster un verre de Sahti, l'un des plus anciens styles de bière au monde, est un vrai retour aux sources. La bière de Sahti aurait été brassée par les fermiers nordiques au Moyen Âge, mais ses origines remonteraient bien plus loin encore.

REPÈRES

PROPRIÉTAIRE Finlandia Sahti Ky

FONDATION 1992

ADRESSE Palomäentie 342, Sastamala 38510

SITE INTERNET www.finlandiasahti.fi

PHILOSOPHIE Maintenir la tradition vivace.

LA SAHTI est une bière primitive brassée à partir de différentes céréales – maltées et non maltées, dont l'orge, le seigle, le froment et l'avoine. Il arrive que le pain élaboré à partir de ces mêmes céréales soit mis à fermenter à la place du malt pour permettre une levure de panification. Le brassin est toujours filtré avec des branches de genévrier, traditionnellement disposées dans une cuve de fermentation en bois en forme d'auge, appelée « *kuurna* » en finnois. Cette cuve ajouterait au mystère et à la complexité de la bière, car elle renferme des levures sauvages.

Du point de vue historique, la Finlande a la législation la plus stricte d'Europe en matière d'alcool. La distillation traditionnelle d'alcool à domicile fut longtemps prohibée. L'évolution de la réglementation permit à Antti Vesala de fonder une petite brasserie en 1992, puis de commercialiser de la bière de Sahti issue de son exploitation agricole de Matku, au nord de la ville de Forssa. Il fut l'un des rares brasseurs à tenter de maintenir vivace ce style de bière.

Le moût de Finlandia, surtout basé sur le seigle additionné d'un peu d'avoine, est bouilli et filtré sur un lit de branches de genévrier. La bière ne contient pas de houblon. C'est au genévrier que la Sahti doit ses notes botaniques évoquant celles du gin.

En 2011, Petteri Lähdeniemi et Auli Mattila reprirent l'activité d'Antti Vesala. La production de Sahti sera probablement limitée et sa vente réservée à la seule Finlande, mais nos deux brasseurs comptent lui assurer un avenir. Des kits de brassage de Finlandia sont commercialisés en dehors de la Finlande pour tous les curieux qui voudraient goûter à ce breuvage traditionnel. La Finlandia Sahti a été primée au Festival de la bière d'Helsinki en 1999 et 2003.

NOTES DE DÉGUSTATION

SAHTI STRONG 10 % VOL.
Une bière ambrée, troublée par les protéines. Généreuse tête de mousse blanche. Bouquet terreux, notes insistantes de genévrier et clou de girofle. Saveur de chewing-gum, banane et seigle. Légèrement huileuse, douce et ample.

ACCOMPAGNEMENT : idéale avec des spécialités scandinaves, comme les rollmops, accompagnés de tranches de pain de seigle.

TAVALLINEN SAHTI, 8 % VOL.
Robe orangée, bouquet légèrement médicinal, chargé de notes de banane. Le manque de corps, comparé à la Sahti Strong, est compensé par la surprise offerte à la dégustation.

ACCOMPAGNEMENT : à associer à un fromage aigre avec des tranches de pain de seigle et un condiment aux canneberges.

FINLANDIA SAHTI STRONG

REPÈRES

PROPRIÉTAIRE Heineken

FONDATION 1932

ADRESSE Atomitie 2a, FI-00371 Helsinki

SITE INTERNET www.hartwall.fi

PHILOSOPHIE Fiers d'être Finlandais.

KARJALA

La bière Karjala est brassée en Finlande depuis 1932. À l'origine dirigée par une coopérative, la brasserie est aujourd'hui la propriété du puissant groupe Heineken. Une marque au statut d'icône nationale.

LA FINLANDE n'est pas le paradis des brasseurs. Le pays a toujours entretenu une relation conflictuelle avec l'alcool. Il est surtout commercialisé par une chaîne de distribution nationale dans les boutiques Alco, propriétés de l'État. Les autres détaillants n'ont pas le droit de vendre des bières titrant plus de 4,7 % vol. Rien d'étonnant donc à ce que de nombreux Finnois prennent le ferry pour l'Estonie et rapportent des bières par coffres entiers, ou préfèrent franchir régulièrement la frontière suédoise.

Cet environnement n'encourage pas l'ouverture des petites brasseries. En Finlande, la bière est classée selon cinq tranches d'imposition (I, II, III, IVA et IVB) basées sur la force de la bière, d'un taux d'alcool réduit à un maximum de 8 % vol. Ces tranches d'imposition sont devenues un moyen de différencier les bières, y compris celles de la gamme Karjala. C'est une coopérative de Carélie orientale qui brassa la première les bières Karjala, en 1932. L'affaire fut reprise en 1966 par le groupe Hartwall, société finnoise de boissons non alcoolisées qui acheta d'autres brasseries en Finlande, dont Lapin Kulta. En 2002, le groupe passa aux mains de Scottish & Newcastle, qui à son tour fut repris en 2008 par le consortium Carlsberg et Heineken, avec le brasseur néerlandais Heineken aux commandes.

La Finlande entretint souvent des relations assez tendues avec son grand voisin l'Union soviétique. Cette tension ne s'apaisa pas dans les années 1960, époque où un diplomate soviétique critiqua le logo de Karjala et les étiquettes des bières, prétendant qu'il fallait y voir une épée occidentale brandie face à un sabre russe. La querelle envenima les relations diplomatiques entre les deux pays, mais elle incita aussi de nombreux Finlandais à commencer à boire des Karjala, par simple patriotisme.

KARJALA IVA

KARJALA IVB

KARJALA III

Ales de choix
Pour certains Finlandais, la consommation de bières Karjala est une preuve de patriotisme.

NOTES DE DÉGUSTATION

IVA LAGER, 5,2 % VOL.
Une bière d'un blond doré soutenu, aux arômes suaves d'orge maltée à souhait et dotée d'une généreuse tête de mousse. Finale réchauffante, agréable et alcoolisée.

ACCOMPAGNEMENT : la douceur de cette bière fait merveille avec de copieux ragoûts de viande.

IVB LAGER, 8 % VOL.
Une bière de style doppelbock aux accents suédois. Puissante lager à la robe d'un blond doré soutenu, coiffée d'une belle tête de mousse. Suave en bouche, longue finale alcoolisée.

ACCOMPAGNEMENT : à associer à du pop-corn sucré.

III LAGER, 4,6 % VOL.
Robe blond pâle doré pour cette lager facile à boire, dotée d'une généreuse tête de mousse. Suave en bouche, agrémentée de délicieuses notes de toffee et de caramel.

ACCOMPAGNEMENT : à déguster avec des hot-dogs, de la moutarde et des petits pains frais.

REPÈRES

PROPRIÉTAIRE 1516 Brewing Co
FONDATION 1998
ADRESSE Schwarzenbergstraße 2, 1010 Vienne
SITE INTERNET www.1516brewingcompany.com
PHILOSOPHIE Utiliser du houblon de différentes variétés.

1516 BREWING CO

Petit pub-brasserie de Vienne, 1516 Brewing Co veut prouver que les brasseurs américains ne sont pas les seuls à savoir exploiter les houblons aromatiques. Le catalogue ouvre une fenêtre sur la culture brassicole artisanale autrichienne.

VIENNE JOUA UN GRAND RÔLE dans le développement de la bière. En 1841, l'illustre brasseur Anton Dreher y inventa un nouveau style de bière : la vienne lager. Il introduisit une riche orge maltée, des reflets ambrés et une délicate texture, et appliqua sa recette à la première lager de fermentation basse, en utilisant de grandes cuves de garde froides pour conserver et éclaircir la bière.

Dreher, issu d'une famille de brasseurs, avait étudié les processus de brassage et avait découvert en Angleterre et en Écosse les techniques permettant de produire des bières intenses et colorées. Les bières maltées, ambrées et limpides de Dreher eurent rapidement du succès et furent emportées par les immigrants germanophones en partance pour les États-Unis, qui à l'évidence cherchèrent à brasser des bières comparables sur leur sol d'adoption. Mais le style finit par lasser, alors que les brasseurs américains commençaient à inonder le marché de lagers blondes et légères. S'il disparut complètement d'Europe, il fut réédité par la nouvelle génération de microbrasseurs américains.

1516 Brewing Co a ramené la Vienne lager sur ses terres natales et la propose dans son pub-brasserie douillet, au style ouvertement américain et considéré comme l'un des pubs de Vienne les plus audacieux et les plus excitants. Il n'est pas rare de voir ici des brasseurs en visite se retrousser les manches pour se mettre au travail. Horst Asanger, le fondateur de 1516 Brewing Co, vise à démontrer que le brassage en Autriche s'aventure bien au-delà du classique trio helles, pils et hefeweizens – et qu'ici aussi, on sait exploiter le houblon.

NOTES DE DÉGUSTATION

WEISSE BIÈRE DE FROMENT BAVAROISE, 5,2 % VOL.
Brassée à partir d'une souche de levure issue d'une brasserie près de Francfort, cette bière est une collaboration intercontinentale. Bière trouble, noyée sous les notes de banane et clou de girofle. Saveurs citronnées tirées du houblon Cascade américain.

ACCOMPAGNEMENT : avec des préparations sucrées salées, comme le poulet à la sauce satay (à base d'arachides) avec du riz.

SAVINJSKI IMPERIAL IPA 10,3 % VOL.
Bière mûrie en fûts de bois auparavant utilisés par les distilleries de Château Mouton Rothschild et de Glenmorangie. Malts belges pâles et malts caramélisés, associés à des houblons de Slovénie – variétés Magnum et Savinjski – insufflent notes de fruit rouge, citron et whisky. Longue finale amère.

ACCOMPAGNEMENT : avec un riche et crémeux gâteau comme la Forêt-Noire, ou tout autre dessert aussi gourmand.

AMERIKANSKY IPA, 5,8 % VOL.
Ale blonde de style américain, brassée par un Ukrainien. Touches de sucre brun et d'orange brûlée. Arômes hespéridés des houblons slovènes Magnum et Dana, et ceux des feuilles de houblon Cascade de l'État de Washington.

ACCOMPAGNEMENT : parfaite avec un steak et des frites.

1516 BREWING CO WEISSE

SCHLOSS EGGENBERG

Chaque année, le même jour de décembre, les brasseurs d'Eggenberg entament le brassage d'une des bières les plus célèbres au monde, qui, de nombreuses années durant, resta la plus alcoolisée de toutes.

COMME BEAUCOUP de brasseries, dont l'histoire remonte à la nuit des temps, le brassage à Eggenberg, au nord des Alpes autrichiennes, débuta au xᵉ siècle. Fondée en 1640, la brasserie actuelle est dirigée par la septième génération de la famille Stöhr, propriétaire de l'établissement depuis deux siècles. Elle est avant tout réputée aujourd'hui pour une bière lancée en 2000 – la doppelbock Samichlaus Bier, autrefois considérée comme la plus forte des bières au monde.

La brasserie suisse Hürlimann brassa cette bière pour la première fois le 6 décembre 1979 (jour de la Saint-Nicolas, ou Samichlaus, en Autriche) afin de la commercialiser pour les fêtes de 1980. En effet, le breuvage subit une longue période de garde de 10 mois, en cuves froides, ce qui épuise tous les sucres du malt, convertis pour l'essentiel en alcool. Cela produit une bière puissante et d'une intensité fruitée inédite.

Longtemps, les amateurs guettaient chaque année l'arrivée de la nouvelle Samichlaus sur le marché et comparaient les millésimes. Les collectionneurs s'empressaient alors de ressortir leurs bouteilles.

Mais ce monde disparut en 1997, à la fermeture de la brasserie, dont les bâtiments furent convertis en un complexe de bureaux pour multinationales, boutiques et appartements de luxe. Néanmoins, il faut croire que saint Nicolas existe bel et bien, car le cadeau que les amateurs de Samichlaus attendaient depuis 2000 revint sur le devant de la scène, lorsque certains des anciens brasseurs d'Hürlimann reprirent la recette originale et recommencèrent à brasser la Samichlaus dans la brasserie d'Eggenberg.

La famille Stöhr veille à ce que, chaque année, pendant que d'autres fêtent la Saint-Nicolas, leurs brasseurs débutent le long et lent processus de brassage de ce breuvage iconique, afin qu'il soit fin prêt pour la saison suivante. Entre autres bières remarquables, Eggenberg brasse aussi la Mac Queen's Nessie, une bière rouge au malt de whisky, et la primée Doppelbock Dunkel.

REPÈRES

PROPRIÉTAIRE Eggenberg
FONDATION 1640
ADRESSE Eggenberg 1, A-4655, Vorchdorf
SITE INTERNET www.schloss-eggenberg.at
PHILOSOPHIE Dépositaire d'une bière de légende.

NOTES DE DÉGUSTATION

SAMICHLAUS BIER DOPPELBOCK, 14 % VOL.
Intenses arômes de pruneau et de prune pour cette bière à robe brun acajou. Saveurs de doux malts biscuités, faisant place à une longue et réchauffante finale alcoolisée.
ACCOMPAGNEMENT : à déguster avec un cake aux fruits confits, ou avec des chocolats.

HOPFENKÖNIG PILSNER, 5,1 % VOL.
Une bière à la robe jaune paille et au bouquet houblonné, chargé de notes d'agrume épicées. Corps léger, douceur initiale cédant place à une courte et sèche amertume.
ACCOMPAGNEMENT : avec du jambon et du fromage doux.

URBOCK 23° DOPPELBOCK, 9,6 % VOL.
Une bière brune, intense, bénéficiant d'une garde de 9 mois. Notes de sucre envahissantes, équilibrées par la vive amertume du houblon.
ACCOMPAGNEMENT : à associer à un jambon rôti ou à une pièce de viande tendre comparable.

SCHLOSS EGGENBERG
SAMICHLAUS BIER

SCHLOSS EGGENBERG
HOPFENKÖNIG

SCHLOSS EGGENBERG
URBOCK 23°

HAAND BRYGGERIET

En 2005, quatre amateurs de bières enthousiastes, Arne Eide, Rune Eriksen, Egil Hilde et Jens Maudal, décidèrent de concrétiser un vieux rêve et d'ouvrir leur propre brasserie, afin d'explorer l'univers sublime et infini de la bière.

REPÈRES

PROPRIÉTAIRE Haand Bryggeriet

FONDATION 2005

ADRESSE Skogliveien 4, Bygg H, Sundland, 3047 Drammen

SITE INTERNET www.haandbryggeriet.net

PHILOSOPHIE Faire du brassage une aventure.

HAAND BRYGGERIET
HAANDBAKK

HAAND BRYGGERIET
FYR & FLAMME

Pour l'amour de la bière
À Haand, les brasseurs osent et encapsulent l'aventure dans chacune de leurs bières.

HAAND BRYGGERIET DARK FORCE

POUR L'ÉQUIPE de Haand Bryggeriet, le brassage est une aventure. Chacun s'implique sur la base du volontariat durant son temps libre. L'objectif était d'apprendre à recréer certaines bières artisanales européennes, mais aussi de maintenir vivace la tradition brassicole norvégienne. Passionnés par le brassage agricole, les quatre amis s'émerveillent à chaque fois de la mystérieuse alchimie qui s'opère au contact de la levure sauvage et des bactéries de l'acide lactique.

Certaines bières mûrissent en fûts de chêne – un procédé qui n'avait pas été réutilisé en Norvège depuis plus d'un siècle. Pour Jens Maudal, ces fûts qui abritaient un bourgogne rouge français contribuent à un apport intéressant en levure et bactéries. La première bière tirée de ces fûts était acide et austère, mais ils poursuivirent dans cette voie.

Une baguette de bois percée de trous pend au plafond de la brasserie. Il s'agit de la baguette de levure de la brasserie. À l'époque où les agriculteurs brassaient leur bière, ils faisaient rouler une baguette de bois dans les résidus de brassin qui abritaient de la levure, puis la plongeaient dans un nouveau brassin pour ensemencer le moût et transformer les sucres fermentescibles en bière. Ces baguettes abritaient des saveurs complexes et sauvages. Encore faut-il utiliser la bonne baguette, mais vous pouvez être sûrs que, lorsqu'ils le font, la grande aventure de la bière est au rendez-vous.

NOTES DE DÉGUSTATION

HAANDBAKK ALE MÛRIE EN FÛTS DE CHÊNE, 8,5 % VOL.
Un breuvage vintage rustique fermenté à la levure sauvage et mûri en fûts de vin, pour une saveur changeante, aux notes aigres et fromagères. Touches de cuir, fraise et cerises.

ACCOMPAGNEMENT : à partager autour d'une longue discussion – cette bière mérite réflexion et non pas distraction.

FYR & FLAMME IPA STYLE AMÉRICAIN, 6,5 % VOL.
Les houblons hespéridés témoignent d'un héritage américain. Bouffées de notes herbacées nuancées de pin sur le nez. Suave, mais pas trop. Finale sèche et houblonnée aux notes d'agrume.

ACCOMPAGNEMENT : parfaite avec des préparations riches et grillées, des mets épicés ou une pizza.

DARK FORCE STOUT AU FROMENT, 9 % VOL.
Notes de fruit noir sauvage. Le malt de froment apporte une touche de légèreté. Facile à boire et désaltérante.

ACCOMPAGNEMENT : chocolat noir ou dessert sucré.

NØGNE Ø

Cette volonté sans faille de brasser la meilleure ale en bouteilles qui soit a permis à Nøgne Ø d'inscrire la Norvège au rang des grands producteurs artisanaux de bières de qualité.

REPÈRES

PROPRIÉTAIRE Nøgne Ø

FONDATION 2003

ADRESSE Lunde 8, 4885 Grimstad

SITE INTERNET www.nogne-o.com

PHILOSOPHIE Créer de fantastiques bières artisanales corsées.

LES BIÈRES de Nøgne Ø sont sans concession, à l'image du climat et des paysages des îles escarpées ceinturant Grimstad, où se dresse la brasserie. L'établissement doit son nom à une expression signifiant « île nue », utilisée par le dramaturge Henrik Ibsen pour décrire ces terres. Cet auteur du XIXe siècle est connu pour avoir propulsé la Norvège sur le devant de la scène culturelle. L'équipe de brasseurs de Nøgne Ø espère en faire autant pour son pays avec sa bière.

Pour Kjetil Jikiun, cofondateur de la brasserie qui s'était initié au brassage amateur aux États-Unis, les débuts furent difficiles. Dans un pays où 98 % de la bière consommée sont des lagers industrielles, la brasserie et ses ales en bouteilles mirent un certain temps avant de pouvoir s'imposer. Mais Nøgne Ø refusa de céder à la facilité, de rogner sur les matières premières ou de faire des compromis. Cette volonté lui permit d'ailleurs de devenir le premier distributeur d'ales en bouteilles de Norvège.

La bière fait appel au meilleur de l'orge anglaise Maris Otter, et les houblons puisent généralement dans l'illustre quatuor américain, à savoir les variétés Cascade, Centennial, Chinook et Colombus. En plus de sa gamme, qui compte quelque 20 bières, la brasserie est la seule en Europe à produire du saké, boisson traditionnelle japonaise élaborée à partir de riz fermenté. Le saké de Nøgne Ø fait l'objet d'une longue et méticuleuse fermentation, à la différence de la plupart des versions industrielles.

NØGNE Ø IMPERIAL STOUT

NØGNE Ø SAISON

Petit, mais…
Ne vous fiez pas aux apparences. Nøgne Ø est aujourd'hui le plus grand producteur de bières en bouteilles de Norvège.

NØGNE Ø BITTER

NOTES DE DÉGUSTATION

IMPERIAL STOUT 9 % VOL.
Arôme intense pour cette bière couleur ébène, issue de malt torréfié et chocolat noir. Un duo de saveurs, mêlant riche malt sucré et amertume des houblons aromatiques amérisants.

ACCOMPAGNEMENT : délicieuse avec des morceaux de chocolat noir amer ou une crème glacée à la vanille.

SAISON 6,5 % VOL.
Elle illumine le verre d'une note estivale, sous sa robe dorée exhalant notes de foin et de zestes d'agrume.

ACCOMPAGNEMENT : avec des fruits de mer.

BITTER ALE, 4,5 % VOL.
Interprétation sans faute d'une ale anglaise houblonnée et désaltérante. Corps malté, dominé par les arômes du houblon.

ACCOMPAGNEMENT : une bière polyvalente.

AMBER

La fin du régime communiste en Pologne créa un environnement propice aux affaires et à l'ouverture de nouvelles brasseries. Amber est à l'origine de bières uniques, brassées selon la grande tradition de la région de Gdańsk.

REPÈRES

PROPRIÉTAIRE Amber

FONDATION 1992

ADRESSE Bielkówko ul, Gregorkiewicza 1, 83-050 Kolbudy

SITE INTERNET www.browar-amber.pl

PHILOSOPHIE Perpétuer la tradition brassicole de Pomérélie, réputée depuis le Moyen Âge.

LA POLOGNE joua un rôle déterminant dans la chute du communisme en Europe. Mais une révolution politique n'entraîne pas une révolution brassicole. Au début des années 1990, de nombreuses petites brasseries virent le jour en Pologne, mais les multinationales, promptes à discerner le potentiel du marché de la bière polonais, s'empressèrent de racheter la plupart d'entre elles.

Fondée peu après la fin de l'ère communiste par Andrew Przybyło, fermier de son État, Amber parvint à survivre. Conscient des liens de sa région avec le Royaume-Uni et de l'importance du commerce maritime qui participait à l'introduction d'imperial stout dans son pays, Przybyło décida de brasser sa propre Grand Imperial Porter. Il produisit par ailleurs plusieurs autres bières, dont une hefeweizen. Jadis réputée pour sa tradition brassicole, la région de Gdańsk produisait des bières faiblement alcoolisées, mais aussi des bières plus puissantes. En 2008, la brasserie, associée au muséum d'Histoire de Gdańsk, lança une bière de garde ambrée baptisée « Johannes », en hommage au plus grand brasseur de la cité, Johannes Hevelius. La brasserie s'apprête à relever un autre défi, celui du brassage de la « grodziskie », une bière de froment fumée de fermentation haute, autrefois largement consommée dans la région, mais aujourd'hui oubliée.

AMBER
GRAND IMPERIAL PORTER

AMBER
PIWO ZYWE

Appellation régionale
La Koźlak porte le nom d'une espèce de bouquetin rare et aujourd'hui éteinte, qui vivait dans les monts Tatras.

AMBER KOŹLAK

NOTES DE DÉGUSTATION

GRAND IMPERIAL PORTER 8 % VOL.
Robe couleur ébène, à reflet rubis. Saveur riche de réglisse et de malt torréfié, avec des touches de chocolat et de fruit noir frais. Presque suave, très peu houblonnée.

ACCOMPAGNEMENT : à déguster avec une mousse au chocolat ou une tranche de gâteau au chocolat surmonté de fraises.

PIWO ZYWE PILSNER, 6,2 % VOL.
Forte pour une vraie pilsner, cette bière non pasteurisée exhale de chaudes notes d'alcool et des touches presque herbacées, issues d'une variété de houblon polonais aromatique, le Lublin.

ACCOMPAGNEMENT : parfaite avec des spécialités mexicaines épicées ou asiatiques à base de piment.

KOŹLAK DUNKEL BOCK, 6,5 % VOL.
Une bière à robe rougeâtre, généreuse en notes de toffee et de caramel tendre. Des touches de fruits mûrs et de pain frais, nuancées par un houblon légèrement amérisant.

ACCOMPAGNEMENT : à associer aux viandes au barbecue, aux rôtis et aux saucisses, ou à des saveurs légèrement épicées.

BROWARMIA KRÓLEWSKA

Petit restaurant et microbrasserie du centre de Varsovie, Browarmia Królewska représente la brasserie artisanale polonaise. Le recours à des recettes traditionnelles européennes permet de produire des bières largement appréciées.

REPÈRES

PROPRIÉTAIRE Browarmia Królewska

FONDATION 2005

ADRESSE Królewska 1 Str, Varsovie (entrée Krakowskie Przedmieście Str)

SITE INTERNET www.browarmia.pl

PHILOSOPHIE Fier d'être le premier pub-brasserie et restaurant de Varsovie.

RARE SONT les touristes qui viennent à Varsovie pour déguster de la bière. Mais lorsque c'est le cas, la plupart se retrouve dans l'un des rares pub-brasseries de la cité, Browarmia Królewska, situé dans un quartier animé du centre-ville.

Rare privilège
Le pub-brasserie offre la possibilité de consommer sur le site de production.

BROWARMIA KRÓLEWSKA PILS

Le restaurant et la microbrasserie débordent de vie. On y sert des spécialités locales et le consommateur peut savourer sa bière au bar. Ouvert en 2005, cet établissement, le premier du genre à Varsovie, compte 12 bières à son catalogue. Ceux qui veulent déguster une sélection maison se voient proposer un assortiment de quatre bières. Curieusement pour une brasserie polonaise, Browarmia produit des bières de fermentation basse, ainsi que quelques bières faisant appel à une levure de fermentation haute.

Une partie du plaisir à consommer une bière dans un pub-brasserie tient à la proximité de la salle de brassage. Browarmia ne fait pas exception à la règle. Au bar trônent deux cuves de cuivre étincelant où les ingrédients sont chauffés et bouillis. Derrière les baies vitrées, les cuves de fermentation ouvertes abritent le moût sucré, généralement élaboré à partir de malts d'orge bavarois et tchèque, mis à fermenter avec les variétés de houblons aromatiques polonais, Lubelski et Marynka. Les brasseurs ne manquent pas d'humour et ont une bonne compréhension du processus – ils ne cautionnent pas la surenchère sur la qualité de l'eau et n'hésitent pas à dire : « Nous n'utilisons pas d'eau venue de torrents ou de sources, pas plus que l'eau d'un puits artésien, mais notre eau municipale de qualité. » Le chasseur de bières invétéré découvrira les deux autres établissements de la cité, opérant sous le nom de Bierhalle.

NOTES DE DÉGUSTATION

PILS 5 % VOL.
Robe blonde et trouble pour cette lager non filtrée, petite tête de mousse blanche. Notes de malt de panification, mêlées à des accents herbacés et à de puissants houblons aromatiques.

ACCOMPAGNEMENT : avec des saucisses et des pommes de terre.

WHEAT 4,8 % VOL.
Ne vous trompez pas, le bar propose cette bière en versions brune et blonde. La blonde se révèle râpeuse, sans être trop médicinale, la brune délivre de douces notes de toffee.

ACCOMPAGNEMENT : à associer à des saveurs délicates, comme celles du saumon mariné au citron ou d'un jarret de porc.

STOUT 5,2 % VOL.
Une bière tranchante et émoussée, où notes de chocolat et de café bataillent pour capter l'attention. Les houblons Marynka insufflent une puissante et suave amertume en bouche.

ACCOMPAGNEMENT : avec des desserts sucrés à souhait, comme un cheesecake nappé d'un coulis de cerise chaud.

ALHAMBRA

L'heure d'une bière ? Après une dure journée de travail, nombreux sont les Andalous qui font un détour par un bar à tapas de quartier pour déguster un petit verre ou deux des délicieuses bières d'Alhambra.

REPÈRES

PROPRIÉTAIRE Alhambra

FONDATION 1925

ADRESSE Avenida de Murcia 1, 18012 Grenade

SITE INTERNET www.cervezasalhambra.es

PHILOSOPHIE Les bonnes bières exigent du temps.

LA BIÈRE en Espagne évoque souvent ces pintes de lager jaune pétillante consommées par les touristes. Mais ne vous y trompez pas. Le pays abrite des brasseries à l'origine de bières intéressantes. Certains signes donnent même à penser que le pays pourrait, comme l'Italie, connaître un essor de la brassiculture artisanale. Les Espagnols apprécient la bière – surtout durant les mois chauds d'été, où les clients préfèrent sa fraîcheur au goût de toute autre boisson alcoolisée. Par ailleurs, la demande en bières créatives et innovantes ne cesse de croître.

La brasserie Alhambra, baptisée en référence à l'illustre palais mauresque de Grenade, ouvrit ses portes en 1925. Le logo de la brasserie montre ainsi deux lions, inspirés de ceux du Patio de los Leones de l'Alhambra. En 1979, la brasserie, qui avait largement prospéré, employait plus de 400 personnes. Au cours des années 1990, une nouvelle direction redynamisa et développa le catalogue, en investissant dans de nouveaux équipements et technologies. En 1998, la primée Alhambra Reserve 1925 fit son apparition. Le sobre profil de sa bouteille sans étiquette s'inspirait des bouteilles originales produites par la brasserie. La bière fut unanimement acclamée pour ses qualités artisanales. Le catalogue propose d'autres références, comme la maltée et cuivrée Mezquita, la vive Especial, la sombre Negra réglissée, et la blonde Premium lager aux notes d'agrumes – toutes largement distribuées à Grenade et dans le reste de l'Andalousie.

Les bières d'Alhambra font l'objet d'un soin et d'une attention particulière. L'eau utilisée pour le brassage est issue de la Sierra Nevada et serait la plus pure du pays. La durée du brassage est souvent un indicateur permettant de différencier une bière artisanale d'une bière industrielle. Ici, les brasseurs veillent à ce que leurs bières subissent une lente fermentation et une garde de 39 jours, afin de favoriser l'expression des arômes et saveurs de la bière, sous l'effet de la concentration et du mélange des composés aromatiques.

ALHAMBRA MEZQUITA

ALHAMBRA PREMIUM LAGER

ALHAMBRA NEGRA

NOTES DE DÉGUSTATION

MEZQUITA LAGER, 7,2 % VOL.
Robe cuivré sombre, au style évoquant celui d'une bière d'abbaye belge, généreuse en notes de sucre noir en bouche. Finale sèche, associée à la chaleur de l'alcool. Une bière d'une incroyable complexité.

ACCOMPAGNEMENT : à déguster avec des tapas.

PREMIUM LAGER 4,6 % VOL.
Version espagnole d'un style de bière classique. Vive et dorée, la bière désaltérante par excellence. Suave, avec une touche d'agrume, à servir glacée. Notes de vanille et de miel.

ACCOMPAGNEMENT : bière polyvalente, à associer à des préparations simples à base de poisson et à des salades.

NEGRA DARK LAGER, 5,4 % VOL.
Robe aussi noire qu'un bâton de réglisse, avec un malt d'orge noir libérant des notes de café torréfié sur le nez. Touches poivrées épicées en bouche, finale douce et sucrée.

ACCOMPAGNEMENT : avec les mets les plus doux, idéale avec les préparations à base de riz, comme la paella.

REPÈRES

PROPRIÉTAIRE Damm

FONDATION 1876

ADRESSE Carrer del Roselló 515, 08025 Barcelone

SITE INTERNET www.damm.es

PHILOSOPHIE Garder un lien avec la société et la culture espagnoles.

DAMM
VOLL

DAMM
ESTRELLA

DAMM

Brasserie la plus réputée d'Espagne, Damm a hissé le mariage de la bière et de la gastronomie vers de nouveaux sommets, en créant une bière pour l'un des plus grands restaurants au monde, auréolé de trois étoiles au guide Michelin.

LES SOUBRESAUTS d'une guerre et les événements qui se déroulaient à 900 km au nord de Barcelone conduisirent à l'ouverture de l'un des plus grands établissements du cercle brassicole européen, Damm. En 1871, la guerre franco-allemande faisait rage. La région jouissait d'une réputation méritée pour sa gastronomie, ainsi que d'une longue tradition brassicole. Un habitant de Strasbourg, August Kuentzmann Damm, se joignit à un groupe de réfugiés en quête de paix qui avait décidé de rallier les chaudes contrées méditerranéennes. Brasseur de métier, Damm fonda tout naturellement une brasserie en 1876, aujourd'hui élevée au rang de star en Catalogne.

Les premières bières s'inspiraient de celles brassées à l'époque dans la région de Strasbourg : légères et faciles à boire, avec une tendance suave l'emportant sur le côté amérisant du houblon. La bière et la cuisine ont toujours entretenu un lien étroit en Espagne, mais Damm alla plus loin encore, en cherchant à détrôner le vin des tables des restaurants gastronomiques. Collaborant avec Ferran Adrià, chef de l'illustre El Bulli, la brasserie créa l'Inedit, une bière pétillante conditionnée en bouteilles, dynamisée par des notes de coriandre et de zeste d'orange. Le restaurant la servait glacée, maintenue à température dans un seau à glace, et la versait dans des verres à vin blanc.

DAMM AK DAMM

NOTES DE DÉGUSTATION

VOLL DOPPELBOCK, 7,2 % VOL.
Une bière de caractère, sombre et dorée. Généreuses notes d'alcool en bouche, avec une douceur persistante accompagnée de notes d'orge torréfiée.

ACCOMPAGNEMENT : une bière possédant une force suffisante pour se confronter à de riches préparations, comme une pizza.

ESTRELLA PILSNER, 5,4 % VOL.
Sous sa robe blond pâle se révèle une force étonnante. Sécheresse et amertume du malt et du houblon en font une pilsner rafraîchissante et désaltérante.

ACCOMPAGNEMENT : avec les spécialités locales de viande et de poisson. En Catalogne, les plats alliant poulet et crevettes.

AK DAMM LAGER, 4,8 % VOL.
Une bière à l'héritage allemand. Robe d'un blond doré pâle pour cette lager facile à boire, avec une légère saveur maltée.

ACCOMPAGNEMENT : à servir avec un fromage doux ou du jambon blanc.

CROATIE

LIČANKA

www.pivovara-licanka.hr

LA SCÈNE brassicole croate est dominée par quelques grands brasseurs internationaux. Fondée en 1997 par Karlo Starcevic, Ličanka est toutefois considérée par beaucoup comme l'une des meilleures brasseries du pays. Implantée près de Gospic, dans le massif du Velebit, la brasserie produit des bières sous le nom de Velebitsko et affirme que l'eau utilisée au brassage, issue de la région montagneuse de Lika, est excellente pour ses lagers. Ličanka brasse une ale blonde légère, la Velebitsko Svijetlo, et une ale brune, la Velebitsko Tamno.

CHYPRE

DRAUGHT

www.carobmill-restaurants.com

IL FALLUT attendre longtemps avant qu'un pub-brasserie naisse sur une île de la Méditerrannée. Carob Mill est à la tête d'une brasserie et de plusieurs bars et restaurants de Chypre – Draught est située dans le complexe Lanitis Carob Mill de Limassol, près du château médiéval. Cette modeste microbrasserie moderne brasse avant tout des bières de styles tchèque et allemand, à déguster avec la cuisine tex mex, allemande et américaine servie dans ses restaurants.

ESTONIE

A LE COQ

www.alecoq.ee

LA BRASSERIE joua un rôle déterminant dans l'histoire de la brassiculture. Fondée en Prusse en 1807 par une famille de réfugiés huguenots fuyant les persécutions, elle s'installa plus tard à Londres. En 1912, la brasserie déménagea pour la Russie impériale, où elle pouvait brasser son Imperial Stout sans avoir à s'acquitter de taxes d'exportation. La Révolution russe mit fin à la production de cette bière à connotation impériale. Elle est désormais brassée par Harveys (*voir* p. 34) en Angleterre. Après d'autres bouleversements durant la Seconde Guerre mondiale, la brasserie opère aujourd'hui sous son nom d'origine, et s'est hissée en tête du marché brassicole d'Estonie, avec une large gamme de bières à son catalogue.

HONGRIE

GYERTYÁNOS

www.gyertyanos.hu

BANANE, CERISE, POTIRON et chocolat entrent dans l'élaboration des bières de Gyertyános. L'établissement, fondé en 1996 à Miskolc, est l'un des meilleurs de la nouvelle vague de brasseurs artisanaux hongrois. Ses bières sont une rhapsodie hongroise jouée par des ingrédients locaux qui nuancent l'intensité de leurs saveurs. Les amateurs dénicheront et dégusteront ces bières locales à Budapest, en septembre, à l'occasion du remarquable Főzdefeszt – premier festival national de Hongrie dédié à la bière artisanale.

SERFORRÁS

www.kezmuvessorok.hu

UNE NOUVELLE RÉVOLUTION est en marche en Hongrie, celle de la bière artisanale. Elle se retrouve au sein des bars du pays et au cœur des conversations animées entre amateurs, désireux de choisir leurs bières locales et non de se voir imposer la production de grands groupes internationaux. Un de ces nouveaux brasseurs artisanaux, Serforrás, est installé à Felsözsolca, petite ville au nord de la Hongrie, proche de la frontière avec l'Ukraine. Sa bière la plus intéressante, la Corvinus Rex, est parfumée au vin de tokay de la vallée de Hernád.

MALTE

SIMONDS FARSONS CISK

www.farsons.com/brewery.htm

SI L'ON ÉTUDIE L'HISTOIRE de Malte au cours du siècle passé, on ne pourra s'étonner de l'influence exercée par les styles de bière du Royaume-Uni sur la production de cette brasserie. Le catalogue inclut une lager citronnée, facile à boire, idéale pour affronter les chaleurs estivales méditerranéennes, mais aussi une curieuse gamme de ales de style anglais, généreuses en houblon – notamment la série des Hopleaf, créée en 1928. Les amateurs de passage préféreront probablement la Farsons Lacto, une milk stout classique qui offre une suave et sombre caresse en bouche, avant une finale aux saveurs de lactose.

PORTUGAL

PRAXIS

www.praxis.pt

LA RÉVOLUTION brassicole s'apprête à gagner le Portugal. Microbrasserie et restaurant, Praxis s'est installé dans l'ancienne capitale du pays, Coimbra. Elle propose aujourd'hui une blonde pilsner, une trouble bière blanche, une variante de la vienne ambre rouge et une agréable dunkel, aux notes suaves et délicatement torréfiée. Ces bières faciles à boire témoignent de l'amorce d'un bouleversement au pays du porto.

ROUMANIE

S.C. MARTENS

www.martens.ro

PROPRIÉTÉ BELGE, la brasserie S.C. Martens témoigne d'un héritage du « plat pays » à travers sa gamme de bières incluant de nombreuses bières de froment. L'établissement fut fondé en 1888 par Josef Ploll, puis nationalisé en 1998. Sa SuperBrew 15, une puissante lager de style imperial titrant 15 % vol., compte un certain nombre d'amateurs parmi les passionnés de bière américaines.

RUSSIE

MOSCOW BREWING

www.mosbrew.ru

COMPTANT PARMI les derniers-nés des brasseurs russes, Moscow Brewing inaugura sa brasserie ultramoderne en 2008. Fervente supportrice des festivals de bières locales et d'importation, la brasserie a pour objectif de développer une marque de bière russe. Elle brasse une intéressante lager de style vienne, la Khamovniki Venskoe, aux arômes distincts de houblon Tettnanger.

TVER

www.afanasy.ru

LES ORIGINES de Tver remontent à 1887. Sa bière de référence, l'Athanase Nikitine, est baptisée en hommage à un explorateur russe réputé pour avoir été l'un des premiers européens à gagner l'Inde par voie terrestre au XVe siècle. Cette bière de style bavarois affiche des notes de fruits juteux sur le nez.

SERBIE

BLACK TURTLE

www.theblackturtle.com/srb

REPRÉSENTANT EN TITRE de la bière artisanale en Serbie, Black Turtle distribue ses bières via un petit réseau de pubs éponymes dans la région de Belgrade. Sa production s'inspire des traditions allemandes et inclut dans sa gamme une bière de froment et une bière fumée. La brasserie puise aussi dans les traditions belges, avec son Amber Abbey et sa Stout. Récemment, Black Turtle a commencé à brasser des bières aux notes fruitées, de myrtille, fraise et citron.

SLOVAQUIE

KALTENECKER

www.kaltenecker.sk

CETTE MICROBRASSERIE fut inaugurée en 1997 dans un restaurant près de la cité historique de Košice. Pays de tradition vinicole, la Slovaquie affiche néanmoins un intérêt et une demande en bière artisanale. Kaltenecker brasse une gamme de bières non pasteurisées bien accueillie, incluant nombre de versions de saison. À découvrir, sa Brokát 27, mûrie en fûts de vin, parfumée aux aiguilles d'épicéa, au genièvre et à la coriandre.

PILSBERG

www.pilsberg.sk

IMPLANTÉE À POPRAD, une ville perchée dans les montagnes des Hautes Tatras, cette brasserie a déjà deux siècles d'histoire. Aux mains de différents propriétaires privés, mais aussi de l'État à certaines périodes, Pilsberg acquit sa forme juridique actuelle en 2005. Elle brasse une gamme de lagers blondes et brunes. Ses bières de type pilsner offrent des notes de houblon amérisant et une douce saveur maltée.

SLOVÉNIE

KRATOCHWILL

www.kratochwill.si

LE PAYS semble vivre ce qui pourrait ressembler à une révolution brassicole, avec de nombreuses ouvertures de brasseries et d'autres en projet. Une des meilleures représentantes du genre, Kratochwill, se situe face à la gare centrale de Ljubljana. Au catalogue, une lager de style bohême, une trouble bière de froment et une sombre bière riche en notes de malt chocolaté. À découvrir, l'Adam Ravbar, un établissement situé dans les faubourgs de Ljubljana qui affiche une unité de brassage aux cuivres étincelants.

LOCHER VOLLMOND BIER

SUISSE

BRASSERIE TROIS DAMES

www.brasserietroisdames.ch

« LE BRASSAGE est une passion qui doit être partagée, au même titre que l'œuvre d'un peintre ou d'un musicien », confie Raphaël Mettlar, maître brasseur aux Trois Dames. Après avoir goûté au brassage amateur en 2002, Mettlar prit un congé sabbatique pour parcourir les États-Unis et le Canada, puis ouvrit sa brasserie commerciale en 2008. Son établissement est baptisé Trois Dames, en référence à sa femme et à ses deux filles. Sa gamme de bières inclut des IPA de style américain et des bières mûries en fûts de bois.

LOCHER

www.appenzellerbier.ch/

À L'ORIGINE d'une bière locale de réputation internationale, la brasserie Locher est fière de sa création, qui contient exclusivement des ingrédients biologiques d'Appenzell. Toutes les bières mises à fermenter un dimanche sont, dit-on, bénies de Dieu. À Locher, on prétend que la meilleure des bières, la Vollmond, est toujours brassée un jour de pleine lune, afin de dynamiser l'action de la levure.

UKRAINE

PIVARIUM

pivarium.com.ua/en

DES SIGNES témoignent d'une certaine agitation au sein de la brassiculture ukrainienne. Les pubs et les bières locales sont plus faciles à trouver. Presque toutes ces bières s'inspirent de styles allemand et tchèque. Pub-brasserie tendance et moderne de Kiev, Pivarium a conquis les amateurs avec une gamme convaincante de bières faciles à boire, dont une à base de miel, une bière légère, une premium et une variante au froment et au café.

Bourbon
VIEUX
Meetings · Receptions · Private Parties
BIG EASY
DAIQUIRIS
DAIQUIRIS PIZZA BEER
COCKTAILS HURRICANES
PIZZA BY THE SLICE
Blues Company

BROOKLYN BREWERY
BROOKLYN BREWERY
BROOKLYN BREWERY

AMÉRIQUE

ÉTATS-UNIS

La scène brassicole américaine est d'une incroyable richesse. Jadis ignoré pour l'uniformité de ses breuvages insipides, le pays est désormais réputé pour sa production de bières intensément parfumées, déclinées en une variété de styles infinie. De ses stouts à l'avoine à la robe aussi sombre que la nuit jusqu'à ses bières de froment aux notes de fruits, légumes, épices ou herbes aromatiques, le pays innove et surprend, osant la maturation en fûts, la refermentation en bouteilles ou le houblonnage à sec, pour varier et enrichir les saveurs.

Cette révolution du goût débuta dans les années 1970 – à l'époque à peine 44 établissements existaient, dont une majorité de grands groupes, réputés pour la fadeur et le manque d'inspiration de leur production. Un changement de législation entraîna la multiplication du nombre de brasseurs du dimanche. Certains d'entre eux prirent conscience de l'existence d'un marché pour des bières originales, généreuses en saveurs. Plusieurs firent de leur passion leur métier. Partie de la côte Ouest, cette révolution balaya les États-Unis. Ces pionniers enthousiastes puisent dans les traditions de l'Ancien Monde, participant du même coup à sauver de l'oubli de nombreux styles de bière. Ils développèrent à leur tour des styles typiquement américains, aux arômes et saveurs affirmés. Le succès de cette révolution se vérifie par le nombre d'établissements en activité dans le pays, qui est passé de huit brasseries artisanales en 1980, à plus de 2 000 aujourd'hui, alors que la plupart des Américains vit à moins de 10 km d'une brasserie. Une révolution qui ne montre aucun signe d'essoufflement – on estime que plus d'un million d'Américains créent leur propre bière à domicile.

ALASKAN

Rares sont les bières à autant refléter le terroir qui les a vues naître. Ces bières témoignent de l'attachement d'une brasserie à sa région et de la conscience environnementale exigée pour brasser sur les terres de « The Last Frontier ».

REPÈRES

PROPRIÉTAIRE Alaskan Brewing Co

FONDATION 1986

ADRESSE 5429 Shaune Drive, Juneau, Alaska 99801-9540

SITE INTERNET www.alaskanbeer.com

PHILOSOPHIE Mettre un peu d'Alaska en bouteille.

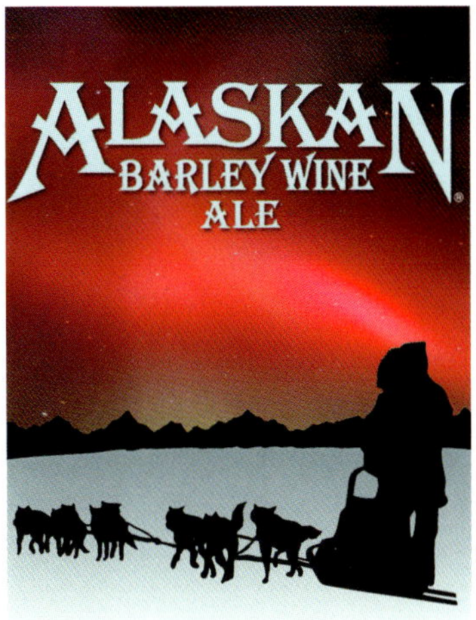

ALASKAN
BARLEY WINE ALE

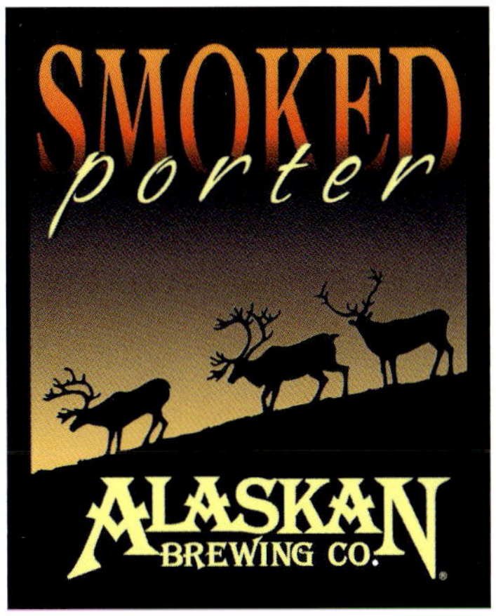

ALASKAN
SMOKED PORTER

GEOFF ET MARCY LARSON fondèrent Alaskan Brewing en 1996. Leur Amber Ale s'inspire d'une recette utilisée un siècle plus tôt par une brasserie située sur l'autre rive du détroit de Gastineau. La Smoked Porter, elle, est élaborée à partir d'un malt fumé sur un lit de bois d'aulne, procédé utilisé par les tribus tlingits pour fumer le poisson. Chacune de leur bière témoigne d'un attachement à leur terre.

Les Larson ne sont pas natifs de l'Alaska, mais s'y sentent chez eux. « Nous sommes tributaires de différents impératifs, et confrontés à de nombreux obstacles et défis », confie Marcy Larson. Il est notamment difficile de se débarrasser des drêches. Il n'y a pas de route menant ou partant de Juneau, et le transport vers les fermes d'élevage, comme le font d'autres brasseurs, n'est pas envisageable – il n'y aurait pas assez de bétail dans tout l'Alaska pour en venir à bout. C'est ainsi qu'Alaskan devint la première brasserie au monde à utiliser les drêches comme source d'énergie, pour alimenter la chaudière à moût servant au brassage. Ce procédé ne fut que l'une des nombreuses innovations environnementales dont fit preuve la brasserie. Comme le dit Geoff Larson : « Ce site unique veut que nous n'agissions pas toujours comme le font les autres. »

NOTES DE DÉGUSTATION

BARLEY WINE ALE 10,7 % VOL.
Robe d'un rouge intense et riche invitant à la dégustation. Arômes complexes de sucre caramélisé, de fruit noir et de caramel chaud s'élevant de la mousse. Saveurs comparables et persistantes en bouche, se prolongeant tout au long de la finale.

ACCOMPAGNEMENT : bière intense qui domine la plupart des mets, mais certains l'apprécient avec des aliments gras.

SMOKED PORTER 6,5 % VOL.
Première impression piquante et fumée pour ce porter fumé aux arômes évoquant une promenade sur une plage d'Alaska. Huileuse en bouche, la texture présente des notes de chocolat et de fruit noir caramélisé dans les bouteilles les plus âgées.

ACCOMPAGNEMENT : délicieuse avec des produits de la mer fumés, parfaite avec un dessert, comme une crème glacée à la vanille accompagnée de framboises.

AMBER ALE, 5,3 % VOL.
Une robe ambrée éclatante, un bouquet aux notes de malt dominé par le pain, nuancées par une touche de fruit. Des accents de caramel se manifestent en bouche, avant une finale sèche.

ACCOMPAGNEMENT : bière riche, mais vive et fraîche, idéale avec le saumon, les viandes et les spécialités italiennes.

ALASKAN AMBER

ALLAGASH

Rob Tod créa Allagash Brewing Co sous la forme d'une entreprise individuelle pour vendre des bières d'inspiration belge aux États-Unis. Il apprit très tôt l'importance de l'expérimentation et la nécessité d'imposer ses bières sur les tables.

REPÈRES

PROPRIÉTAIRE Allagash Brewing Co

FONDATION 1995

ADRESSE 50 Industrial Way, Portland, Maine 04103

SITE INTERNET www.allagash.com

PHILOSOPHIE Brasser artisanalement les meilleures bières de style belge au monde.

« LES HUIT PREMIÈRES ANNÉES, les gens restèrent indifférents aux bières de style belge », confie Tod. On nous demandait : "Pourquoi ne faites-vous pas une bière plus accessible ? Débarrassez la White de ce caractère de froment et ajoutez des épices !" » Première des créations de Tod, l'Allagash White est aujourd'hui la bière référence de la brasserie. Elle représente environ les trois-quarts des ventes et n'a pourtant pas changé depuis le premier keg livré au pub The Great Lost Beer de Portland, dans le Maine, là où se trouve aussi la brasserie.

« Je ne savais pas à l'époque si nous devions faire une ou dix bières, mais je savais que nous devions nous concentrer sur la bière belge », ajoute-t-il. La brasserie produit aujourd'hui plus de dix bières par an. « Le brassage de bières de style belge encourage l'expérimentation », explique Tod. Des expérimentations pour certaines jamais tentées en Belgique, comme la garde des bières en fûts ayant contenu d'autres boissons alcoolisées. Mais l'aventure la plus audacieuse reste la construction d'une remise à côté de la brasserie et l'installation d'un « koelschip » – cuve peu profonde où le moût (liquide produit au cours du brassage) se retrouve exposé à la microflore locale, ce qui provoque une fermentation spontanée. À l'époque, le procédé n'avait jamais été utilisé en dehors de la vallée de la Senne, près de Bruxelles.

Toujours audacieux, Tod souhaita faire équipe avec l'Institute for Culinary Education de New York pour organiser un concours, Cookin' with Allagash, visant à démontrer le potentiel de ses bières sur le plan gastronomique. Chefs reconnus et étoiles montantes furent invités à élaborer une recette originale avec les bières Allagash comme ingrédient. Cette brasserie de Nouvelle-Angleterre au style de bières belge est aujourd'hui une marque à succès reconnue.

ALLAGASH WHITE

ALLAGASH CURIEUX

ALLAGASH INTERLUDE

NOTES DE DÉGUSTATION

WHITE ALE BLANCHE BELGE, 5 % VOL.
Trouble, avec des reflets blancs. Épicée sur le nez, riche en notes herbacées, fruitées et hespéridées. Légère en bouche, avec des notes vives de froment accentuant une pointe d'acidité, sur des touches persistantes de fruit et d'agrume.

ACCOMPAGNEMENT : sa saveur fruitée et son acidité astringente se marient à tout. Assez légère pour accompagner une salade, mais assez robuste pour mettre en valeur des fruits de mer épicés.

CURIEUX BOURBON BARREL TRIPEL, 11 % VOL.
Une partie de la triple miellée de la brasserie est mûrie en fûts de bourbon, puis assemblée à une triple jeune. D'un blond doré éclatant, elle exhale dès l'attaque des notes de bourbon et vanille, auxquelles se mêlent bientôt des arômes et saveurs fruités, notamment de banane, conduisant à une longue et douce finale.

ACCOMPAGNEMENT : un dessert en soi, à associer à des préparations sucrées allant du cheesecake à la crème brûlée.

INTERLUDE FARMHOUSE ALE, 9,5 % VOL.
Ale complexe, fermentée avec deux souches de levure. Une partie est mûrie en fûts de vin. Robe rouge orangé, notes de fruits à noyau et tropical évoluant vers des saveurs vineuses sur la langue. La texture évoque la chapelure. Modérément acide, elle glisse vers une finale légèrement tannique.

ACCOMPAGNEMENT : son côté agricole fait merveille avec des fromages puissants ou des viandes fumées.

ANCHOR BREWING

Anchor Brewing existe depuis bien plus longtemps que les termes « bière artisanale » et « microbrasserie ». Fritz Maytag, qui participa à sauver la brasserie en 1965, devint le parrain du renouveau de la filière brassicole américaine.

REPÈRES

PROPRIÉTAIRE Anchor Brewing

FONDATION 1896

ADRESSE 1705 Mariposa Street, San Francisco, Californie 94107

SITE INTERNET www.anchorbrewing.com

PHILOSOPHIE Un brassage artisanal moderne dans le respect de la tradition et avec un esprit pionnier.

ANCHOR BRASSA sa première bière en 1896 et déposa le nom de « steam beer ». Les histoires diffèrent sur l'origine du nom, mais la version la plus plausible fait référence à une pratique de fermentation alors en vogue à San Francisco, et qui consistait à installer les cuves sur les toits. L'air frais, souvent chargé de brume, contrôlait la température, alors que de la vapeur *(steam)* s'élevait des cuves chaudes. Toute bière brassée le long de la côte Ouest selon ce procédé se vit attribuer le nom de « steam beer ». Anchor utilise encore un système de réfrigération comparable pour sa Steam Beer, mise à fermenter dans des cuves peu profondes, mais cette fois au sein de la brasserie, après filtration de l'air.

En 1965, Fritz Maytag, membre d'une illustre famille de constructeur de lave-linge, fit l'acquisition pour quelques milliers de dollars d'une part suffisante de la brasserie pour en prendre le contrôle, alors que cette dernière était au bord de la faillite. Il améliora la qualité de la Steam et, ce faisant, initia une vraie révolution. Il démontra que le client américain, quand il avait le choix, préférait la vraie bière aux lagers industrielles. Maytag introduit, ou réintroduit, une rusticité à de nombreux styles de bière, comme le porter, la barley wine et l'ale de froment. En 1975, lorsqu'il brassa la Liberty Ale, à l'origine pour proposer son ale de Noël, il fut le premier à mettre en avant le houblon Cascade, qui insufflait des arômes uniques aux variétés de houblon américains. Le Cascade devint la pierre angulaire des petits brasseurs américains, comme d'autres variétés de houblon de même trempe, au bouquet et à la saveur jusqu'alors dédaignés par la profession. Maytag vendit la brasserie à Keith Greggor et Tony Foglio en 2010. Confrontés aux capacités de production limitées d'Anchor, ses nouveaux propriétaires ont décidé en 2013 de construire une seconde brasserie, plus vaste, sur le front de mer de San Francisco, et dont l'inauguration est prévue pour 2016.

NOTES DE DÉGUSTATION

LIBERTY ALE PALE ALE, 5,9 % VOL.
Une aberration en 1975. Plus brune que blonde, aux notes florales et d'agrume intenses. Suave en bouche, mais légère, équilibrée par des touches de houblon résineux, cédant place à une douce et tranquille, mais distincte amertume.

ACCOMPAGNEMENT : une ale polyvalente. Son malt sucré rehausse les saveurs caramélisées de la viande grillée.

PORTER 5,6 % VOL.
Une bière presque noire, au bouquet évoquant les céréales torréfiées, le chocolat et le toffee brûlé. Riche en saveur et texture, avec une douceur caramélisée dès l'attaque, un houblon généreux et une amertume dominante, issue des houblons amérisants et des céréales torréfiées.

ACCOMPAGNEMENT : avec un steak chateaubriand, une spécialité mexicaine ou un jambalaya cajun (plat épicé à base de riz).

STEAM BEER HYBRID, 4,9 % VOL.
Robe cuivrée éclatante. Aux arômes boisés, herbacés et mentholés succèdent des touches de caramel. Le houblon herbacé titille un caramel suave en bouche, évoluant vers une longue et sèche finale douce-amère.

ACCOMPAGNEMENT : audacieuse et suffisamment astringente pour faire face aux spécialités thaïes et caribéennes, ou à des beignets de poisson.

ANCHOR BREWING LIBERTY ALE

Style original
Brassé pour la première fois en 1972, ce porter américain innovant est devenu la référence du style.

ANCHOR BREWING PORTER

ANCHOR BREWING STEAM BEER

AVERY BREWING

En 2008, lorsqu'une pénurie de houblon à l'échelle mondiale entraîna une envolée des prix, de nombreux brasseurs réduisirent les quantités utilisées pour leurs bières. Adam Avery, lui, annonça qu'il en mettrait encore plus.

REPÈRES

PROPRIÉTAIRE Avery Brewing Co

FONDATION 1993

ADRESSE 5763 Arapahoe Avenue, Boulder, Colorado 80303

SITE INTERNET www.averybrewing.com

PHILOSOPHIE « Un engagement à produire des ales et lagers originales. Nous brassons ce que nous aimons boire. »

LONGTEMPS, l'Ellie's Brown Ale s'imposa en tête des ventes de la brasserie et cette ale classique reste à ce jour une référence du catalogue. Mais en 1997, le lancement de la Hog Heaven – bière puissamment houblonnée titrant 9,2 % vol. –, puis en 2000 de la The Reverend – une ale sombre de type belge titrant 10 % vol. –, valut à Avery une réputation de brasseur de bières aux arômes et saveurs des plus intenses. Adam Avery dit de la The Reverend : « Nous nous sommes aperçus que nous pouvions faire une bière qui n'est pas trop houblonnée, qui attire l'attention du public et l'incite à consommer. » Associant la Hog Heaven et la The Reverend à une puissante ale belge blonde baptisée « Salvation », Avery créa la Holy Trinity of Ales.

Un autre trio, la Dictator Series, réunit des imperial aux noms judicieusement choisis, titrant chacune près de 10 % vol. La Maharaja est un « régal, intense et puissant », la Kaiser un breuvage à robe cuivrée, malté et épicé, la Czar, une bière noir d'encre aux accents de toffee et de douce mélasse.

La série Demons of Ales, plus radicale, propose des bières titrant 15 à 17 % vol. La Samaels est une puissante ale de style anglais, The Beast, une brune épicée aux notes de rhum, et la Mephistopheles' Stout une bière couleur charbon, aux touches de chocolat et cerise. Plus expérimentale, la série Barrel-aged (« mûrie en fûts ») peut inclure des bières de toutes les catégories, certaines échappant à une classification, y compris celles ayant subi une fermentation avec de la levure sauvage. Ces innovations furent couronnées de succès, et les ventes grimpèrent à partir de 2000, jusqu'à rendre nécessaire la construction d'une nouvelle brasserie. Avery accueille plusieurs manifestations brassicoles chaque année, dont les populaires Boulder Strong Ale Fest et Boulder SourFest, qui sont rapidement complets.

AVERY BREWING ELLIE'S BROWN ALE

AVERY BREWING HOG HEAVEN

AVERY BREWING INDIA PALE ALE

NOTES DE DÉGUSTATION

ELLIE'S BROWN ALE 5,5 % VOL.

Robe châtain brun et tête de mousse fauve pour cette ale intensément parfumée. En bouche, notes de doux chocolat et de caramel. Les saveurs aux accents grillés et toastés richement texturés sont renforcées par les houblons terreux.

ACCOMPAGNEMENT : le malté fait merveille avec les viandes fumées et rôties ou les tacos au bœuf à la sauce piquante.

HOG HEAVEN BARLEY WINE, 9,2 % VOL.

Une bière à robe acajou à cuivrée, qualifiée de barley wine par le brasseur, alors que d'autres y verraient une imperial red ale. Intenses arômes d'agrumes, mêlés à de douces notes de barbe à papa. Saveurs complexes et superposées de fruit à noyau et d'agrume, conduisant à une longue et amère finale.

ACCOMPAGNEMENT : une bière sèche et houblonnée à associer à des viandes et gibiers légèrement gras, mais aussi à du porc cuit lentement au barbecue ou à de la poitrine de bœuf fumée.

INDIA PALE ALE 6,5 % VOL.

Robe d'un orange éclatant, coiffée d'une belle tête de mousse. Des arômes d'agrume s'échappent du verre, notamment de pamplemousse, avec peut-être une touche de pin. Fraîche sur le nez et en bouche, corps mince, amère et agréablement sèche.

ACCOMPAGNEMENT : acidité et amertume rééquilibrent les saveurs crémeuses, d'où un mariage réussi avec des spécialités à bases de pâtes, comme les fettucine à la carbonara.

BELL'S

Larry Bell, fondateur et directeur de Bell's Brewery, a toujours eu le sens de la fête. L'Eccentric Day organisé chaque année en décembre participa à entretenir l'intérêt du public, alors même que la brasserie s'agrandissait au fil des ans.

REPÈRES

PROPRIÉTAIRE Bell's Brewery

FONDATION 1985

ADRESSE 8938 Krum Avenue, Galesburg, Michigan 49053

SITE INTERNET www.bellsbeer.com

PHILOSOPHIE Brasser des bières bien pensées, créatives et artistiques.

LA CLIENTÈLE se déguise pour assister à l'Eccentric Day qui se déroule au Bell's Eccentric Café de Kalamazoo, où fut fondée la brasserie originale, Kalamazoo Brewing. Le site reste en activité, alors que la société s'est agrandie et a changé son nom pour Bell's Brewery. En ce jour de fête consacré à la bière, le café propose une variété de préparations excentriques. Au printemps, les bars du Michigan célèbrent le retour de l'Oberon Beer, et certains soutirent même la bière à minuit précise.

Bell ouvrit son établissement en 1985. Il brassait ses premières bières dans une grande soupière et acquit rapidement une solide réputation, liée à la qualité de ses bières amples et affirmées, notamment de ses stouts. Vers les années 2000, il décida de consacrer tout le mois de novembre à la célébration de la stout. « Le brassage artisanal a été déclaré mort par le *New York Times*, dit-il. J'ai vu beaucoup de mes concurrents se précipiter vers les bières légères. Cela ne signifie pas que j'en ferai autant. Pour marquer notre engagement envers les bières aux saveurs intenses, j'ai décidé de brasser dix stouts de novembre. »

La brasserie de Kalamazoo se développa et Larry Bell en fit bâtir une seconde, près de Comstock. Les affaires prirent de plus en plus d'ampleur. À la fin de leur journée de travail, les ouvriers de la brasserie se rendent souvent à l'Eccentric Café pour partager une bière. « Vous trouvez ici des gars de la brasserie en train de boire des porters et des stouts, confie le responsable de la production, John Mallett. Nous sommes extrêmement fiers de ces bières. »

NOTES DE DÉGUSTATION

OBERON ALE DE FROMENT 5,8 % VOL.

Une ale d'un blond doré trouble, marquant pour les habitants du Michigan le début de la saison de baseball. Notes d'épice, d'agrume et autres fruits en bouche, équilibrées par l'âpreté d'une touche de froment. Finale légèrement suave, mais néanmoins rafraîchissante.

ACCOMPAGNEMENT : légère au palais, mais avec assez d'acidité pour accompagner poissons délicats, salades ou sushis.

TWO HEARTED ALE INDIA PALE ALE, 7 % VOL.

Baptisée Two Hearted, en référence à un cours d'eau du Michigan, cette ale aurait pu porter le nom de « bière au pamplemousse ». Agrumes très présents sur le nez et en bouche, rejoints par des notes de fruit à noyau. Saveurs de pain malté, avec une touche sucrée, rapidement balayées par un houblon amérisant, dominant une finale aux accents d'agrumes.

ACCOMPAGNEMENT : classiquement associée aux currys et à la cuisine asiatique, ou à des préparations rehaussées par les agrumes ou la coriandre, comme les tacos au bœuf haché.

EXPEDITION STOUT IMPERIAL STOUT, 10,5 % VOL.

Cette stout n'est pas la plus noire de la gamme Bell's, mais elle est certainement la plus austère. Bouquet enivrant aux notes de fruit noir, chocolat et grains de café torréfiés – des arômes qui s'amplifient en bouche – mêlées à celles d'un houblon terreux. Un corps liquoreux, mais jamais écœurant.

ACCOMPAGNEMENT : une bière à associer comme un porto. Son intensité supporte les saveurs d'une oie grasse fumée, mais elle fait aussi merveille avec les buffets de desserts intégrant truffes au chocolat ou tarte aux fraises.

BELL'S OBERON

BELL'S TWO HEARTED ALE

BELL'S EXPEDITION STOUT

BOULEVARD BREWING

Une brasserie implantée au cœur du « grenier à grains » de l'Amérique vend évidemment des bières de froment. Mais l'essor commercial de ces breuvages aux saveurs généreuses prouve l'étendue du savoir-faire du brasseur.

REPÈRES

PROPRIÉTAIRE Boulevard Brewing Co

FONDATION 1989

ADRESSE 2501 Southwest Boulevard, Kansas City, Missouri 64108

SITE INTERNET www.boulevard.com

PHILOSOPHIE Des bières d'excellence depuis 1989.

LA BIÈRE de froment non filtrée représente l'essentiel des ventes de la brasserie. « Le blé fait partie de la vie de nombreux habitants du Midwest et consommer de la bière de froment est perçu comme un geste de soutien à l'économie locale, confiait en 2009 John Bryan, employé à la retraite de la brasserie. Nous vendons l'Unfiltered Wheat Beer aux tavernes rurales des environs, aux cercles de vétérans des guerres étrangères, dans ces lieux où on ne s'attend pas à trouver une bière artisanale derrière le comptoir. »

Mais en 2007, lorsque Boulevard fit l'acquisition d'une nouvelle brasserie, les installations rendirent possible la production des bières dites de spécialité de la série Smokestack. En 2012, ces marques virent leur vente augmenter de 70 %. « Je pense que les amateurs de bières du Midwest ressemblent aux amateurs de bières belges, explique Steven Pauwels, maître brasseur, qui grandit et étudia en Belgique avant de rejoindre Boulevard en 1996. Comme en Belgique, on mise sur la tradition, mais aussi sur l'expérimentation. »

Une des premières bières de la série Smokestack fut la Saison Brett, dont le nom fait référence à la levure sauvage Brettanomyces utilisée à l'ensemencement. « L'inspiration me vint de grandes bières de saison belges, mais aussi de mon enfance passée dans une ferme en Belgique, confie Pauwels. Nous aidions les agriculteurs à l'époque des moissons. L'odeur du foin dans les champs et celle de la grange sont uniques. Avec la Brett, j'essaie de retrouver l'odeur du foin frais, par le biais du houblonnage à sec, et l'odeur de la grange. » Les autres bières de la série incluent l'intense Tank 7 Farmhouse Ale, la Double Wide IPA houblonnée à souhait, sans oublier la Dark Truth Stout, qui, aux dires de la brasserie, aurait le « pouvoir de transformer l'ordinaire en extraordinaire ».

BOULEVARD BREWING
PALE ALE

BOULEVARD BREWING
UNFILTERED WHEAT BEER

Atout belge
Une enfance passée dans une ferme de Belgique inspira une gamme de bières de saison.

BOULEVARD BREWING
TANK 7

NOTES DE DÉGUSTATION

PALE ALE 5,4 % VOL.

Robe orangée et tête de mousse persistante. Une bière complexe, mais un sobre bouquet fruité, agréablement floral, nuancé d'arômes de pin. Douceur maltée en bouche, équilibrée par des notes de houblon épicé et une solide amertume.

ACCOMPAGNEMENT : structuré par un malt très présent et des notes de houblon persistantes, cette bière est parfaite avec le gibier, mais s'associe aussi très bien à des mets plus ordinaires.

UNFILTERED WHEAT BEER 4,4 % VOL.

Suivre les instructions de service mentionnées sur le pack pour déguster cette bière de froment à robe blonde et trouble. Attaque râpeuse et épicée, avec des touches d'agrume. Saveur nuancée de délicates notes de pain grillé et d'un peu plus d'agrume. Légère en bouche.

ACCOMPAGNEMENT : une bière vive et légère en bouche, idéale avec des sushis, un fromage manchego (lait de brebis) ou une pizza.

TANK 7 SAISON, 8,5 % VOL.

Une robe paille trompeuse. Bouquet floral généreux, aux notes d'agrume et d'épice, avec des touches de clou de girofle et même de fruit à noyau. Une intensité qui s'accentue en bouche, en plus épicé, avant une agréable et évidente amertume.

ACCOMPAGNEMENT : bière affirmée qui peut dominer des préparations délicates, mais dont le caractère hespéridé et l'acidité équilibrent très bien le porc et le poulet rôti aux herbes.

BREWERY OMMEGANG

La brasserie est implantée sur un terrain de 55 ha en dehors de Cooperstown, siège du Baseball Hall of Fame, dans l'État de New York. Inaugurée en 1997, Ommegang a tout d'une exploitation agricole belge de la fin du XIXe siècle.

REPÈRES

PROPRIÉTAIRE Duvel Moortgat

FONDATION 1997

ADRESSE 656 County Highway 33, Cooperstown, NY 13326

SITE INTERNET www.ommegang.com

PHILOSOPHIE Quand le brassage devient art et le partage une passion.

BREWERY OMMEGANG
THREE PHILOSOPHERS

NÉE D'UN PARTENARIAT entre des brasseries belges et une société d'importation américaine, Ommegang s'attacha dès le début à renforcer ses liens avec la culture brassicole et gastronomique belge. Bâtiment de briques blanchies à la chaux érigé sur des terres agricoles autrefois au cœur de la plus vaste région de culture du houblon des États-Unis, cette brasserie aux bières de tradition fit rapidement des émules. Duvel Moortgat en devint actionnaire majoritaire en 2003, époque où les bières d'Ommegang étaient produites dans sa brasserie belge, alors que le site de Cooperstown ne parvenait plus à faire face à la demande.

Cet attachement à la tradition et à l'Europe fut une des raisons qui poussa un des géants de la télévision câblée, HBO, à commander à Brewery Ommegang une série de bières inspirées par la série télévisée *Le Trône de fer* – dont la diffusion débuta en 2013. « L'aventure se déroule sur un continent fictif, à une époque indéterminée, mais force est de reconnaître que l'on y retrouve un côté européen et féodal, confiait Larry Bennett, porte-parole de Brewery Ommegang, à l'annonce du partenariat. Ce rapprochement avait donc un sens, pour eux et pour nous. Si nous avions fait une bière pour le parc d'attraction SeaWorld, par exemple, je ne pense pas que cela aurait été pertinent. Nous devons faire un travail sérieux, il faut bien le comprendre. »

La brasserie accueille chaque été une fête de la bière, baptisée « Belgium Comes to Coperstown » (la Belgique s'invite à Coperstown), où le camping sur la propriété reste le meilleur moyen d'y participer. Pas moins de 50 brasseries des quatre coins du monde font découvrir leurs bières.

NOTES DE DÉGUSTATION

THREE PHILOSOPHERS STRONG DARK ALE BELGE, 9,8 % VOL.
Un assemblage de bière brune puissante, souvent brassée dans les abbayes, avec la kriek. Superbes reflets rouges, bouquet et saveurs complexes, mêlant notes de fruit noir et âpreté de fruit rouge, bataillant pour occuper le devant de la scène.

ACCOMPAGNEMENT : une riche combinaison de saveurs, susceptible de dominer bien des préparations, mais excellente avec de puissants fromages. Parfaite en marinade ou comme ingrédient d'une sauce.

ABBEY ALE STRONG BELGE ALE, 8,2 % VOL.
Robe bourgogne, teintée de fauve, fine effervescence. Notes d'épices sur le nez, en particulier de réglisse. Généreuse en notes de chocolat, de prune séchée, de raisin sec et d'épice, et une touche de houblon terreux. Finale sèche magique.

ACCOMPAGNEMENT : les amateurs de vins pourraient la comparer à un zinfandel. À associer à de riches gibiers ou à un plat de linguine au fromage.

HENNEPIN SAISON, 7,7 % VOL.
Effervescente dans le verre, coiffée d'une belle tête de mousse – les bulles mêlent notes florales et épicées, rehaussées de touches de gingembre et de zeste d'orange. Une certaine douceur en bouche, et un peu plus d'épice, conduisant à une solide amertume.

ACCOMPAGNEMENT : une bière à la fois assez légère et concentrée, pour dynamiser la cuisine asiatique ou des sushis.

BREWERY OMMEGANG
ABBEY ALE

BREWERY OMMEGANG
HENNEPIN

BROOKLYN BREWERY

Autrefois au cœur de la scène brassicole américaine, Brooklyn abritait quelque 48 brasseries – dont plusieurs aux mains de grandes familles de brasseurs. Toutes avaient disparu à l'ouverture de Brooklyn Brewery, en 1987.

REPÈRES

PROPRIÉTAIRE Brooklyn Brewery

FONDATION 1987

ADRESSE 79 N 11th Street, Brooklyn, New York 11249

SITE INTERNET www.brooklynbrewery.com

PHILOSOPHIE Le brassage artisanal moderne est l'illustration parfaite de la rencontre de l'art et de la science… de la passion s'exprimant par le biais de l'expertise technique.

LES FONDATEURS de Brooklyn Brewery, Steve Hindy et Tom Potter, travaillèrent d'abord sous contrat avec Matt Brewing, à Utica, où l'essentiel de leur bière est encore brassé, mais bâtirent leur propre brasserie en 1996. Depuis, Brooklyn Brewery a fédéré plusieurs établissements du quartier. « La brasserie a joué un grand rôle dans le renouveau de Brooklyn », confiait Robert Walsh, commissaire au Williamsburg Small Business Services, après l'achèvement d'un projet d'expansion en 2011. « En investissant dans son entreprise, dans le secteur manufacturier et dans cet arrondissement, Steve Hindy a changé les choses à New York. »

Brooklyn Brewery vend de la bière dans 25 États et 20 pays. Elle est la brasserie artisanale américaine qui exporte le plus de bières. En 2013, elle se lança dans une aventure outre-atlantique, inaugurant un partenariat avec D. Carnegie & Co et Carlsberg Suède, pour bâtir une brasserie en front de mer à Stockholm. Le maître brasseur Garrett Oliver et son équipe se rendirent à tour de rôle en Suède pour brasser des bières spéciales.

Oliver, rédacteur en chef de *The Oxford Companion to Beer*, a parcouru le monde pour assurer la promotion de la bière américaine, mais aussi de ses créations – le *New York Times* le qualifia de « plus grand ambassadeur de la bière artisanale de la dernière décennie dans ce pays ».

BROOKLYN BREWERY
LAGER

BROOKLYN BREWERY
BLACK CHOCOLATE STOUT

Souffle citronné
Le Sorachi Ace, variété de houblon japonais, issu d'une exploitation agricole de l'État de Washington, apporte une vive note citronnée à cette bière de saison.

BROOKLYN BREWERY SORACHI ACE

NOTES DE DÉGUSTATION

LAGER 5,2 % VOL.
Robe ambrée éclatante, suggérant une touche de riche caramel, du début à la fin. Bouquet floral pour cette bière épicée aux notes d'agrume. Franchement amère, sans être trop âpre.

ACCOMPAGNEMENT : idéale avec de nombreuses préparations dont la pizza, les hamburgers et la viande au barbecue.

BLACK CHOCOLATE STOUT 10 % VOL.
Une stout couleur chocolat noir, avec des notes de chocolat sur le nez et en bouche, mais ne se limitant pas à cette seule dimension.

ACCOMPAGNEMENT : idéale en dessert ou avec un entremets au chocolat, une tarte aux fruits ou un fromage au goût fort.

SORACHI ACE SAISON, 7,6 % VOL.
Une bière d'un blond doré laissant échapper des notes citronnées en rejoignant le verre. Arôme épicé, complexe et fruité, avec des accents de malt de panification et de houblon amérisant.

ACCOMPAGNEMENT : les arômes citronnés rehaussent les saveurs des sushis, d'un curry ou des viandes grillées.

DESCHUTES

En 1998, à l'ouverture de Deschutes Brewery & Public House, la ville de Bend, dans l'Oregon, comptait 20 000 habitants. Vingt-cinq ans plus tard, Bend est presque quatre fois plus peuplée et accueille une dizaine de brasseries.

REPÈRES

PROPRIÉTAIRE Deschutes Brewery

FONDATION 1988

ADRESSE 901 SW Simpson Avenue, Bend, Oregon 97702

SITE INTERNET www.deschutesbrewery.com

PHILOSOPHIE Brassées avec courage.

« LES GENS qui nous regardent ne réalisent pas que nous n'avons pas toujours connu le succès », avoue Gary Fish, propriétaire de Deschutes. Il y eut durant près de dix ans une succession de hauts et de bas. « Je le sais et espère ne jamais l'oublier. À une époque, nous ne parvenions pas à produire de bonne bière [en raison de problèmes de contamination]. Nous avons ainsi jeté près de dix brassins. »

Fish n'avait pas envisagé de vendre sa bière hors de son restaurant. Mais des propriétaires de tavernes de Portland, qui avaient séjourné à Bend, voulurent proposer des bières Deschutes à la pression. Le tout était de retrouver les kegs, dans l'arrière-cour encombrée de la brasserie. « Il y avait du matériel jusqu'au milieu de la rue. Il fallait réagir. » C'est ainsi que débuta l'aventure de cette brasserie.

Deschutes tire profit de ses bières intenses, mais le souci de l'équilibre reste la marque de fabrique de la brasserie. Cela est particulièrement vrai avec des breuvages comme la Mirror Pond ou la Black Butte Porter, meilleure vente de porter aux États-Unis, bien que limitée à des marchés de niches. Les bières de Deschutes ont aussi décroché plusieurs distinctions sur la scène internationale, lors de compétitions comme l'International Brewing Awards, l'European Beer Star et le World Beer Awards.

La brasserie produit en automne plusieurs bières de « houblon frais », déversant sitôt récolté des brassées de houblon vert dans la chaudière à moût, contournant ainsi l'étape traditionnelle du séchage au four. L'ancien maître brasseur Larry Sidor avait même demandé à un agriculteur local de cultiver une variété ancienne de houblon Cascade, pour élaborer une bière baptisée « Chasin' Freshies ».

NOTES DE DÉGUSTATION

THE ABYSS IMPERIAL STOUT, 11 % VOL.

Deschutes appose la mention *best after* sur cette bière, à consommer un an après son embouteillage. Une stout généreuse en arômes et saveurs – réglisse, mélasse, vanille, bourbon, fruit noir et tanins de chêne – soutenus par la texture incomparable de la bière elle-même.

ACCOMPAGNEMENT : une bière d'esthète, à savourer nature. Deschutes suggère de la servir avec des oignons caramélisés et un fromage crémeux, sur des crackers poivrés.

MIRROR POND PALE ALE 5 % VOL.

Une bière orangée, à tête de mousse blanche aérée. Bouquet aux notes de fleurs fraîchement coupées et de pamplemousse. Légère, propre et biscuitée en bouche, avec des saveurs comparables aux arômes. Une amertume contenue, pour une longue finale, relativement sèche.

ACCOMPAGNEMENT : idéale avec une pizza au fromage de chèvre ou des moules à la marinière.

INVERSION IPA 6,8 % VOL.

Robe ambrée coiffée d'une généreuse tête de mousse blanche, laissant une dentelle persistante sur le verre. Notes de houblon, dominées par le zeste d'orange. Corps robuste et malté, nécessaire pour soutenir une tonifiante amertume.

ACCOMPAGNEMENT : une bière équilibrée, parfaite avec de riches et grasses préparations, y compris le gibier. Son caractère malté complète les saveurs d'un hamburger au bacon et au fromage bleu, elles-mêmes domptées par le houblon.

Stouts expérimentales
Deschutes s'est attachée à développer des imperial stouts, et des bières comme The Abyss témoignant d'une volonté de diversification.

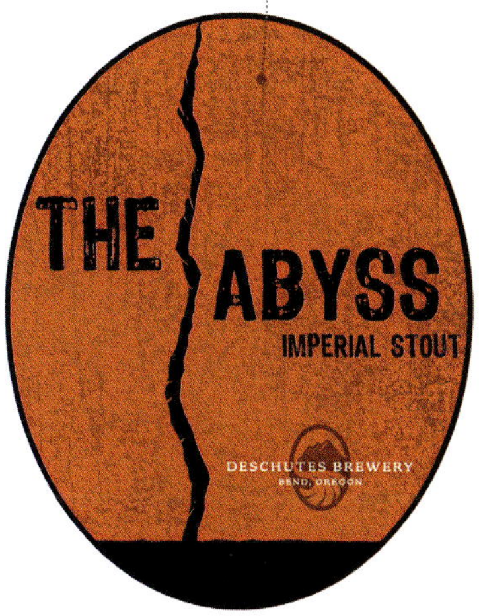

DESCHUTES THE ABYSS

DESCHUTES MIRROR POND PALE ALE

DESCHUTES INVERSION IPA

DOGFISH HEAD

Pour célébrer l'exportation de la première bière de Dogfish Head, en 1997, Sam Calagione fit construire une barque, puis rallia le New Jersey pour délivrer son précieux chargement. « Un long et étrange voyage », confia-t-il plus tard.

REPÈRES

PROPRIÉTAIRE Dogfish Head Craft Brewery

FONDATION 1995

ADRESSE 6 Cannery Village Center, Milton, Delaware 19968

SITE INTERNET www.dogfish.com

PHILOSOPHIE Des ales décalées, pour des gens décalés.

CALAGIONE est aujourd'hui à la tête d'une affaire florissante et confie à d'autres le soin de brasser l'essentiel de ses bières. Avec sa femme Mariah, il ouvrit Dogfish Head Brewing and Eats en 1995. Il produisait à l'époque 5,5 hl de bière par brassage – à peine de quoi fournir le pub-brasserie de Rehoboth Beach. Cela lui permit toutefois de laisser libre cours à sa créativité. « On s'est vite lassés de toujours brasser la même chose. C'est alors qu'on a commencé à introduire toutes sortes d'ingrédients étranges et qu'une sorte de folie s'est emparée de nous ! »

Dogfish Head doit sa réputation à l'utilisation de curieux ingrédients, à l'origine d'une série d'ales « anciennes », et au brassage de ce qu'il est convenu de qualifier de « bières radicales ». Calagione les définit comme des bières brassées à partir de quantités importantes d'ingrédients traditionnels ou des bières particulièrement bien brassées, à partir d'ingrédients non traditionnels. Ainsi, pour sa Palo Santo Marron, la brasserie importa du palo santo, un bois paraguayen, et réserva une cuve au brassage de cette bière. Pour pratiquer un houblonnage en continu lors du premier brassage de sa 60 Minute IPA, Calagione réalisa un montage, en reliant un seau en plastique à un jeu de football électronique, ce qui alimentait le moût en cours d'ébullition. Depuis, la brasserie fait appel à un dispositif de trémie mécanique pour houblonner la 60 Minute, mais aussi la 90 Minute et la 120 Minute. Afin d'accentuer les arômes de houblon, Calagione inventa le « Randall the Enamel Animal », un ustensile de houblonnage à cru, monté entre le fût et le robinet de tirage.

En 2009, Calagione intervenait largement dans *Beer Wars*, un documentaire illustrant le défi relevé par les petites brasseries au sein du marché américain, puis en 2011 dans une série télévisée de Discovery Channel, *Brews Masters*, centrée sur Dogfish Head. Il est aussi l'auteur de trois livres, a inauguré un restaurant à Manhattan avec Mario Batali, et s'emploie à assurer la promotion de sa brasserie.

DOGFISH HEAD RAISON D'ÊTRE

DOGFISH HEAD WORLD WIDE STOUT

DOGFISH HEAD 60 MINUTE IPA

NOTES DE DÉGUSTATION

RAISON D'ÊTRE ALE BELGE, 8 % VOL.

Ale à robe acajou, au bouquet complexe, évoquant presque le rhum, avec de riches notes de fruit et de toffee. Saveurs à peu près comparables, touche fumée et pointe d'épice.

ACCOMPAGNEMENT : bière polyvalente, à commander pour accompagner un steak ou une assiette de moules.

WORLD WIDE STOUT 18 % VOL.

Robe noire, épaisse tête de mousse fauve. Fruit noir et baie mûre, notes de chocolat et de malt torréfié, pour enrichir une texture jamais écœurante. Complexe et alcoolisée.

ACCOMPAGNEMENT : un malt suave et une consistance à associer avec un steak ou du chorizo. Une bière idéale en dessert, avec un cheddar fermier très fait.

60 MINUTE IPA 6 % VOL.

Robe orangée, dominée par des notes d'orange, accompagnées d'arômes floraux et de pin. Saveurs de malt suave et biscuité, accompagnées d'un peu plus d'agrume et de notes houblonnées. Amertume maîtrisée.

ACCOMPAGNEMENT : IPA assez contenue pour accompagner des préparations épicées, du saumon grillé ou une pizza.

PALO SANTO MARRON STRONG ALE, 12 % VOL.

Ale à la robe presque noire. Aromatique et intense, notes boisées, arômes de noisette, effluves de fruit noir, de malt torréfié et de mélasse. Saveurs comparables, agrémentées de notes de vanille et de touches évoquant le calcaire et le brûlé.

ACCOMPAGNEMENT : assez robuste pour s'associer à des fromages puissants, comme un fromage à pâte persillée.

FESTINA PÊCHE WHEAT ALE, 4,5 % VOL.

Fermentée avec des pêches, cette ale à robe blond doré laisse deviner les notes du fruit dès l'attaque. Douceur fruitée, touches de fruit à noyau, au-delà des pêches, superbement équilibrée par un froment acide et des éléments légèrement aigres.

ACCOMPAGNEMENT : fruité léger et âpreté en finale complètent à merveille salade, poulet ou poisson grillé.

MIDAS TOUCH HONEY ALE, 9 % VOL.

Les ingrédients (muscat, miel et safran) créent des superpositions d'arômes et de saveurs, structurées par une subtile acidité.

ACCOMPAGNEMENT : la douceur du miel se marie bien aux préparations asiatiques, au risotto, aux currys et au poulet rôti.

Maturation parfaite
La Palo Santo Marron mûrie dans de grandes cuves en bois, fabriquées aux États-Unis bien avant la période de la prohibition.

Bois précieux
Le bois palo santo utilisé pour produire la bière entre dans l'élaboration de vins sud-américains, qu'il enrichit de notes suaves de vanille.

DOGFISH HEAD PALO SANTO MARRON

DOGFISH HEAD FESTINA PÊCHE

DOGFISH HEAD MIDAS TOUCH

FIRESTONE WALKER

Si le démarrage de Firestone Walker échoua, il participa à asseoir un principe de brassage basé sur une méthode anglaise traditionnelle et l'ajout de saveurs du Nouveau Monde. Pari réussi pour cette brasserie largement récompensée.

REPÈRES

PROPRIÉTAIRE Firestone Walker Brewing Company

FONDATION 1996

ADRESSE 1400 Ramada Drive, Paso Robles, Californie 93446

SITE INTERNET www.firestonebeer.com

PHILOSOPHIE « Une quête de perfection… jamais assouvie. Nous vivons pour la bière. »

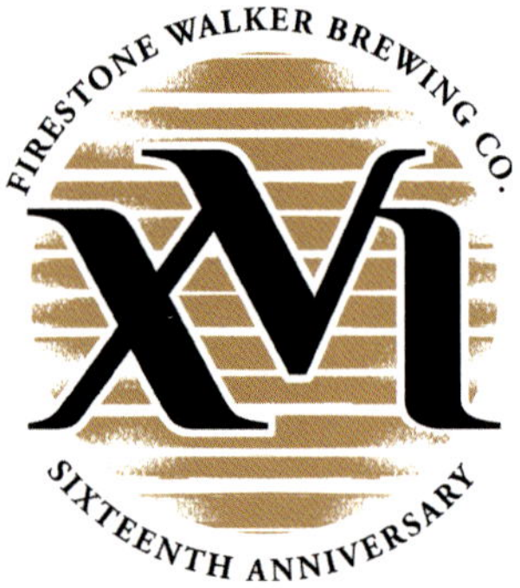

FIRESTONE WALKER
ANNIVERSARY ALE

FIRESTONE WALKER
UNION JACK

LES COFONDATEURS de Firestone Walker, David Walker et Adam Firestone, tentèrent d'abord de faire mûrir leur bière en fûts de chardonnay, mais ils obtinrent un breuvage « à la saveur pire que celle du shampoing ». Aujourd'hui, le maître brasseur Matt Brynildson supervise le procédé de fermentation breveté Firestone Union, inspiré du système Burton Union, autrefois utilisé à Burton on Trent et toujours d'actualité chez Marston's (*voir* p. 36). Développé dans les années 1840, ce système basé sur la liaison de fûts de bois permettait de contrôler l'action de la levure, mais il n'avait pas été conçu pour imprégner la bière des arômes du bois. Firestone utilisa des fûts neufs de chêne américain, et veilla à une rotation régulière, afin d'insuffler un caractère boisé à ses bières.

Un brassin de Firestone fermente 24 heures en cuve d'acier inoxydable, puis une partie est transférée en fûts de chêne. Après une semaine de fermentation, la bière est mélangée à celle qui a fermenté en cuve d'acier – dans la Double Barrel Age, le volume de bière fermentée dans le bois est de 15 %. On mélange aussi 15 % de Double Barrel Age à une bière fermentée en cuve d'acier pour élaborer la Pale Ale 31. « Ces bières d'assemblage ont une intensité impossible à obtenir avec une bière de fermentation simple, confie Brynildson. Nous séparons les bières, puis procédons à leur assemblage. »

En 2006, lorsque Brynildson se mit à travailler sur la recette d'une IPA, il imagina un brassage à partir de malts anglais et une fermentation en fûts. « Ça [le chêne] ne marcha pas avec les houblons », avoue-t-il. L'Union Jack est une IPA américaine prototype, au corps mince et houblonnée à sec, délivrant des effluves fruités, chargés de notes de pin issues de houblons du nord-ouest des États-Unis.

En 2006, pour son 10e anniversaire, Firestone Walker brassa plusieurs bières spéciales et puissantes, mûries en fûts de différentes qualités, beaucoup ayant préalablement contenu de l'alcool. Brynildson invita les viticulteurs de la région de Paso Robles à procéder à l'assemblage de ces bières. Une tradition qui se perpétue chaque année, d'où le nombre grandissant de ces bières anniversaire vieillies en fûts inscrites à l'inventaire. Firestone Walker offrit un écrin à ses bières en inaugurant un nouveau site de production, Barrelworks, avec sa propre salle de dégustation. Brynildson travaille par ailleurs comme consultant pour l'association Hop Growers of America, et dirige des ateliers pour brasseurs à travers le monde.

Part d'ombre
La Wookey Jack fut la première IPA brune de Firestone Walker. Une bière non filtrée, savoureuse à souhait.

De préférence
Toutes les bières Firestone Walker mentionnent leur date d'embouteillage sur le col ou l'étiquette, et sont à consommer de préférence dans les 120 jours suivants.

FIRESTONE WALKER
DBA

FIRESTONE WALKER
WOOKEY JACK

Retour de l'avoine
La stout à l'avoine avait disparu en Europe… jusqu'à ce que l'Amérique la découvre et la réinvente.

L'assemblage Burton
Une partie de la bière d'assemblage Pale 31 bénéficie d'une fermentation inspirée du célèbre système Burton.

FIRESTONE WALKER
VELVET MERLIN

FIRESTONE WALKER
PALE 31

NOTES DE DÉGUSTATION

ANNIVERSARY ALE STRONG ALE, VOL. VARIABLE
Chaque millésime est différent. Chaque brassin acquiert un peu plus de complexité avec le temps, avec un flux et reflux de fruit noir, de douces touches de mélasse et de toffee, délivrées par les alcools passés, mêlées à d'autres notes, nées du bois.

ACCOMPAGNEMENT : lorsque le brasseur commença à proposer ces bières dans son pub, il offrait en accompagnement une sélection de fromages affinés.

UNION JACK INDIA PALE ALE, 7,5 % VOL.
Blonde dorée dans le verre, coiffée d'une tête de mousse blanc cassé, laissant une généreuse dentelle. Notes de pin et d'agrume sur le nez, avec des touches de barbe à papa sous-jacentes. Corps mince et malté, affrontant des notes persistantes de houblon amérisant.

ACCOMPAGNEMENT : l'équilibre parfait entre douceur du malt et caractère houblonné fait merveille avec un curry.

DBA PALE ALE, 5 % VOL.
Robe ambrée, tête de mousse blanc cassé. Le nez dévoile des notes de chêne et vanille, laissant néanmoins s'exprimer des touches et saveurs fruitées sous-jacentes. Riche, mais propre en bouche, avec des houblons hespéridés, des épices persistantes et des tanins boisés.

ACCOMPAGNEMENT : le caractère houblonné et le fruité léger font merveille avec les spécialités acides et épicées de la cuisine thaïe et vietnamienne.

WOOKEY JACK BLACK INDIA PALE ALE, 8,3 % VOL.
Une bière qui tient ses promesses sous sa robe brune libérant un tourbillon d'arômes de pin épicé et de houblon hespéridé, nuancés de notes de torréfaction. Saveurs identiques pour cette bière riche, mais équilibrée par un seigle vivifiant et un houblon amérisant.

ACCOMPAGNEMENT : les saveurs affirmées et les notes houblonnées supportent les fromages fumés, mais cette bière se révèle assez légère pour accompagner une salade relevée d'une vinaigrette aux notes d'agrume.

VELVET MERLIN OATMEAL STOUT, 5,5 % VOL.
Robe noire, arômes de café et de crème. Saveurs identiques, agrémentées de velouté – riche, texturée, légèrement huileuse. Notes de chocolat, équilibrées par des touches de café torréfié. Subtile amertume terreuse.

ACCOMPAGNEMENT : à déguster avec un filet mignon – sa douceur se mêle à celle de la viande et sa saveur torréfiée tempère un caractère aux accents grillés.

PALE 31 PALE ALE, 4,9 % VOL.
Riche robe ambrée, coiffée d'une épaisse tête de mousse. Notes florales et hespéridées, avec des touches de fruit et de malt en bouche. Saveur houblonnée éclatante et amertume persistante.

ACCOMPAGNEMENT : les houblons se marient bien aux saveurs d'aliments comme le fromage à pâte persillée, et s'associent aux préparations épicées ou grillées.

FLYING DOG

Désormais brassées loin de leur Colorado natal, les bières de Flying Dog, dans le Maryland, restent fidèles à leurs racines, comme en témoignent leurs étiquettes créatives, œuvres de l'artiste américain Ralph Steadman.

REPÈRES

PROPRIÉTAIRE Flying Dog Brewery

FONDATION 1990

ADRESSE 4607 Wedgewood Boulevard, Frederick, Maryland 21703

SITE INTERNET www.flyingdogales.com

PHILOSOPHIE Les honnêtes gens boivent d'honnêtes bières.

GEORGE STRANAHAN fonda sa brasserie à Aspen, en 1990, près de Woody Creek, terre d'adoption du journaliste « gonzo » Hunter S. Thompson et d'autres célébrités composant la clientèle du Woody Creek Tavern. Après le suicide de Thompson en 2005, la brasserie – transférée à Denver en 1994 – lança la Gonzo Imperial Porter en hommage au journaliste.

Ralph Steadman, illustrateur ayant collaboré avec Hunter, créa sa première étiquette de bière pour Flying Dog en 1995. La Colorado Liquor Enforcement Division, agence chargée de la régulation des alcools l'interdit, jugeant le langage utilisé « politiquement incorrect ». Six ans de bataille judiciaire s'ensuivirent, avant que Flying Dog triomphe enfin.

En 2008, Flying Dog ferma sa brasserie de Denver pour rejoindre le Maryland. De nouvelles créations reflétèrent le nouvel environnement. La Pearl Necklace Oyster Stout est brassée avec l'eau de la rivière Rappahannock et les bénéfices de sa vente alimentent l'Oyster Recovery Partnership, qui assure la gestion des bancs d'huîtres de la baie de Chesapeake. Outre son vaste catalogue, la brasserie propose une gamme de Brewhouse Rarities, exclusivement distribuée dans les États Mid-Atlantic, avec des bières comme la Pumpernickel IPA et la Pineapple Saison.

FLYING DOG
GONZO IMPERIAL PORTER

FLYING DOG
PEARL NECKLACE OYSTER STOUT

NOTES DE DÉGUSTATION

GONZO IMPERIAL PORTER 9,2 % VOL.
Robe brun foncé, épaisse tête de mousse et dentelle fauve. Arômes de café et de fruits, et houblon aux notes de pin. Saveurs de chocolat et caramel, puis notes douces-amères de torréfaction.

ACCOMPAGNEMENT : bière aux saveurs affirmées, idéale avec des viandes fumées et des préparations cuites au barbecue. Excellente avec des desserts au chocolat ou au café.

PEARL NECKLACE OYSTER STOUT 5,5 % VOL.
Une robe et un bouquet évoquant le café, généreux en notes de grains torréfiés, avec des touches de chocolat. Légère en bouche, avec de riches notes de café et une solide amertume. Parfois légèrement salée, notamment avec un plateau d'huîtres.

ACCOMPAGNEMENT : un plateau d'huîtres bien sûr.

SNAKE DOG IPA 7,1 % VOL.
Robe ambrée éclatante, persistante tête de mousse blanche. Nez dominé par les agrumes, dont le pamplemousse. Bouche suave et maltée, même si l'équilibre penche vers le houblon.

ACCOMPAGNEMENT : bière houblonnée à même de soutenir la saveur du wasabi, alors que la rondeur du malt s'oppose aux épices. Parfaite avec de généreux sandwiches, intégrant toutes sortes de garnitures, du thon au steak haché.

Style révolutionnaire
Les illustrations radicales de Ralph Steadman ornent les étiquettes des bières de la brasserie.

FLYING DOG SNAKE DOG IPA

REPÈRES

PROPRIÉTAIRE Founders Brewing Company

FONDATION 1997

ADRESSE 235 Grandville Ave SW, Grand Rapids, Michigan 49503

SITE INTERNET www.foundersbrewing.com

PHILOSOPHIE Brassées pour nous.

FOUNDERS

Dave Engbers garde une pince coupante sur son bureau en souvenir de cette semaine de 2001 où lui et son associé, Mike Stevens, pensaient que la banque était sur le point de condamner les portes de leur jeune brasserie.

À LEURS DÉBUTS, Mike Stevens et Dave Engbers brassaient des bières de qualité, qui n'avaient pour autant rien de remarquable. « Nous avons tout donné, jusqu'au jour où, au bord de la faillite, nous avons réalisé que nous étions les seuls à pouvoir prendre notre destin en main à notre façon, confiait Engbers en 2012, pour le 15e anniversaire de la brasserie. Nous avons alors décidé de brasser des bières que nous aimerions boire. » Un bienfaiteur garantit leur prêt et ils se concentrèrent alors sur des bières audacieuses, qui firent rentrer Founders dans le cercle des brasseries américaines à croissance rapide.

Leur catalogue inclut des bières comme la Breakfast Stout (8,3 % vol.) à base de café infusé, la très amère Devil Dancer Triple IPA (12 % vol.), la Dirty Bastard Scotch Ale (8,5 % vol.), la Backwoods Bastard (10,2 % vol.) mûrie en fûts de bourbon, et la gamme d'éditions limitées Backstage Series, pour la plupart titrant 10 % vol. et au-delà. La cinquième bière de cette série, titrant 15 % vol. et élaborée à partir d'un assemblage de barley wines, dont certaines mûries en fûts de bourbon, fut brassée pour les 15 ans de Founders et baptisée « Bolt Cutter » (« coupe boulons »).

La référence du catalogue, la KBS, est une imperial stout (11,2 % vol.) brassée avec du café et du chocolat, mûrie un an en fûts de bourbon, et commercialisée après un an de garde. En 2013, la demande fut telle que le service en ligne commercialisant les bons de réservation pour l'achat de KBS se retrouva bloqué.

Toutes les bières ne sont pas aussi fortes que la KBS. Founders brasse aussi la Rübæus, une populaire ale de froment à la framboise titrant 5,7% vol., ou la All Day IPA (4,7% vol.) superbement équilibrée, au caractère malté et aux notes de houblon éclatantes, proposant une alternative moins alcoolisée à la Centennial IPA. Founders est aujourd'hui l'une des brasseries les plus réputées des États-Unis. Elle a décroché quatre médailles au World Beer Cup 2010, deux médailles au Great American Beer Festival 2010 et une médaille au World Beer Cup 2012.

FOUNDERS
PORTER

FOUNDERS
CENTENNIAL IPA

FOUNDERS
BREAKFAST STOUT

NOTES DE DÉGUSTATION

PORTER 6,5 % VOL.
Robe brune, mais noire dans le verre. Arômes affirmés dès la première impression, mêlant malts torréfiés, chocolat et houblons terreux. Texture presque mâcheuse, notes de caramel brûlé et douceur chocolatée, contrecarrées par une franche amertume.

ACCOMPAGNEMENT : excellente avec un steak grillé ou une côte de bœuf, grandiose avec un dessert à base de café noir.

CENTENNIAL IPA 7,2 % VOL.
Robe ambrée. Solide structure maltée, même si les houblons dominent la première et dernière impression. Arômes évoquant un panier d'agrumes, dont le pamplemousse et la mandarine. Saveurs houblonnées en bouche, avant de faire place à une longue et amère finale.

ACCOMPAGNEMENT : bière polyvalente, assez forte pour se confronter aux saveurs de riches fromages ou de généreux sandwiches, mais trop affirmée face à des mets plus délicats.

BREAKFAST STOUT 8,3 % VOL.
Robe couleur café, plus soutenue dans le verre. Bouquet énergisant, première impression marquée par des notes de café torréfié, touches de chocolat noir. Un équilibre en faveur du chocolat en bouche, avant une longue et amère finale.

ACCOMPAGNEMENT : les amateurs la dégustent au déjeuner. Ses riches saveurs, son épaisseur en bouche et sa finale amère font merveille avec des gaufres au sirop d'érable et au bacon.

LES DÔMES DE CUIVRE ÉTINCELANTS DES CUVES, COMME CEUX DE LA BRASSERIE ANCHOR BREWING (*VOIR* P. 147) DE SAN FRANCISCO, EN CALIFORNIE, CONSTITUENT SOUVENT LE POINT DE MIRE D'UNE SALLE DE BRASSAGE.

APRÈS LA VISITE, RIEN DE TEL QU'UN ARRÊT À LA SALLE DE DÉGUSTATION, POUR GOÛTER UNE DES BIÈRES DU CATALOGUE DE LA BRASSERIE DOGFISH HEAD (*VOIR* P. 154-155) À MILTON, DANS LE DELAWARE.

GOOSE ISLAND

Anheuser-Busch InBev racheta Goose Island en 2011 et en fit une marque nationale, brassant certaines références dans ses propres installations, mais laissant à la ville qui les vit naître la production des bières les plus ésotériques du catalogue.

REPÈRES

PROPRIÉTAIRE Anheuser-Busch InBev

FONDATION 1988

ADRESSE 1800 W Fulton St, Chicago, Illinois 60612

SITE INTERNET www.gooseisland.com

PHILOSOPHIE Créer une variété de bières uniques.

GOOSE ISLAND
312 URBAN WHEAT ALE

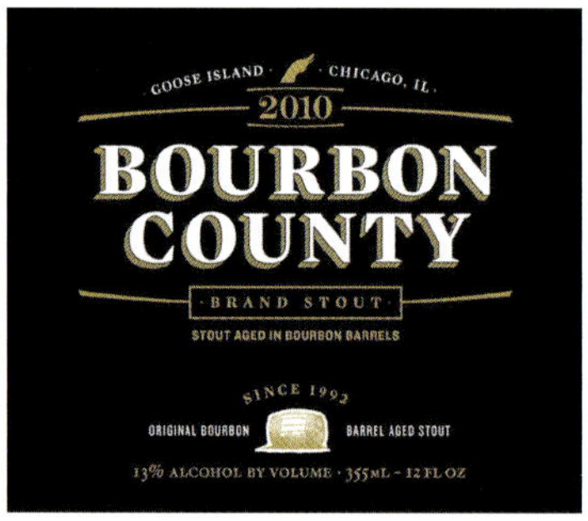

GOOSE ISLAND
BOURBON COUNTY STOUT

GREG HALL, ancien maître brasseur à Goose Island, prétend avoir été le premier à faire mûrir une bière commerciale en fûts de chêne ayant contenu de l'alcool. En 1992, il utilisa des fûts de bourbon pour brasser une imperial stout célébrant le 1 000e brassin de Goose Island. La Bourbon County Stout (BCS) resta une spécialité jusqu'en 2002. Aujourd'hui, Goose Island stocke dans ses entrepôts des milliers de fûts de réemploi. Sa gamme Vintage Ales inclut différentes ales d'inspiration belge, dont certaines mûries en fûts, souvent sous l'influence d'une levure sauvage.

En 1988, lorsque le père de Greg Hall, John, ouvrit ce pub-brasserie, il se concentra sur le brassage de lagers pour répondre à la demande locale. « Mais nous avons toujours voulu faire découvrir les ales au public, confie John Hall. Une chose nous différencie ici, à Chicago : nous ne nous soucions pas de ceux qui n'aiment pas nos bières, et veillons sur ceux qui les apprécient. Nous passons du temps à éduquer le goût du public. C'est notre secret. »

John Hall vendit sa brasserie à AB InBev en 2012. Soucieux de distribuer les bières à travers tout le pays, le groupe commença par produire dans ses propres brasseries les incontournables du catalogue – 312 Urban Wheat Ale, IPA et Honker's Ale – mais aussi des bières de saison. De quoi faire place nette à Chicago pour une production de bières mûries en fûts de chêne.

NOTES DE DÉGUSTATION

312 URBAN WHEAT ALE 4,2 % VOL.
Une ale non filtrée, trouble dans le verre. Notes de houblon floral et épicé en première impression, combinaison en bouche de touches tantôt douces, tantôt aigres. Une ale désaltérante.

ACCOMPAGNEMENT : la légèreté et le caractère vif de cette ale en font une bière à servir avec une salade ou du poisson.

BOURBON COUNTY STOUT, 15 % VOL.
Robe couleur bitume pour cette stout complexe, bourbon très présent, aux côtés de notes de chocolat, toffee, fruit noir, vanille et anis. Riche, mais l'amertume de la torréfaction et du houblon équilibre la généreuse douceur.

ACCOMPAGNEMENT : une bière apéritive à déguster au coin du feu. Autre option, avec un fondant au chocolat.

INDIA PALE ALE 5,9 % VOL.
Robe ambrée, tête de mousse épaisse et compacte. Bouquet floral, notes mêlant fruit et épice sur le nez. Bouche aux épices terreux. Un houblon amérisant équilibre la richesse des malts.

ACCOMPAGNEMENT : bière de style anglais idéale avec un curry.

GOOSE ISLAND INDIA PALE ALE

REPÈRES

PROPRIÉTAIRE Great Lakes Brewing Company

FONDATION 1988

ADRESSE 2516 Market Avenue, Cleveland, Ohio 44113

SITE INTERNET www.greatlakesbrewing.com

PHILOSOPHIE Engagés dans la production artisanale de bières et produits frais savoureux de qualité supérieure.

GREAT LAKES

Patrick et Daniel Conway fondèrent un pub-brasserie qu'ils baptisèrent Great Lakes, espérant bien voir leur affaire se développer. Aujourd'hui, le brassage de leur Christmas Ale exige plus de 20 camions-citernes chargés de miel.

GREAT LAKES vit le jour en 1988 à Cleveland et revendique son attachement à cette ville. La brasserie occupe six bâtiments historiques près de West Side Market, un marché urbain qui compte parmi les derniers du genre aux États-Unis. La salle de brassage – face au pub-brasserie – a été aménagée dans les anciennes écuries d'une brasserie du XIXe siècle. Les frères Conway, fondateurs de Great Lakes, baptisèrent leurs bières de noms comme « Eliot Ness Lager », sachant que le célèbre homme de loi – interprété par Kevin Costner dans le film *Les Incorruptibles* – sévit à Cleveland, après s'être illustré à Chicago. La Burning River Pale Ale fait référence à la rivière Cuyahoga voisine, autrefois si polluée qu'elle s'enflamma spontanément à huit reprises. Un seul nom manque à cette liste, celui de leur première bière, The Heisman. Elle rendait hommage à John Heisman, ancienne gloire du football américain née à proximité de la brasserie. La bière décrocha une médaille d'or au Great American Beer Festival de 1990, mais l'organisation en charge d'élire le joueur de football américain vainqueur du réputé Heisman Trophy refusa que ce nom soit utilisé pour une bière. Les deux frères la rebaptisèrent Dortmunder Gold, pour la couleur de sa robe et en référence à sa médaille d'or.

Les bières de Great Lakes, ales comme lagers, se distinguèrent dès le début par leur qualité et leur respect de la tradition. La brasserie fut aussi reconnue pour son engagement environnemental. Son logo à trois vagues superposées symbolise ce que Patrick Conway appelle leur « triple fondement ». Il déclara à son sujet : « Au-delà de l'aspect financier, nous pensons qu'il est important de mettre l'accent sur le social et l'environnemental. »

GREAT LAKES
EDMUND FITZGERALD

GREAT LAKES
DORTMUNDER GOLD

GREAT LAKES
CHRISTMAS ALE

NOTES DE DÉGUSTATION

EDMUND FITZGERALD PORTER, 5,8 % VOL.
Robe noire et tête de mousse brune épaisse. Bouquet complexe, notes de noisette, solides touches de café torréfié, de chocolat et de houblon terreux. Légère en bouche, contrairement à ce que son aspect pourrait laisser croire. Riches notes de chocolat et légers accents de caramel. Flaveurs et amertume persistantes.

ACCOMPAGNEMENT : une bière suffisamment affirmée pour se confronter à un steak bien grillé ou à une cuisine cajun épicée, comme un riche gombo (ragoût épicé).

DORTMUNDER GOLD LAGER, 5,8 % VOL.
Robe blond doré et tête de mousse blanche. Touche suave en première impression, notes sobres de houblon. Corps affirmé, aux notes de pain. La rondeur du malt s'intensifie, mais elle est équilibrée par un houblon amérisant et une touche d'agrume.

ACCOMPAGNEMENT : une bière à la douceur maltée pour compléter les saveurs de différentes viandes grillées, ou celles d'une pizza garnie de viande.

CHRISTMAS ALE ALE ÉPICÉE, 7,5 % VOL.
Robe ambrée et arômes évoquant une cuisine de grand-mère où flotteraient des notes de cookie ou de gâteau de Noël. Touches de cannelle, noix muscade et clou de girofle associées aux notes suaves de gâteau encore chaud.

ACCOMPAGNEMENT : cette bière est à déguster au moment de décorer le sapin en famille, pour accompagner un gâteau aux fruits confits tout juste sorti du four.

REPÈRES

PROPRIÉTAIRE Green Flash Brewing Co

FONDATION 2002

ADRESSE 6550 Mira Mesa Blvd, San Diego, Californie 92121

SITE INTERNET www.greenflashbrew.com

PHILOSOPHIE Goûter et se souvenir.

GREEN FLASH

Début 2013, Green Flash introduisait la série « Hop Odyssey » : six bières centrées sur le houblon et brassées toute l'année. Mais pour Green Flash, l'odyssée du houblon débuta en 2004, à l'arrivée d'un maître brasseur innovant, Chuck Silva.

AU CŒUR d'une ville réputée pour ses bières houblonnées, Green Flash eut l'audace de baptiser une de ses bières « West Coast IPA ». « Quand nous avons décidé de lancer cette bière, nous ne voulions pas qu'elle soit une IPA de plus, mais une sorte de référence, une bière remarquable », confia Chuck Silva, maître brasseur chez Green Flash. Et ce dernier ne recule devant rien lorsqu'il s'agit d'intensifier le caractère houblonné des bières de Green Flash. Ainsi, au cours de l'empâtage de la Palate Wrecker, une imperial IPA, un moût houblonné vient remplacer l'eau chaude traditionnellement utilisée. L'autre différence entre cette bière et les IPA classiques se trouve dans la quantité de houblon utilisée : 2,6 kg par fûts – sachant que les brasseurs utilisent en moyenne 57 g de houblon par fût pour brasser une lager blonde. Green Flash commercialise sa large variété de bières dans presque tout le pays. La Rayon Vert, une ale blonde d'inspiration belge modérément houblonnée et envoûtante, révèle une effervescence liée à l'influence d'une levure sauvage, Brettanomyces. Au sujet de la Le Freak, primée depuis son lancement en 2008, Silva déclara : « [C'est une bière] au style créatif et dont je suis très fier. Elle symbolisait pour moi la rencontre d'une triple de style belge et d'une imperial pale ale de San Diego. J'imagine que j'étais alors inspiré par les brasseurs belges. Ils avaient réussi à brasser une belge houblonnée, je devais être capable de brasser une belge à ma façon. »

La salle de dégustation (couverte ou découverte) est immense, avec 30 bières proposées à l'année. Chaque vendredi, soir de grande affluence, on pourrait se croire à une fête de la bière… Ou plus exactement à une odyssée du houblon.

GREEN FLASH
IMPERIAL

GREEN FLASH
WEST COAST IPA

GREEN FLASH
LE FREAK

NOTES DE DÉGUSTATION

IMPERIAL INDIA PALE ALE, 9,4 % VOL.
Une IPA intense et florale en première impression, avec des notes dynamiques de pamplemousse et une épaisse tête de mousse. Huileuse, résineuse et épicée en bouche. Longue et sèche finale, à l'amertume persistante.

ACCOMPAGNEMENT : bière vite dominatrice sur une table, mais parfaite avec des viandes grillées, roussies et caramélisées en surface, mais saignantes à cœur, généreusement nappées de sauce barbecue.

WEST COAST IPA 7,3 % VOL.
Les notes zestées aux accents de pin et d'agrume présentes sur le nez participent à créer un voile houblonné, pour cette bière à dominante verte dans le verre. Intensément houblonnée en bouche, étayée par un malt solide et une délicieuse amertume.

ACCOMPAGNEMENT : plus intense que la plupart des IPA, cette bière fruitée fait merveille avec les préparations aux saveurs d'agrume ou de coriandre, comme les tacos au bœuf haché, sans trop de matière grasse.

LE FREAK BIÈRE AMÉRICANO-BELGE, 9,2 % VOL.
Robe orangée légèrement trouble dans le verre, libérant des arômes fruités, aux notes d'agrume, rehaussées d'une pointe d'épice. Malt doux et saveurs fruitées complexes, avec une franche amertume en bouche. Une brillante fusion de notes de fermentation et de houblon.

ACCOMPAGNEMENT : bière affirmée, intéressante avec toutes sortes de fromages, du bleu danois au gouda fumé, ou même avec un sandwich au limburger (fromage belge).

LAGUNITAS

Cette brasserie fut fondée en 1993 par Tony Magee. La production se distingue par une interprétation très personnelle et créative des bières traditionnelles, soutenue par des accroches irrévérencieuses.

LAGUNITAS OCCUPE un vaste complexe brassicole au nord de la Californie, où Tony Magee créa une affaire à l'image de sa personnalité : irrévérencieuse. Magee rédige les accroches des étiquettes de ses bières, et beaucoup de recettes de la brasserie sont ses créations. « [Ces bières] sont l'expression de ma propre esthétique. Je n'ai jamais bien su définir ce qu'elle était, mais je travaille dur pour obtenir ce résultat et faire en sorte que le public capte la personnalité de la bière », confia-t-il. Ainsi, bien que l'IPA emblématique de Lagunitas ne soit pas brassée avec « 43 houblons et 65 variétés de malts » comme le prétend son étiquette, elle véhicule le parti pris de la brasserie. Comme l'essentiel de la production Lagunitas, elle révèle un généreux houblonnage à sec, une explosion d'arômes et de saveurs, bien plus qu'une pure amertume. L'étiquette mentionne : « Merci d'avoir choisi de passer quelques minutes avec cette ale spéciale, criminellement houblonnée. Savourez ce moment où un houblon rageur se livre à un combat mortel contre la fondation du malt et ses qualités impériales, sur le champ de bataille de votre palais ! »

Dans le même esprit, la série de bières lancée en 2006 reflétait la personnalité de Magee. Débutant avec l'ale Freak Out !, Lagunitas pensait brasser une bière unique pour chaque album de Frank Zappa en reprenant sur l'étiquette le visuel de la pochette de l'album correspondant. Mais après la sortie de cinq bières, l'empire Zappa mit fin à l'aventure. Cette déconvenue ne nuit pas au succès de la brasserie. Après s'être battue pour satisfaire la demande en 2011, Lagunitas renonça à brasser la Brown Shugga, une bière de saison populaire. Elle lança à la place une ale estivale, la Lagunitas Sucks. Le succès immédiat de la boisson témoignait de l'amour des passionnés.

« J'aime penser qu'aucune de nos bières n'est une réactualisation du passé, dit Magee, et que la brasserie continuera à étendre sa gamme éclectique. » Sans surprise, la Brown Shugga, comme la Lagunitas Sucks, une barley wine, se retrouvèrent au catalogue de la saison hiver 2012.

REPÈRES

PROPRIÉTAIRE Lagunitas Brewing Co

FONDATION 1993

ADRESSE 1280 N McDowell Blvd, Petaluma, Californie 94954

SITE INTERNET www.lagunitas.com

PHILOSOPHIE La bière parle, les hommes marmonnent. Suivez ce que vous dictent vos papilles.

LAGUNITAS
PILS

LAGUNITAS
IPA

NOTES DE DÉGUSTATION

PILS 6 % VOL.
Robe blonde coiffée d'une épaisse tête de mousse, bouquet aux notes florales, épicées, légèrement herbacées. Très propre en bouche, avec un houblon épicé plus présent et une vivifiante amertume, dotée d'une belle persistance.

ACCOMPAGNEMENT : plus robuste qu'une pilsner standard, parfaite avec des mets légers, comme une salade estivale, du poulet grillé ou des sushis.

IPA 6,2 % VOL.
Robe ambrée éclatante, dentelle de mousse dans le verre après chaque gorgée. Notes d'agrume et de pin sur le nez, plus intenses en bouche. Émergence d'un houblon herbacé, touche suave de malt aux notes de pain, équilibrée par un houblon amérisant.

ACCOMPAGNEMENT : l'équilibre classique entre douceur et énergie du houblon fait merveille avec la cuisine du Sud-Est asiatique, comme le porc, la volaille ou le poisson épicés.

HOP STOOPID IMPERIAL IPA, 8 % VOL.
Une IPA aux extraits de houblon revendiqués pour cette recette dynamisant un houblon dominateur, sans ajout de notes végétales persistantes. Arômes de houblon explosant littéralement du verre, suivis d'une tonique et solide amertume, le tout adouci par la rondeur du malt.

ACCOMPAGNEMENT : la combinaison complexe malt-alcool-houblon amérisant métamorphose une simple crème glacée à la vanille faite maison.

LAGUNITAS
HOP STOOPID

NEW BELGIUM

Jeff Lebesch, fondateur de New Belgium, eut l'idée de créer sa propre brasserie artisanale dans le Colorado après avoir sillonné la Belgique à vélo. L'entreprise se classe aujourd'hui au troisième rang des brasseries artisanales américaines.

REPÈRES

PROPRIÉTAIRE New Belgium

FONDATION 1991

ADRESSE 500 Linden St, Fort Collins, Colorado 80524

SITE INTERNET www.newbelgium.com

PHILOSOPHIE Écologique et propriété de ses employés.

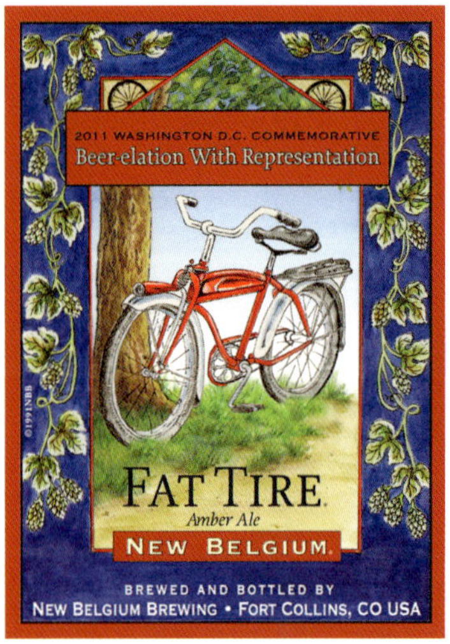

NEW BELGIUM
FAT TIRE

EN 1991, Kim Jordan et Jeff Lebesch, mari et femme, créèrent New Belgium dans leur cave, à Fort Collins. Ils emménagèrent ensuite dans une ancienne gare, puis construisirent une unité de production sophistiquée, plusieurs fois agrandie. Enfin, le couple dénicha un second site de production à Asheville, en Caroline du Nord, qui ouvrira en 2015. New Belgium est chaque année distinguée comme étant l'une de ces entreprises américaines où il fait bon travailler, soucieuse de pratiques environnementales, mais aussi une de ces entreprises détenues à 100 % par ses salariés. Un employé qui a un an d'ancienneté reçoit une bicyclette Fat Tire ; après cinq ans, il se voit offrir un voyage en Belgique. Tous les salariés peuvent devenir actionnaires de l'entreprise.

La Fat Tire Ale, au cœur de ce succès, représentait autrefois jusqu'à trois-quarts des ventes. Elle est aujourd'hui détrônée par la Ranger IPA, bière fétiche de nombreux fans qui est inspirée de la Belgique. Une bicyclette comparable à celle offerte aux employés figure sur le logo de la brasserie. Le Tour de Fat – ce festival itinérant visitant plus d'une dizaine de villes par an et qui inclut une parade costumée à bicyclette, de la bière New Belgium, des concours à bicyclettes et bien d'autres manifestations – a permis de lever des millions de dollars pour des œuvres caritatives.

En 1996, l'arrivée du maître brasseur Peter Bouckaert, un Belge ayant travaillé chez Rodenbach (*voir* p. 88), renforça la « crédibilité belge » de la brasserie. Il acheta des fûts de vin, les remplit de bière et les ensemença avec une levure sauvage. La première de ses créations fut baptisée « La Folie ». Aujourd'hui, la brasserie dispose d'une salle entière remplie de grandes cuves de fermentation en chêne.

NOTES DE DÉGUSTATION

FAT TIRE ALE AMBRÉE, 5,2 % VOL.

Robe ambrée intense – bouquet mêlant notes de caramel et de houblon terreux, et touches d'agrume. Un malt caramel acquiert des notes torréfiées en bouche, avec une rondeur à peine oblitérée par de subtils houblons. Finale sèche, mais suave.

ACCOMPAGNEMENT : bière polyvalente, mais plus adaptée à des mets peu sucrés, au risque de détourner son caractère malté. Excellente au déjeuner, avec sandwich au poulet grillé et une spécialité américaine : la soupe à la bière et au fromage.

LA FOLIE BIÈRE DE TYPE FLAMAND, 6 % VOL.

À chaque millésime sa couleur et sa saveur, certaines cuvées sont d'un rouge plus intense, d'autres ont une saveur plus affirmée. Flaveurs fruitées complexes, des agrumes à la cerise, associées à des nuances boisées d'intensité variable. Le tout magiquement équilibré par une subtile acidité.

ACCOMPAGNEMENT : associer cette bière à une salade verte amère et à du thon albacore.

RANGER INDIA PALE ALE, 6,5 % VOL.

Robe blond doré, solide tête de mousse. Bière piquante, avec des houblons aux effluves d'agrume et pin surgissant du verre. Légère saveur de malt en bouche, dominée par des houblons résineux, un peu plus de pin et d'agrume, et une vive amertume. Longue finale, sèche et épicée.

ACCOMPAGNEMENT : des New Belgium de la série « Beer Rangers » à déguster autour d'un barbecue avec des hamburgers, agrémentés de toutes les garnitures possibles et imaginables.

NEW BELGIUM
LA FOLIE

NEW BELGIUM
RANGER

REPÈRES

PROPRIÉTAIRE New Glarus Brewing Co

FONDATION 1993

ADRESSE 2400 State Hwy 69, New Glarus, Wisconsin 53574

SITE INTERNET www.newglarusbrewing.com

PHILOSOPHIE De l'orge à la bouteille, fidèle au style, sans compromis… pour toujours.

NEW GLARUS
SPOTTED COW

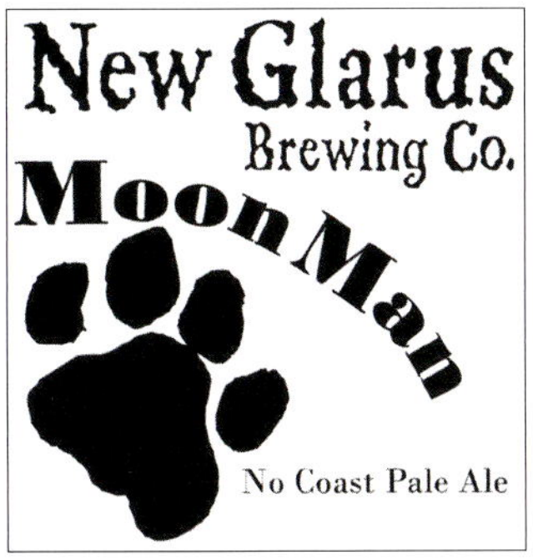

NEW GLARUS
MOON MAN

NEW GLARUS

Dominant la ville dont elle porte le nom, New Glarus à des allures de brasserie bavaroise. Mais son maître brasseur, Dan Carey, est clair : « Une brasserie du Wisconsin, une sensibilité du Wisconsin, un état d'esprit du Wisconsin. »

DEBORAH ET DAN CAREY fondèrent New Glarus en 1993. Deborah, directrice de la brasserie, a été élue femme d'affaires de l'année 2011 dans la catégorie petite entreprise du Wisconsin. Le logo présente l'empreinte de son pouce, reprenant la forme de l'État du Wisconsin, et l'accroche « Boire local ». New Glarus est la seule brasserie américaine qui vend plus de 120 000 hl de bière par an dans un même État, bien que la demande extérieure soit forte.

À l'ouverture de la brasserie, Dan avait déjà travaillé dans une microbrasserie, étudié chez Ayinger en Bavière, été major de promotion de l'Institut de Siebel en science et technologie du brassage, supervisé le brassage à Anheuser-Busch, l'unité de production de Fort Collins (*voir* p. 189). Il avait aussi obtenu son diplôme de maître brasseur de l'Institut de brassage et distillation de Londres, devenant le premier américain de 19 ans à décrocher un tel titre.

L'ale agricole du Wisconsin baptisée « Spotted Cow » est emblématique de la brasserie. Dan la mit au point après s'être demandé quel pouvait être le goût de ces bières au XIXe siècle. Une ale brassée à partir d'ingrédients locaux, comme le maïs, un peu d'orge non maltée cultivée sur les terres de brasserie, puis laissée non filtrée.

NOTES DE DÉGUSTATION

SPOTTED COW ALE AGRICOLE DU WISCONSIN, 5,1 % VOL.
Robe blond pâle, légèrement trouble dans le verre. Notes de fruit à noyau et accents de foin sur le nez. Fruitée en bouche, douce comme le miel, touche de houblon épicé, peu d'amertume.

ACCOMPAGNEMENT : idéale avec du poisson grillé ou un autre plat typique du Wisconsin, comme la saucisse fraîche grillée, du fromage en grains ou un sandwich au fromage.

MOON MAN ALE BLONDE DU WISCONSIN, 5 % VOL.
Robe blond doré, tête de mousse effervescente. Notes d'agrume du houblon dominant le nez. Touches de malt aux notes de pain et de fruit à noyau en bouche, superbement équilibrées, s'opposant à un houblon hespéridé et amérisant.

ACCOMPAGNEMENT : le caractère houblonné de la Moon Man autorise une confrontation avec toutes sortes de préparations intenses en saveurs.

TWO WOMEN LAGER BLONDE, 5 % VOL.
Robe blond doré, tête de mousse blanche laissant une épaisse dentelle. Bouquet floral et épicé, dynamisé par les agrumes et une touche céréalière. Saveur de pain en bouche, agrémentée de notes épicées et amères.

ACCOMPAGNEMENT : parfaite avec des préparations au porc.

Héroïne locale
La brasserie revendique fièrement son attachement au Wisconsin.

NEW GLARUS TWO WOMEN

NINKASI

Il fallait être optimiste ou arrogant, ou les deux, pour baptiser une IPA « Total Domination » avant d'en avoir vendu une goutte. Il faut toutefois reconnaître que l'essor fulgurant de Ninkasi fut sans précédent.

Offrande divine
Riche, brune et complexe, une bière dédiée aux admirateurs de Ninkasi.

NINKASI
BELIEVER

CONDITIONNÉE EN BOUTEILLES de 470 ml, la Total Domination est la bière la plus vendue en Oregon et fait partie des meilleures ventes nationales, malgré un circuit de distribution limité. En trois ans, Ninkasi se hissa au rang de brasserie régionale, et ce rythme effréné s'est à peine ralenti depuis. Les deux associés à la tête de Ninkasi sont Nikos Ridge, qui travaillait avant dans la finance industrielle, et Jamie Floyd, célèbre figure de la communauté brassicole.

« Nous ne brassons pas de la bière seulement pour les passionnés. Nous ne voulons pas nous limiter à un centième de 1 % du marché… » affirme Floyd. S'il remet en question la bière premium, cela ne signifie pas pour autant qu'il vise les bières insipides milieu de gamme. Ses bières houblonnées attirent l'attention du public, à commencer par la Total Domination et d'autres très populaires, élaborées avec un houblon fraîchement récolté et non séché. Pour brasser la Total Crystalation, les brasseurs remplissent la cuve-matière de houblon Crystal tout juste récolté.

La brasserie fut baptisée en référence à la déesse sumérienne de la bière, comme le précise Floyd en évoquant le rôle de cette boisson dans cette civilisation. « Être connecté avec ma communauté est une chose importante pour moi, ce que me permet mon rôle de brasseur du village », confie-t-il.

NOTES DE DÉGUSTATION

BELIEVER DOUBLE RED ALE, 6,9 % VOL.
Robe rouge intense, flaveurs très maltées et notes de caramel et toffee. Caractère dominé par un houblon aux accents d'agrume, sur le nez et en bouche. Douceur persistante, sans être écœurante.

ACCOMPAGNEMENT : bière au caractère malté affirmé, dotée d'une vive amertume, à associer à une pizza quatre fromages, de préférence des variétés aux saveurs affirmées.

TOTAL DOMINATION INDIA PALE ALE, 6,7 % VOL.
Robe trouble, orange intense. Bouquet floral, notes d'agrume, zeste de pamplemousse présent. Malt solide en bouche, touche de caramel suave, le tout équilibré par un houblon amérisant.

ACCOMPAGNEMENT : avec de la volaille, des fruits de mer et des spécialités mexicaines épicées. Excellente en dessert.

OATIS OATMEAL STOUT, 7,2 % VOL.
Robe presque noire, tête de mousse fauve. Bouquet complexe, notes suaves de chocolat, malts, mélasse et fruit noir. Ample et crémeuse, accents de malt torréfié et de houblon amérisant.

ACCOMPAGNEMENT : stout robuste, à déguster avec des viandes et des ragoûts, ou une salade de fruits après dîner.

REPÈRES

PROPRIÉTAIRE Ninkasi Brewing
FONDATION 2006
ADRESSE 272 Van Buren Street, Eugene, Oregon 97402
SITE INTERNET www.ninkasibrewing.com
PHILOSOPHIE Perpétuer un art de vivre. Les Sumériens vénéraient la bière qu'ils brassaient et louaient la déesse Ninkasi pour le miracle de la fermentation. La bière est à la base de la civilisation et participe à la joie de vivre.

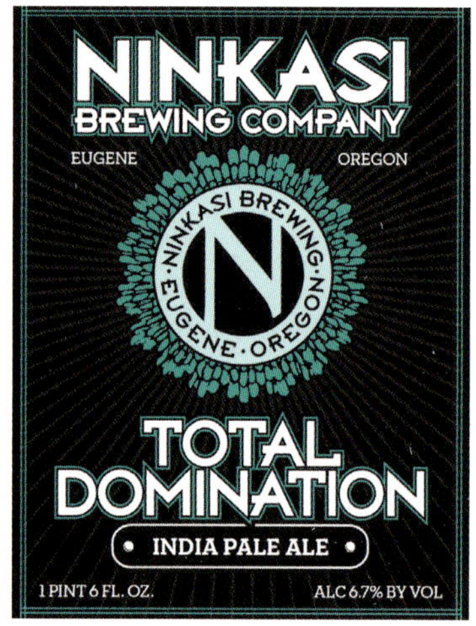

NINKASI
TOTAL DOMINATION

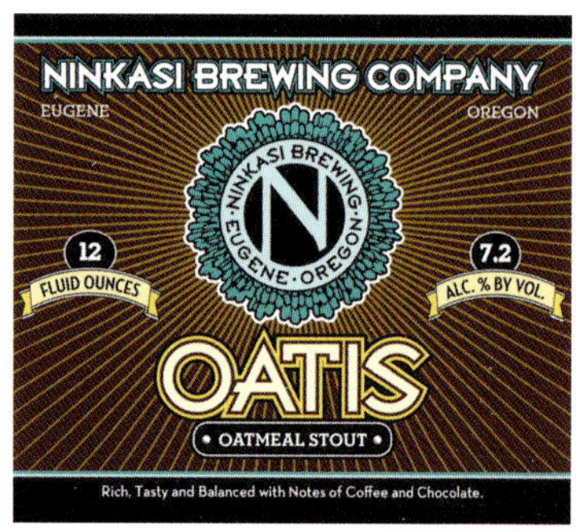

NINKASI
OATIS

ODELL

Lorsque la brasserie vit le jour en 1989, le brassage artisanal était encore marginal aux États-Unis. Odell prête une attention particulière à son empreinte – écologique autant qu'historique – encore toute fraîche.

REPÈRES

PROPRIÉTAIRE Odell Brewing Co

FONDATION 1989

ADRESSE 800 E Lincoln Avenue, Fort Collins, Colorado 80524

SITE INTERNET www.odellbrewing.com

PHILOSOPHIE Conserver l'aspect artisanal du brassage.

LA BIÈRE FOOTPRINT traduit l'éthique de la brasserie. Elle est élaborée avec des ingrédients issus des États où elle est vendue. Les brasseurs assemblent plusieurs petites cuvées, intégrant houblons et orge de l'Idaho et du Colorado, froment du Kansas et du Wyoming, figue de Barbarie de l'Arizona, riz du Minnesota, maïs du Nebraska, piments verts du Nouveau-Mexique, miel du Dakota du Sud. Le tout mûrit en fûts de chêne du Missouri. Cette bière n'est pas disponible à l'année, ce qui traduit un souci de durabilité et un engagement communautaire, partagés par la brasserie voisine New Belgium (*voir* p. 166).

Doug, Whynne et Corkie Odell implantèrent leur première brasserie dans un silo à grains bâti en 1915. Ses différents niveaux permirent d'exploiter la force de gravité et la fermentation en cuve ouverte. « Mon style est une question d'équilibre des flaveurs », confie Doug. L'ale 90 Shilling d'inspiration écossaise est la plus vendue, mais d'autres, comme le trio 5 Barrel Pale Ale, IPA et Myrcenary Double IPA, dont l'intensité en houblon va croissant, révèlent un authentique caractère américain. La Woodcut Series rassemble des bières mûries en fûts, alors que la Cellar Series a pour ambition de repousser les limites. Odell est aussi à l'origine d'une initiative locale encourageant la recherche en matière de variétés de houblon bio.

NOTES DE DÉGUSTATION

IPA 7 % VOL.
Bouquet éclatant pour cette IPA à robe dorée et orangée, aux notes d'orange, de mangue et de mandarine. Un houblon hespéridé rencontre un malt biscuité en bouche, le tout équilibré par la franche et sèche amertume du houblon.

ACCOMPAGNEMENT : à déguster avec un curry thaï, une des associations préférées de Doug Odell.

THE MEDDLER WILD ALE, 8,9 % VOL.
Robe brune terreuse, tête de mousse beige. Bouquet complexe, dominé par du fruit noir, mais intégrant des notes de baie et de cerise. Agréable acidité, âpre plutôt qu'aigre, surgissant à travers des saveurs de chocolat et de toffee, malt abondant.

ACCOMPAGNEMENT : avec du gibier, du porc ou du bœuf.

90 SHILLING ALE ÉCOSSAISE, 5,3 % VOL.
Robe cuivrée, tête de mousse fauve. Généreuse en arômes et saveurs de caramel. Chocolatée et fruitée en bouche, avec des notes de houblon terreux. Finale sèche, mais non amère.

ACCOMPAGNEMENT : bière réconfortante, idéale avec de copieuses préparations, comme un pain de viande.

Notes acidulées
L'ajout de houblons aromatiques américains apporte à cette IPA traditionnelle une vivacité et une amertume inédites.

ODELL IPA

ODELL THE MEDDLER

ODELL 90 SHILLING

OSKAR BLUES

L'année où Oskar Blues devint la première petite brasserie des États-Unis à vendre sa bière en canettes, elle en écoula 800 hl. Dix ans plus tard, elle en produit 102 300 hl et plus de 20 autres brasseries artisanales se sont mises à l'imiter.

REPÈRES

PROPRIÉTAIRE Oskar Blues Brewery

FONDATION 1999

ADRESSE 1800 Pike Road, Longmont, Colorado 80501

SITE INTERNET www.oskarblues.com

PHILOSOPHIE Une balade en vélo. De la bière. Et on recommence.

NATIF DE L'ALABAMA, Dale Katechis ouvrit l'Oskar Blues Grill en 1997. En 1998, il installa une brasserie au sous-sol, puis commença à vendre ses bières l'année suivante. En 2002, il investit 10 000 dollars dans une ligne de mise en canettes. Amateurs et brasseurs ne voulaient pas entendre parler de ces dernières, selon eux réservées aux bières industrielles insipides. La première bière en canettes d'Oskar Blues, la Dale's Pale Ale, fit évoluer les mentalités. En 2005, elle terminait en tête d'un test à l'aveugle de pale ales organisé par le *New York Times*.

Katechis la surnomme « Canned Beer Apocalypse » et exporte son savoir-faire. Oskar Blues Grill & Brew reste implanté à Lyons, dans le Colorado, mais la société est désormais à la tête d'une grande brasserie, avec une salle de dégustation et un restaurant, près de Longmont. Elle élève du bétail pour alimenter le restaurant en viande et cultive du houblon pour la production de bières à Hops & Heifers Farm. Elle dirige la brasserie Lyon Soul Distilling et en a inauguré une autre en Caroline du Nord. En 2012, Katechis fut élu « entrepreneur de l'année » par Ernst & Young, pour sa Mountain Desert Region. Amateur de cyclisme, il a ouvert une firme de bicyclettes. Une des premières campagnes promotionnelles de la brasserie fut d'offrir un vélo aux trois premiers clients qui auraient recyclé 3 501 canettes – soit l'équivalent d'une palette de chargement.

NOTES DE DÉGUSTATION

TEN FIDY IMPERIAL STOUT, 10,5 % VOL.
Tout droit sortie de sa canette, la bière donne l'impression d'une sombre huile de moteur. Légères notes suaves et torréfiées de chocolat noir en première impression. Épaisse et caoutchouteuse, aux accents de chocolat et de fruit noir, avec une finale aux notes amères de torréfaction et de chocolat.

ACCOMPAGNEMENT : un dessert en soi. À Lyons, elle est associée à des gourmandises, comme un brownie garni de glace et de caramel chaud, ou des truffes au chocolat et au bourbon.

DALE'S PALE ALE 6,5 % VOL.
Robe cuivrée, tête de mousse blanche vaporeuse. Bouquet aux notes de pin, agrume et biscuit. Riche en bouche, généreuse en malt aux notes de pain, houblon fruité et juteux, équilibré par une longue et amère finale.

ACCOMPAGNEMENT : parfaite avec des tacos au thon, comme dans le restaurant original de la brasserie.

MAMA'S LITTLE YELLA PILS 5,3 % VOL.
Robe jaune, bouquet aux discrètes notes florales, touches d'agrume et d'épice légèrement râpeuses. Vive en bouche, associant malt et houblons. Généreuse en notes houblonnées, avec une amertume très présente, sans être trop âpre.

ACCOMPAGNEMENT : idéale avec toutes sortes de sandwiches.

OSKAR BLUES TEN FIDY

OSKAR BLUES DALE'S PALE ALE

OSKAR BLUES MAMA'S LITTLE YELLA PILS

Yes we can
Oskar Blues initia la tendance du conditionnement des bières artisanales en canettes.

PORT BREWING

Une brasserie de San Diego distribuant deux marques : Port et Lost Abbey. Les bières américaines de style côte Ouest sont vendues sous la marque Port et celles d'inspiration belge, sous l'étiquette Lost Abbey.

REPÈRES

PROPRIÉTAIRE Port Brewing Co

FONDATION 2006

ADRESSE 155 Mata Way #104, San Marcos, Californie 92069

SITE INTERNET www.portbrewing.com, www.lostabbey.com

PHILOSOPHIE Nous brassons ce que les autres ne peuvent brasser.

PORT BREWING vit le jour en 2006, sous l'impulsion des responsables de la chaîne de pub-brasserie Pizza Port. Ils produisaient déjà de la bière pour leurs restaurants, mais la demande excédait l'offre. Ils ouvrirent donc une brasserie séparée et plus vaste. Le maître brasseur Tomme Arthur s'inspire souvent de la production belge, revisitant le style à sa façon. « Longtemps les gens ont cherché à imiter les styles de bière du monde, mais je ne crois pas avoir un jour tenté de copier une autre bière », dit Arthur.

Il aime évoquer la « saveur propre à chaque bière » et la façon dont des créations comme la Cuvée de Tomme participèrent à changer la donne aux États-Unis. Il commença à brasser la Cuvée au pub-brasserie Pizza Port, de Solena Beach, en 1999. Une brune robuste, fermentée avec une levure belge en fûts de bourbon, selon un dosage intégrant 23 kg de cerises et trois souches différentes de levure sauvage Brettanomyces. Il utilise aujourd'hui une variété de fûts de cognac et de fûts de chêne français.

Les bières Lost Abbey mûrissent dans plus de 1 000 fûts, générant une alchimie de flaveurs devenue la spécificité de la brasserie. Les bières qui en résultent révèlent souvent un caractère affirmé et puissant, mais nuancé de notes subtiles émergeant au fil du temps. En 2012, Arthur et son équipe assemblèrent 13 bières de spécialité. Leur « Ultimate Box Set », série inspirée par l'univers de la musique rock, propose une bière par mois, aux notes variées, issue de fûts différents et assemblée à partir de plusieurs bières du catalogue Lost Abbey. À la fin de l'année, la sortie de la dernière bière est accompagnée d'une 13e bière, et les 13 sont présentées dans un coffret avec une pochette d'album.

PORT BREWING
RED POPPY ALE

PORT BREWING
10 COMMANDMENTS

PORT BREWING
HOT ROCKS LAGER

NOTES DE DÉGUSTATION

RED POPPY ALE BIÈRE AUX FRUITS SAUVAGES, 5 % VOL.
Robe presque brune, à reflets rubis, aromatique, dominée par des notes de fruit noir et de cerise. Saveurs de doux caramel et de fruit rouge, notes de cerise aigre et acide, nuancées d'une agréable touche de vinaigre balsamique. Impression vineuse persistante pour cette bière merveilleusement complexe.

ACCOMPAGNEMENT : le fruité et l'acidité équilibrent et tranchent avec la richesse du canard, notamment glacé ou en sauce.

10 COMMANDMENTS ALE BELGE FORTE, 10 % VOL.
Robe brun foncé, à l'aspect et aux arômes substantiels. Flaveurs aux notes généreuses de fruit noir, chocolat et caramel, superbement fondues. Touches aigres, terreuses et épicées en bouche, finale sèche.

ACCOMPAGNEMENT : flaveurs de fruit noir et notes de caramel font merveille avec des mets riches en saveurs, comme les côtelettes braisées.

HOT ROCKS LAGER LAGER STYLE STEINBIER, 6,2 % VOL.
Bière de la famille Port Brewing, brassée selon la tradition allemande, avec ajout de pierres de granit chauffées au rouge dans le moût. Bouquet généreux en notes de caramel, de toffee et de chocolat. Une lager riche en saveurs de caramel, équilibrées par des houblons terreux, épicés, et une douce amertume.

ACCOMPAGNEMENT : bière polyvalente, excellente avec des préparations savoureuses, comme des hamburgers, des pizzas, des mets cuits au barbecue et des spécialités mexicaines.

ROGUE

Rogue n'est pas la plus grande brasserie artisanale américaine, mais elle distribue sa bière dans tous les États-Unis et plus de 20 autres pays. Sa réputation se base sur une campagne invitant les fans à se joindre à la « Rogue Nation ».

REPÈRES

PROPRIÉTAIRE Rogue Ales

FONDATION 1998

ADRESSE 2320 OSU Drive, Newport, Oregon 97366

SITE INTERNET www.rogue.com

PHILOSOPHIE Pour la canaille *(rogue)* qui sommeille en chacun de nous.

ROGUE
DEAD GUY ALE

ROGUE
MOCHA PORTER

Allure rebelle
Rogue joue la provocation, mais le contenu est de grande qualité.

ROGUE SHAKESPEARE OATMEAL STOUT

AVEC SES BIÈRES conditionnées en bouteilles fluo ou en céramique rose, Rogue aime provoquer, mais produit surtout de grandes bières, conçues par leur maître brasseur vedette, John Maier. En 1997, quand l'Association nationale des brasseurs lança son prix de l'innovation catégorie « brasserie artisanale », Maier fut le premier à être récompensé. Malgré l'utilisation d'incroyables quantités d'ingrédients inédits, Maier est aussi réputé pour son savoir-faire en matière de houblon, et il fut l'un des premiers à brasser une Double IPA commerciale.

C'est ainsi que Rogue fit l'acquisition de Micro Hopyard, à Willamette Valley, dans l'Oregon, à 120 km à l'est de sa brasserie de Newport. La brasserie loue les terres de cette exploitation houblonnière, avec les machines pour la récolte et les installations de séchage. Elle cultive aussi une partie de l'orge qu'elle utilise à Tygh Ranch, au nord-est de sa houblonnière, où la foule se presse le week-end. La salle de dégustation est ouverte toute l'année et des visites organisées sont proposées en été et en période de récolte. « C'est aussi cela l'expérience Rogue, dit son cofondateur, Jack Joyce. Pour nous, le terroir a son importance. » Le site accueille différentes manifestations et des banquets de mariage. L'hôtel Hop'N'Bed propose ses chambres pour la nuit, face à des hectares de houblons.

NOTES DE DÉGUSTATION

DEAD GUY ALE MAIBOCK, 6,6 % VOL.
Robe cuivrée. Riches arômes et saveurs, aux notes de caramel et de torréfaction. Houblon herbacé et épicé sur le nez, amertume en bouche. La douceur du caramel est équilibrée par les houblons.

ACCOMPAGNEMENT : parfaite avec le gibier, le porc ou la saucisse, avec des pommes de terre. Jouant entre douceur et vivacité du houblon, elle convient à la cuisine cajun.

MOCHA PORTER 5,1 % VOL.
Robe café noir et dentelle couleur fauve. Notes de torréfaction et touches chocolatées. Le caramel affirme sa présence en bouche. Équilibrée. Les houblons complètent une finale douce-amère.

ACCOMPAGNEMENT : chocolat, touche fumée et caractère houblonné épicé se marient bien à la viande de bœuf au barbecue.

SHAKESPEARE OATMEAL STOUT 6 % VOL.
Notes de café noir torréfié et de chocolat, touches de fruit noir. Malt poussiéreux en bouche, agrémenté d'un houblon généreux et de notes amères. Presque crémeuse et douce en bouche.

ACCOMPAGNEMENT : un dessert en soi, à déguster aussi avec une crème glacée à la vanille ou au chocolat.

RUSSIAN RIVER

REPÈRES

PROPRIÉTAIRE Russian River Brewing

FONDATION 2004

ADRESSE 725 4th Street, Santa Rosa, Californie 95404

SITE INTERNET www.russianriverbrewing.com

PHILOSOPHIE Des ales de style californien au houblon agressif, des ales d'inspiration belge et des bières mûries en fûts.

En évidence à l'arrière du bar de Russian River, la pancarte de la petite brasserie New Albion, fondée non loin de là en 1977, fait le lien entre le début de la microbrasserie aux États-Unis et le présent, et peut-être même le futur.

DANS UN PREMIER TEMPS à Blind Pig Brewing, dans le sud de la Californie, puis à Russian River, dans le nord viticole californien, le maître brasseur Vinnie Cilurzo sut s'attirer un public d'amateurs et inspirer d'autres brasseurs, avec ses ales puissamment houblonnées. Il baptisa « Double IPA » sa première bière brassée à Blind Pig, en 1994 ; probablement la première version commerciale de ce qui deviendra un style à part entière. En 1997, il entra à Russian River, filiale de Korbel Champagne Cellars. Lorsque les propriétaires de la société voulurent abandonner l'activité brassicole, Vinnie et son épouse Natalie rachetèrent la marque et ouvrirent leur pub-brasserie en 2004. Depuis, une unité de production séparée a été construite à proximité. À Russian River, Cilurzo commença à tester la maturation de bière en fûts de vin, plus précisement de chardonnay. « Je voulais créer une blonde mûrie en fûts. J'adore les lambics, d'où ma décision de prendre un des éléments du lambic et de l'intégrer à cette bière. L'idée d'extraire des fûts une partie de la saveur du vin allait de soi », confie-t-il. Il décida de créer une série de bières dont le nom se terminerait en « tion ». C'est ainsi qu'il baptisa « Temptation », la première de ses bières mûries en fûts. La bière inaugurale de la série Damnation est une autre des références populaires de la brasserie.

La double IPA aujourd'hui brassée par Cilurzo, Pliny the Elder, est très différente de son aînée. Elle reflète en partie l'incroyable variété des nouveaux houblons lancés sur le marché ces 20 dernières années, et à l'évidence, depuis l'inauguration de New Albion par Jack McAuliffe. Cilurzo brasse aussi une fois l'an une triple IPA, Pliny the Younger, vendue en février.

RUSSIAN RIVER
PLINY THE ELDER

RUSSIAN RIVER
TEMPTATION

RUSSIAN RIVER
SUPPLICATION

NOTES DE DÉGUSTATION

PLINY THE ELDER DOUBLE IPA, 8 % VOL.
Robe blond doré, épaisse tête de mousse blanche. Arômes de cônes de houblon touraillés, notes de pin et d'agrume. Corps mince, mais structure solidement maltée, houblon généreux, avec des notes poivrées et une pure amertume en bouche. Longue finale amère et persistante.

ACCOMPAGNEMENT : les pizzas du pub-brasserie sont un délice et la Pliny se prête aux plus savoureuses, comme la pizza mozzarella, pesto, saucisse, épinards et oignons caramélisés.

TEMPTATION ALE MÛRIE EN FÛTS, 7,5 % VOL.
Robe blond doré, trouble une fois la bouteille vidée. Raisin blanc, agrumes et ananas sur le nez, suivies de notes sauvages, terreuses, voire de moisi. En bouche, les fruits à noyau se mêlent au raisin, au chêne et à la vanille. Une bière complexe et au final acide.

ACCOMPAGNEMENT : Vinnie Cilurzo dit préférer la Temptation avec un fromage de chèvre Humbolt Fog de Cypress Grove, mais essayez déjà avec votre fromage de chèvre préféré…

SUPPLICATION ALE MÛRIE EN FÛTS, 7 % VOL.
Robe couleur de cerise pas tout à fait mûre, avec des notes de pinot noir (issues des fûts) et de cerise (issues des fruits) dès l'attaque. Arômes et saveurs se mêlent rapidement – griotte, raisin mûr, framboise et fraise, avec des notes fumées – avec des saveurs fruitées équilibrées par une âpre acidité et des tanins de chêne.

ACCOMPAGNEMENT : avec une salade verte agrémentée d'une vinaigrette, dont l'acidité complète celle de la bière.

SAMUEL ADAMS

À la pointe de la révolution de la bière artisanale aux États-Unis, la Boston Beer Company brasse depuis 1985 la Samuel Adams, baptisée en référence à un des pères fondateurs des États-Unis, dont on dit qu'il aurait été brasseur.

REPÈRES

PROPRIÉTAIRE Boston Beer Co

FONDATION 1985

ADRESSE 30 Germania Street, Boston, Massachusetts 02130

SITE INTERNET www.samueladams.com

PHILOSOPHIE Une bière de qualité exige un travail extraordinaire.

JIM KOCH, membre de la sixième génération d'une famille de brasseurs, quitta sa carrière de consultant en management pour renouer avec la tradition familiale, et sortit sa première bière en 1985. En quatre ans, les ventes de Samuel Adams, sous l'égide de la Boston Beer Company, dépassèrent celles d'Anchor Beer. Boston Beer reste à ce jour la brasserie artisanale américaine la plus importante. Au début, l'essentiel des bières fut brassé sous contrat dans des brasseries inscrites au patrimoine brassicole – des établissements en surcapacité rouverts après la prohibition. Mais, de nos jours, Boston Beer a ses propres brasseries.

La première bière de Koch, la Samuel Adams Boston Lager, eut un succès immédiat. Cette lager inspirée d'une recette de l'arrière-arrière-grand-père de Jim, Louis Koch, fut créée à Saint-Louis dans les années 1870. Boston Beer mit tout en œuvre pour garantir la qualité, apportant son soutien au houblon de Hallertau Mittelfrüh en Allemagne, à l'époque où d'autres s'y refusaient, tout en exigeant que les cultivateurs livrent un houblon répondant à ses critères de qualité.

En 1993, Koch lança la Samuel Adams Triple Bock, à l'époque la bière la plus forte du monde (17 % vol.). « Tout le monde cherchait alors à produire un nouveau style classique. C'est ce qui mena à cette innovation, confie Koch. Mais je voulais aller encore plus loin et tenter de repousser les frontières de la bière, plutôt que de chercher à développer des styles traditionnels. » Bière extrême, la Triple Bock servit de base à l'Utopias, un breuvage surpuissant titrant 30 % vol., soit la bière la plus alcoolisée de l'époque. Chaque assemblage de l'Utopias incluait des bières issues de fûts utilisés pour la Triple Bock.

Koch, mieux que tout autre brasseur, comprit à quel point et pourquoi la bière américaine avait évolué en quelques décennies. En 2013, il collabora avec le pionnier de la bière artisanale, Jack McAuliffe, au brassage de sa New Albion Ale. Boston Beer reversa tous les bénéfices à McAuliffe, à l'origine du « mouvement de la microbrasserie ». McAuliffe ouvrit la brasserie New Albion en 1976. Si cette dernière ferma ses portes en 1982, elle inspira des centaines de brasseurs, dont Koch.

Variantes et millésimes
Utopias, de subtiles différences de saveurs et d'arômes selon les millésimes.

SAMUEL ADAMS
UTOPIAS

SAMUEL ADAMS
NOBLE PILS

SAMUEL ADAMS
OCTOBERFEST

SAMUEL ADAMS
LATITUDE 48 IPA

SAMUEL ADAMS
BLACK LAGER

Lager phare
Samuel Adams affirme fièrement que la Boston Lager « guida la révolution de la bière artisanale aux États-Unis ».

Or liquide
La première bière de Samuel Adams, réputée pour sa tête de mousse vaporeuse et son éclatante robe dorée.

SAMUEL ADAMS BOSTON LAGER

NOTES DE DÉGUSTATION

UTOPIAS STRONG ALE, 27 % VOL. OU PLUS
Imaginez l'assemblage d'un porto et d'un cognac enrichi de fruit noir, de toffee, de notes boisées, et d'une bouffée d'alcool. Multipliez tout ça par dix et vous aurez une idée de l'Utopias.

ACCOMPAGNEMENT : un dessert en soi, fabuleux avec une crème brûlée.

NOBLE PILS PILSNER, 5,2 % VOL.
Robe couleur des blés, aux arômes de houblon. Bouquet floral et épicé, avec des notes d'agrume libérées par les houblons américains. Épicée en bouche, notes de pain, avec une vive amertume conduisant à une finale propre.

ACCOMPAGNEMENT : parfaite à déguster avec des bruschettas, son caractère malté s'associe à la saveur du pain, alors que les houblons tranchent avec l'acidité des tomates.

OCTOBERFEST 5,3 % VOL.
Il serait dommage de masquer la robe rouge orangée de cette bière dans un verre opaque. Riches notes de malt sur le nez et en bouche, avec une touche de houblon épicé, le tout équilibré par une belle amertume. Complexe, sans être chargée.

ACCOMPAGNEMENT : on comprend que le poulet rôti soit le plat de rigueur de l'Oktoberfest à Munich. Les flaveurs caramélisées de la bière et du poulet se marient à merveille.

LATITUDE 48 IPA 6 % VOL.
Robe ambrée sombre, coiffée d'une généreuse tête de mousse blanche. Le mélange d'arômes de houblon, aux notes d'agrume, melon et pin, apporte quelque chose de différent à chaque inspiration. Flaveurs comparables en bouche, avec une structure très maltée, équilibrée par une évidente amertume.

ACCOMPAGNEMENT : la richesse du corps complète des mets comme le saumon fumé ou un hamburger avec une garniture généreuse en sel, comme le bacon.

BLACK LAGER SCHWARZBIER, 4,9 % VOL.
Robe proche de celle d'une lager brune. Notes de malts torréfiés et de chocolat accentuant cette intensité. Riche et douce, plus épicée et houblonnée qu'amère, avec néanmoins une touche de café torréfié persistant tout au long de la finale.

ACCOMPAGNEMENT : les malts torréfiés équilibrent la douceur de l'oignon et celle du fromage dans une soupe à l'oignon.

BOSTON LAGER 4,8 % VOL.
Robe cuivrée éclatante pour cette lager, laissant espérer de doux malts, plus présents en bouche que sur le nez. Aux notes florales et épicées succède un houblon amérisant, dont la saveur équilibre subtilement un malt généreux. Longue, mais douce finale.

ACCOMPAGNEMENT : bière polyvalente, capable de supporter un fromage à pâte persillée, des nuggets ou une saucisse très épicée.

SIERRA NEVADA

REPÈRES

PROPRIÉTAIRE Sierra Nevada Brewing Company

FONDATION 1980

ADRESSE 1075 E 20th Street, Chico, Californie 95928

SITE INTERNET www.sierranevada.com

PHILOSOPHIE Avec une passion pour l'innovation repoussant les frontières de la bière, tout devient possible.

Sierra Nevada est un modèle pour plus d'un millier de petites brasseries qui virent le jour après elle. Elle a bâti sa réputation sur des bières aux saveurs audacieuses, des pratiques éco-responsables et un engagement communautaire.

COFONDATEURS DE SIERRA NEVADA, Ken Grossman et Paul Camusi s'inspirèrent d'Anchor et de New Albion pour mettre au point un business plan qui tablait sur une production annuelle de 3 000 fûts. « Nous ne pensions pas que nous deviendrions riches, mais que ça irait », confie Grossman, qui plus tard racheta la part de Camusi. La brasserie de Chico produit aujourd'hui près de 1,2 million d'hectolitres de bière par an, et un second établissement a vu le jour près de Asheville, en Caroline du Nord.

Grossman et Camusi jetèrent leurs dix premières cuvées de Sierra Nevada Pale Ale, avant de décréter qu'ils tenaient enfin une bière de qualité. Elle devint le standard de ce qui resta longtemps le style de bière artisanal le plus populaire de tous, réputé pour ses généreux houblons, sources de flaveurs florales et fruitées. Cette pale ale révéla le houblon Cascade, devenu la signature de plusieurs bières artisanales.

En 2011, lorsque les ventes nationales de bière de style IPA devancèrent celles des pale ales, la Torpedo Extra IPA de Sierra Nevada se retrouva en première ligne. Son nom lui fut attribué pour la forme d'une des cuves utilisées lors du brassage évoquant celle d'une torpille – une cuve remplie de cônes de houblon, à travers lesquels circulait la bière pour mieux se charger d'huiles essentielles de houblon et d'arômes éclatants. En 2010, l'Agence américaine de protection de l'environnement désigna Sierra Nevada comme l'« entreprise verte de l'année ». Ce titre récompense une politique zéro déchet et des investissements dans les énergies renouvelables qui couvrent 85 % des besoins de l'entreprise. Elle a l'un des plus grands parcs privés de panneaux solaires du pays. Elle brasse aussi des bières au bénéfice de l'abbaye cistercienne de New Clairvaux située à proximité, ce qui aide les moines trappistes de Vina, au nord de Chico, à reconstruire une abbaye qui se trouvait autrefois à Trillo, dans la province de Guadalajara, en Espagne.

Professeur émérite, Michael Lewis, qui avait enseigné le brassage à l'université de Californie en 1962, était mieux placé que personne pour replacer Sierra Nevada dans une perspective historique. « Sierra Nevada est la plus parfaite des brasseries de la planète, confiait-il. Les gens sont engagés dans la qualité et l'intégrité. »

La bière étalon
Premier exemple d'une IPA « américaine », la Celebration fait figure de référence en la matière.

SIERRA NEVADA
CELEBRATION

SIERRA NEVADA
RUTHLESS RYE

NOTES DE DÉGUSTATION

CELEBRATION INDIA PALE ALE, 6,8 % VOL.
Une bière de saison, première IPA de la brasserie. Robe orange intense. Arômes résineux d'agrume et de pin. Notes de doux caramel, alliées à une solide amertume et à un houblon toujours plus présent. Longue finale, sèche et à l'arrière-goût puissant.

ACCOMPAGNEMENT : élaborée avec un houblon fraîchement séché, issu de la récolte en cours, la bière complète à merveille une dinde rôtie et sa garniture sur une table de Noël.

RUTHLESS RYE INDIA PALE ALE, 6,6 % VOL.
Une IPA à robe cuivrée intense et tête de mousse blanc cassé à épaisse dentelle. Arômes d'agrume et de pin, suivis de notes de pain et d'épice. Légère en bouche, avec des saveurs complexes d'épice et de poivre, nuancées par une touche de malt sucré et de houblons herbacés. Amertume non persistante.

ACCOMPAGNEMENT : la rondeur du malt et les notes épicées mettent en valeur les multiples saveurs d'un poulet épicé à la jamaïcaine.

TORPEDO INDIA PALE ALE, 7,2 % VOL.
Robe orange intense, épaisse tête de mousse blanche. Bouquet assez floral, notes évoquant une salade de fruits. En bouche, la douceur d'un malt caramel se heurte à la franche amertume de houblons résineux et aux saveurs d'un houblon fruité. Effrontément amère.

ACCOMPAGNEMENT : le caractère hespéridé et la rondeur d'un malt caramel se mêlent divinement aux saveurs d'une salade orientale au poulet – le houblon amérisant y offre un équilibre comparable à celui qu'il exerce dans la bière.

PALE ALE 5,6 % VOL.
Orange vif dans le verre et notes d'orange sur le nez, pour cette pale ale florale et fruitée. Un malt aux saveurs de pain grillé est équilibré par un houblon amérisant affirmé, avec une persistance des notes d'agrume, derrière une finale vive et sèche.

ACCOMPAGNEMENT : bière qui montre sa polyvalence tout au long du repas, avec une salade agrémentée d'agrumes suivie d'un steak grillé accompagné de légumes sautés.

BIGFOOT ALE BARLEY WINE STYLE ALE, 9,6 % VOL.
Robe ambrée à l'aspect vineux. Bouquet mêlant houblons résineux, malts poussiéreux et notes boisées. Saveurs de caramel riche et brun, associées à des houblons terreux et une forte amertume. Une bière de dégustation, à savourer lentement.

ACCOMPAGNEMENT : bière de garde populaire, à servir déclinée en différents millésimes. Un plateau de savoureux fromages à pâte persillée sublimera l'expérience olfactive.

ESTATE INDIA PALE ALE, 6,7 % VOL.
Élaborée à partir de houblons bio non séchés et d'orge maltée cultivée sur les terres de la brasserie. Vibrants arômes de houblon, mêlant notes de pamplemousse et zeste de citron, légèrement herbacées. La douceur d'un malt de panification et les notes céréalières sont équilibrées par un houblon doux-amer.

ACCOMPAGNEMENT : les fraîches notes d'agrume et les houblons épicés complètent des saveurs comparables comme celles de tamales au poulet agrémentés d'une sauce thaïe au piment doux.

Dominante houblon
Flaveurs intensément houblonnées, la marque de fabrique des bières Sierra Nevada.

SIERRA NEVADA
TORPEDO

SIERRA NEVADA
PALE ALE

SIERRA NEVADA
BIGFOOT ALE

SIERRA NEVADA
ESTATE

STONE

L'empire brassicole de Stone inclut l'une des brasseries américaines ayant eu un essor rapide depuis 1996, mais aussi deux restaurants et une exploitation agricole, autres entreprises cosmopolites, sans oublier Arrogant Bastard.

REPÈRES

PROPRIÉTAIRE Stone Brewing Co

FONDATION 1996

ADRESSE 1999 Citracado Pkwy, Escondido, Californie 92029

SITE INTERNET www.stonebrew.com

PHILOSOPHIE Nous brassons les bières que nous aimons boire.

MAÎTRES BRASSEURS et cofondateurs de Stone Brewing, Steve Wagner nous avoue que l'Arrogant Bastard Ale, à l'étiquette aussi réputée que son contenu, est le fruit du hasard. Alors qu'il travaillait sur la recette de la Stone Pale Ale, il ajouta bien trop de houblon dans la cuve. Le cofondateur Greg Koch goûta le breuvage et déclara qu'il n'avait jamais dégusté une bière aussi bonne. Tous deux se dirent qu'ils pourraient partager cette merveille et lui trouver un nom qui voudrait dire « tu n'es pas assez bon pour mériter ça ». Sur l'étiquette figurent d'autres formules et commentaires, dont la phrase : « Il est peu probable que vous ayez assez de goût ou de raffinement pour apprécier une ale de cette qualité et de cette intensité ». À l'évidence, cela ne froissa pas les nombreux admirateurs qui firent entrer cette bière dans la légende.

L'entreprise a prospéré et s'est diversifiée depuis le départ de la brasserie de ses entrepôts originaux, en 2006. Les spacieux Bistro & Gardens mettent à l'honneur les bières du catalogue et d'autres issues du monde entier, et proposent une carte éclectique, déclinant des menus à base de produits bio locaux. La brasserie a aussi inauguré Stone Farms, pour alimenter son restaurant, et envisage d'ouvrir un hôtel. Pendant ce temps, Koch et Wagner poursuivent leur quête d'un site pouvant accueillir une brasserie Stone en Europe.

La brasserie brasse neuf bières à l'année : Pale Ale, Smoked Porter, Ruination IPA, Levitation Ale, Cali-Belgique IPA, Sublimely Self-Righteous Ale, Arrogant Bastard Ale et Oaked Arrogant Bastard Ale. Un nombre équivalent d'éditions limitées est également disponible – Old Guardian Barley Wine Ale, Imperial Russian Stout, Ruination Tenth Anniversary IPA, Smoked Porter aux gousses de vanille, et Smoked Porter aux piments chipotle. En dépit de cette large palette, les bières très houblonnées, comme l'IPA et l'Arrogant Bastard restent les références incontestées. Le maître brasseur de chez Stone, Mitch Steele, est l'auteur d'un livre de référence sur l'IPA. En 2012, la brasserie s'est lancée dans la série « Enjoy By », une gamme d'IPA conçues pour être dégustées fraîches, à l'apogée de l'expression de leurs flaveurs, avec une date de consommation mentionnée en gros caractères à l'avant de la bouteille.

Les visites de la brasserie Escondido sont très populaires et attirent chaque année près de 50 000 curieux venus parfaire leur culture brassicole.

STONE
ARROGANT BASTARD ALE

STONE
RUINATION IPA

STONE
SUBLIMELY SELF-RIGHTEOUS ALE

Ales extrêmes
Des bières réputées pour leur intensité et leur profondeur… Âmes sensibles s'abstenir!

STONE IPA

Tête bien faite
Une IPA à la tête de mousse épaisse, crémeuse et persistante.

Dans les règles de l'art
La qualité du verre ajoute au plaisir de la dégustation d'une grande bière.

NOTES DE DÉGUSTATION

ARROGANT BASTARD ALE STRONG ALE, 7,2 % VOL.
Robe acajou, aux riches arômes de fruit noir, mêlés dès le départ à des notes de houblons résineux. Flaveurs comparables en bouche, avec un fruit enrobé d'un caramel sucré, toujours équilibré par l'amertume du houblon.

ACCOMPAGNEMENT : le Bistro suggère une association avec un risotto au saumon poêlé, accompagné de jeunes pousses de roquette et de tomates cerises, d'une sauce douce-amère aux fruits de saison et de panais sautés.

RUINATION IPA 7,7 % VOL.
Robe orangée, avec un bouquet aux notes de houblon éclatantes, mettant les agrumes à l'honneur. Saveurs de fruit en bouche issues du houblon et de la fermentation. Piquante, résineuse et épicée, sans que l'amertume ne domine la solide structure maltée.

ACCOMPAGNEMENT : excellente avec un fromage aux saveurs affirmées, comme du parmesan ou du roquefort.

SUBLIMELY SELF-RIGHTEOUS ALE IPA NOIRE, 8,7 % VOL.
Robe noire, mais un bouquet évoquant une IPA, résineux, aux notes de pin et chargé d'effluves d'agrume. En bouche, touches de caramel noir et de chocolat liées par un caractère houblonné, identique à celui du bouquet. Franche amertume, sans les notes âcres présentes généralement dans une stout de cette couleur.

ACCOMPAGNEMENT : à apprécier avec des bretzels agrémentés de sel de mer, servis chaud avec une sauce cheddar et moutarde.

IPA 6,9 % VOL.
Robe d'un blond doré pour cette IPA laissant une généreuse dentelle sur les parois du verre après chaque gorgée. Effluves d'agrume et de pin équilibrés par la rondeur du malt en bouche. Longue finale amère et sèche.

ACCOMPAGNEMENT : si vous avez la chance de déjeuner au Bistro, optez pour un ceviche de tilapia. À déguster aussi avec des spécialités mexicaines, servies avec des chips au piment et au citron vert.

VICTORY

REPÈRES

PROPRIÉTAIRE Victory Brewing Company

FONDATION 1996

ADRESSE 420 Acorn Lane, Downingtown, Pennsylvanie 19335

SITE INTERNET www.victorybeer.com

PHILOSOPHIE Une formation germanique et une créativité américaine appliquées au meilleur des traditions européennes.

Les trois meilleures ventes de la brasserie – une triple belge, une IPA américaine houblonnée et une pilsner allemande – renvoient à trois cultures brassicoles différentes, au respect de la tradition, allié à une certaine forme d'indépendance.

« **NOUS PRIVILÉGIONS** les styles de bière traditionnels – toutes les pilsners sont houblonnées, mais les nôtres le sont un peu plus », confie Ron Barchet, cofondateur de Victory avec Bill Covaleski. Tous deux sont amis depuis qu'ils ont une dizaine d'années. En 1985, Covaleski offrit un kit de brassage à Barchet, et ce qui n'était au départ qu'un simple loisir prit de l'importance. Tous deux travaillèrent à la brasserie Baltimore, connue pour sa production de bières allemandes, jusqu'à sa fermeture, puis fréquentèrent une école brassicole allemande, mais à des époques différentes. « À en croire nos bulletins de notes au collège, nous n'avions pas le même niveau, et cela continue. Nous comptons l'un sur l'autre », avoue Covaleski à propos de leur partenariat. Victory vit le jour en 1996 dans une ancienne usine de produits boulangers sous la forme d'une brasserie et d'un restaurant. Elle fut plusieurs fois agrandie et récompensée pour l'étendue de la gamme des bières proposées. Une seconde brasserie a été inaugurée en 2013 près de Parkesburg, à nouveau dans un complexe industriel existant. À son sujet, les fondateurs expliquent : « L'impact environnemental et la qualité de l'eau sont des éléments déterminants pour nous. Près de huit mois ont été nécessaires pour trouver un site où la composition chimique de l'eau soit proche de celle utilisée dans la brasserie originale. »

Pour le 16e anniversaire de la brasserie, Covaleski écrivit à propos du plan de développement établi par les deux associés en 1994 : « Nous faisions remarquer à l'époque que nos atouts sur le plan de la compétitivité tenaient aux ingrédients et aux techniques que nous utilisions. Cela reste vrai. Le malt importé et les houblons entiers sont les mêmes ingrédients déterminants, identiques à ceux de nos débuts ».

VICTORY
HOPDEVIL

VICTORY
PRIMA

VICTORY
GOLDEN MONKEY

NOTES DE DÉGUSTATION

HOPDEVIL INDIA PALE ALE, 6,7 % VOL.
Robe cuivrée intense, délivrant sur le nez et en bouche une douce touche de malt Munich. Mais il s'agit avant tout d'une bière houblonnée, débordant de notes de pin et d'agrume, de saveurs d'agrume et d'une vivifiante amertume.

ACCOMPAGNEMENT : le supplément de mordant de cette IPA fait merveille avec la cuisine thaïe, les notes d'agrume intensifiant celles des préparations.

PRIMA PILS, 5,3 % VOL.
Robe couleur paille, nuancée d'or. Une bière franchement florale, avec un malt de pilsner frais, très présent. Bouche vive, avec des saveurs de houblon épicé et une amertume équilibrant ce qu'il reste de rondeur au malt. Finale sèche.

ACCOMPAGNEMENT : bière dédiée aux produits de la mer. À déguster avec du saumon, la texture du poisson s'accorde à celle de la bière, alors que les houblons aiguisent sa saveur.

GOLDEN MONKEY TRIPEL, 9,5 % VOL.
Blonde à reflets orange, coiffée d'une tête de mousse collante. Bouquet épicé, étayé par des notes de banane et de fruit à noyau. Touche de barbe à papa en bouche, fruité plus présent, agrémenté de clou de girofle, le tout équilibré par un houblon amérisant, évoluant vers une finale sèche.

ACCOMPAGNEMENT : de l'énergie à revendre pour cette bière à déguster avec un fromage au goût fort ou du jambon cru.

WIDMER BROTHERS

Kurt et Rob Widmer utilisaient le camion de leur père pour faire leurs premières livraisons. Le résultat : la naissance d'un nouveau style de bière américain et de la plus grande brasserie qui soit au cœur de la capitale de ce breuvage.

REPÈRES

PROPRIÉTAIRE Widmer Brothers Brewing

FONDATION 1984

ADRESSE 929 North Russell Street, Portland, Oregon 97227

SITE INTERNET www.widmerbrothers.com

PHILOSOPHIE Au service de la bière artisanale depuis 1984.

LES FRÈRES WIDMER, de Portland, créèrent un style avec leur Hefeweizen – trouble comme une weissbier bavaroise, mais élaborée avec une levure d'altbier qui n'engendre pas de flaveurs de banane ni de clou de girofle. Ils ajoutèrent une dose généreuse de houblon Cascade pour insuffler un caractère citrique et intensifier l'amertume. « En 1986, nous ne pensions pas au style. Nous nous contentions de brasser de la bière », dit Rob. Cette dernière eut un grand succès et, au milieu des années 1980, Widmer était la plus grande brasserie occidentale de bières à la pression.

En 2008, la fusion de Widmer et Redhook Ale Brewery vit naître le groupe Craft Brew Alliance, plus tard acquis par Kona Brewing (*voir* p. 193). Les marques ont subsisté de façon indépendante, et Widmer a bien plus que son Hefeweizen à proposer. Une série Rotator IPA met à l'honneur de nouvelles variétés de houblon, alors que la série Collaborator présente les recettes primées de brasseurs amateurs locaux. La série Brothers' Reserve inclut des bières que les deux frères n'auraient jamais imaginé brasser à leurs débuts. « Je ne suis pas sûr que tout cela ait pu voir le jour en 1985 ailleurs qu'ici. Les gens du nord-ouest sont les descendants des pionniers. Ils sont prêts à tout essayer », fait remarquer Kurt.

En 2012, Widmer lança la marque Omission, sous l'étiquette Craft Brew Alliance, qui ne contient pas de gluten, afin de toucher un public de personnes allergiques. Certains brasseurs font appel à des céréales alternatives, comme le sorgho, pour brasser des bières sans gluten, mais tout est plus compliqué pour conserver le goût. En utilisant de l'orge, débarrassée de son gluten lors du brassage, Craft Brew Alliance réussit à créer des bières sans gluten qui ont un goût authentique.

NOTES DE DÉGUSTATION

OMISSION LAGER BLONDE, 4,6 % VOL.
Robe d'un jaune éclatant. Fraîches notes citronnées, nuancées de malt sucré. Propre en bouche, saveur neutre, comme celle du pain blanc. Les houblons intensifient les notes d'agrumes, légèrement dures. Bel équilibre.

ACCOMPAGNEMENT : le Gasthaus Pub de Widmer propose cette bière avec un menu sans gluten, et recommande une salade aux dés de poulet et au bacon.

HEFEWEIZEN ALE DE FROMENT, 4,9 % VOL.
Robe jaune et trouble, généreuse tête de mousse blanche. Notes d'agrume, pour des flaveurs s'opposant à un froment, aux notes de pain aigre. Vive et souple amertume en finale, s'achevant sur des notes évoquant le pamplemousse.

ACCOMPAGNEMENT : parfaite avec des produits de la mer frais locaux, du saumon au crabe, et avec des préparations bien épicées.

DROP TOP AMBER ALE 5,3 % VOL.
Robe ambrée éclatante, coiffée d'une épaisse tête de mousse blanche. Arômes équilibrés de houblon délicatement floraux et de caramel doux. Texture crémeuse, avec saveurs de caramel grillé, malt et miel, mêlées aux notes épicées des houblons.

ACCOMPAGNEMENT : une grande bière pour finir un repas. Son malt se mêle aux saveurs d'un cheesecake au caramel, dont la douceur est coupée par les notes de houblons épicés.

WIDMER BROTHERS
OMISSION

WIDMER BROTHERS
HEFEWEIZEN

WIDMER BROTHERS
DROP TOP AMBER ALE

5 RABBIT 5 LIZARD

4 HANDS

www.4handsbrewery.com

VRAIE BRASSERIE citadine, à quelques pas du Busch Stadium de Saint-Louis. Sa désaltérante Prussia Berliner est un antidote à la chaleur humide des étés du Missouri. Le catalogue est étendu pour cette brasserie relativement récente, aux bières généreusement houblonnées et faciles à boire à table, comme la Smoked Pigasus, un porter à base de seigle, sirop d'érable et céréale fumée au barbecue par un restaurateur local. Autres références, des bières mûries en fûts d'alcool ou de vin.

5 RABBIT

www.5rabbitbrewery.com

UN PARTENARIAT entre le Mexique et le Costa Rica fut à l'origine de 5 Rabbit, en 2011, première brasserie d'inspiration latino-américaine de Chicago. Ses bières, conçues par le critique et spécialiste Randy Mosher, tirent leur inspiration des saveurs, textures et arômes de la cuisine latine. Ainsi, la witbier style latino 5 Lizard intègre écorces de citron vert, fruits de la passion et épices. Un houblon Motueka de Nouvelle-Zélande rehausse son caractère tropical aux notes de fruits de la passion.

(512) BREWING

www.512brewing.com

KEVIN BRAND, fondateur de (512) Brewing, était étudiant à l'université du Texas, à Austin, lorsqu'il visita la brasserie Celis (aujourd'hui fermée), et apprit que « là aussi on brassait de la bière, et pas seulement à Saint-Louis ». Des années plus tard, il revint à Austin pour fonder une brasserie spécialisée dans la vente de bières à la pression, élaborées avec des ingrédients bio locaux. La Pecan Porter intègre des noix de pécan, massivement cultivées dans la région de Texas Hill Country.

10 BARREL

www.10barrel.com

LES FONDATEURS de 10 Barrel auraient pu garder le premier nom de cet établissement, Wildfire, car, de toutes les brasseries de Bend, ce fut celle qui connut l'essor le plus rapide – dans cette ville possédant par ailleurs un « chemin de la bière ». Les brasseurs Jimmy Seifrit, Tonya Cornett (élu maître brasseur de l'année lors du World Beer Cup 2008) et Shawn Kelso furent à l'initiative de cette entreprise.

ABITA

www.abita.com

L'ABITA EST BRASSÉE à Abita Springs, face au lac Pontchartrain de la Nouvelle-Orléans. La ville est réputée pour la qualité de ses eaux depuis près d'un siècle. Les bières d'Abita sont associées chez tous les amateurs du pays au « laissez les bons temps rouler » apposé sur les étiquettes de bières, comme l'Amber ou la Purple Haze à l'infusion de framboise. Inaugurée en 1986, elle fut la première brasserie artisanale du Sud et reste la plus grande.

AC GOLDEN

www.acgolden.com

CETTE BRASSERIE est nichée au cœur du complexe brassicole de MillerCoors à Goden, dans le Colorado, considéré très récemment encore comme le plus grand site du genre au monde. AC Golden produit la Colorado Native, exclusivement brassée avec des ingrédients locaux, à la fois lager continentale classique et bière de ce que l'on qualifia de « Hidden Barrel Project ». Ce style inclut de puissantes bières mûries en fûts d'alcool, pour des boissons à la fois acides et délicieusement complexes, tirant leur inspiration de Belgique.

ALCHEMIST

www.alchemistbeer.com

DEUX JOURS après les inondations qui suivirent le passage de la tempête Irène, en 2011, et qui anéantirent Alchemist – brasserie du Vermont attenante au pub Waterbury –, les premières canettes de Heady Topper sortirent de la ligne de production voisine. La très populaire Double IPA, riche en fruits tropicaux et autres saveurs affirmées, permit de refinancer l'affaire et de brasser d'autres bières.

ALE ASYLUM

www.aleasylum.com

CETTE BRASSERIE est sur le point de devenir la troisième plus grande brasserie artisanale du Wisconsin. Ale Asylum s'installa à Madison en 2012 pour pouvoir répondre à la demande croissante en bières houblonnées et en ales de style belge. Son maître brasseur, Dean Coffey, ajoute du houblon Cascade à 11 étapes du brassage de la pale ale Hopalicious. La Ballistic IPA est encore plus puissante, et la Bedlam! mise sur l'équilibre entre un houblon américain Citra très présent et une levure d'abbaye trappiste.

ALESMITH

www.alesmith.com

CET ÉTABLISSEMENT aux modestes origines a désormais une capacité de production comparable à celle d'une brasserie régionale. Mais la réputation de cette brasserie de San Diego est bien supérieure à sa taille et à son volume de production. Les sites de notations en ligne la désignèrent à l'époque de sa création comme meilleure brasserie au monde. Fondée en 1995 par un brasseur amateur, puis revendue en 2002 à Peter Zien, autre brasseur amateur, Alesmith est fière de cette réputation artisanale. La brasserie offre une gamme de grandes bières, audacieuses, comme son IPA et sa SpeedwayStout au goût de café.

ALPINE

www.alpinebeerco.com

ANCIEN POMPIER, Patrick Mcilhenney fonda Alpine en 1999. Ses bières, autrefois brassées sous contrat avec AleSmith, sont désormais produites dans la petite ville d'Alpine, à l'ouest de San Diego. Mcilhenney annonce la couleur, avec ses bières aux noms de Pure Hoppiness et Exponential Hoppiness – exponentiel du fait de la quantité de houblon intégrée, doublée à chaque ajout –, deux références considérées comme des doubles IPA. La Nelson ou la Duet sont aussi des bières au houblon agressif.

ANDERSON VALLEY

www.avbc.com

DEPUIS SON OUVERTURE en 1987, la brasserie s'efforce de mettre en avant ses liens avec la vallée du comté de Mendocino dont elle tire son nom. Elle a notamment baptisé ses bières innovantes en boontling, dialecte de Boonville, comme la Hop Ottin' IPA ou la série Bahl Hornin (« bonne boisson »). Elle fut plusieurs fois récompensée pour ses pratiques écologiques.

ANHEUSER-BUSCH

www.anheuser-busch.com

BEAUCOUP DE CHOSES ont changé dans cette région, mais Anheuser-Busch reste une icône. Les racines de la brasserie remontent à 1852 et à la ville de Saint-Louis, bien que la maison mère – Anheuser-Busch InBev – soit implantée en Belgique. Filiale à 100 %, A-B supervise 12 brasseries dans le pays, produisant près de la moitié de la bière bue aux États-Unis, dont la deuxième marque la plus vendue au monde, la Bud Light, ainsi que les bières Shock Top.

ANDERSON VALLEY HOP OTTIN' IPA

ARCADIA

www.arcadiaales.com

CETTE BRASSERIE de Battle Creek ouverte en 1996 a recours au système britannique Peter Austin, développé par Alan Pugsley et utilisé partout dans le monde. Arcadia utilise des malts anglais et la souche de levure classique Ringwood dans ses cuves de fermentation ouvertes. Des bières comme la London Porter et la Scottish Ale reflètent cette tradition, mais la brasserie offre aussi des ales houblonnées de style américain et des ales mûries en fûts.

ATWATER

www.atwaterbeer.com

LA BRASSERIE fut inaugurée en 1997. Ses lagers, élaborées dans des installations importées d'Allemagne, ne tardèrent pas à se distinguer. Cela n'empêcha pas la brasserie de fermer, puis de reprendre son activité, de fermer à nouveau, et de rouvrir en 2005, sous le nom d'Atwater. Implantée dans les entrepôts d'une usine datant de 1919, à Detroit, Atwater continue à brasser des lagers traditionnelles allemandes, désormais conditionnées en canettes, aux côtés de styles d'ales populaires.

AUGUST SCHELL

www.schellsbrewery.com

NÉ EN ALLEMAGNE, August Schell fonda ce qui est devenu la deuxième plus ancienne brasserie du pays encore en activité, une affaire familiale, créée à New Ulm en 1860. La popularité de ses bières traditionnelles allemandes imposait l'organisation d'un Bock Fest en février, attirant chaque année des milliers de visiteurs, malgré la rigueur du climat du Minnesota. La brasserie propose une gamme de bières fortes à l'année et des bières de saison spéciales.

AUSTIN BEERWORKS

www.austinbeerworks.com

AUSTIN BEERWORKS ouvrit à Austin en 2010, en même temps qu'une dizaine d'autres brasseries. « L'excellence à tout prix » fut la devise du quatuor qui misa sur la production de bières houblonnées vendues en canettes – récompensées pour leur design et qui s'écoulèrent à 4 770 hl la première année. La Fire Eagle American IPA est un concentré de houblon américain aux notes fruitées et dynamiques d'agrume, alors que la Pearl Snap Pils se veut une bière texane désaltérante aux houblons continentaux.

BALLAST POINT

www.ballastpoint.com

LES BRASSEURS amateurs parvinrent à faire de San Diego la Mecque de la bière. Jack White et Yuseff Cherney inaugurèrent leur brasserie en 1996, dans un magasin de bières artisanales ouvert par White en 1992. En 2010, Ballast Point décrochait deux médailles d'or au World Beer Cup, ainsi que le titre de « microbrasserie de l'année ». Sans surprise, la recette d'une de leurs bières emblématiques, la Sculpin IPA, fut mise au point en collaboration avec des brasseurs amateurs locaux.

BAXTER

www.baxterbrewing.com

LUKE LIVINGSTONE se mit à brasser de la bière en amateur lorsqu'il était au collège. Il mit au point le plan de développement de cette brasserie du Maine alors qu'il avait 24 ans. En 2011, à 27 ans, il prit la 30e place du classement de *Forbes Magazine*, dans la catégorie « alcool et alimentation ». Baxter affiche une croissance à deux chiffres et brasse avec succès des ales houblonnées, comme la Stowaway IPA, et les vend en canettes.

BAYERN

www.bayernbrewery.com

PROPRIÉTAIRE ET MAÎTRE BRASSEUR de Bayern Brewery, Jürgen Knöller est un maître brasseur diplômé d'origine allemande qui s'intéressa au brassage en 1978, alors qu'il avait 16 ans. Il passa de nombreuses années en Allemagne, où de simple apprenti il accéda au statut de maître brasseur. La rumeur veut que Knöller, quittant sa Bavière natale pour Missoula, dans le Montana, en 1987, ait emporté deux valises, une pour ses vêtements, l'autre pour des livres sur les techniques brassicoles. Il acheta la brasserie quatre ans plus tard, à ce jour seule brasserie allemande des Rocheuses. Bayern brasse surtout des bières de style allemand, malgré le nom étrange de certaines, dont la Face Plant (weizenbock) et Dump Truck (helles).

BEAR REPUBLIC

www.bearrepublic.com

POMPIER ET PILOTE automobile, Richard Norgrove, maître brasseur de Bear Republic, élabore nombre de bières populaires, comme l'Hop Rod Rye. Cette brasserie californienne a du mal à répondre à la demande de la Racer 5, une IPA résineuse, très fruitée. Norgrove a mis au point un procédé d'houblonnage à sec unique pour cette bière, basé sur une circulation à travers de petites cuves séparées qu'il appela *hop babies*, afin d'extraire l'huile essentielle du houblon et d'intensifier son arôme. Cette affaire familiale dirige aussi un pub-brasserie à Healdsburg, dans le comté de Sonoma.

BERKSHIRE

www.berkshirebrewingcompany.com

FONDATEURS DE Berkshire Brewing Company, Gary Bogoff et Chris Lalli bâtirent seuls cette brasserie dans une ancienne usine de cigares de l'ouest du Massachusetts. La bière pression représente l'essentiel de leur production, mais ils continuèrent à embouteiller manuellement leurs bières jusqu'à ce que les ventes excèdent 12 000 hl. « Nous vivons notre rêve », confiait Bogoff alors que la brasserie, fondée en 1994, accédait à un statut régional. La Drayman's Porter est leur bière emblématique.

BIG BOSS

www.bigbossbrewing.com

L'AFFAIRE DÉBUTA sous le nom de Tomcat Brewing en 1996, puis le site de Raleigh, en Caroline du Nord, changea d'appellation cinq fois avant que Geoff Lamb rachète la brasserie avec son maître brasseur Brad Wynn, et la baptise Big Boss. Les bières du catalogue sont traditionnelles, comme l'ale brune Bad Penny, ou plus exotiques, comme la Big Operator, une stout parfumée au chocolat belge à la framboise.

BIG SKY

www.bigskybrew.com

CETTE BRASSERIE de Missoula, dans le Montana, brasse une large gamme de bières audacieuses et intéressantes, dont la Moose Drool – une ale brune. Ce nom fait référence à un dessin réalisé pour les étiquettes par la mère d'un des fondateurs de Big Sky. En découvrant l'œuvre – un élan *(moose)* –, un des brasseurs s'écria : « Appelons-la Moose Drool ».

BISON

www.bisonbrew.com

COPROPRIÉTAIRE de Bison, Daniel Del Grande est un partisan de l'écologie. La brasserie vit le jour en 1989, à Berkeley, en Californie, mais le brassage est aujourd'hui réalisé à Mendocino Brewing. Après ce transfert, Del Grande fit calculer l'empreinte carbone de la brasserie. Dans son classement, le répertoire en ligne des entreprises vertes Greenopia attribue aujourd'hui trois feuilles d'érable (sur quatre) à la brasserie. Depuis 2002, Bison distribue des bières certifiées biologiques, comme la Chocolate Stout, meilleure vente de la brasserie, ou l'étonnante Honey Basil Ale.

BJ'S CHICAGO PIZZA AND BREWERY

www.bjsbrewhouse.com

BJ'S DIRIGE une chaîne de 130 restaurants, répartis dans 15 États, dont quelques restaurants-brasseries – les autres servent une bière brassée dans les microbrasseries de BJ'S ou d'autres établissements sous contrat. Chaque site propose huit bières à l'année et des bières de saison, tout en promouvant des bières issues de petites cuvées d'autres pubs-brasseries. La Camaraderie est élaborée en collaboration avec la brasserie Bavik, en Belgique, et proposée dans une dizaine de restaurants de la chaîne BJ'S.

BLACK RAVEN

www.blackravenbrewing.com

LA PHOTOGRAPHIE qui montre un homme et un corbeau entourés de fûts sur le site Internet de la brasserie explique le lien mystique entre la brasserie et le corbeau. Depuis l'inauguration de Black Raven (« corbeau noir »), en 2009, Robert « Beaux » Bowman prouve son savoir-faire en matière de bières houblonnées, comme la Trickster IPA, et de bières puissantes, dont l'Old Birdbrain récompensée trois années de suite lors du prestigieux Great Alaska Beer and Barleywine Festival.

BLUE MOON

www.bluemoonbrewingcompany.com

LE GROUPE Millercoors possède la marque Blue Moon et brasse ses bières dans sept de ses brasseries. En 1994, lorsque Coors demanda à un seul brasseur et à un seul distributeur de lancer une marque avec peu de moyens, tous trois durent trouver une petite brasserie pour brasser la Blue Moon Belgian White sous contrat. Aujourd'hui, les ventes de la marque dépassent celles des bières artisanales les plus populaires, comme la Sierra Nevada Pale Ale ou la Samuel Adams Boston Lager. Le maître brasseur Keith Villa, responsable de ce succès, continue à créer des recettes de Blue Moon.

BOULDER HAZED & INFUSED

BLUE POINT

www.bluepointbrewing.com

APRÈS L'ACHAT aux enchères d'équipements de jeunes microbrasseries en faillite, Pete Cotter et Mark Burford établirent Blue Point dans une ancienne usine de crèmes glacées de Long Island, et choisirent un nom faisant référence aux huîtres locales. Bière phare de la brasserie, la Toasted Lager, une lager de style vienne, doit sa couleur à une ébullition à feu direct. Le catalogue compte d'autres bières plus tendances, comme la RastafeRye Ale et l'Hoptical Illusion.

BOSCOS

www.boscosbeer.com

LA CHAÎNE RÉGIONALE de pubs-brasseries ouvrit en 1992, dans une banlieue de Memphis. Après une apparition dans le film *La Firme*, avec Tom Cruise, Boscos innova avec un choix de plus de 50 marques à l'année. La plus réputée des bières au catalogue est la Famous Flaming Stone Beer – une steinbier traditionnelle allemande. Outre ses quatre pubs-brasseries dans le Tennessee et en Arkansas, le groupe est à la tête d'une brasserie, Ghost River, distribuant ses bières dans la région de Memphis.

BOULDER

www.boulderbeer.com

BOULDER BEER COMPANY brassait trois bières sur le site d'un élevage de chèvre près de Boulder, dans le Colorado. En 1980, ses bières commencèrent à se vendre – une Boulder Porter, une Stout et une Extra Special Bitter. Les brasseurs utilisaient le houblon américain Cascade et l'Hallertau allemand, bénéficiant des largesses du géant Coors, qui leur vend aussi du malt. Le catalogue s'est étoffé, avec des bières comme la pale ale Hazed & Infused houblonnée à sec, et la Flashback India Brown Ale.

BOUNDARY BAY

www.bbaybrewery.com

PLUS GRAND pub-brasserie du pays, Boundary Bay distribue l'essentiel de sa production hors de ses murs. Le pub reste toutefois le cœur de l'affaire. « Si vous photographiez l'assemblée, vous verrez que tout Bellingham est là », dit Janet Lightner, directrice de la brasserie, lors du 10e anniversaire de l'établissement en 2005. Le catalogue est éclectique, de la houblonnée Inside Passage Ale (IPA) à l'éternelle et toujours incroyable Dunkles Bock.

BRECKENRIDGE

www.breckbrew.com

OUVERT EN 1990, ce pub-brasserie porte le nom de la ville où il fut créé. Il étendit son activité à Denver, en 1992, avant de tenter sans succès d'exporter ses pubs hors du Colorado. Le groupe se développa en se concentrant sur ses cinq pubs-brasseries et bars de ales du comté de Denver, mais aussi sur sa brasserie mère. En 2013 fut annoncée l'ouverture d'une nouvelle brasserie au sud de Denver.

BREWERY VIVANT

www.breweryvivant.com

SITUÉE À GRAND RAPIDS, dans le Michigan, la brasserie occupe un bâtiment centenaire, jadis occupé par une entreprise de pompes funèbres. Le pub de la brasserie a été aménagé dans l'ancienne chapelle. Les bières évoquent celles d'une brasserie agricole franco-belge, mais elles sont vendues en canettes. La production est éclectique : des bières traditionnelles, dont la bière de saison Farmhand ou la bière de style abbaye Solitude, et des breuvages plus audacieux, comme la Zaison titrant 9 % vol.

BRIDGEPORT

www.bridgeportbrew.com

BAPTISÉE COLUMBIA RIVER Brewery à son ouverture en 1984, Bridgeport est la seule et la plus ancienne brasserie artisanale en activité dans l'Oregon. Le pub-brasserie et la brasserie occupent les bâtiments centenaires d'une ancienne fabrique de cordages de Portland, plusieurs fois agrandis depuis leur rachat en 1995 par Gambrinus, basé à San Antonio. La Bridgeport IPA, considérée par beaucoup comme incroyablement amère à sa sortie en 1995, est la bière emblématique de la brasserie.

BRISTOL

www.bristolbrewing.com

UNE RÉFÉRENCE à Colorado Springs, depuis 1994, année où Mike et Amanda Bristol s'installèrent dans la région. La brasserie fut agrandie en 2013 avec l'installation d'une salle de brassage de conception allemande dans les locaux d'une école primaire centenaire, presque en face de l'ancienne brasserie. Si Bristol a plus que doublé sa capacité de production, sa bière reste exclusivement distribuée dans le Colorado. Sa Laughing Lab Scottish Ale est la bière de cet État ayant remporté le plus de médailles au Great American Beer Festival.

THE BRUERY

www.thebruery.com

PATRICK RUE, le fondateur de la brasserie, prévoyait dans son business plan que les bières mûries en fûts représenteraient 20 % des ventes. En 2013, cinq ans après l'ouverture de The Bruery, la brasserie a atteint son rythme de croisière – elle a 3 000 fûts en stock et 40 % de la production se retrouvent en fûts. Il faut du temps pour assembler les éléments, comme dans l'Oude Tart, une association de red ales de style flamand, mûries 16 à 20 mois en fûts de vin. The Bruery est fière de ses bières en bouteilles, qui sont à 100 % fermentées en bouteilles, comme la primée Saison Rue.

CALDERA

www.calderabrewing.com

LES HUIT premières années qui suivirent son ouverture en 1997, Caldera ne vendit que des bières pression et se contenta d'une production limitée. Tout changea en 2005, lorsqu'elle devint la première microbrasserie d'Oregon à installer une ligne de conditionnement en canettes, complétée en 2012 par une unité de distillation. Ses bières, dont ses IPA et Pale Ales, ont décroché plusieurs médailles internationales.

CAMBRIDGE

www.cambrew.com

PREMIER PUB-BRASSERIE de Nouvelle-Angleterre, Cambridge Brewing a su recréer une atmosphère authentique dans un bâtiment de brique rouge aux hauts plafonds. De même, les bières traditionnelles du catalogue n'ont pas changé depuis 1989. Le maître brasseur Will Meyers propose par ailleurs une sélection changeante de bières innovantes – à l'image de la Benevolence d'inspiration belge, ou de la The Wind Cried Mari, élaborée à partir de fleurs de bruyère, jasmin et lavande.

CAPITAL

www.capital-brewery.com

IMPLANTÉE DANS les locaux d'une brasserie allemande qui fit faillite, Capital brasse depuis 1986 une bière fidèle à la tradition allemande. Son Autumnal Fire pourrait être décrite comme un croisement entre une oktoberfest – elle est brassée à la même époque – et une doppelbock blonde – elle a la même force. Si le catalogue inclut des bières houblonnées américaines, les breuvages de style allemand, comme la Dark, sont au cœur de sa production.

THE BRUERY SAISON RUE

CAPTAIN LAWRENCE

www.captainlawrencebrewing.com

À 17 ANS, Scott Vaccaro avait déjà décidé d'être brasseur. Il étudia les techniques brassicoles en Californie, travailla comme stagiaire dans des brasseries, puis apprit son métier à Sierra Nevada (*voir* p. 176-177). Il rentra chez lui à New York en 2006, où il fonda, avec sa famille, Captain Lawrence. La brasserie est connue pour ses bières de style belge et ses bières mûries en fûts, pour certaines acides, et toutes complexes.

CASCADE

www.cascadebrewingbarrelhouse.com

CASCADE est à la tête d'un pub-brasserie à Raleigh Hills et du Barrel House à Portland. C'est dans ce dernier établissement, spécialisé dans les bières acides, que se pressent les amateurs. En 2005, Art Larrance, propriétaire des lieux, et son maître brasseur Ron Gansberg, décidèrent de se lancer dans les bières acides mûries en fûts, afin de proposer une expérience sensorielle plus intense que celle procurée par le houblon. Gansberg laissa libre cours à son imagination et créa toutes sortes de bières à base de fruits. Barrel House propose régulièrement de la bière vivante – avec une levure ou des bactéries encore actives – tirée du fût.

CENTRAL WATERS

www.centralwaters.com

CETTE BRASSERIE se soucie d'écologie. Elle fut la première à intégrer le programme Green Tier du Wisconsin pour ses pratiques écologiques. Les cuves de la brasserie portent des noms comme The Dude, Donnie, Walter et The Big Lebowski – en référence au film éponyme. La série Reserve de Central Waters compte de nombreuses bières mûries en fûts, et aucune ne semble aussi justement nommée que la Charlie's Y2K Catastrophe Ale, une puissante barley wine.

CHUCKANUT BREWERY

www.chuckanutbreweryandkitchen.com

CHUCKANUT BREWERY représente entre autre le retour triomphant sur le devant de la scène d'une des premières brasseries artisanales des États-Unis. En 1985, Will et Andy Kemper fondèrent la brasserie Thomas Kemper, vite engloutie lors de la fusion avec une société qui deviendra Pyramid Ales. Kemper sillonna le monde, aidant au démarrage d'autres brasseries, avant de s'installer à Chuckanut en 2008. La brasserie de l'État de Washington produit quelques-unes des meilleures bières de style allemand des États-Unis. Kemper avoue un faible pour la Chuckanut Pilsner.

CHURCH BREW WORKS

www.churchbrew.com

SI LA BRASSERIE se situe au niveau de l'autel d'une ancienne église baptiste, dans la banlieue de Pittsburgh, elle est loin d'être un simple ornement dans un cadre grandiose. Inaugurée en 1996, elle a décroché en 2012 quatre médailles au Great American Beer Festival, ainsi que le titre de Large Brewpub of the Year. Church Brew Works est réputée pour la qualité de ses bières d'inspiration allemande, comme sa valeur sûre, la Pious Monk Dunkel.

CIGAR CITY

www.cigarcitybrewing.com

DEPUIS SON OUVERTURE en 2009, cette brasserie de Tampa participa à redorer l'image de la brassiculture de Floride, avec son maître brasseur Wayne Wambles, créateur de bières récompensées au Great American Beer Festival, chacune des quatre années qui suivirent l'inauguration de Cigar City. La brasserie s'inspire de la culture de Tampa – comme en témoigne son nom, qui évoque l'époque où la ville était la « capitale du cigare ». La Jai Alaï IPA fait référence à un sport populaire pratiqué à Tampa, les bières de l'Humidor Series mûrissent en fûts de cèdre espagnol, un bois utilisé à la confection des boîtes de cigares.

COLUMBUS

www.columbusbrewing.com

CETTE BRASSERIE est nichée dans Brewery District, un quartier de Columbus, dans l'Ohio, qui abritait cinq brasseries au XIXe siècle. Le renouveau du quartier va de pair avec celui de la brassiculture dans cette cité, où Columbus Brewing est depuis peu sur le devant de la scène. Son maître brasseur et propriétaire Eric Bean a une préférence pour les lagers, à l'image de sa populaire bière de saison, la Summer Teeth, alors que l'IPA de la brasserie, à robe orange pâle et au caractère houblonné, connaît une croissance à deux chiffres. Autre référence disponible à l'année, une populaire pale ale.

CRAFTSMAN

www.craftsmanbrewing.com

MARK JILG se mit à brasser des bières hors normes en 1995, bien avant que les « petites cuvées » soient à la mode à Los Angeles. « J'aime faire ce que les gens ne font pas », avoue-t-il. Ses bières de référence incluent la Craftsman 1903, une lager pre-prohibition généreuse en saveurs. La Cabernale, élaborée avec un raisin cabernet-sauvignon, laisse une impression entre bière et vin, alors que l'Acorn Saison a un goût de gland.

CROOKED STAVE

www.crookedstave.com

CHAD YAKOBSON, fondateur de la brasserie, explique que le nom de Crooked Stave fait référence à la douve irrégulière d'un tonneau. « Pour l'industrie, nous sommes à l'image de cette douve… », confie-t-il. Yakobson crée ses bières à Denver, avec des souches de levure de culture de marque déposée, et travaille en parallèle à la rédaction de son mémoire de maîtrise sur les Brettanomyces. Ses bières sont pour l'essentiel assemblées après maturation en fûts. Parmi elles, la bière de saison Surette, la blonde L'Brett d'Or, ou bien encore la HopSavant, une IPA tropicale des plus sauvages.

DARK HORSE

www.darkhorsebrewery.com

CHAQUE ANNÉE en décembre, cette brasserie du Michigan organise le 4 Elf Winter Ale, une fête célébrant la sortie de sa bière éponyme au cours de laquelle sont servies 50 autres bières pression et où les participants sont invités à revêtir des costumes d'elfes. La brasserie a gardé son authenticité, malgré l'envolée de ses ventes, impulsée par la Crooked Tree IPA et un assortiment d'autres bières audacieuses.

DC BRAU

www.dcbrau.com

L'ACTIVITÉ BRASSICOLE à Washington était en sommeil depuis 1955, quand DC Brau ouvrit en 2011. Ses fondateurs, Brandon Skall et Jeff Hancock, très liés à la scène musicale de la ville, n'hésitent pas à organiser des soirées musicales et introduisent la musique jusque dans les noms donnés à leurs bières, comme Your Favorite Foreign Movie (un morceau de Steely Dan) et Ghoul's Night Out (un morceau des Misfits). Leur meilleure vente, une pale ale, baptisée The Public, est conditionnée en canettes.

DESTIHL

www.destihlbrewery.com

LES MICROBES en suspension dans l'air de cette ferme brassicole de l'Illinois apportent un élément sauvage à ses bières acides. DESTIHL fit cette découverte dans sa brasserie-restaurant de Normal (l'entreprise en possède une autre à Champaign), qui utilise des fûts de réemploi comme cuves de refroidissement *(koelschips)*, lors de ce que son maître brasseur décrit comme une « fermentation sauvage spontanée secondaire ». Depuis, et après l'ouverture d'une brasserie dédiée à la production, DESTIHL exploite ce procédé, amélioré par l'apport de foudres de chêne importés de France.

DEVILS BACKBONE

www.dbbrewingcompany.com

CE PUB-BRASSERIE et sa brasserie séparée, au cœur de la Virginie, devinrent vite réputés pour la qualité de leurs bières, surtout celles d'origine allemande. Jason Oliver, le maître brasseur, se passionna pour ces styles de bière alors qu'il était étudiant à l'école de brassiculture. « J'aime la précision du processus, confie-t-il. Je voulais en apprendre plus sur les vieilles techniques de brassage. » Les quatre bières les plus populaires – Vienna Lager, Eight Point IPA, Dark Abby (une double d'inspiration belge) et Danzig (un porter de la Baltique) – illustrent l'étendue du catalogue proposé.

DIAMOND KNOT

www.diamondknot.com

EN 1994, deux ouvriers de chez Boeing, près de Seattle, fondèrent Diamond Knot, sans quitter leur emploi. Ils broyaient le grain chez eux et le transportaient dans une salle de brassage, dans un bar de Mulkiteo. Leur IPA, houblonnée à sec en keg avec un houblon Colombus alors inédit, devint culte à Seattle. Ils finirent par acheter le bar et sont à la tête de trois restaurants et deux brasseries.

DIXIE

www.paulanerhpusa.com/dixie

EN 2005, l'ouragan Katrina et les inondations qui suivirent dévastèrent Dixie, brasserie de la Nouvelle-Orléans. Ses bières, dont la Dixie Lager et la Blackened Voodoo (une schwarzbier), sont aujourd'hui brassées dans le Wisconsin sous contrat. Dixie, fondée en 1907, procédait encore à la maturation de ses bières dans des cuves en bois de cyprès datant de 1912.

DOUBLE MOUNTAIN

www.doublemountainbrewery.com

EN 2007, Matt Swihart et Charles Devereux fondèrent cette brasserie à Hood River, dans l'Oregon – le nom est inspiré du panorama offert sur les monts Adams et Hood. Une souche de levure de Belgique est employée pour la fermentation de l'essentiel des ales. Les cônes de houblon sont préférés aux granulés *(pellets)* et un « filtre à houblon » est utilisé pour intensifier le caractère houblonné des bières, vendues en bouteilles recyclables de 500 ml.

DRAKE'S

www.drinkdrakes.com

À L'ÉPOQUE où Roger Lind fonda sa brasserie à San Leandro, en 1989, il brassait, conditionnait en kegs et livrait sa bière lui-même. Depuis, l'établissement deux fois racheté et rebaptisé Drake's est resté une brasserie artisanale, même si sa production a été revue à la hausse et qu'elle dispose d'un pub, le Barrel House, proposant une vingtaine de ses bières à la pression. L'essentiel de la production s'appuie sur de généreuses quantités de houblon, comme en témoigne la Drake's India Pale Ale.

DRY DOCK

www.drydockbrewing.com

EN 2002, trois ans après avoir acheté Brew Hut, une boutique de bière artisanale d'Aurora, dans le Colorado, Kevin DeLange ouvrit la brasserie Dry Dock, juste à côté. Huit ans plus tard, la brasserie était transférée dans un complexe de 2 500 m². Le choix des quatre premières bières inaugurant la ligne de conditionnement en canettes – Apricot Blonde, Hefeweizen, Amber et IPA Hop Abomination – témoigne de cet engagement à brasser « des styles traditionnels avec talent ».

DUCK-RABBIT

www.duckrabbitbrewery.com

LE FONDATEUR de Duck-Rabbit, Paul Philippon, était professeur de philosophie. Le logo représente, selon la façon dont on le regarde, un canard ou un lapin. Cette image avait été rendue célèbre par le philosophe autrichien Ludwig Wittgenstein, qui l'utilisa pour illustrer la problématique du point de vue. Philippon perçut le potentiel qu'il y avait à commercialiser des bières brunes en Caroline du Nord. Ses bières, comme sa Baltic Porter, lui donnèrent raison et lui valurent un engouement national.

EEL RIVER

www.eelriverbrewing.com

EN 1989, Eel River fut la première brasserie du pays dotée d'une certification biologique, avant de bénéficier d'une alimentation fournie par la biomasse – à partir des déchets d'une scierie. Sa production montre que des bières biologiques, comme sa Porter, ne sont pas insipides. Ce pub-brasserie du nord de la Californie occupe le site d'une ancienne scierie de séquoias, à Fortuna. Une brasserie séparée, dédiée à la production, vit le jour en 2007, à Scotia.

ELYSIAN

www.elysianbrewing.com

ELYSIAN OCCUPE Seattle avec trois pubs-brasseries et un site dédié à la production. Des bières comme la Dragonstooth Stout et l'Avatar Jasmine IPA ont une réputation nationale, ainsi que les bières du maître brasseur Dick Cantwell, élaborées à partir de différents végétaux. Les autres références du catalogue incluent l'Immortal IPA, la Zephyrus Pilsner et la Perseus Porter. Le Great Pumpkin Festival organisé par la brasserie présente plus de 60 bières à la citrouille venues du monde entier, dont la Night Owl Pumpkin Ale de Elysian.

EPIC

www.epicbrewing.com

EPIC CHOISIT dès le départ de ne pas brasser de bière titrant moins de 4 % vol. afin de se conformer à la curieuse législation de l'Utah. La brasserie acquit rapidement une réputation nationale et inaugura un second établissement à Denver. Le terme « épique » est tout à fait adapté pour décrire l'approche audacieuse du maître brasseur des lieux, Kevin Crompton, comme en témoigne entre autres la Big Bad Baptist Imperial Stout, infusée avec du café et mûrie en fûts de bourbon.

FAT HEAD'S

www.fatheadsbeer.com

FAT HEAD'S fut un précurseur de la bière artisanale à Pittsburgh. Grâce à ses voyages, Matt Cole avait acquis une vraie réputation de brasseur. De son association avec Fat Head's Saloon émergea Fat Head's Saloon & Brewery, un pub-brasserie à Middleburg Heights, dans l'Ohio, et un site dédié à la production. La bière de référence est l'Head Hunter IPA, mais d'autres bières sont à découvrir, comme la Battle Axe Baltic Porter ou la Güdenhoppy Pils.

ELYSIAN NIGHT OWL

FIFTY FIFTY

www.fiftyfiftybrewing.com

MAÎTRE BRASSEUR chez Fifty Fifty, Todd Asham joua un rôle déterminant dans les années 1990 en faisant des bières mûries en fûts une catégorie distincte. Qualifiées d'expérimentales à leurs débuts, ses bières élaborées dans une brasserie de l'Illinois se virent médailler plusieurs années de suite au Great American Beer Festival. Minuscule brasserie de Truckee, en Californie, Fifty Fifty produit une large gamme de bières, mais les références mûries en fûts restent les plus demandées.

FISH

www.fishbrewing.com

SITUÉE À OLYMPIA, dans l'État de Washington, où le géant brassicole Olympia avait rendu célèbre l'accroche *It's the Water*, Fish produit des ales biologiques sous la marque Fish Tale, et des bières d'inspiration allemande sous le nom de Leavenworth. Fish acheta Leavenworth Biers en 2001. Les bières de cette brasserie étaient auparavant brassées dans une cité de bûcheronnage sur le déclin, qui avait repris vie sous des allures de village bavarois. La brasserie est aussi à la tête des Fish Tale Brew Pubs à Olympia et à Everett.

FLYING FISH

www.flyingfish.com

UNE SÉRIE de bières, baptisées du nom des sorties de l'autoroute New Jersey Turnpike, célèbre le lien entre cette brasserie proche de Philadelphie et son État d'origine, le New Jersey. Flying Fish se fit aussi connaître pour avoir été lancée sur Internet, une initiative que son fondateur, Gene Muller, qualifiait en 1995 de « rencontre entre une vénérable maison et le World Wide Web ». Parmi les références proposées à l'année, l'Abbey Dubbel d'inspiration belge ou l'American Hopfish, ainsi que différentes bières de la série Exit.

FOOTHILLS BREWING

www.foothillsbrewing.com

LA SORTIE ANNUELLE de la Sexual Chocolate Stout, du pub-brasserie Foothills Brewing de Winston-Salem, est devenue une sorte de festival attirant de nombreux amateurs. D'abord brassée lors de la Saint-Valentin, cette bière – difficile à trouver dans sa version mûrie en fûts de bourbon – tire son nom d'un groupe de musique apparaissant dans le film *Un Prince à New York*. En 2011, Foothills s'enrichit d'une brasserie dédiée à la production pour répondre à la demande en bières comme l'Hoppyum IPA et la People's Porter.

FORT COLLINS

www.fortcollinsbrewery.com

CETTE BRASSERIE est connue pour ses propres marques, mais aussi pour le brassage des bières sans gluten de New Planet Beer Company, basée près de Boulder. En 2010, Fort Collins fit bâtir un complexe brassicole qui abrite aussi une « taverne moderne », Gravity 1020. En 2013, une grosse brasserie vit le jour sur le site, afin de répondre à la demande de bières New Planet, distribuées à l'échelon national. Parmi les bières les plus populaires de Fort Collins, on trouve la Kidd Black Lager et la Chocolate Stout.

FOUR PEAKS

www.fourpeaks.com

SURTOUT RÉPUTÉE pour sa Kilt Lifter Scottish-Style Ale, Four Peaks ajouta un second site de brassage à son arsenal en 2012 pour répondre à une demande croissante. Inaugurée en 1997, la brasserie-restaurant originale de Tempe, en Arizona, logeait dans une bâtisse de 1892 qui abrita une crémerie jusqu'en 1965. Si les ales populaires comme la Kilt Lifter et la 8th Street témoignent du souci d'équilibre de leur maître brasseur Andy Ingram, la Hop Knot IPA offrit également le succès à Four Peaks.

FREE STATE

www.freestatebrewing.com

EN 1989, cette brasserie-restaurant de Lawrence fut le premier établissement du genre enregistré officiellement dans le Kansas depuis plus d'un siècle. La prohibition sévit dans cet État – un des premiers concernés – à partir de 1881 et il fallut attendre 1948 pour que la vente de bières soit à nouveau autorisée. Free State inaugura un site de production en 1989, et conditionna les bières pour les vendre dans le Kansas et le Missouri exclusivement. Au catalogue, des bières emblématiques, dont l'Ad Astra Ale, mais aussi des bières de spécialité.

FULL SAIL

www.fullsailbrewing.com

HORS DE L'OREGON, les amateurs connaissent Full Sail pour l'étendue de son catalogue, de la nostalgique Session Lager à ses références robustes et houblonnées mûries en fûts. Toutes ces bières sont brassées manuellement, dans la seule brasserie du pays de taille comparable à opérer encore de la sorte. La terrasse du pub de la brasserie domine les gorges de la Columbia River. Des sommets volcaniques coiffés de neige pointent à l'horizon. Ouverte en 1987, la brasserie est devenue une entreprise détenue par les salariés en 1999.

FULLSTEAM

www.fullsteam.ag

INAUGURÉE EN 2010, Fullsteam a pour objectif de « créer un authentique style de bière du Sud, rendant hommage à l'héritage gastronomique et agricole du Sud ». Cette volonté passe par le brassage de bières intégrant des ingrédients locaux, comme l'El Toro Classic Cream Ale élaborée avec du maïs, ou la Carver, avec des patates douces. La série Forager fait appel à des ingrédients récoltés par des volontaires et inclut des bières brassées avec du kaki sauvage et des papayes.

FUNKWERKS

www.funkwerks.com

LES FONDATEURS de la brasserie, Brad Lincoln et Gordon Schuck, savaient que la spécialisation dans les bières de saison exigeait un environnement adapté, comme celui de Fort Collins. « Nous n'aurions pas pu faire ce que nous faisions dans un endroit où les brasseries étaient rares », confie Lincoln. En 2010, alors qu'ils travaillaient déjà depuis quelques mois, Lincoln et Schuck firent l'acquisition d'un équipement de brassage plus conséquent. Deux ans plus tard, Funkwerks Brewing décrochait le titre de « brasserie artisanale de l'année » au Great American Beer Festival.

GEARY'S

www.gearybrewing.com

EN 1986, Geary's fut la 13e microbrasserie inaugurée aux États-Unis. Avant de se lancer dans le brassage, Dave Geary, qui avait étudié en Angleterre, travailla dans une dizaine de petites brasseries, de l'Écosse au sud de l'Angleterre. Il fit appel aux services du consultant anglais Alan Pugsley pour fonder sa brasserie. Ses bières trahissent un certain sens de l'équilibre et de la retenue. Parmi elles, sa Pale Ale emblématique, réunissant malt anglais, levure et houblons caractéristiques du nord-ouest américain. Autres références, l'Ale et la London Porter.

GENESEE

www.geneseebeer.com

RARE BRASSERIE fondée avant la prohibition encore en activité, Genesee fut rebaptisée « High Falls » au début du siècle, avant de reprendre le nom qui datait de son installation à Rochester, dans l'État de New York, en 1878. Elle produit une ligne de lagers bénéficiant d'ajout céréalier, mais aussi les Dundee Ales et Lagers. En 2012, l'entreprise inaugura Genesee Brew House et brassa des bières de spécialité dès le début.

GEORGETOWN

www.georgetownbeer.com

LA MANNY'S ALE, du nom du cofondateur, Manny Chao, représente plus de 80 % des ventes de cette brasserie de Seattle. Bien que sa production se limite à des bières de pression, l'établissement a acquis un statut de brasserie régionale. Chao et son associé Roger Bialous avaient travaillé à l'ancienne brasserie Ranier, avant de bâtir la leur. Chao recherche « un vif profil houblonné » pour la pale ale et continue à ajouter des houblons jusqu'à la fin du brassage. « J'en ajoute encore à la toute fin, et tout ce houblon prend vie », explique-t-il.

GIGANTIC

www.giganticbrewing.com

VAN HAVIG et Ben Love sont très réputés en Oregon. Ils baptisèrent la brasserie Gigantic, pour signifier à leur façon que leur brasserie resterait modeste. À l'ouverture en 2012, ils avaient deux objectifs : « Faire la meilleure IPA de Portland et produire d'excitantes bières de saison, pour certaines brassées une seule fois. » La première de ces bières à voir le jour, en dehors de l'IPA promise, fut la The City Never Sleep, une bière de saison à robe noire.

GOLDEN ROAD

www.goldenroad.la

EN 2011 ET 2012, alors que les brasseries en ligne explosaient, l'essor des ventes de la brasserie Golden Road mettait en vedette une jeune femme de 27 ans, Meg Gill, cofondatrice de l'établissement. « Elle est une force – sous ses allures de surfeuse, elle ne plaisante pas avec le style », confiait Kim Jordan, directrice de New Belgium Brewing. Cette brasserie de Los Angeles se développa en un temps record, surtout grâce à sa gamme Anytime Beers, avec des bières comme la Point the Way IPA, conditionnée en canettes.

GORDON BIERSCH

www.gordonbiersch.com

DEUX SOCIÉTÉS sont désormais propriétaires de la chaîne de brasseries-restaurants Gordon Biersch et d'une brasserie du même nom à San Jose, en Californie. Elles brassent des bières de style allemand, inspirées des recettes de Dan Gordon, qui avait étudié cinq ans au Centre de technologie brassicole de Weihenstephan, en Bavière. En plus d'interprétations classiques de bières comme la märzen et l'hefeweizen, Gordon lança une série d'éditions limitées.

GRAND TETON

www.grandtetonbrewing.com

SITUÉE EN IDAHO, au pied de Teton Range, cette brasserie expédie ses puissantes bières de spécialité dans plusieurs États à l'ouest du Mississippi. En 1988, peu après son ouverture sous le nom de Otto Brothers, ce pub-brasserie revisita la chope de bière américaine traditionnelle, à l'origine un seau en métal utilisé pour transporter la bière fraîche brassée maison, en la transformant en un verre d'une contenance de 1,7 l.

GRAY'S

www.graybrewing.com

LA FAMILLE GRAY renoua avec le brassage en 1994, après 72 ans d'oubli. L'entreprise, fondée en 1856 par J. C. Gray, brassa de façon intermittente en 1912 dans le sud du Wisconsin jusqu'à la prohibition. En 1992, un incendie anéantit la ligne d'embouteillage de soda de la société. Si Gray's reste à ce jour une brasserie modeste, elle décrocha deux médailles d'or au Great American Beer Festival de 1994, avec sa Honey Ale et son Otmeal Stout.

GREAT DIVIDE

www.greatdivide.com

IMPLANTÉE DANS le quartier Ballpark de Denver et cernée par un nombre croissant de jeunes brasseries, Great Divide fait figure d'ancêtre. Curieusement, la brasserie attendit 13 ans avant d'ouvrir un pub, en 1994, depuis devenu une véritable attraction touristique. Ses bières puissantes et affirmées, comme l'Hercules Double IPA et la Yeti Imperial Stout, comptent parmi les meilleures au monde selon différents sites spécialisés, mais le catalogue inclut aussi nombre de bières plus traditionnelles – comme la Colette – toujours subtilement équilibrées.

GREENPOINT

www.heartlandbrewery.com

LE SITE de Greenpoint Beer, à Brooklyn, brasse pour la chaîne Heartland Brewery, à Manhattan, et la marque Kelso du maître brasseur Kelly Taylor. Heartland, qui ouvrit à Union Square en 1995, rassemble aujourd'hui six établissements répartis dans New York. Avant d'intégrer Heartland, Taylor n'avait d'autre expérience que celle du brassage amateur. Mais il ne tarda pas à ajuster les recettes de la brasserie, intensifiant par exemple la dose de houblon de son IPA, avant de proposer sa propre gamme, Kelso, en 2006.

GRITTY'S

www.grittys.com

LES FONDATEURS de cette brasserie de Old Port, à Portland, lui trouvèrent un nom qui évoque l'Ancien Monde. Gritty's fut le premier pub-brasserie du Maine, inauguré en 1988, depuis complété par deux établissements, dont le plus grand conditionne aussi des bières distribuées sur la côte Est. Les équipements et la levure viennent d'Angleterre, comme en témoigne la Best Bitter, notamment lorsqu'elle a bénéficié d'une garde en fûts.

HAIR OF THE DOG

www.hairofthedog.com

CETTE BRASSERIE de réputation nationale vend de la bière depuis 1994, mais elle a un volume de production inférieur à celui d'un pub-brasserie moyen. Les bières sont en général à teneur élevée en alcool, parfois mûries en fûts, toujours conditionnées en bouteilles. Ex-chef cuisinier, Alan Sprints s'inspire des brasseurs belges, mais sa première création, l'Adam, se basait sur un style allemand disparu appelé « adambier ».

HALE'S

www.halesbrewery.com

MIKE HALE inaugura cet établissement dans l'État de Washington en 1983, après avoir fait ses classes chez Gale's Brewery, en Angleterre. Il déménagea sa brasserie deux fois avant de s'installer à Seattle. Le pub de la brasserie, comme sa bière, sont conformes à la vision de Hale, qui voulait recréer ce qu'il avait découvert en Angleterre dans les années 1980, même si la gamme proposée sort du cadre des bières anglaises. Ainsi, sa Mongoose IPA et sa Supergoose IPA offrent un concentré de houblons du nord-ouest américain.

GREAT DIVIDE COLETTE

HALF ACRE

www.halfacrebeer.com

GOOSE ISLAND (*voir* p. 162) était l'unique établissement distributeur de bière de Chicago, avant l'arrivée de Half Acre Beer, qui se contentait à l'origine de vendre des bières brassées sous contrat, avant l'inauguration de sa brasserie en 2009. Celle-ci innova en étant la seule de la ville à conditionner les bières en canettes, optant pour un modèle distinctif de 500 ml. Half Acre agrémente les bières de sa gamme, y compris sa puissante pale ale Daisy, d'une multitude d'assaisonnements.

HANGAR 24

www.hangar24brewery.com

DES BIÈRES telles l'Amorillo Pale Ale et l'Helles Lager participèrent à l'essor fulgurant de cette brasserie ouverte en 2008. Le maître brasseur et propriétaire Ben Cook – qui travaillait avant dans le secteur de l'assurance qualité chez Anheuser-Busch – exploita les ingrédients cultivés près de la brasserie, à Redlands, en Californie. Sa Local Fields Series inclut la Vinaceous, une bière brassée avec du raisin noir, mais aussi d'autres bières faisant appel à l'abricot, aux dattes et à l'orange sanguine.

HARPOON

www.harpoonbrewery.com

LE HALL du centre visiteur de Harpoon, à Boston, inauguré en 2003, mêle matériaux de construction anciens et modernes pour symboliser le lien entre tradition et modernité des pratiques de la brasserie. Inaugurée en 1986, Harpoon est l'une des plus grandes brasseries issues des microbrasseries de l'époque. Elle possède des sites à Boston et dans le Vermont, et propose une populaire IPA, ainsi que de nombreuses bières inédites exceptionnelles dans sa série 100 Barrel.

HAYMARKET

www.haymarketbrewing.com

EN 1886, à Chicago, les émeutes de Haymarket, qui opposèrent la police et les syndicalistes, se déroulèrent à quelques blocs de cette brasserie, qui occupe un bâtiment plus que centenaire. Si Pete Crowley, le maître brasseur, élabore ses bières en s'inspirant des traditions, son pub et sa brasserie témoignent d'un ancrage dans le XXIe siècle. Il apprit l'art de la maturation en fûts à la brasserie Rock Bottom de Chicago, et sa brasserie dispose d'une vaste salle de garde.

HEAVY SEAS

www.hsbeer.com

HUGH SISSON fut le premier maître brasseur de chez Sisson's, qui devint pub-brasserie en 1989, lorsque l'activité fut légalisée dans le Maryland. Cinq ans plus tard, il inaugurait la brasserie Clipper City, rebaptisée Heavy Seas par la suite, du nom de sa marque la plus populaire. La bière emblématique du catalogue, la Loose Cannon IPA, ou Hop3, joua un grand rôle dans la croissance de la brasserie, disposant du plus vaste catalogue de cask ale du pays et de fûts de bois pour les occasions spéciales.

HIGHLAND

www.highlandbrewing.com

ASHEVILLE, en Caroline du Nord, attira l'attention en 2011, lorsque Sierra Nevada (*voir* p. 176-177) et New Belgium (*voir* p. 166) annoncèrent leur intention de bâtir des établissements dans la région – mais Highland Brewing était déjà là depuis 17 ans. La brasserie avait occupé le site d'une ancienne pizzeria, avant d'être transférée dans des locaux plus vastes. Elle fut la première de ces nombreuses brasseries à éclore dans ce qui devint la cité de la bière. Sa bière emblématique, la Gaelic Ale, est une ale ambrée au vif houblon résineux.

HIGH POINT

www.ramsteinbeer.com

EN 1996, lorsque Greg Zaccardi se mit à vendre des bières de marque Ramstein, High Point était la première et seule brasserie américaine depuis la prohibition à brasser uniquement des bières de froment. À l'époque, les petites brasseries de bière blanche produisaient un breuvage plus proche des bières de froment acides brassées à Berlin. Zaccardi a depuis intégré d'autres styles de bière au catalogue de sa brasserie du New Jersey. Sa Ramstein Classic et sa Blonde ont une saveur toute germanique.

HILL FARMSTEAD

www.hillfarmstead.com

MOINS DE TROIS ANS après que Shaun Hill inaugura sa brasserie, dans une ferme du Vermont, sur des terres appartenant à sa famille depuis huit générations, les critiques du site de Ratebeer élurent Hill Farmstead « meilleure brasserie au monde ». Ses bières sont en général puissamment houblonnées et Hill intensifie parfois les notes d'agrume des houblons du Nouveau Monde par l'ajout de zeste d'agrumes.

HINTERLAND

www.hinterlandbeer.com

BILL TRESSLER, qui avait été rédacteur dans deux magazines consacrés à la bière, et son épouse Michelle, fondèrent Green Bay en 1995, dans le Wisconsin, près de la ville du même nom. Leur affaire prit de l'ampleur et les Tressler décidèrent de la transférer à Green Bay, puis de la rebaptiser Hinterland. Ils insistèrent sur l'aspect « gastronomique » de leurs bières en ouvrant un restaurant jouxtant la brasserie, puis le Erie Street Gastropub à Milwaukee.

HOFBRÄUHAUS

www.hofbrauhaus.us

PROSPÈRE brasserie munichoise remontant au XVIe siècle, Hofbräuhaus ouvrit en 2003 sa première franchise aux États-Unis, à Newport, dans le Kentucky. En 2013, la maison mère était à la tête d'une dizaine de restaurants, palais de la bière et *biergarten* américains. Les grands restaurants sont d'immenses complexes, certains brassent leur bière, et tous servent une cuisine et des bières de Munich.

HOPPIN' FROG

www.hoppinfrog.com

MAÎTRE BRASSEUR et propriétaire de Hoppin' Frog, Fred Karm dit être son propre « groupe de discussion ». À l'évidence, ses grandes bières corsées trouvèrent leur public. Elles sont expédiées depuis Akron, dans l'Ohio, vers 16 États américains et neuf autres pays. Le sigle de sa légendaire B.O.R.I.S. The Crusher est l'acronyme de « Bodacious Oatmeal Russian Imperial Stout », déclinée par Karm en une version mûrie en fûts de whiskey Heaven Hill du Kentucky. Même sa bière de saison à la citrouille, la Frog's Hollow Double Pumkin Ale, parvient à titrer 8,4 % vol.

HOPWORKS URBAN

www.hopworksbeer.com

CET ÉTABLISSEMENT dit être le premier pub-brasserie bio de Portland, dans l'Oregon. Son titre de « Oregon Sustainability Grand Champion » confirme son souci de l'écologie. Le fondateur et maître brasseur Christian Ettinger brassa les premières bières bio de Portland alors qu'il travaillait à Laurelwood Public House and Brewery, mais il attendit que la qualité du houblon biologique soit au point pour l'intégrer à ses bières houblonnées plusieurs fois primées, comme l'Hopworks IPA.

INDEPENDENCE

www.independencebrewing.com

FONDÉE PAR Rob et Amy Cartwright, cette brasserie obtint deux Good Food Award avec sa Convict Hill Oatmeal Stout et un prix national récompensant l'authenticité de produits gastronomiques faisant l'objet d'une production durable. Independence s'attira aussi les faveurs des amateurs de bières d'Austin, au Texas, avec l'Independence Amber, reconditionnée chaque automne et rebaptisée « Oklahoma Suks » pour l'occasion, avant la rencontre de football américain entre les équipes de l'université du Texas et d'Oklahoma.

IRON HILL

www.ironhillbrewery.com

CETTE CHAÎNE de restaurants-brasseries en plein essor ouvrit son premier Iron Hill Brewery & Restaurant dans le Delaware, en 1996, avant d'étendre son empire en Pennsylvanie et dans le New Jersey. Tous proposent les cinq mêmes bières pression, mais chaque brasseur peut compléter le catalogue selon son goût et offrir beaucoup plus de créations. La brasserie d'Iron Hill's Media, en Pennsylvanie, décrocha le titre de meilleur petit pub-brasserie de l'année lors du World Beer Cup 2012.

ITHACA BEER

www.ithacabeer.com

BRASSERIE PIONNIÈRE de la région de Finger Lakes, dans l'État de New York, réputée pour ses caves de vinification, Ithaca accéda au statut de grande brasserie en 2012, en doublant son volume de production. Inaugurée en 1998, cette brasserie apporta très tôt son soutien au renouveau de la culture houblonnière dans l'État de New York, jadis premier centre de la culture du houblon des États-Unis. Sa Flower Power IPA compte parmi ses meilleures ventes.

JESTER KING

www.jesterkingbrewery.com

EN OUVRANT Jester King Craft Brewery dans une exploitation agricole à l'ouest d'Austin, au Texas, les frères Jeffrey et Michael Stuffings voulaient procéder à la fermentation mixte. « Après avoir pris conscience du potentiel des Saccharomyces, nous ne pouvions plus revenir en arrière », confient-ils. Ils utilisent autant d'ingrédients bio que possible, procèdent à une maturation en fûts et brassent des bières faiblement alcoolisées *(session beer)*.

JOLLY PUMPKIN

www.jollypumpkin.com

EN 2004, lorsque le fondateur de la brasserie, Ron Jeffries, décida que toutes ses bières bénéficieraient d'une fermentation en cuves ouvertes – le plus souvent sous l'influence d'une levure sauvage Michigan –, d'une maturation en fûts de chêne et d'un conditionnement en bouteilles, son objectif semblait farfelu. « C'était se compliquer la vie », avoue-t-il. Ses sublimes bières rustiques, comme La Roja et Bam Bière comptèrent rapidement de fervents admirateurs. Jolly Pumpkin a aujourd'hui également des cafés-brasseries à Traverse City et Ann Arbor.

KARBACH

www.karbachbrewing.com

APRÈS AVOIR étudié en Allemagne, le maître brasseur Eric Warner rédigea un ouvrage sur les bières de froment allemandes. La recette de sa Weisse Versa Wheat annonça la couleur : Karbach Brewing, fondée à Houston en 2011, ne se plierait pas aux règles. La bière était fermentée avec les levures bavaroises typiques des weissbiers, mais agrémentée de coriandre et d'agrume, ce qui n'avait rien de germanique. Les meilleures ventes incluent l'Hopadillo IPA aux notes intenses de houblon américain et la Sympathy for the Lager, au houlon allemand.

KARL STRAUSS

www.karlstrauss.com

CHRIS CRAMER et Matt Rattner, fondateurs de Karl Strauss, ouvrirent leur premier pub-brasserie à San Diego, en 1989. Ils le baptisèrent en hommage à Karl Strauss, une icône de l'industrie brassicole, à la tête d'un site de production et de sept restaurants-brasseries dans le sud de la Californie. La Red Trolley Ale, première ale festive de la brasserie, est un best-seller.

THE KETTLEHOUSE

www.kettlehouse.com

EN 1995, année où Big Sky commença à brasser dans la ville de Missoula, Tim O'Leary et son épouse inaugurèrent leur affaire dans des locaux où les clients pouvaient brasser leur propre bière. Le site se transforma en une petite microbrasserie disposant d'un bar. En 2009, ils firent bâtir une brasserie plus importante au nord de la ville, qui devint le premier établissement du Montana à conditionner la bière en canettes.

JOLLY PUMPKIN LA ROJA

KONA BREWING FIRE ROCK PALE ALE

KONA BREWING

www.konabrewingco.com

LES BIÈRES hawaïennes distribuées par Kona Brewing sur le continent américain sont brassées par Craft Brew Alliance à Portland, dans l'Oregon, et à Portsmouth, dans le New Hampshire. La Fire Rock Pale ou la Pipeline Porter sont toutefois là pour satisfaire les curieux de saveurs exotiques. À Hawaii, où Kona débuta ses activités en 1995, la bière la plus vendue est la puissante Castaway IPA.

KUHNHENN

www.kbrewery.com

LES FRÈRES Bret et Eric Kuhnhenn fondèrent leur propre brasserie, hydromellerie et cave vinicole au nord de Detroit. Les bières du catalogue incluent de grands classiques, comme la Raspberry Eisbock et la GRIPA, honorée d'une médaille d'or dans la catégorie « meilleure IPA » au Beer World Cup.

LA CUMBRE

www.lacumbrebrewing.com

JEFF ERWAY s'intéressa au brassage amateur alors qu'il était enseignant au Nouveau-Mexique. Ce loisir devint une passion, qui le décida à ouvrir sa propre brasserie. La Cumbre fut inaugurée en 2011, à Albuquerque. La même année, l'Erway's Elevated IPA décrocha une médaille d'or au Great American Beer Festival devant 175 autres concurrentes.

LAKEFRONT

www.lakefrontbrewery.com

ATTRACTION DU MILWAUKEE depuis son ouverture en 1987, la populaire visite guidée de Lakefront permet de découvrir le « chalet de Bernie Brewer » de l'ancien stade de baseball et les éclairages d'époque d'un palais de la bière de 1916. La brasserie occupe un bâtiment de brique claire du XIXe siècle. La gamme variée de la brasserie inclut des bières « 100 % locales », comme la Wisconsinite Summer Weiss, exclusivement brassée avec des ingrédients du Wisconsin, dont une levure spécialement isolée.

LANCASTER

www.lancasterbrewing.com

EN DÉPIT d'un prestigieux passé – en 1868, le journal *Daily Intelligencer* affirmait : « Lancaster en Amérique joue le même rôle que Munich en Allemagne sur le plan de l'industrie brassicole. » –, la ville, en Pennsylvanie, resta 40 ans privée de brasserie, avant l'inauguration de Lancaster Brewing, en 1995. Sa Milk Stout a été particulièrement bien accueillie.

LAZY MAGNOLIA

www.lazymagnolia.com

PROFITANT D'UNE évolution de la législation au Mississippi, Lazy Magnolia Brewing devint en 2003 la première brasserie de production de l'État depuis la prohibition, et se hissa au statut de brasserie régionale. La Southern Pecan Brown Ale, élaborée avec des noix de pécan torréfiées, est la meilleure vente du catalogue, mais sa gamme s'élargit lorsque le Mississippi fit passer le titre alcoométrique légal à 10 % vol.

LEFT COAST

www.leftcoastbrewing.com

LA CHAÎNE Oggi's Pizza & Brewing créa Left Coast Brewing en 2004 pour alimenter en bières ses restaurants du sud de la Californie. Cette brasserie de San Clemente vend aujourd'hui sa bière dans sept États et en exporte une partie à l'international. Elle fut l'une des premières brasseries à proposer sa Double IPA à l'année. Sa bière emblématique est la Hop Juice.

LEFT HAND

www.lefthandbrewing.com

EN 1993, lorsque Eric Wallace et Dick Doore apprirent que le nom choisi pour leur brasserie était déjà pris et qu'ils optèrent pour celui de Left Hand, ils étaient loin d'imaginer que cette « main gauche » qui orne les étiquettes et les bâtiments de Longmont, dans le Colorado, serait aussi largement représentée. Le catalogue inclut nombre de bières des débuts, comme la Sawtooth Also, mais aussi des nouvelles venues populaires, comme la Milk Stout Nitro.

LEGEND

www.legendbrewing.com

CETTE MICROBRASSERIE abrite un restaurant très fréquenté de Richmond. L'installation en sous-sol est un défi logistique pour les brasseurs qui produisent plus de 12 000 hl de bière par an. La Legend Brown Ale, une référence du catalogue, représente 70 % des ventes, mais la Legend Lager et l'IPA témoignent de la diversité de la production.

LEINENKUGEL'S

www.leinie.com

MILLER (actuel millercors) devint actionnaire majoritaire de cette brasserie du Wisconsin en 1988, mais la famille Leinenkugel est emblématique de la marque depuis 1867, année où Jacob Leinenkugel et John Miller inaugurèrent Spring Brewery, à Chippewa Falls. Leinenkugel racheta les parts de Miller en 1884. La gamme s'est élargie bien au-delà de la lager blonde Leinenkugel's Original, avec des bières comme la witbier Sunset Wheat ou la Summer Sandy, une bière de froment aux accents de limonade, largement distribuées.

LION

www.lionbrewery.com

LION, EN PENNSYLVANIE, est une des rares brasseries fondées avant la prohibition encore en activité. Elle survécut en brassant des bières sous contrat et en produisant d'autres boissons, aux côtés de ses deux marques références – Lionshead et Stegmaier. Lion racheta Stegmaier en 1974, ce qui lui permit d'acquérir un catalogue remontant à 1857. Des styles de bière en vogue renforcent sa gamme, comme les IPA, mais Lion doit sa réputation à des bières traditionnelles, comme la Stegmaier Porter et la Stegmaier Brewhouse Bock.

LIVE OAK BREWING

www.liveoakbrewing.com

SI LES VISITEURS découvrant le Texas et Hill Country, près d'Austin, apprécient la façon dont immigrants tchèques et allemands surent créer une cuisine au barbecue divine, il fallut plus de temps à Live Oak Brewing pour faire valoir ses bières. Ne vendant que des bières pression, la brasserie emploie des pratiques ancestrales, comme la fermentation ouverte et le brassage par décoction. Les connaisseurs sollicitèrent des bières comme la Live Oak Pilz et l'Hefeweizen à l'ouverture de la brasserie, en 1997, mais la production séduit aujourd'hui un public large.

LOGSDON FARMHOUSE

www.farmhousebeer.com

AU SUD de Hood River, dans l'Oregon, installé dans la grange occupée par Wyeast Laboratories – l'entreprise qui alimente la brasserie en levure et qu'il ouvrit il y a 20 ans –, Dave Logsdon dirige Logsdon Farmhouse Ale, en partenariat avec Charles Porter. Tous deux utilisent une levure que Logsdon rapporta de Belgique, et intègrent des ingrédients comme des pêches bio locales ou des cerises, cultivées sur les 8 ha de la propriété des Logsdon, ainsi que des houblons locaux. Des bières comme la Seizoen Bretta séduisirent rapidement les amateurs.

LONERIDER SWEET JOSIE

LONERIDER

www.loneriderbeer.com

EN 2009, trois amis amateurs fondèrent cette brasserie, sans quitter leurs métiers respectifs. Ils optèrent pour une thématique Western et exploitèrent les médias pour s'imposer sur la scène brassicole émergente de Caroline du Nord. Les « ales des hors-la-loi » ont des noms comme Shotgun Betty, des étiquettes aux couleurs vives et des verres arborant un éperon. Le robuste porter Deadeye Jack et la douce ale brune Sweet Josie décrochèrent une médaille au Great American Beer Festival. La boutique en ligne propose des accessoires et des produits dérivés.

LONG TRAIL

www.longtrail.com

CONSIDÉRÉE COMME une des plus grosses « petites » brasseries des États-Unis, Long Trail bâtit sa réputation en faisant la promotion de l'ECO (Environmentally Conscious Operations) brassage, depuis son ouverture en 1989. Cette brasserie du Vermont produit d'excellentes bières de style allemand, à l'image de sa Long Trail Ale, brassée façon altbier, bien qu'il ne s'agisse pas d'une bitter, ou sa populaire Double Bag, une variante plus puissante du thème. La brasserie reçut le Governor's Environmental Excellence Awards du Vermont en 2009.

LOST COAST

www.lostcoast.com

FONDÉE EN 1990 et réputée pour des bières comme la Downtown Brown, l'Alleycat et la Great White, Lost Coast Brewery & Café est un acteur majeur de la communauté d'Eureka, en Californie. Le conseil municipal officialisa ce statut en 2012, en approuvant les mesures destinées à aider cette brasserie d'envergure régionale à agrandir ses locaux. « Nombre de communautés souhaiteraient accueillir Barbara (Groom, cofondatrice et maître brasseur de Lost Coast) et son entreprise. Cet accord concrétise en partie la chose », confiait à l'époque David Tyson, responsable de l'administration municipale.

MAC & JACK'S

www.macandjacks.com

L'AFRICAN AMBER de Mac & Jack's permet de découvrir la bière du nord-ouest. Malcolm Rankin et Jack Schropp se mirent à brasser de la bière dans un garage. La brasserie du quartier de Redmond, à Seattle, est devenue une entreprise d'envergure régionale, même si sa production se limite à des bières pression. Sa référence, l'African Amber, montre une robe légèrement trouble, du fait d'un houblonnage à sec de chaque keg avec un sac de cônes de houblon, venant de la vallée proche de Yakima.

MAD FOX

www.madfoxbrewing.com

SITUÉE À WASHINGTON, dans une banlieue huppée, cette brasserie participa à faire de son maître brasseur Bill Madden et de ses créations de véritables stars, alors même que la cuisine haut de gamme de Max Food jouissait déjà d'un certain prestige. Madden maîtrise une large palette de styles, de l'Hardly English-style Ordinary Bitter à la Rock Star Red Irish Ale, en passant par l'étonnante Kölsch.

MAD RIVER

www.madriverbrewing.com

CETTE BRASSERIE est à visiter pour son *biergarten*, sa bière elle-même et les installations d'époque de la brasserie Sierra Nevada, que le fondateur de Mad River, Bob Smith, acheta à Ken Grossman en 1989 pour créer sa brasserie. Cet établissement a reçu plusieurs récompenses pour ses pratiques respectueuses de l'environnement, mais aussi pour ses bières, incluant les marques Jamaica et Steelhead – dont l'incroyable Extra Pale.

MADISON RIVER

www.madisonriverbrewing.com

BLACK GHOST, Copper John, Hopper, Rubber Legged Razz, Salmon Fly et Yellow Humpy… Ces noms sont ceux de mouches de pêche. Mais à Madison River, dans le Montana, ils font aussi référence à des bières – le maître brasseur, Howard McMurry, est passionné de pêche – déclinées en une large gamme de styles. Ainsi, la Black Ghost est une stout à l'avoine primée. La Salmon Fly Honey Rye, distinguée dans la catégorie « People's Choice » au Wyoming Brewers Festival 2012, est emblématique de la marque.

MAGIC HAT

www.magichat.net

FONDÉE EN 1994, cette brasserie, aujourd'hui filiale de North American Breweries, offre aux visiteurs de son site de Burlington, dans le Vermont, une expérience unique. « Cette visite ne se limite pas à la bière. Elle parle d'un style de vie », expliquait son cofondateur Alan Newman, avant que Magic Hat soit rachetée par North American. Des bières comme la Pistil, élaborée avec des pissenlits, ne se conforment pas à un style, et l'emblématique #9 est une ale blonde infusée avec de l'abricot.

MAMMOTH BREWING CO

www.mammothbrewingco.com

PROCHE DES DOMAINES skiables l'hiver, dans le parc national Yosemite, cette brasserie reflète son environnement. Son propriétaire, Sean Turner, pense que le profil houblonné de ses bières est adouci par le fait que l'eau bout à une moindre température à 2 400 m d'altitude. Sa populaire et impériale IPA 395, baptisée en référence au tronçon autoroutier traversant Mammoth Lakes, est brassée avec de la sauge et du genévrier locaux.

MARBLE

www.marblebrewery.com

CHAQUE ÉTIQUETTE de Marble a une couleur de marbre différente. Le logo reprend la balle verte ornée des cônes de houblon apparaissant sur l'étiquette de leur bière emblématique, l'India Pale Ale. Marble, réputée pour ses ales houblonnées, offre une gamme de bières à la fois affirmées et nuancées, récompensées à plusieurs reprises. Certaines ne sont vendues qu'à l'Albuquerque, le bar de la brasserie.

MARIN

www.marinbrewing.com

CE PUB-BRASSERIE de Larkspur, proche de San Francisco, vit le jour le 1er avril 1989 et prouva rapidement son sérieux, avec ses bières plusieurs fois récompensées. De nombreuses créations originales, comme la Mt Tam Pale Ale et la Point Reyes Porter, sont uniquement disponibles à la pression. Arne Johnson, en charge de la brasserie depuis 1995, excelle dans l'élaboration de bières sophistiquées. Le cofondateur, Brendan Moylan, dirige une autre brasserie à proximité, Moylan's.

MARITIME PACIFIC

www.maritimebrewery.com

FONDÉE EN 1990, Maritime Pacific et son bar le Jolly Jumper Taproom, inauguré en 1997, représentent deux institutions du quartier Ballard à Seattle, transformé au cours de ces dernières années en une véritable pépinière de petites brasseries. La marine est une thématique exploitée dans les noms des bières, alors que la décoration du bar fait appel à des drapeaux pirates, avec une carte au trésor peinte au sol. Comme le veut la tradition brassicole du nord-ouest des États-Unis, l'offre abonde en bières houblonnées, aux côtés de classiques lagers.

MATT BREWING

www.saranac.com

FONDÉE EN 1888 par F. X. Matt, Matt Brewing est l'une des plus importantes et anciennes brasseries du pays. Dans les années 1990, cette brasserie du nord de l'État de New York relégua ses marques populaires à l'arrière-plan pour se concentrer sur Saranac, à l'origine de styles qui séduisirent les amateurs de bières artisanales. Matt brasse aussi de populaires bières artisanales sous contrat.

MCMENAMINS

www.mcmenamins.com

LES FRÈRES Mike et Brian McMenamins dirigent plus de 65 pubs dans le nord-ouest des États-Unis, surtout près de Portland, dans l'Oregon. Beaucoup brassent de la bière depuis toujours – l'Edgefield Manor, près de Portland, en brasse plus que les autres. Tous ne portent pas le nom de McMenamims, certains sont plus vastes et sont ancrés dans l'histoire, d'autres font figure de petits bijoux où l'on sert bien d'autres marques.

MCNEILL'S

www.mcneillsbrewery.com

LE PROPRIÉTAIRE ET FONDATEUR, Ray McNeill, a trois passions : le violoncelle, la moto et la bière. Violoncelliste de formation, il se lança dans la bière en 1991 avec un pub-brasserie dans le Vermont, avant d'ouvrir une usine de conditionnement en 2008. Il doit sa réputation à ses recettes, objets de minutieuses recherches, et à l'utilisation de méthodes traditionnelles. Son travail lui permit de créer une atmosphère particulière dans son pub de Brattlebro, qui sert d'excellentes bières mûries en fûts.

MAUI BREWING CO

www.mauibrewingco.com

À L'ÉVIDENCE, les bières de Maui plaisent aussi hors d'Hawaii. Après avoir ouvert un pub-brasserie en 2005, Garrett Marrero, le fondateur, construisit un site de production, puis annonça l'établissement d'une autre brasserie en 2013, et l'inauguration en 2014 d'un second pub-brasserie. À Hawaii, l'ale blonde et l'IPA sont les plus populaires, mais sur le continent, la CoCoNut PorTeR est la favorite. La Liquid Breadfruit, brassée en collaboration avec Dogfish Head (*voir* p. 154-155) et élaborée avec de l'uru – un fruit à pain de Maui – et des graines de papaye torréfiées, témoigne de l'intérêt que Marrero porte à son île.

MENDOCINO

www.mendobrew.com

CETTE BRASSERIE de Hopland revendique son lien avec la renaissance de la bière aux États-Unis. Elle utilise l'équipement et la levure de la défunte New Albion, qui, avec le premier pub-brasserie de Californie, ouvrit la voie à d'autres brasseries artisanales en 1983. En 1997, Mendocino fit construire un autre site de production dans la ville proche d'Ukiah. Outre des bières reflétant les nouvelles attentes du public américain, Mendocino brasse encore certaines créations de ses débuts, mais ne les embouteille plus dans des magnums de 1,5 l.

MERCURY

www.ipswichalebrewery.com

INAUGURÉE EN 1991 à Ipswich, dans le Massachusetts, Mercury se développa jusqu'à atteindre l'envergure d'une brasserie régionale, brassant ses propres marques. Au catalogue, Ipswich Ales, Stone Cat Ales et 5 Miles Ales, intégrant pour cette dernière un ingrédient local au minimum – ainsi que de nombreuses autres bières brassées sous contrat pour des brasseries surtout basées dans le Massachusetts. Cette brasserie, baptisée Ipswich Brewing à son ouverture, est réputée pour sa marque Ipswich, et plus particulièrement pour l'Ipswich Dark Ale et l'Ipswich Oatmeal Stout.

MIDDLE AGES

www.middleagesbrewing.com

DEPUIS L'OUVERTURE de leur brasserie en 1995 dans une ancienne usine de crème glacée à Syracuse, dans l'État de New York, Marc et Mary Rubenstein brassent des ales anglaises traditionnelles. Ils utilisent des malts anglais, et une souche de levure réputée, la Ringwood Ale. Ils élaborent des ales mûries en fûts. La thématique moyenâgeuse se retrouve sur les étiquettes au design inspiré par l'époque du roi Arthur et dans les noms des bières.

MIDNIGHT SUN

www.midnightsunbrewing.com

SI MIDNIGHT SUN ne distribue ses bières que dans les 48 États américains du Sud, cette brasserie de l'Alaska sut s'attirer un public de fidèles amateurs avec ses ales ésotériques. En 2007, elle proposait une gamme de sept bières baptisée « Deadly Sin Series », dont la Lust, une puissante ale belge brune, mûrie en fûts de bourbon et infusée avec des griottes et des levures Brettanomyces. Ses références, comme la Sockeye Red IPA et la Kodiak Brown Ale, sont largement distribuées à Anchorage, y compris en canettes.

MILLERCOORS

www.millercoors.com

EN 2008, le géant de l'industrie brassicole SABMiller et Molson Coors créèrent la coentreprise MillerCoors. Cette année-là, les deux bières les plus vendues du catalogue furent la Miller Lite et la Coors Light. En 2010, le groupe fonda Tenth and Blake Beer Co, supervisant plusieurs marques de bières artisanales. La Batch 19, inspirée d'une recette antérieure à la prohibition, entra en production en 2010. Les sites de MillerCoors brassent d'autres bières artisanales, comme la Blue Moon (*voir* p. 184), la Leinenkugel's (*voir* p. 194) et l'AC Golden (*voir* p. 182). Tenth and Blake a aussi investi dans de petites brasseries, dont Terrapin (*voir* p. 203), en Géorgie.

MILWAUKEE

www.mkebrewing.com

NEUF ANS après avoir fondé Milwaukee Ale House, en 1997, Jim McCabe fit bâtir une brasserie de production, Milwaukee. Son maître brasseur, Robert « Bert » Morton, diplômé du Culinary Institute of America, se servit de son expérience de chef cuisinier pour apporter un petit plus qui le distinguait des autres brasseries de Milwaukee, plus anciennes et plus conventionnelles. Les deux premières bières de Milwaukee Brewing, conditionnées en canettes, la Louie's Demise, une lager ambrée, et la Love Rock, une lager de style vienne, devinrent ses bières emblématiques.

MINHAS

www.minhasbrewery.com

EN 2006, Ravinder Minhas acheta une des plus anciennes brasseries des États-Unis : Joseph Huber Brewery, fondée en 1843 à Monroe, dans le Wisconsin. Minhas brasse une large variété de bières, distribuées en Amérique du Nord. Parmi elles se trouvent des lagers à bas prix, élaborées pour les supermarchés Trader Joe's, des marques telles que Huber Bock, connue des amateurs de bière du Wisconsin, et de nouvelles références, comme la Lazy Mutt « Farmhouse » Ale.

MOONLIGHT

www.moonlightbrewing.com

BRIAN HUNT gère seul sa brasserie depuis 1992 et produit près de 1 800 hl de bière par an dans le comté de Sonoma. Il s'agit surtout de bière pression distribuée autour de San Francisco. Hunt apprit à brasser à l'université California-Davis dans les années 1970, à l'époque où le professeur Michael Lewis faisait visiter la brasserie New Albion à ses élèves. Ses bières, comme la lager brune Death & Taxes ou la Reality Czeck Pils, sont non filtrées, mais subtiles.

MOUNTAIN SUN

www.mountainsunpub.com

LE MOUNTAIN Sun Pub & Brewery, à Boulder, est devenu un lieu de rendez-vous populaire. Ce pub est aussi confortable que ceux de McMenamims (*voir* p. 195) proposant une large gamme de bières particulièrement bien faites. L'affaire s'agrandit avec l'inauguration du Southern Sun, au sud de Boulder, puis du Vine Street Pub, à Denver. Les cartes de crédit ne sont pas acceptées, mais on fait confiance au client qui dit payer la prochaine fois.

NAPA SMITH

www.napasmithbrewery.com

LES VINIFICATEURS admettent volontiers « qu'il faut beaucoup de bière pour faire un bon vin », il n'est donc pas surprenant de les retrouver à la brasserie Napa Smith, qui détient aussi un pub-brasserie et une salle de dégustation de vin au centre de Napa Valley. Le maître brasseur des lieux, Don Barkley, fut l'un des employés de l'historique New Albion Brewery dans les années 1970 (première brasserie artisanale depuis la prohibition). Plus tard, il partit rejoindre Mendocino Brewing (avec sa levure et une partie des équipements), où il travailla 25 ans avant d'intégrer Napa Smith.

NORTH COAST LE MERLE

NARRAGANSETT

www.narragansettbeer.com

L'HISTOIRE DE cette brasserie remonte à 1888, et sa dernière bière fut brassée en 1983, avant la démolition partielle du lieu en 1998. Mark Hellendrung, originaire de Rhode Island, et un groupe d'investisseurs achetèrent la marque en 2005 et la firent produire par des brasseries sous contrat. L'attrait de la Gansett relève en partie de la nostalgie, mais les bières de saison de la marque, comme la bock et le porter, fédèrent de nombreux admirateurs.

NATTY GREENE'S

www.nattygreenes.com

CHRIS LESTER et Kayne Fisher ouvrirent ce pub-brasserie à Greensboro en 2004. Ils le baptisèrent « Natty Greene's » en référence au héros de la guerre d'Indépendance qui donna son nom à cette ville de Caroline du Nord. Leur succès les conduisit à ouvrir un site de conditionnement en 2006, puis un second pub-brasserie en 2010, à Raleigh. Les deux pubs-brasseries proposent une sélection changeante de bières, en plus des références de la brasserie de production – celles de Raleigh méritent une mention particulière.

NEBRASKA

www.nebraskabrewingco.com

POUR ÉLABORER sa Mélange à Trois, cette brasserie fit mûrir une blonde de style belge puissante (10 % vol.) dans des fûts de chêne français de chardonnay. Nebraska, qui n'était au début qu'un simple pub-brasserie, commercialise désormais ses bières jusqu'à New York. La brasserie produit une large gamme de styles, mais doit sa réputation à ses bières corsées, comme l'Apricot Au Poivre Saison, mûrie en fûts.

NEW HOLLAND

www.newhollandbrew.com

L'ASSOCIÉ GÉRANT de New Holland, Fred Bueltman, a une réputation d'évangéliste en matière de bière. À la tête d'une brasserie de production et d'un pub-brasserie, New Holland insiste sur l'éducation – incitant ses employés à entreprendre un programme d'étude –, alors que son pub célèbre le mariage de la bière et de la gastronomie. Ce dernier possède sa propre brasserie et distille aussi d'autres alcools. Sa gamme d'IPA et sa Dragon's Milk Bourbon Barrel Stout sont particulièrement populaires.

NO-LI BREWHOUSE

www.nolibrewhouse.com

EN 1993, Mark Irvin fonda Northern Lights Brewing Co près de Spokane, dans l'État de Washington. Il transféra son affaire dans la ville en 2002, ajoutant un pub à sa brasserie. La microbrasserie produisait à peine 1 900 hl de bière en 2011, avant que John Bryant, qui avait travaillé auprès de plusieurs brasseries, entre comme associé. Après 2011, No-Li Brewhouse – rebaptisée afin d'éviter un conflit avec une brasserie commercialisant une bière appelée « Northern Lights » – se développa vite et décrocha plusieurs distinctions en 2012.

NODDING HEAD

www.noddinghead.com

BRASSERIE-RESTAURANT sur deux étages d'un bâtiment de Philadelphie, Nodding Head offre souvent des bières uniques, difficiles à dénicher ailleurs, comme la George's Fault, une bière au miel titrant 9 % vol. fermentée avec une levure belge. Il fallut un été à Nodding Head pour vendre 8 hl de l'Ich Bin Ein Berliner Weisse à son lancement en 2001, mais cette bière de froment acide est désormais une référence estivale populaire.

NOLA

www.nolabrewing.com

ORIGINAIRE de la Nouvelle-Orléans, Kirk Coco rentra chez lui après l'ouragan Katrina et fonda New Orleans Lager & Ale (NOLA), en 2009. « Il y a deux ans, ce marché était encore à 95 % occupé par Bud-Miller-Coors, confiait Coco. Tout changea lorsque les gens commencèrent à goûter aux bières artisanales. Il semble qu'ils apprécièrent des bières comme la puissante Hopitoulas IPA. »

NORTH COAST

www.northcoastbrewing.com

FORT BRAGG, sur la pittoresque côte du nord de la Californie, est une destination touristique populaire, mais n'a rien de l'endroit idéal pour une brasserie comme North Coast, exportant ses bières par bateau aux quatre coins du monde. C'est pourtant là que vivaient Mark Ruedrich, son maître brasseur, et ses associés, lorsqu'ils décidèrent d'ouvrir un pub-brasserie, en 1988. Les références du catalogue les plus populaires incluent la Le Merle, la Red Seal Ale, l'Old Rasputin Imperial Stout et la Brother Thelonious Abbey Ale.

NOTCH BREWING

www.notchbrewing.com

VÉTÉRAN DE LA SCÈNE brassicole artisanale, Chris Lohring démarra Notch Brewing en 2010, produisant uniquement des bières à faible teneur en alcool. Il n'a pas de brasserie, mais produit ses bières chez Mercury Brewing (*voir* p. 196) et les distribue dans le Massachusetts. La Notch Session Pils (4 % vol.) et la Session Ale (4,5 % vol., agrémentée de houblons américains) sont les plus faciles à dénicher. Des bières comme la lager brune Černé Pivo participent à faire découvrir de nouveaux styles.

OAKSHIRE

www.oakbrew.com

LES FONDATEURS d'Oakshire, l'enseignant Jeff Althouse et son frère Chris, parvinrent en 2009 à convaincre Matt Van Wyk, maître brasseur et lui-même ancien professeur de sciences, de quitter l'Illinois pour Eugene, dans l'Oregon. Van Wyk avait acquis une réputation avec ses bières mûries en fûts, à Flossmoor Station, dans une banlieue de Chicago. À Oakshire, sa Watershed IPA et son Overcast Espresso Stout, comme ses bières mûries en fûts de bourbon et ses ales acides attirèrent vite l'attention.

O'FALLON

www.ofallonbrewery.com

AU BORD de la faillite en 2011, cette brasserie située à l'ouest de Saint-Louis fut rachetée par un ancien directeur commercial d'Anheuser-Busch. Un grand nombre de ses bières sortent de l'ordinaire, notamment son Hemp Hop Rye, sa Wheach et sa Smoked Porter. La Wheach est une bière de froment parfumée à la pêche, parfaitement adaptée à la chaleur moite des étés à Saint-Louis. O'Fallon est sous contrat avec une brasserie du Wisconsin qui brasse ses bières conditionnées en bouteilles.

OLD DOMINION

www.olddominion.com

FONDÉE À ASHBURN, en Virginie, en 1989, Old Dominion devint l'une des 50 plus grandes brasseries américaines, avant d'être vendue à Fordham Brewing en 2007. Les opérations furent regroupées sur le site de Fordham du Delaware, sous la coupe de la brasserie Coastal Brewing. Fordham et Old Dominion gardèrent chacune leur identité, et des bières comme la Dominion Ale, l'Octoberfest et la Millenium restent les plus populaires.

OTTER CREEK

www.ottercreekbrewing.com, www.wolavers.com

LONG TRAIL, le géant brassicole du Vermont, fit l'acquisition d'Otter Creek et des marques biologiques Wolaver's Organic en 2009, mais Otter Creek put garder son indépendance et son propre centre visiteur. La brasserie réussit même à étendre son catalogue, avec des créations plus tendance, comme l'Alpine Black IPA. Wolaver's, qui avait été l'une des premières brasseries du pays à bénéficier de la certification biologique USDA, suscite un intérêt croissant de la part du public.

PABST

www.pabstblueribbon.com

CETTE BRASSERIE du Milwaukee dont l'histoire remonte à 1844 brassait ses bières sous contrat dans des brasseries à capacité de production excédentaire. Ses ventes déclinaient depuis 25 ans, quand elle retrouva un second souffle en 2002, après que les amateurs de bières firent de Pabst une « anti-marque ». La Pabst New Ribbon, abrégée PBR, est souvent servie dans les bars comme une alternative plus abordable aux bières artisanales.

PELICAN

www.yourlittlebeachtown.com/pelican

SEULE BRASSERIE de front de mer de l'Oregon, Pelican Pub & Brewery brasse des bières primées dans la catégorie « Grand Champion Beer » à l'Australian International Competition et à l'European Beer Star en Allemagne. Ses bières sont difficiles à trouver hors de Pelican, notamment l'Imperial Pelican Ale, la Kiwanda Cream et la Doryman's Dark. Un site de production distinct, dans la ville proche de Tillamook, brasse aujourd'hui ces bières pour la grande distribution.

PENN

www.pennbrew.com

SITUÉE DANS les locaux de l'ancienne brasserie Eberhardt & Ober à Pittsburgh, la Pennsylvania Brewing Company est une entreprise pionnière, inaugurée en 1986, puis rouverte en 2009 après une brève fermeture. La brasserie produit des bières de style allemand de qualité supérieure, comme la Penn Pilsner et la Penn Weizen. Son restaurant attenant propose une cuisine rapide, et dispose d'un accueillant palais de la bière et d'un *biergarten*.

PIKE MONK'S UNCLE

PERENNIAL ARTISAN ALES

www.perennialbeer.com

UNE DES PREMIÈRES bières lancées par Phil Wymore, après l'ouverture de sa brasserie à Saint-Louis en 2011, était un breuvage élaboré avec des fraises et de la rhubarbe – Wymore recherchait la complexité. La gamme de ses créations comprenait des bières très simples, comme la sèche Homme Bier d'inspiration belge, à très complexes, comme l'Abraxas, une imperial stout brassée avec des piments poblano séchés, des fèves de cacao et des bâtons de cannelle, et mûrie en fûts.

PIECE

www.piecechicago.com

CE PUB-BRASSERIE de Chicago a été distingué tant de fois depuis son ouverture en 2001 que le lieu est devenu une destination phare pour les amateurs de bières et de pizzas – son nom complet est d'ailleurs Piece Brewery and Pizzeria. Ici, Jonathan Cutler, qui avait travaillé à Goose Island (*voir* p. 162) et Sierra Nevada (*voir* p. 176-177), révéla l'étendue de son talent, des weissbiers typiquement bavaroises aux pale ales américaines houblonnées.

PIKE

www.pikebrewing.com

CHARLES ET ROSE ANN Finkel, les propriétaires de Pike, jouèrent un grand rôle dans le renouveau de la bière américaine. En 1978, ils se mirent à importer des bières de brasseries européennes classiques pour faire découvrir aux amateurs des styles nouveaux. En 1989, ils fondèrent la brasserie Pike à Seattle, qu'ils revendirent en 1997, avant de la racheter en 2006 pour le plus grand bien de l'établissement et de son restaurant, proposant une gamme incroyable de bières de la collection Finkel. À découvrir, la Monk's Uncle Tripel Ale.

PIZZA PORT

www.pizzaport.com

EN 1987, Vince et Gina Marsaglia, frère et sœur, achetèrent un restaurant-pizzeria de Solana en difficulté, puis le transformèrent en un pub-brasserie en 1992. Ils sont aujourd'hui à la tête de cinq pubs dans le sud de la Californie. En 2006, les Marsaglia et deux autres associés fondèrent la brasserie indépendante Port Brewing (*voir* p. 171).

PORT CITY

www.portcitybrewing.com

BILL BUTCHER, le fondateur, se fit connaître en 2012 en intervenant à la Convention démocrate nationale pour évoquer le prêt que lui avait octroyé le gouvernement pour l'achat de sa brasserie en banlieue de Washington en 2011. Ce secteur de la métropole n'avait jusqu'alors pas de brasserie de conditionnement. Les bières du maître brasseur Jonathan Reeves, dont la Monumental IPA et la Downright Pilsner, firent pencher la balance en sa faveur.

POUR DECISIONS

www.pourdecisionsbrewery.com

EN 2012, lorsque Kristen England et B. J. Haun inaugurèrent leur brasserie, en périphérie de Minneapolis-St Paul, leur philosophie tenait en ces mots : « La pinte n'est pas le but, mais une étape du voyage. » Ces deux scientifiques de métier proposèrent plusieurs bières à faible teneur en alcool – comme l'ale brune de style écossais Pubstitute, titrant 3,1 % vol. – et des créations inspirées par la tradition brassicole et la production d'autres cultures.

PRETTY THINGS BEER & ALE PROJECT

www.prettybeer.com

DANN PAQUETTE, qui a travaillé des deux côtés de l'Atlantique, dirige Pretty Things avec son épouse, Martha. Le couple est parfois qualifié de « brasseurs troubadours » car il n'a pas de site de production. Eux-mêmes se définissent comme des « brasseurs locataires », élaborant leurs bières dans une brasserie à capacité de production excédentaire, au sud de Boston. La Jack D'Or, une bière de saison de style belge, est une de leurs créations les plus recherchées.

PROST

www.prostbrewing.com

L'HISTOIRE HABITE la salle de brassage aux chaudières à moût de Prost, trouvées dans une ancienne brasserie de Franconie et expédiées à Denver. Bill Eye et Ashleigh Carter brassent une bière aussi savoureuse que les bières traditionnelles élaborées depuis près de 350 ans par Brauerei Hümmer, à Breitengüssbach, en Allemagne. Leur Altfränkisches Dunkel Bier et leur Pils, entre autres, sont de plus en plus proposées en différents endroits de la région du nord du Colorado.

PYRAMID

www.pyramidbrew.com

COMME MAGIC HAT (*voir* p.195), Pyramid brasse sous la coupe de North Amercan Breweries, et produit l'essentiel de ce qui est conditionné à Seattle. L'entreprise a d'autres brasseries-restaurants sur la côte Ouest. Pyramid ouvrit en 1984 sous le nom de Hart Brewing, et fut l'une des brasseries pionnières s'intéressant au froment. Son catalogue inclut encore plusieurs bières de froment, mais aussi des styles tendances, comme une imperial IPA titrant 8,5 % vol.

RAHR & SONS

www.rahrbrewing.com

EN 2010, des chutes de neige exceptionnelles provoquèrent l'effondrement du toit de cette brasserie de Fort Worth, mais celle-ci sortit renforcée de cette épreuve. Ses visites guidées sont prisées. « Les gens se sentent comme chez eux. Ils ont un peu l'impression d'être propriétaires de cette brasserie locale », confie son fondateur, Fritz Rahr. Ses lagers, comme la sombre Ugly Pug, sont particulièrement bien adaptées à la canicule du Texas.

REAL ALE

www.realalebrewing.com

MALGRÉ SON NOM, cette brasserie n'est pas spécialisée dans les ales mûries en fûts. Inaugurée en 1996 et aménagée au sous-sol d'un ancien magasin d'antiquités de Hill County, elle devint l'une des plus importantes brasseries indépendantes du Texas après la construction d'un nouveau site de production, en 2006. La Fireman's #4 Blonde Ale est assez facile à dénicher, à la différence de plusieurs autres bières de spécialité, comme la Phoenixx Double ESB et la Devil's Backbone Tripel.

RED BRICK

www.redbrickbrewing.com

D'ABORD CONNUE sous le nom d'Atlanta Brewing, Red Brick ouvrit en 1993 dans une bâtisse de brique rouge de Midtown, ancienne imprimerie, où elle installa un équipement venu d'Irlande. La brasserie déménagea en 2007 et prit le nom de Red Brick en 2010. « Nos différents noms ont longtemps été sources de confusion et, maintenant que notre activité s'est étendue à six autres États, il ne faut pas jeter le trouble dans l'esprit du public », explique Bob Budd, directeur de la brasserie.

RED LODGE

redlodgeales.com

LA VILLE de Red Lodge, dans le Montana, est aux portes de Beartooth Highway, qui mène au parc national de Yellowstone. Les ales de Red Lodge, dont la Bent Nail IPA, sont distribuées dans tout le Montana et le Wyoming, y compris au bar-restaurant de la brasserie. Le bâtiment dispose de la plus vaste superficie de panneaux solaires en toiture de l'État, et son *biergarten* voit pousser du houblon grimpant.

RED OAK

www.redoakbrewery.com

NATIF D'ALLEMAGNE, où il fit aussi ses classes, Chris Buckley, le maître brasseur de Red Oak, respecte la tradition allemande et adhère, du moins sur le papier, au Reinheitsgebot, ce décret bavarois sur la pureté de la bière, stipulant que celle-ci ne doit être brassée qu'avec du malt, du houblon, de l'eau et de la levure. Il ouvrit un pub-brasserie à Greensboro baptisé « Spring Garden ». En 2002, l'affaire prit le nom de Red Oak et occupe aujourd'hui un vaste site de production sophistiqué à Whitsett. Buckley ne filtre pas ni ne pasteurise ses bières, que la brasserie se charge elle-même de distribuer.

REDHOOK

www.redhook.com

AUJOURD'HUI INTÉGRÉE au groupe brassicole formé par Widmer (*voir* p. 181) et Kona (*voir* p. 193), Redhook est la plus ancienne brasserie artisanale du nord-ouest du pays et a ouvert un site de production dans le New Hampshire. Elle débuta à Seattle en 1982, mais ne perça pas avant l'introduction de la Ballard Bitter en 1984 et de l'EBS, lancée en 1987. Après l'ouverture d'une autre brasserie à Woodinville en 1994, Redhook resta un temps la quatrième plus grande brasserie artisanale américaine.

REVOLUTION

www.revbrew.com

LE FONDATEUR de la brasserie, Josh Deth, et le maître brasseur Jim Cibak, tous deux anciens apprentis à Goose Island (*voir* p. 162), mirent la barre très haut à l'ouverture de Revolution à Chicago, en 2010. Leur pub-brasserie, auquel s'ajouta en 2012 une brasserie de production voisine, produit une vaste gamme de bières, de la corsée Anti-Hero IPA à la Workingman Mild peu alcoolisée, qui reçurent toutes deux une médaille au World Beer Cup 2012.

REVOLVER

www.revolverbrewing.com

GRANT WOOD, natif du Texas, débuta sa carrière de brasseur chez Pearl, à San Antonio, en 1985. Mais c'est comme brasseur chez Samuel Adams (*voir* p. 174-175) qu'il acquit sa réputation. Puis il tenta sa chance et se mit à brasser ses propres bières en 2012, à Revolver, au nord du Texas. Elles se déclinent de la bock traditionnelle, à la bière de froment américaine au zeste d'orange sanguine, au miel local et aux épices.

RIVER HORSE

www.riverhorse.com

FONDÉE EN 1996, à l'origine dans un adorable bâtiment de brique, la brasserie quitta en 2013 la populaire et touristique Lambertville, pour un site de production plus vaste, situé dans la ville voisine d'Ewing. Cela permit à cette brasserie du New Jersey de reprendre sa production de lagers, même si ses meilleures ventes sont des bières houblonnées (comme la Hop-A-Lot-Amus-Double IPA) ou assez alcoolisées (Hipp-O-Lantern, une bière à la citrouille titrant 8,5 % vol.). La Tripel Horse, une bière de style belge titrant 10 % vol., a aussi beaucoup de succès.

ROCK BOTTOM

www.rockbottom.com

CETTE CHAÎNE de restaurants-brasseries est une filiale de CraftWorks Restaurants & Breweries, qui a elle-même d'autres restaurants-brasseries, dont les marques Gordon Biersch et Big River Grille, mais aussi près de 60 % des restaurants à bière Old Chicago. Tous ces établissements proposent un menu mettant à l'honneur des bières classiques et certaines références propres à la brasserie. Le Rock Bottom de Chicago gagna le titre de « grand pub-brasserie de l'année » lors du Great American Beer Festival 2008.

SAINT ARNOLD

www.saintarnold.com

PLUS ANCIENNE et plus grande brasserie artisanale du Texas, Saint Arnold a un lien fort avec la communauté des amateurs de bière de Houston, qui sont notamment invités à adhérer au programme de recyclage des packs de bière. Dix ans après son ouverture, en 1994, son fondateur Brock Wagner confiait : « Ma brasserie appartient à tous les consommateurs de bières Saint Arnold ». À découvrir au-delà des valeurs sûres, la Divine et l'Icon Series.

SAINT SOMEWHERE

www.saintsomewherebrewing.com

BOB SYLVESTER brasse des ales de saison de Floride à Tarpon Springs, au nord de Tampa. « [La bière de saison] est moins un style qu'une philosophie », confie-t-il. Baptisée selon une chanson de Jimmy Buffett, Saint Somewhere est une minuscule brasserie qui expédie dans 20 États ses bières conditionnées en bouteilles de 750 ml, aux étiquettes originales destinées à promouvoir la Floride. « Je suis traditionaliste », avoue Sylvester, adepte des cônes de houblons entiers et de la fermentation en cuves ouvertes – dans des cuves jadis utilisées à la vinification.

SANDLOT

www.bluemoonbrewingcompany.com

SITUÉE DANS l'enceinte du Coors Field, le stade de baseball de Denver, Sandlot est à la fois une brasserie pilote, où sont élaborées les bières Coor's Blue Moon, et un pub-brasserie pour les spectateurs. Ouvert durant la saison des Rockies uniquement, l'établissement propose ses bières dans d'autres lieux. Celles-ci sont inspirées de styles allemands, comme la Move Back, une dortmunder, et plusieurs pilsners vives – dont certaines aux noms amusants, comme Most Beer Judges Are Boneheads.

SANTA FE

www.santafebrewing.com

À L'ORIGINE installée dans une écurie à Galisteo, puis dans un ancien garage de moto, Santa Fe est désormais dans des locaux adaptés à son usage, après 25 ans de développement. Elle est devenue la plus importante brasserie régionale du Nouveau-Mexique. Mike Levis inaugura sa brasserie en 1988 et utilise la chaudière à moût d'origine de la brasserie Boulder. Nombre des bières des débuts sont au catalogue, revisitées par le fils de Mike, Ty, l'actuel brasseur.

SCHLAFLY

www.schlafly.com

COFONDATEUR DE SCHLAFLY, Tom Schlafly est l'auteur d'un ouvrage qui évoque le « partage » du marché de Saint-Louis avec le géant international Anheuser-Busch. La Saint Louis Brewery (de son vrai nom) réussit cet exploit depuis 1991. Schlafly brasse dans son pub-brasserie, en centre-ville, et dans son usine Bottleworks, dans la banlieue de Maplewood. Les 50 bières du catalogue sont proposées au festival September Hop in the City.

SHIPYARD

www.shipyard.com

ALAN PUGSLEY, cofondateur et maître brasseur de Shipyard, a participé à la construction de 120 brasseries dans le monde. Presque toutes, comme Shipyard, utilisent une levure Ringwood importée d'Angleterre (une souche vieille de 160 ans au moins). Selon lui, cette levure donne aux bières Shipyard un caractère souple et facile à boire. Inaugurée en 1984, la brasserie fut brièvement associée à Miller Brewing, avant de reprendre son indépendance.

SHMALTZ

www.shmaltzbrewing.com

JEREMY COWAN débuta en 1996 en distribuant une unique marque, HE'BREW. Celle-ci donna naissance à deux gammes distinctes, Shmaltz Brewing et Coney Island Craft Lagers, avec des bières comme l'ale Genesis et la Messiah Nut Brown Ale. Même si Coney Island possède la licence de la plus petite brasserie au monde, produisant tout juste 4 l par brassin, les marques Shmaltz et Coney Islands sont brassées sous contrat. Shmaltz commercialise un pack de huit bières fortes, avec bougies de Hanoukka et instructions pour réaliser une bière Menorah.

SHORT'S

www.shortsbrewing.com

LES BIÈRES uniques de Joe Short ont séduit un large public d'amateurs en quête de breuvages inédits, comme la Key Lime Pie, la Peaches & Crème, et la PB1J, un assemblage de Über Goober Oatmeal Stout et de bière fruitée Soft Parade. La brasserie propose 20 de ses bières dans son pub-brasserie de Bellaire, dans le Michigan, tout en brassant pour la grande distribution dans un site de production proche. Au catalogue, la Huma Lupa Licious IPA et la lager Local's Light.

SIERRA BLANCA

www.sierrablancabrewery.com

SIERRA BLANCA brasse entre autres marques l'Alien Ale et l'Alien Stout. Située à l'est d'Albuquerque, la brasserie démarra à Carrizozo, non loin de Roswell, là où, selon la rumeur, un ovni aurait atterri en 1947. Sierra Blanca brasse aussi sous son propre nom, possède la marque Rio Grande, et élabore la Monks' Ale et la Monks' Wit sous contrat, pour le compte de l'abbaye du Christ-au-Désert, au nord de Santa Fe.

SHMALTZ MESSIAH

SIXPOINT

www.sixpoint.com

FONDÉE À BROOKLYN en 2004, cette brasserie tire son nom de l'étoile à six branches des brasseurs, apparue à la fin du XIVe siècle. Sixpoint utilise des méthodes de pointe, qui savent fédérer les admirateurs, comme en témoigne ce sondage en ligne commandité en 2012 par la brasserie, permettant au public de choisir la variété de houblon frais qui serait importée de l'État de Washington pour houblonner à sec la bière d'automne de Sixpoint.

SKA

www.skabrewing.com

EN 1995, les fondateurs de cette brasserie, Dave Thibodeau et Bill Graham, se rejoignaient tous les jours après leur journée de travail pour brasser de la bière jusqu'à 3 heures du matin. « Dieu merci, nous étions jeunes », lance Thibodeau. Ils baptisèrent leur bière amateur Ska Brewing parce qu'ils écoutaient du ska jamaïcain en brassant. Ce nom devint celui de leur brasserie, qui se développa jusqu'à acquérir un statut de brasserie régionale.

SLY FOX

www.slyfoxbeer.com

FONDÉE EN 1994, Sly Fox Brewing dirige deux pubs en Pennsylvanie et une brasserie de production. Le catalogue offre une large gamme de bières, même si Sly Fox est surtout réputée pour ses lagers, dont sa Pikeland Pils. Chaque année en mai, la brasserie organise le Sly Fox Bock Fest & Goat Race. Plusieurs variétés de bock sont proposées, et la brasserie soutire la nouvelle mailbock (bière célébrant le printemps) après la course de chèvres – la gagnante donne son nom à la bière.

SMUTTYNOSE

www.smuttynose.com

IL FALLUT bien plus longtemps que prévu à Smuttynose, inaugurée en 1994 à Portsmouth, dans le New Hampshire, pour rejoindre les locaux plus vastes d'une ancienne exploitation agricole, dans la ville proche de Hampton, alors que le site de l'ancienne brasserie restait utilisé pour des cuvées expérimentales. Si les amateurs admirent l'équilibre des bières de Smuttynose, dont sa Shoals Pale Ale, la brasserie fut pourtant l'une des premières à oser les bières extrêmes, dans les séries Big Beer et Short Batch.

SNAKE RIVER

www.snakeriverbrewing.com

DEUX FOIS distinguée au Great American Beer Festival, cette petite brasserie vend l'essentiel de sa production au restaurant situé au-dessus de la salle de brassage, mais expédie aussi ses canettes jusqu'à New York. Escale appréciée des touristes, Snake River propose une gamme de styles traditionnels, dont des lagers excellentes, et parfois des bières de spécialité, comme la Le Serpent Cerise, mûrie en fûts.

SOLEMN OATH

www.solemnoathbrewery.com

JOHN BARLEY goûta aux bières belges lors de visites chez ses parents, qui s'étaient installés en Belgique alors qu'il était étudiant. Il n'est donc pas surprenant que la brasserie de John et de son frère Joe, dans la banlieue de Chicago, inclue des bières élaborées à partir de souches de levure belges et de houblons américains aux notes d'agrumes tropicaux. Le maître brasseur Tim Marshall, vétéran respecté de la chaîne Rock Bottom, brasse une gamme d'une remarquable variété.

SOUTHAMPTON PUBLICK HOUSE

www.publick.com

CE TRÈS SELECT restaurant-brasserie de Long Island commença à brasser de la bière en 1996. Le maître brasseur Phil Markowski s'employa à faire découvrir des styles de bière du monde à la clientèle locale, notamment des bières de saison, rares aux États-Unis. Il quitta la société en 2012. Southampton, en partenariat avec Pabst (*voir* p. 198), dispose de plusieurs bières brassées sous contrat, commercialisées via le réseau Pabst. Ces marques, comme d'autres exclusivement brassées au restaurant-brasserie, sont disponibles à Southampton.

SOUTHERN TIER

www.stbcbeer.com

SOUTHERN TIER est une brasserie en plein essor depuis son ouverture à Lakewood, dans l'État de New York, en 2002, avec une production unique de bières souvent fortes, comme l'Imperial Crème Brûlée Stout (9,6 % vol.) et l'Imperial Pumking (8,6 % vol.). Les bières sont distribuées à travers une grande partie du pays, mais aussi exportées à l'étranger.

SPEAKEASY

www.goodbeer.com

LE NOM de cette brasserie de San Francisco fait référence à celui donné aux établissements clandestins lors de la prohibition. La bière la plus vendue, la Big Daddy IPA, porte le surnom attribué à David Keene, fondateur de Toronado, une des premières brasseries des États-Unis. Avant tout brasserie de production, Speakeasy intégra un pub dans ses locaux, avec passages secrets et une lourde porte percée d'un judas.

SPOETZL

www.shiner.com

BOOSTÉE PAR les ventes de la Shiner Bock, la brasserie, implantée à Shiner, au Texas, proche de la fermeture en 1990, affiche aujourd'hui un volume de production annuel de 596 000 hl et vend ses bières dans presque tous les États du pays. La Bock représente près de 80 % des ventes, mais Spoetzl continue à lancer de nouvelles marques, à la fois fidèles à l'héritage germano-tchèque de Shiner, comme la Bohemian Black Lager, et expérimentales, en brassant les premières ales de son histoire.

SPRECHER

www.sprecherbrewery.com

RANDY SPRECHER s'installa dans le Milwaukee en 1980 pour travailler chez Pabst Brewing (*voir* p. 198). Licencié, il décida de fonder sa brasserie en 1985. En 2010, il lança une nouvelle marque, Chamaleon, pour diversifier sa production, mais ses premières recettes, comme la Black Bavarian et la Special Amber, représentent toujours les meilleures ventes de la brasserie. Réputée au niveau national pour sa root beer (ou racinette, une boisson gazeuse parfumée d'extraits de plantes), Sprecher commercialisa en 2013 la Hard Root Beer, qui titre 5 % vol.

SQUATTERS

www.squatters.com

LE PREMIER pub-brasserie Squatters vit le jour à Salt Lake City, en 1989. L'entreprise possède désormais trois pubs, et brasse et conditionne sa production chez Utah Brewers (*voir* p. 205). Le titre alcoométrique des bières vendues en bouteilles n'est pas limité en Utah, mais les bières pression ne doivent pas excéder 4 % vol., de quoi limiter la gamme des bières servies dans les pubs. Squatters prouve néanmoins que cette restriction n'a aucun effet sur la saveur de ses bières.

SPRECHER BLACK BAVARIAN

STARR HILL JOMO LAGER

STARR HILL

www.starrhill.com

MARK THOMPSON fonda Starr Hill Brewery à Charlottesville en 1999. Il brassa d'abord une bière exclusivement proposée dans son pub. En 2005, il transféra sa brasserie dans la ville proche de Crozet, développa son activité, ferma son pub et élargit son réseau de distribution après que Anheuser-Busch (actuel A-B InBev) acheta une part de l'affaire et devint principal distributeur. Starr Hill est surtout réputée pour ses bières « minimalistes » et traditionnelles, comme la Jomo Lager et la Dark Starr Stout.

STEVENS POINT

www.pointbeer.com

LA POINT SPECIAL LAGER est brassée comme en 1857, dans la cinquième plus ancienne brasserie du pays toujours en activité. Au fil du temps, la gamme s'était élargie, jusqu'à inclure des bières comme Point Nude Beach, une ale de froment estivale, ou la blonde et dorée Point Three Kings Ale. La Point Special Lager devint célèbre en 1973, quand le journaliste du *Chicago Daily News*, Mike Royko, la désigna meilleure bière du pays.

STILLWATER

stillwaterales.blogspot.com

BRIAN STRUMKE, le « brasseur bohème », concocte ses créations dans des brasseries américaines (principalement dans le Maryland) et européennes (surtout en Belgique). « Je finirai par avoir ma propre affaire », confie-t-il. L'essentiel des ales Stillwater s'inspire des ales de saison belges, comme l'excellente Stateside Saison. Strumke avoue apprécier que l'on décrive ses bières comme ayant « un pied dans la tradition, l'autre dans l'espace ».

STOUDTS

www.stoudtsbeer.com

CAROL ET ED STOUDTS inaugurèrent cette microbrasserie en 1978, en Pennsylvanie. Ils brassèrent d'abord des bières d'inspiration allemande, servies dans leur restaurant qui propose aussi des menus allemands. La Stoudts Gold, une helles, et la Pils, sont leurs bières emblématiques, au sein d'une gamme variée et moderne. Leur brasserie est restée modeste, avec un volume de production annuel de moins de 18 000 hl, convenant parfaitement à Ed Stoudts : « Pourquoi se développer ? Ça n'a pas très bien réussi aux dinosaures, non ? »

STRAUB

www.straubbeer.com

BRASSERIE FAMILIALE en activité depuis 1872, Straub Brewing, à St Marys, en Pennsylvanie, est surtout réputée pour son « Eternal Tap », qui propose aux visiteurs un accès en libre-service aux bières, aux heures de bureau. Située à près de 80 km de Punxsutawney, célèbre pour son « jour de la Marmotte », Straub brasse la Groundhog Brew avec une recette différente tous les ans. Sa bière référence, la Straub Lager, reste inchangée. Elle est élaborée avec du maïs égrené et de l'orge maltée depuis 1872.

SUMMIT

www.summitbrewing.com

LE FONDATEUR de la brasserie, Mark Stutrud, achète de l'orge morave, maltée et utilisée dans les bières élaborées par son cousin à Summit Brewing. Leur grand-père est natif de Norvège. Si la brasserie réalise l'essentiel de son chiffre d'affaires avec des bières à la mode (comme celles de Unchained Series), la tradition reste bien présente – comme l'atteste la chaudière à moût de la salle de brassage, originaire d'Allemagne, ou les bières classiques, dont l'Extra Pale Ale et la Great Northern Porter.

SUN KING BREWING

www.sunkingbrewing.com

BRASSEURS DANS un pub d'Indianapolis durant une dizaine d'années, Clay Robinson et Dave Colt fondèrent leur brasserie en 2009. Entre autres activités, ils organisent une fois par mois une fête où ils invitent des groupes de rock pour célébrer le lancement d'une nouvelle bière. En 2011, Sun King Brewing attira l'attention en décrochant pas moins de huit médailles au Great American Beer Festival.

SURLY

www.surlybrewing.com

OMAR ANSARI, le fondateur de Surly Brewing, fut qualifié de « rock star de la bière artisanale du Minnesota ». C'est pourtant le maître brasseur Todd Haugh qui créa des bières audacieuses à l'origine de la « Surly Nation ». Des amateurs venus des quatre coins du pays se pressent à Twin Cities pour participer à des événements comme le Darkness Day, à l'époque de la sortie d'une imperial stout éponyme. « Nous brassons pour des gens qui ne savent pas ce qu'ils veulent, jusqu'à ce qu'ils y goûtent », dit Ansari.

SWEETWATER

www.sweetwaterbrew.com

SI LA BIÈRE emblématique de Sweetwater, la 420 Ale's, porte un nom évoquant la marijuana, Freddy Bench, le cofondateur de la brasserie, dit l'avoir nommée ainsi car elle fut brassée un 20 avril. Sweetwater sut se développer, jusqu'à devenir la plus importante brasserie artisanale du sud-est du pays.

TALLGRASS

www.tallgrassbeer.com

LA MEILLEURE vente de Tallgrass Brewing à Manhattan, dans le Kansas, est une oatmeal milk stout, la Buffalo Sweat. « Au début, nous voulions nous conformer au goût du public. Mais aujourd'hui, nous brassons des bières qui nous enthousiasment », confie Tom Mahoney, membre de l'équipe commerciale. L'utilisation de canettes, y compris pour la 8-Bit Pale Ale, vivifiée par les notes tropicales du houblon australien Galaxy, a aussi charmé le public.

TERMINAL GRAVITY

www.terminalgravitybrewing.com

PUB EN FAÇADE et brasserie à l'arrière, Terminal Gravity est située à Enterprise, dans l'Oregon. Ses bières sont distribuées dans presque tout l'État. Lorsque Steve Carper et Dean Duquette inaugurèrent leur pub-brasserie, ils louèrent une partie de leurs locaux à un boulanger et une autre fut dédiée à la préparation de saucisses.

TERRAPIN

www.terrapinbeer.com

AUCUN AUTRE BRASSEUR ne milita autant que Brian « Spike » Buckowski pour l'usage du seigle malté. En 2002, lorsqu'il inaugura Terrapin avec John Cochran, leur première bière fut la Rye Pale Ale. Ils construisirent leur propre brasserie en 2008, avant que Buckowski ne parcoure le monde et élabore des bières en collaboration – et à base de seigle, bien sûr.

THOMAS CREEK

www.thomascreekbeer.com

EN 1998, Tom Davis et son père Bill fondèrent Thomas Creek à Greenville, en Caroline du Sud. Davis brasse des recettes originales et des bières sous contrat. Depuis peu, la brasserie s'est concentrée sur la marque Thomas Creek, vendue dans 15 États américains et en Europe.

TWO BROTHERS DOMAINE DU PAGE

THOMAS HOOKER

www.hookerbeer.com

L'ÉVOLUTION de cet établissement, passé du statut de pub-brasserie, le Trout Brook Brew Pub, fondé en 1997, à celui de brasserie, connue sous le nom de Thomas Hooker Brewery, est difficile à suivre. Au cours de l'histoire, une marque apparut, le propriétaire changea et la brasserie déménagea de Hartford à Bloomfield. Mais Thomas Hooker parvint malgré tout à imposer sa présence et à proposer une gamme variée, de la populaire Blonde Ale à l'imposante Liberator Doppelbock.

THREE FLOYDS

www.3floyds.com

LE DARK LORD DAY est ce jour de l'année où Three Floyds Brewing lance son imperial stout éponyme. L'événement est devenu un jour de fête qui attire des amateurs de tout le pays, à l'image des brasseurs de Hammond, dans l'Indiana. Pour Nick Floyd, la première bière de Three Floyds, l'Alpha King, plaça l'année 1996 sous le signe du houblon. Les bières qui suivirent, comme la Zombie Dust et la Gumballhead, confirmèrent la tendance.

TOMMYKNOCKER

www.tommyknocker.com

IDAHO SPRINGS est une ancienne cité minière qui alimentait en or l'hôtel de la Monnaie de Denver au XIXe siècle. Les mineurs de Cornouailles pensaient que les Tommyknockers – êtres légendaires des mines – leur portaient chance. Implantée dans la rue principale de la ville, la brasserie dispose d'un vaste restaurant, où certaines tables sont séparées des cuves de fermentation par une simple et basse glissière. Sa Butt Head Bock a décroché plusieurs médailles au Great American Beer Festival.

TRŐEGS BREWING

www.troegs.com

LES FONDATEURS de la brasserie, les frères Chris et John Trogner, associèrent leur nom de famille au terme flamand *kroeg* signifiant « pub ». En 2011, ils bâtirent une nouvelle brasserie à Hershey, en Pennsylvanie, et fermèrent la brasserie originale, fondée en 1997. Leurs bières de saison, dont l'ale houblonnée Nugget Nectar et l'ale estivale Mad Elf (11 % vol. et infusée avec des cerises) sont très populaires, comme leur série de bières expérimentales.

TRUMER

www.trumer-international.com

UN PARTENARIAT entre Gambrinus (qui a aussi les brasseries Bridgeport et Shiner) et Trumer Brauerei, en Autriche, permit à cette brasserie de Berkeley de brasser la Trumer Pils. Les deux brasseries emploient la même recette et les mêmes ingrédients. « Nous nous concentrons sur le processus », confie le maître brasseur Lars Larson. Les deux brasseries font souvent des tests de dégustation croisés pour s'assurer de l'homogénéité de leur bière.

TWISTED PINE

www.twistedpinebrewing.com

SI LA GHOST FACE KILLAH n'est pas la bière la plus vendue de Twisted Pine, elle est la plus intéressante. Elle est élaborée avec six variétés de piment, dont le bhut jolokia et le naga jolokia, 200 fois plus fort que le jalapeños. Les brasseurs portent masques et gants pour couper les piments. Résultat ? Une bière brûlante que la plupart des amateurs délaissent, au profit de l'incroyable Big Shot Espresso Stout.

TWO BROTHERS

www.twobrothersbrew.com

LES FRÈRES Jim et Jason Ebel découvrirent les bières traditionnelles alors qu'ils poursuivaient leurs études à l'étranger. De retour au pays, ils se mirent au brassage amateur, puis dirigèrent une boutique où ils vendaient leur bière maison, avant de fonder Two Brothers en 1996. « Aux dîners de famille, nous ne parlions que de ça. Notre mère finit par nous dire : "Soit vous vous y mettez, soit vous vous taisez, parce que vous me rendez folle !" », raconte Jason. Le catalogue de cette brasserie de Chicago inclut une bière de style français, la Domaine DuPage.

TWO ROADS

www.tworoadsbrewing.com

BÂTIE EN 2012, surtout pour brasser des bières sous contrat pour les brasseries du Connecticut, Two Roads occupe un bâtiment industriel classé des années 1920. La brasserie fit parler d'elle avec une bière de sa création, réalisée par Phil Markowski, embauché pour l'occasion. Ce dernier, qui avait travaillé chez Southampton Publick House (*voir* p. 202) de 1996 à 2012, fit de Two Roads une destination incontournable. L'association des brasseurs lui décerna un prix de l'innovation en matière de brassage.

UINTA

www.uintabrewing.com

APRÈS DES DÉBUTS dans un garage de Salt Lake City en 1993, Uinta finit par devenir la première brasserie régionale de l'Utah. Certaines de ses bières sont peu alcoolisées, comme il se doit dans l'Utah, et le catalogue inclut d'excellentes références, comme l'Organic Baba Black Lager et la Cutthroat Pale Ale. Uinta a aussi créé la gamme Crooked Line, des bières brassées à haute densité, pour beaucoup mûries en fûts. Alimentée par l'énergie éolienne depuis 2001, la brasserie a reçu plusieurs prix pour ses pratiques écologiques.

UPLAND

www.uplandbeer.com

LA SOUR RESERVE de Upland reçut la médaille d'or dans la catégorie « lambic de style belge » ou « bière acide » du Great American Beer Festival. Les admirateurs de Caleb Staton et de ses bières acides et sauvages, traquent les plus petites quantités encore disponibles. Le développement de la brasserie en 2012 permet à Staton de produire d'autres spécialités, mais aussi des bières très demandées, comme la Dragonfly India Pale Ale et la Wheat Ale.

UPRIGHT

www.uprightbrewing.com

CETTE BRASSERIE de Portland brasse depuis 2009 des bières inspirées des ales de saison, en recourant à la fermentation en cuves ouvertes et, souvent, à des ingrédients locaux. Le nom de la brasserie est inspiré de Charlie Mingus, un jazzman qui défiait toute catégorisation. Alex Ganum, le fondateur, a le même objectif – le répertoire comprend de nombreuses bières insufflant une impression de force. D'autres bières, comme la Flora Rustica, brassée avec des fleurs de souci et d'achillée, apportent une note de fantaisie.

URBAN CHESTNUT

www.urbanchestnut.com

OUVERTE EN 2011 à Saint-Louis, cette brasserie produit les séries Reverence et Revolution, qui incarnent la diversité. La première inclut des bières d'inspiration bavaroise, région où naquit et grandit le maître brasseur, Florian Kuplent. Moins traditionnelle, la Winged Nut est une weissbier torréfiée, élaborée avec des châtaignes, alors que la STLIPA met à l'honneur les houblons du nord-ouest américain.

UTAH BREWERS

www.utahbeers.com

SCHIRF BREWING, inauguré en 1986 sous le nom de Wasatch Brewpub, et Squatters Pub, aussi connu sous le nom de Salt Lake City Brewing, et fondé en 1989, créèrent en 2000 l'Utah Brewers Co-operative, un site de production où les deux établissements brassaient ces bières destinées à être commercialisées hors de leurs pubs respectifs. Utah brasse entre autres une gamme de bières alcoolisées, comme la Devastator (8 % vol.).

VERMONT

www.vermontbrewery.com

PIONNIER DU BRASSAGE ARTISANAL, Greg Noonan, décédé en 2009, inaugura Vermont Pub & Brewery en 1998. L'esprit de ce brasseur hors norme règne sur ce pub qui propose des bières locales, certaines traditionnelles, d'autres plus expérimentales, comme la Blackwatch IPA.

WACHUSETT

www.wachusettbrew.com

C'EST UN GROUPE d'amis sortis de l'Institut polytechnique de Worcester qui ouvrit cette brasserie en 1994. « Il y a quelque chose de fondamental à propos de la bière et de ce qu'elle représente pour nous », confie le directeur de la brasserie, Ned LaFortune. La brasserie se développa jusqu'à devenir une des plus importantes du Massachusetts. Elle brasse des bières accessibles, comme sa Country Pale Ale légèrement houblonnée, mais aussi des bières sous contrat, pour d'autres brasseries. En 2012, LaFortune ajouta une ligne de conditionnement en canettes, non seulement pour les marques de la brasserie, mais aussi pour celles brassées sous contrat.

WEYERBACHER

www.weyerbacher.com

IL FALLUT ATTENDRE que Dan Weirback élabore les bières ésotériques qu'il aimait pour que Weyerbacher devienne rentable. Ces bières n'étaient pas prévues au programme lorsqu'il ouvrit sa brasserie en 1995 à Easton, en Pennsylvanie. Il brassait alors des ales anglaises traditionnelles, mais ne tarda pas à lancer une triple d'inspiration belge, une barley wine, la Blithering Idiot, puis une Double IPA titrant 9 % vol., élaborée avec de piquants houblons Simcoe. Ces bières devinrent ses meilleures ventes, à l'origine d'une expansion majeure.

WYNKOOP

www.wynkoop.com

PREMIER PUB-BRASSERIE du Colorado, Wynkoop fut fondé par John Hickenlooper, qui devint gouverneur de l'État, et par feu Russell Schehrer, brasseur célébré pour son esprit novateur. Ce pub-brasserie de Denver conditionne certaines de ses bières, et son actuel maître brasseur, Andy Brown, crée des bières où souffle l'esprit de Schehrer, comme sa stout élaborée avec des testicules de taureau. Wynkoop accueille le concours national Beerdrinker of the Year depuis 1997.

YARDS

www.yardsbrewing.com

TOM KEHOE, maître brasseur et cofondateur de Yards Brewings en 1994, répartit l'entreprise en quatre lieux. Le quatrième se trouve dans le quartier de Northern Liberties, ancien haut lieu de la scène brassicole de Philadelphie. « Je pense que nous maintenons cette tradition vivante. Les Philadelphiens cherchent toujours quelque chose dont ils peuvent être fiers », confie Kehoe. Il brasse des bières d'inspiration britannique, comme la Philadelphia Pale Ale et l'Extra Special Ale.

YAZOO

www.yazoobrew.com

LINUS HALL inaugura Yazoo en 2003 à Nashville, avant de trouver des locaux plus vastes en 2010. Brasserie d'envergure régionale, Yazoo brasse des bières distribuées dans le Tennessee, le Mississippi et le nord de l'Alabama. En 2008, lors de la pénurie de houblon, Hall lança la Hop Project Series, qui impliquait de changer les variétés de houblon de chaque cuvée de son IPA.

YUENGLING

www.yuengling.com

LA PLUS ANCIENNE brasserie américaine, mais aussi la plus grande aux mains d'un propriétaire unique, fut érigée en 1829 par D.G. Yuengling, rebâtie en 1831 après un incendie, puis passée d'une génération à l'autre. La brasserie avait un volume de production de 164 000 hl en 1985, à l'époque ou Dick Yuengling Jr. l'acheta à son père. En dépit d'un volume de production de 3,6 millions d'hectolitres en 2012, la marque n'est distribuée que dans 14 États du pays. En Pennsylvanie, lager est synonyme de Yuengling Traditional Lager.

CANADA

Il fut un temps au Canada où l'amateur de bière pouvait, à juste titre, penser que la brassiculture nationale commençait à imiter ce que proposait par le passé l'industrie brassicole homogène du voisin américain. Durant plus d'un quart de siècle, deux marques de bière, Molson et Coors, s'imposèrent sur les comptoirs et dans le réfrigérateur du consommateur canadien. Tout a changé et le Canada vit aujourd'hui sa révolution brassicole. Les amateurs découvrent et apprécient des bières étonnantes, créées par un groupe dynamique de brasseurs artisanaux. Presque tous affichent un intérêt sincère pour l'environnement et s'enorgueillissent de brasser des bières locales pour des gens du cru ; des bières d'une grande intégrité, pétillantes de passion et d'innovation. Comme la plupart des révolutions brassicoles, cette dernière fut initiée par une évolution de la législation. En 2006, le gouvernement mit fin à la taxe dont devaient s'acquitter les petits brasseurs. Très vite, des brasseries qui jusqu'alors parvenaient au mieux à atteindre leur seuil de rentabilité purent enfin investir dans de nouveaux équipements, le marketing et le développement de nouvelles bières.

Une des premières brasseries artisanales du Canada, Vancouver Island, fut fondée en 1984 par des amateurs persuadés que Vancouver devait avoir sa propre brasserie. Autre brasserie de la première heure, Amsterdam Brewery suscite passion et admiration à Toronto depuis 1986. Ces deux établissements furent rejoints par Great Lakes Brewery, fondée en 1987 et qui s'imposa comme une brasserie de premier ordre. Unibroue, inaugurée en 1992, appartenait aussi à cette famille de brasseries pionnières, notamment réputée pour ses bières non filtrées, conditionnées en bouteilles. Ces aventuriers ouvrirent la voie aux brasseurs artisanaux d'aujourd'hui et firent prospérer cette idée selon laquelle la bière pouvait être différente, plus imaginative et festive que tout ce qui avait été brassé jusqu'alors.

AMSTERDAM BREWERY

La scène brassicole de Toronto s'anima en 1986, à la fondation du premier pub-brasserie de la ville par un néerlandais d'origine, Roel Bramer. Toujours en plein essor, cet établissement offre des créations exceptionnelles et audacieuses.

REPÈRES

PROPRIÉTAIRE Jeff Carefoote

FONDATION 1986

ADRESSE 45 Esandar Drive Toronto, ON M4G 4C5

SITE INTERNET www.amsterdambeer.com

PHILOSOPHIE Nous parlons de bière artisanale !

AMSTERDAM BREWERY
ALL NATURAL BLONDE

AMSTERDAM BREWERY
NUT BROWN ALE

CETTE BRASSERIE fut la première à ouvrir ses portes à Toronto. L'aventure débuta en 1986, dans les locaux d'une ancienne usine de rechapage de pneus. La nouveauté attira probablement un premier public, qui ne tarda pas à reconnaître la qualité des bières proposées. Comme l'indique le nom de l'établissement, son fondateur Roel Bramer est originaire des Pays-Bas. La première bière brassée par Amsterdam Brewery, la Natural Blonde, était une lager blonde et dorée, à la fois vive et rafraîchissante, bientôt suivie par une gamme d'ales de style britannique, de bières de froment, puis de stouts et de porters.

La brasserie continue à varier et assortir son offre de bières ordinaires avec une sélection de créations audacieuses, comme la Goedenavond, une ale blonde de style belge mûrie en fûts de vin, et une puissante barley wine mûrie en fûts de whisky neuf. Cette exploitation de la piste de la tradition brassicole servit bien évidemment la brasserie qui ne cessa de se développer. Un second pub-brasserie fut inauguré en 1988, alors qu'en 1993 l'établissement original – The Amsterdam Brasserie and Brewpub – devenait Amsterdam Brewing Company, une entreprise commerciale plus focalisée sur le brassage. En 2002, Bramer vendit l'affaire à son propriétaire actuel, Jeff Carefoote, qui acheta aussi Kawartha Lakes Brewing un an plus tard. Amsterdam Brewery semble toujours sur la voie d'autres succès…

NOTES DE DÉGUSTATION

ALL NATURAL BLONDE PILSNER, 5 % VOL.
Une pilsner rafraîchissante à robe blonde dans le verre, libérant des notes citronnées sur le nez. Propre et vive en bouche.
ACCOMPAGNEMENT : du poulet rôti ou un plateau d'huîtres.

NUT BROWN ALE 5 % VOL.
Une douce ale châtain brun, aux notes apaisantes de caramel, de moka et de chocolat au lait, nuancées d'orange. Crémeuse en bouche, avec des touches de chocolat conduisant à une subtile et suave finale.
ACCOMPAGNEMENT : à déguster avec des boulettes de viande à la sauce tomate, pour confronter douceur et acidité.

(416) URBAN WHEAT BIÈRE DE FROMENT, 4,16 % VOL.
Bière à robe ambrée, baptisée en référence au code postal de Toronto. Notes d'agrume sur le nez et subtiles saveurs fruitées. Finale assez courte, dénotant une certaine sécheresse.
ACCOMPAGNEMENT : idéale avec une sole grillée au citron.

AMSTERDAM BREWERY (416) URBAN WHEAT

GREAT LAKES BREWERY

REPÈRES

PROPRIÉTAIRE Peter Bulut

FONDATION 1987

ADRESSE 30 Queen Elizabeth Boulevard, Etobicoke, Toronto ON M8Z 1L8

SITE INTERNET www.greatlakesbeer.com

PHILOSOPHIE Première brasserie artisanale de Toronto.

Au milieu des années 1980, Toronto était encore un désert en matière de bière artisanale. Tout changea en 1987, à l'inauguration de Great Lakes Brewery. Dès lors, la brasserie et la scène brassicole de la cité suivirent le même élan.

LE TORONTO BEER WEEK, grand événement brassicole du Canada, présente des brasseries de qualité. Si la bière artisanale est désormais omniprésente dans la ville, ce n'était pas le cas avant 1987, lorsque la lager blonde des multinationales de l'industrie brassicole dominait le marché. En 1987, l'inauguration de Great Lakes – première brasserie artisanale de Toronto – marqua le début du changement. À l'origine, Great Lakes brassait uniquement deux bières, une lager et une ale, mais en 1990, alors que l'argent commençait à manquer, la brasserie ferma ses portes. En 1991, Peter Bulut racheta l'affaire et les bières de Great Lakes réapparurent sur le marché. Dans les années 1990 et au-delà, la production de la brasserie se limita à une sélection de lagers et d'ales traditionnelles convaincantes, avec pour meilleure vente la lager Golden Horseshoe Premium. Mais en 2006, l'arrivée de la Devil's Pale Ale se fit remarquer. Le directeur marketing de Great Lakes confiait à l'époque : « Le succès de la Devil's Pale Ale nous a encouragés à brasser des bières de saison, dont l'Orange Peel Ale, la Pumpkin Ale et la Winter Ale. » En 2012, la brasserie fêtait ses 25 ans avec une sélection de bières de spécialité, dont une imperial black IPA, un porter mûri dans le chêne et une bière de saison belge.

GREAT LAKES BREWERY DEVIL'S PALE ALE

GREAT LAKES BREWERY CRAZY CANUCK

NOTES DE DÉGUSTATION

DEVIL'S PALE ALE PALE ALE AMÉRICAINE, 6,6 % VOL.
Robe ambrée pour la bière trouble-fête de Great Lakes, aux notes fruitées et étourdissantes d'agrume aromatique sur le nez, ample et juteuse en bouche, avec un caractère d'agrume appétissant, maîtrisé par de vives notes céréalières. Finale amère et sèche.

ACCOMPAGNEMENT : un délicieux hamburger, associé à un généreux coleshaw fait maison, pour un festival de saveurs.

CRAZY CANUCK PALE ALE AMÉRICAINE, 5,2 % VOL.
Pale ale houblonnée et tonique aux notes de pamplemousse et d'orange sur le nez, suivies de touches juteuses d'agrume et d'une douceur biscuitée, marquée par le pain, avant une finale à l'amertume persistante.

ACCOMPAGNEMENT : partenaire idéal d'un poisson grillé agrémenté d'une sauce crémeuse. Son amertume contrecarre la douceur de la sauce, qui en retour intensifie les notes d'agrume.

PUMPKIN ALE BIÈRE DE SPÉCIALITÉ, 5,4 % VOL.
Ale ambrée, associant citrouille, cannelle, clou de girofle, noix muscade et piment de la Jamaïque révélant de chaudes flaveurs épicées et douces-amères, avant une sèche et persistante finale.

ACCOMPAGNEMENT : servir avec un poulet rôti ou de la dinde, afin que les notes épicées en rehaussent la douceur et la saveur.

Bière pionnière
Les premiers colons américains utilisaient de la citrouille mélangée à du malt pour brasser leur bière, une pratique remise au goût du jour par de nombreux brasseurs artisanaux.

GREAT LAKES BREWERY PUMPKIN ALE

UNIBROUE

Depuis son inauguration en 1992, Unibroue n'a cessé de se développer, jusqu'à devenir l'une des plus importantes brasseries de la province de Québec, bâtissant sa réputation sur une production d'inspiration belge.

REPÈRES

PROPRIÉTAIRE Sapporo

FONDATION 1992

ADRESSE 80 Des Carrières Street, Chambly (Québec) J3L 2H6

SITE INTERNET www.unibroue.com

PHILOSOPHIE Des bières belges brassées avec un style québécois.

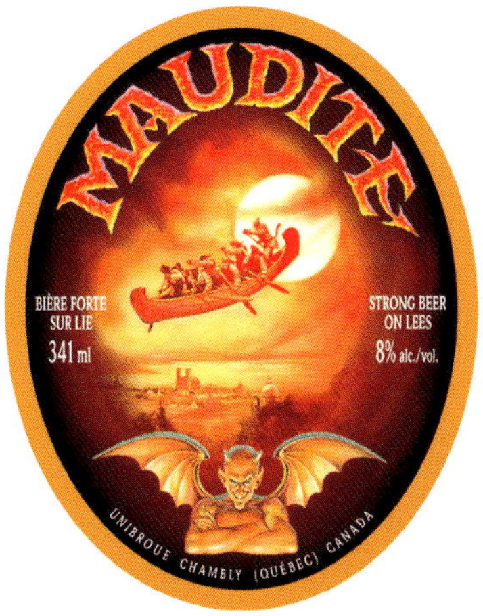

UNIBROUE MAUDITE

UNIBROUE GRANDE RÉSERVE 17

LE POIDS de l'influence française au Québec explique que ses traditions brassicoles soient surtout inspirées par celles du nord de la France et de la Belgique. Une des plus grandes brasseries de la province, Unibroue, vit le jour en 1992 sous l'impulsion d'André Dion et Serge Racine. Les bières conditionnées en bouteilles – une rareté au Canada – s'inspiraient du style des bières belges d'une force inouïe et étaient ornées d'étiquettes colorées et originales. Un sens de l'élégance à la française doublé d'une certaine perspicacité firent toute la différence, comme en témoignent leur triple, La Fin du Monde, et leur Blanche de Chambly, souvent considérée comme la première bière d'abbaye d'Amérique du Nord. Le catalogue incluait des bières fruitées – celles de la série Éphémère – de fortes ales et lagers, et même une prétendue pilsner au miel. Leurs bières furent maintes fois récompensées et s'exportèrent à travers le monde, suscitant l'intérêt des amateurs au Royaume-Uni et en France. En 2004, la brasserie canadienne Sleeman investit dans l'affaire et la rebaptisa « Sleeman Unibroue Inc ». Deux ans plus tard, le géant japonais Sapporo faisait l'acquisition de l'ensemble. En dépit des craintes suscitées par ce rachat, Unibroue reste fidèle à ses racines, continue à séduire les consommateurs et décroche de nombreux prix à travers le monde.

NOTES DE DÉGUSTATION

MAUDITE ALE BELGE, 8 % VOL.
Une bière puissante à robe ambre rouge dans le verre, aux flaveurs d'épice et de doux caramel, nuancées de touches d'orange. Vibrante finale alcoolisée et réchauffante.

ACCOMPAGNEMENT : à déguster avec des pâtes à la sauce tomate, comme des tagliatelle à la sauce bolognaise.

GRANDE RÉSERVE 17 STRONG ALE BELGE, 10 % VOL.
Bière de style trappiste à la robe brun châtain, avec des arômes de vanille, de malt noir torréfié et de chêne. En bouche, notes d'orange, d'épice, de céréale torréfiée, de vanille et de chêne.

ACCOMPAGNEMENT : à associer à un stilton, dont le caractère crémeux et les notes salées seront rehaussés et intensifiés.

BLANCHE DE CHAMBLY BIÈRE BLANCHE BELGE, 5 % VOL.
Blonde et dorée, cette bière révèle un bouquet aux notes d'épice, de graines de coriandre, de clous de girofle et de zeste d'orange. Souple en bouche, avec de subtiles et légères notes d'orange et d'épice. Finale propre et rafraîchissante.

ACCOMPAGNEMENT : des moules marinières comme en Belgique.

Finesse française
Classe et élégance à la française aident les bières Unibroue à se distinguer du lot.

UNIBROUE BLANCHE DE CHAMBLY

VANCOUVER ISLAND BREWERY

REPÈRES

PROPRIÉTAIRE Vancouver Island Brewery

FONDATION 1984

ADRESSE 2330 Government Street, Victoria BC V8T 5G5

SITE INTERNET www.vanislandbrewery.com

PHILOSOPHIE On a bien fait !

VANCOUVER ISLAND BREWERY
IRON PLOW HARVEST MÄRZEN

Frustrés par l'absence de bières de qualité sur l'île de Vancouver, quatre passionnés décidèrent de brasser leur propre bière. Vancouver Island Brewery est aujourd'hui à l'origine des bières artisanales les plus populaires de Colombie-Britannique.

CETTE BRASSERIE fut créée en 1984 par quatre amateurs de bière décidés à offrir une alternative aux grandes marques qui régnaient sans partage à Vancouver. Deux ans plus tôt, Molson avait cessé de produire la boisson la plus populaire de l'île, la Lucky Lager, brassée localement. Le site de production avait même été détruit – cela motiva probablement aussi la décision des fondateurs de la brasserie, Ray Moore, John Young, John Hellemond et Jim Clarke. Ils installèrent leur kit de brassage à Victoria, une ville située à la pointe méridionale de l'île éponyme, et baptisèrent leur entreprise « Island Pacific Brewery ». Leur première bière, la Goldstream Lager, eut pour premier client le pub Garrick's Head, de Victoria. Comme bien d'autres microbrasseries créées à cette époque, Island Pacific appartenait à un mouvement émergent au Canada, influencé par ce qui s'était passé dans les villes proches de Seattle et Portland.

En 1986, un producteur laitier local, Barry Fisher, acheta l'essentiel des parts de la microbrasserie, qui s'installait dix ans plus tard dans des locaux plus vastes. Entre-temps, elle avait changé de nom et adopté celui de Vancouver Island. Ce transfert augmenta sa capacité de production, alors que sa nouvelle identité visait à la fois à renseigner le consommateur sur ses origines et à étendre son influence sur le marché au-delà de la Colombie-Britannique. Vancouver Island Brewery s'est toujours concentrée sur la production de lagers, toutes brassées selon les préceptes de la Reinheitsgebot bavaroise de 1516, mais élabora aussi assez tôt la Piper's Ale – une pale ale rendant hommage à un héros local de la Première Guerre mondiale, James C. Richardson, décoré de la Victoria Cross. Ces dernières années, Vancouver Island a brassé une gamme de bières de saison et décroché de nombreuses distinctions, notamment avec sa Hermann's Dark Lager, récompensée plus d'une dizaine de fois lors de festivals de la bière canadiens et américains. La visite de la brasserie est aujourd'hui une attraction touristique populaire sur l'île, et la triste disparition de la Lucky Lager n'est plus qu'un lointain souvenir.

NOTES DE DÉGUSTATION

IRON PLOW HARVEST MÄRZEN OKTOBERFEST, 5,8 % VOL.
Une bière de saison de style germanique, à robe cuivrée éclatante, aux notes discrètes de céréale et de caramel sur le nez. Sèche et douce-amère en bouche, pour une finale amère.

ACCOMPAGNEMENT : à déguster avec un poulet rôti, rehaussé de sel, de jus de citron et d'herbes aromatiques séchées.

HERMANNATOR ICE BOCK DOPPELBOCK, 9,5 % VOL.
Bière à l'origine concoctée par le maître brasseur Hermann. Trois mois de maturation sont exigés pour cette double bock puissante et alcoolisée, aux notes de chocolat et caramel. Longue, sèche et redoutable finale.

ACCOMPAGNEMENT : avec des viandes grillées, ou à déguster avec un dessert, comme le tiramisu.

VANCOUVER ISLAND BREWERY
HERMANNATOR ICE BOCK

HERMANN'S DARK LAGER DUNKEL, 5,5 % VOL.
Une création baptisée en hommage à un ancien maître brasseur réputé. Robe châtain ambre, caractère crémeux mais rehaussé d'une pointe d'épice, aux notes de torréfaction. Bouche douce et élégante. Notes de chocolat entraînant cette bière vers de nobles sommets.

ACCOMPAGNEMENT : bière élégante aux notes de torréfaction et de chocolat crémeux, idéale avec une copieuse tourte à la viande. Autre option, incorporer la bière à la préparation.

STORM WATCHER WINTER LAGER 5,3 % VOL.
Une bière de saison, aux riches flaveurs chaudes et maltées, idéale pour affronter l'hiver. Robe ambre dans le verre, laissant échapper de subtiles notes de miel et de caramel. Accentuation du caramel et du miel en bouche, enrichis de toffee et d'une touche d'amertume, avec une vague de bulles rafraîchissantes.

ACCOMPAGNEMENT : idéale avec une poitrine de bœuf lentement mijotée, une sauce barbecue maison et du pain frais croustillant.

SPYHOPPER HONEY BROWN 5 % VOL.
Robe ambre doré pour cette bière succulente aux délicates notes de miel, avec une touche de citron sur le nez. Bouche souple et légèrement miellée, avec une pointe de citron amer, pour une finale plus plaisante car moins suave.

ACCOMPAGNEMENT : avec des suprêmes de canard sauce cassis, le mariage peut paraître insensé, mais la douceur de la bière enveloppe la sauce, alors que le côté pétillant s'oppose aux riches saveurs de la viande.

PIPER'S PALE ALE 5 % VOL.
Une ale aromatique à robe ambre orangée, libérant d'agréables notes de caramel, nuancées d'une touche de citron et d'orange en arrière-plan. Vive et fruitée en bouche, avant une finale sèche faisant écho au fruité du houblon.

ACCOMPAGNEMENT : le plat idéal ? Du poisson avec des frites. La vivacité de la bière tranche avec le gras du plat et rehausse la douceur du poisson.

VANCOUVER ISLAND BREWERY
HERMANN'S DARK LAGER

VANCOUVER ISLAND BREWERY
STORM WATCHER WINTER LAGER

VANCOUVER ISLAND BREWERY
SPYHOPPER HONEY BROWN

VANCOUVER ISLAND BREWERY
PIPER'S PALE ALE

DIEU DU CIEL! APHRODISIAQUE

BIG ROCK

www.bigrockbeer.com

EN 1985, Ed McNally, ancien avocat devenu cultivateur d'orge, se désespérait de pouvoir dénicher une bière de qualité dans sa région. Ce constat le poussa à fonder Big Rock, à l'ouest de Calgary. Il décida d'utiliser autant que possible des ingrédients locaux, afin de produire une bière fraîche et naturelle. Son affaire prospéra. Ed McNally se retira en 2012, mais les classiques de Big Rock, comme la Grasshopper, la Traditional Ale et la Barghest Barley Wyne, témoignent de son influence.

BRICK

www2.brickbeer.com

EN 1984, Jim Brickman fonda la première microbrasserie d'Ontario, dans la ville de Waterloo. Il avait longuement étudié la question, visitant près de 30 pays et une dizaine de brasseries pour apprendre à brasser la meilleure bière qui soit. Ses efforts furent payants, car il fit de Brick la quatrième plus grande brasserie du Canada. Brickman se retira de l'affaire en 2009, mais la brasserie reste réputée pour sa sélection variée de lagers et d'ales, sans oublier la marque Laker de bières légères et bières de glace.

CHURCH KEY BREWING

www.churchkeybrewing.com

EN 2000, le sacré se confronta au profane lorsque John Graham décida d'installer sa brasserie dans une ancienne église méthodiste, en périphérie de Campbellford, en Ontario. Les foudres divines ne vinrent néanmoins pas contrecarrer son projet, et les consommateurs se délectent depuis d'une gamme étonnante de bières complexes, incluant barley wine mûrie en fûts, weizenbock, et une plus traditionnelle double IPA.

CREEMORE SPRINGS

www.creemoresprings.com

SITUÉE DANS le village de Creemore, en Ontario, cette brasserie fut inaugurée en 1987. Creemore Springs est réputée pour sa chaudière à moût à feu direct et ses bières de style germanique, non pasteurisées. Aux Premium Lager, Traditional Pilsner et urBock s'est ajoutée Hops & Bolts India Pale Lager, une sorte d'« IPA anglaise d'inspiration tchèque ». En 2005, Molson, filiale de SAB-Miller, fit l'acquisition de la brasserie qui, fort heureusement, ne semble rien avoir changé à sa production.

DIEU DU CIEL!

www.dieuduciel.com

INAUGURÉ À MONTRÉAL en 1998, ce pub-brasserie acquit rapidement une certaine réputation, avec une gamme de bières étonnantes, dont une incluant du cacao – Aphrodisiaque – et une autre un malt fumé, alors que la plus populaire de toutes, une bière de froment, intègre des fleurs d'hibiscus. Cette sélection euphorisante de bières est aujourd'hui brassée dans les locaux du pub original, dont la réputation ne s'est pas ternie, mais aussi dans une brasserie de production plus vaste, implantée à Saint-Jérôme, à 40 km au nord-ouest de Montréal.

FERME BRASSERIE SCHOUNE

www.schoune.com

EN 1980, les Schoune, une famille d'agriculteurs belges, quittèrent la Belgique pour le Québec, où ils s'installèrent en tant que céréaliers. Quelques années plus tard, en 1997, leurs fils Patrice et Pascal, qui s'étaient pris de passion pour le brassage, fondèrent leur propre brasserie, avec pour objectif d'élaborer des bières à partir d'ingrédients locaux. En 2002, leur illustre gueuze décrocha une récompense au World Beer de Montréal. Autres références du catalogue, la Schoune à l'Érable, à base de sirop d'érable, et une traditionnelle bière de froment belge, la Blanche de Québec.

GAHAN HOUSE

www.gahan.ca

UNIQUE BRASSERIE de l'île du Prince-Édouard, Gahan House entra en activité en 1997 sous le nom de Murphy's, dans la ville de Charlottetown. L'établissement changea de nom en 2000, année de son transfert dans les locaux plus vastes d'un secteur plus ancien de la cité. En plus de sa brasserie, Gahan House abrite un pub proposant une large gamme de bières, dont l'Iron Horse Dark Ale aux notes noisetées et terreuses, la 1772 IPA franchement amère, mais aussi l'Island Red Amber, la Sir John A's Honey Wheat Ale et la Coles Cream Ale.

GARRISON BREWING

www.garrisonbrewing.com

ANCIEN OFFICIER de marine, Brian Titus fonda Garrison en 1997 dans l'ancienne ville de garnison d'Halifax, en Nouvelle-Écosse. Sa première bière, l'Irish Red Ale, encore brassée aujourd'hui, décrocha l'or au World Beer Championships 2010. Le catalogue inclut la Tall Ship Amber Ale et une imperial IPA non filtrée. Garrison est aussi connue pour ses bières fascinantes, comme la Jalapeño Ale, la Spruce Beer et la Grand Baltic Porter, une des rares de ce style brassées au Canada.

GRANITE

www.granitebreweryhalifax.ca

LE BRASSAGE des bières Granite est réparti sur deux sites. Tout débuta à Halifax, en 1985, avec l'ouverture d'un pub-brasserie spécialisé dans les bières anglaises conditionnées en fûts. En 1991, un établissement comparable ouvrit à Toronto. Le site d'Halifax abrite désormais une simple brasserie, et celui de Toronto a gardé son pub. En plus de ses bières en fûts, comme la Best Bitter Special houblonnée à sec, Granite propose Weissebier, Barley Wine et Black IPA dans son catalogue

GRANVILLE ISLAND

www.gib.ca

L'INAUGURATION de Granville Island en 1984 est souvent considérée comme le début du mouvement de la microbrasserie au Canada. La première bière de la brasserie, l'Island Lager est une des meilleures ventes de Granville Island. En 2005, le premier propriétaire des lieux, Mitch Taylor, vendit l'affaire. La production fut répartie entre le site original – utilisé pour le brassage de petites cuvées de bières de spécialité, comme la Chocolate Imperial Stout et la Fresh Hop ESB – et une brasserie de Kelowna, brassant les références du catalogue disponibles à l'année. Granville Island fut vendue une seconde fois en 2009, à une filiale de SAB-Miller, Creemore Springs (*voir* page précédente).

HART & THISTLE

www.hartandthistle.com

IMPLANTÉ EN FRONT de mer, à Halifax, ce pub qui s'autoproclama « gastronomique », abrite une microbrasserie proposant en général deux bières au catalogue (en plus de bières issues d'autres brasseries). Si les créations de Greg Nash, le brasseur, méritent l'attention – notamment la Commissar Russian Imperial Stout, 37 Hr Simcoe SMaSH, ou l'Hopalyptic Doom Double IPA –, le consommateur doit se préparer à une explosion en bouche !

HOPFENSTARK

www.hopfenstark.com

FRED CORMIER, brasseur et fondateur de Hopfenstark, a rayé le mot « ordinaire » de son vocabulaire. Vous cherchez un porter baltique mûri en fûts de bourbon, une berliner weisse ou différents styles de bière de saison ? Cormier saura vous combler. Il produit aussi des bières conditionnées en fûts. Cormier fonda sa brasserie en 2006. Ses bières sont expédiées et vendues dans différents établissements locaux, ou proposées au bar de sa brasserie.

LE CHEVAL BLANC

wordp.lechevalblanc.ca/wp

LE PREMIER pub-brasserie de Montréal vit le jour en 1986, trois ans après que Jérôme Catelli-Denys prit la direction de la taverne du Cheval Blanc, héritée de son oncle Angelo. Cette affaire familiale remonte à 1945. Aux côtés de bières de style belge, comme une bière de froment aux canneberges et framboises, Jérôme supervise le brassage d'une pale ale américaine très houblonnée et d'une pilsner intégrant des houblons de Nouvelle-Zélande, plutôt que le Saaz traditionnel. Exclusivement pour le Québec, il propose une ale conditionnée en fûts dans la plus pure tradition des pubs anglais. Neuf de ces bières sont disponibles à l'année.

LES TROIS MOUSQUETAIRES

www.lestroismousquetaires.ca

EN 2004, la brasserie Les Trois Mousquetaires – fondée par trois ouvriers d'une usine qui se retrouvèrent au chômage à sa fermeture – décida de marquer de son empreinte la scène brassicole québécoise. En plus de puiser son inspiration dans les traditions brassicoles belges, cette modeste, mais néanmoins dévouée petite entreprise avoue être influencée par les styles germaniques, comme en témoignent son Imperial Weizen Grande Cuvée et sa Dopelbock Grande Cuvée Printemps, appréciées des amateurs.

GARRISON BREWING TALL SHIP AMBER ALE

LE TROU DU DIABLE

www.troududiable.com

LE NOM de ce pub-brasserie visionnaire fait référence au Devil's Hope, cet à-pic plongeant sur la rivière qui traverse Saint-Maurice, dans la province de Québec – et là où fut inauguré l'établissement, en 2005. La liberté d'expression semble définir les bières brassées ici. Certaines sont inspirées des lagers de garde allemandes, d'autres de ces bières belges sans style défini, comme l'extra-forte ale d'abbaye La Buteuse, ou la Schieve Tabarnak, brassée en collaboration avec la brasserie bruxelloise De La Senne (*voir* p. 87). La SMaSH d'inspiration américaine, une IPA mûrie en fûts de vin et ensemencée de Brettanomyces, mérite le détour.

MAGNOTTA

www.magnotta.com/Brewery

EN 1990, Gabe Magnotta ouvrit une cave de vinification à Vaughan, en Ontario. Six ans plus tard, il y ajouta une brasserie pour produire une bière de qualité supérieure, sans ajout, sous la marque True North. Sa Blonde Lager fut un vrai succès, mais la gamme inclut d'autres bières, dont une altbier, une IPA et une ale très alcoolisée. Magnotta mourut en 2010, à 59 ans, mais sa brasserie et sa cave vinicole ont gardé leur indépendance.

MCAUSLAN

www.mcauslan.com

PETER MCAUSLAN est un brasseur amateur qui fonda sa propre brasserie à Montréal en 1989. La microbrasserie était en plein essor et sa première bière, la St-Ambroise Pale Ale fut un succès. D'autres triomphes viendraient, notamment lorsque le critique de bière Michael Jackson déclara que McAuslan brassait la meilleure bière de Québec. Le catalogue compte d'autres pépites, comme l'Oatmeal Stout et la bière de saison Vintage Ale. En 2013, Peter McAuslan prit sa retraite et la brasserie fut vendue à Les Brasseurs RJ.

MICROBRASSERIE CHARLEVOIX

www.microbrasserie.com

AU CŒUR de la palpitante scène brassicole québécoise, Charlevoix est l'une des brasseries les plus inventives et les plus expressives. Elle propose une sélection de bières d'inspiration belge, dont la gamme Dominus Vobiscum, ainsi que des bières de spécialité, dont l'Imperial Milk Stout, de la série Vache Folle. Fondée en 1998, la brasserie occupa d'abord les locaux du restaurant Le Saint-Pub Microbrasserie, puis ouvrit une brasserie séparée en 2009, tout en conservant le kit de brassage du pub, destiné à la production de bières uniques.

LE TROU DU DIABLE LA BUTEUSE

MOOSEHEAD

www.moosehead.ca

LE TEMPS, facteur déterminant du brassage, fut aussi une question de survie pour Moosehead, une des brasseries indépendantes les plus anciennes du Canada. Ses racines remontent à 1867, deux ans après que les Oland quittèrent l'Angleterre pour la Nouvelle-Écosse. Susannah, la matriarche, ouvrit une brasserie, qui fut deux fois victime des flammes, puis d'une explosion à Halifax en 1917. La famille Oland est toujours à la tête de cet établissement, à St John, dans le Nouveau-Brunswick. Moosehead se concentre sur les lagers blondes et brasse aussi sous contrat, notamment pour le compte de Samuel Adams (*voir* p. 174-175).

NIAGARA'S BEST

www.davebush.com/NiagarasBestBeer/index.htm

LES VISITEURS des célèbres chutes du Niagara apprécieront de déguster une bière de Niagara's Best, brasserie fondée en 2005. La Blonde Premium Ale, la Drummond Hill Dark Ale et la witbier Cascade Premium représentent les meilleures ventes du catalogue, mais les amateurs de bière sont plus attirés par la bière de spécialité proposée chaque mois par le brasseur, susceptible de revêtir toutes les formes, de l'IPA à la bière de froment à la framboise.

PUMP HOUSE

www.pumphousebrewery.ca

DANS LES ANNÉES 1980, Shaun Fraser's rêvait de devenir brasseur professionnel. Il avait brièvement travaillé dans une brasserie dans les années 1980, mais il dut attendre 1999 pour ouvrir son premier pub-brasserie, Pump House, avec son épouse Lilia. Ce nom faisait référence à son activité de capitaine des pompiers à Moncton, dans le Nouveau-Brunswick. L'affaire prospéra. Les bières préférées de la clientèle, comme la Blueberry Ale, la Cadian Cream Ale et la fruitée Fire Chief's Red Ale, côtoient des bières de saison proposées chaque mois, dont une oktoberfest, un porter baltique et une ale brune brassée avec de l'anis étoilé.

SLEEMAN

www.sleeman.ca

PIRATES ET PROHIBITION hantent l'histoire de cette brasserie de l'Ontario. John H. Sleeman, issu d'une famille de pirates de Cornouailles, se mit à brasser en 1834, mais la brasserie ferma 99 ans plus tard, car soupçonnée de lien avec la contrebande. En 1988, John W. Sleeman remit la brasserie en activité, avant son rachat en 2006 par Sapporo (*voir* p. 245). En plus de ses propres marques, comme la Honey Brown Lager et la Silver Creek Lager, Sleeman brasse sous contrat des bières américaines pour le marché canadien, comme la Pabst Blue Ribbon.

SPINNAKERS

www.spinnakers.com

PUB-BRASSERIE à la durée de vie la plus longue du Canada, Spinnakers fut fondé en 1984 par Paul Hadfield, qui se fit aider par un pionnier de la microbrasserie, John Mitchell – ce dernier donna son nom à la Mitchell's ESB, une des bières les plus populaires de la brasserie. Spinnakers produit une gamme de bières influencées par les États-Unis (Seattle n'est pas très loin) et le Royaume-Uni, dont plusieurs sont conditionnées en fûts. Implantée au centre-ville de Victoria, à Vancouver, la brasserie est intégrée à un bar-restaurant réputé.

STEAMWORKS

www.steamworks.com

SITUÉ DANS la ville de Gastown, à Vancouver, Steamworks ouvrit en 1995. Eli Gershkovitch fonda ce pub-brasserie en utilisant un système de chauffage à la vapeur pour brasser la bière. Le catalogue affiche diverses influences, avec une pilsner tchèque, une bière de saison, une pale ale et une riche stout au café, bénéficiant au moment du conditionnement de l'ajout de 1 200 expressos tirés d'une machine La Marzocco.

STORM

www.stormbrewing.ca

CETTE BRASSERIE de Terre-Neuve ouvrit en 1997, à l'époque où Michael McBride acheta le kit de brassage de Freshwater, une ancienne brasserie locale. Il implanta son établissement à Mount Pearl et s'appliqua à brasser une gamme compacte de bières, incluant désormais l'Island Gold, la Raspberry Wheat et la Coffee Porter. Réputé pour la qualité de ses bières, McBride sut attirer l'attention en faisant de Storm une brasserie verte.

WELLINGTON SPECIAL PALE ALE

WOLF BREWING RANNOCH

WELLINGTON

www.wellingtonbrewery.ca

COMME LE NOM de l'établissement le suggère, l'ombre du duc de Wellington plane sur cette microbrasserie de Guelph, inaugurée en 1985 par Philip Gosling. Cette brasserie pionnière dans la production de bières conditionnées en fûts, comme l'Arkell Best Bitter, est toujours à la page. Gosling quitta la brasserie, aujourd'hui dirigée par Doug Dawkins – présent depuis les débuts – et Brent Davies. En plus de ses ales, dont la Special Pale Ale, Wellington produit une Imperial Stout, une bière d'hiver réchauffante et une lager de style vienne.

WOLF BREWING

www.wolfbrewingcompany.com

LA BRASSERIE vit le jour en 2000, sous le nom de Fat Cat, à Nanaimo, sur l'île de Vancouver. Elle réunit un club d'admirateurs autour de ses bières originales, aux étiquettes colorées. En 2010, la brasserie fut vendue à ses propriétaires actuels, qui la rebaptisèrent « Wolf ». Les bières du catalogue tentent de représenter les styles de la côte Ouest américaine et les ales anglaises, avec la Rannoch Scotch Ale et la Black Tail Porter, parmi les meilleures ventes.

YELLOWBELLY

www.yellowbellybrewery.com

SITUÉE DANS un bâtiment classé du XIXe siècle de Saint-Jean de Terre-Neuve, Yellowbelly ouvrit en 2008. Son maître brasseur, Liam McKenna, travailla pour la Dublin Brewing Company. La bière qu'il brassait à l'époque était d'une telle qualité qu'une grande brasserie de Dublin alla jusqu'à payer des pubs pour qu'ils ne stockent pas cette bière, de peur qu'elle porte préjudice à leurs ventes. McKenna brasse aujourd'hui quatre bières à l'année, dont la riche et torréfiée St John's Stout, ainsi que la complexe rouge irlandaise Fighting Irish Red Ale.

YUKON

www.yukonbeer.com

CETTE BRASSERIE fut fondée en 1997 par deux amis, Bob Baxter et Alan Hansen, sous le nom de Chilkoot. Elle fut rebaptisée Cheechako, puis Yukon en 1999. Malgré son isolement dans le grand nord canadien, Yukon brasse une bière de nombreuses fois récompensée, distribuée dans plusieurs régions du pays. On retiendra sa brune et crémeuse Lead Dog Ale ou sa torréfiée IPA noire, A.D.D. Series 005 Cascadian.

AMÉRIQUE LATINE

L'Amérique latine, comme beaucoup d'autres marchés émergents de la bière dans le monde, est le terrain d'une féroce bataille entre les plus gros brasseurs de la planète. Nombre de bières locales dérivent de la tradition brassicole germanique des lagers, avec des styles de brunes plus fortes. Mais certains signes annoncent la mise en place d'une culture brassicole artisanale. Au Brésil, des brasseurs comme Juliano Mendes, fondateur d'Eisenbahn (*voir* p. 218), s'attachent à démontrer qu'il existe autre chose que les bières industrielles. En réalité, Blumenau, où se situe la brasserie, abrite bien d'autres brasseurs artisanaux et la ville propose même sa version annuelle de l'Oktoberfest.

Le Mexique est le premier concerné par cette bataille que se livrent les groupes internationaux pour faire main basse sur les marques nationales de bière. Moctezuma (*voir* p. 224) est aujourd'hui propriété de Heineken et brasse de très honorables porters de style vienne. Des pays comme le Chili et l'Argentine, réputés pour leurs vins, abritent désormais quelques producteurs de bières artisanales – avec plusieurs brasseries ouvertes en Argentine, comme Antares et Barba Roja (*voir* p. 228-229). Au Chili, un brasseur originaire de Californie innove, en développant des bières aux saveurs inédites dans sa brasserie Szot (*voir* p. 230). Dans les pays voisins, en Uruguay, Colombie, Bolivie, Pérou et Salvador – ou plutôt dans la région tout entière –, un goût pour la bière artisanale est en train de naître.

De nombreux pays caribéens ont une culture de la bière, même si l'essentiel des bières locales se limite à de pâles et suaves breuvages, comme ceux produits à Trinidad et Tobago, à Cuba ou au Costa Rica. Néanmoins, la Jamaïque est le foyer d'une bière méritant l'attention, la Dragon Stout de Desnoes & Geddes (*voir* p. 231), une stout puissante offrant un concentré de flaveurs de malt et mélasse,

BIERLAND

REPÈRES

PROPRIÉTAIRE Bierland

FONDATION 2003

ADRESSE Rua Gustavo Zimmermann, 5361 Itoupava Central, Blumenau

SITE INTERNET www.bierland.com.br

PHILOSOPHIE Des traditions brassicoles allemandes pour produire des bières très abouties.

Blumenau, la plus allemande des villes du Brésil, célèbre la bière et ses traditions avec des danses folkloriques en culottes de peau tyroliennes. Depuis sa fondation en 2003, Bierland perpétue ces coutumes.

BIERLAND EST située à Blumenau, au Brésil. Cette ville aux origines germaniques, fondée par des immigrants allemands au XIXe siècle, sut avec talent entretenir ce symbole de la culture allemande qu'est la bière – l'Oktoberfest de Blumenau est la deuxième manifestation du genre au monde, après celle de Munich. La bière y est omniprésente – à une certaine époque, la ville abritait des dizaines de microbrasseries traditionnelles, qui finirent par disparaître à l'arrivée des grands groupes brassicoles. En 2003, Bierland prit les armes face à l'envahisseur et s'implanta dans un secteur peuplé en majorité par une population de descendants allemands. Pour ses débuts, la brasserie joua la prudence et se lança dans la production d'une paire de bières, la Pilsner et l'Amber. Deux ans plus tard, les premiers pas hésitants cédèrent place à une foulée plus sûre, avec l'apparition de la Bock et de la Weizenbock. Cette année-là, Bierland fit encore mieux en proposant des bières adaptées aux refrains et aux *Ein Prosit* (portons un toast) entonnés lors de l'Oktoberfest. Les années suivantes furent marquées par une croissance constante, l'investissement dans l'équipement – notamment en matière de garde des bières – l'aménagement d'une salle de dégustation et, bien évidemment, le lancement d'autres bières.

Parmi ces nouvelles venues, une se démarquait de la tradition germanique : l'Imperial Stout, dont les qualités et les mérites allaient être reconnus par une avalanche de récompenses, dont une médaille d'or au prestigieux European Beer Star 2012. Pour démontrer que Bierland n'avait pas rompu avec son héritage, la brasserie présentait lors de cette même compétition sa Bierland's Bock, distinguée dans sa catégorie par une médaille d'argent.

BIERLAND
STRONG GOLDEN ALE

NOTES DE DÉGUSTATION

STRONG GOLDEN ALE ALE BELGE, 9 % VOL.
Bière forte, en bouteille de 750 ml à fond plat et épaulement large. Robe dorée, bouquet aux notes pétillantes. Riches saveurs, malt suave et touche de poire, avant une longue finale alcoolisée. Une bière refermentée en bouteilles qui se bonifie avec l'âge.

ACCOMPAGNEMENT : le fromage est le partenaire le plus agréable pour cette bière dont l'effervescence supporte le côté piquant et salé d'un fromage à pâte persillée.

IMPERIAL STOUT 8 % VOL.
Les pères fondateurs de la ville n'eurent pas l'occasion de déguster un breuvage aussi savamment concocté : notes de feu de bois et de chocolat sur le nez, caractère chocolaté et crémeux, touches de moka, maîtrisées par une délicate amertume en finale.

ACCOMPAGNEMENT : une bière de dessert, aux notes chocolatées et suaves, à déguster éventuellement avec quelques cuillerées de crème glacée à la vanille.

WEIZEN HEFEWEISS BAVAROISE, 4,7 % VOL.
Interprétation d'une classique weissbier bavaroise, à robe jaune orangé dans le verre, coiffée d'une vaporeuse tête de mousse blanche aux allures de meringue. Caractère pétillant, légèrement fruitée et épicée, pour une finale vive mais rafraîchissante.

ACCOMPAGNEMENT : imaginez-vous en Bavière, à l'heure du déjeuner, avec saucisses de veau et bretzels au menu.

Joyau allemand
Avec sa Weizen, Bierland offre aux amateurs de bonnes bières un avant-goût de Bavière.

BIERLAND
IMPERIAL STOUT

BIERLAND
WEIZEN

EISENBAHN

C'est l'envie de boire une bière brésilienne de qualité qui incita Juliano Mendes à fonder sa brasserie. Eisenbahn a depuis décroché de nombreuses distinctions avec un parti pris éclectique conjuguant style allemand et bières du monde.

REPÈRES

PROPRIÉTAIRE Brasil Kirin

FONDATION 2002

ADRESSE Rua Bahia 5181, Salto Weissbach, Blumenau (Santa Catarina) 89032-001

SITE INTERNET www.eisenbahn.com.br

PHILOSOPHIE Un art du brassage inspiré du style allemand.

DANS LE MONDE du brassage, le terme « passion » finit par être galvaudé. Mais parfois la passion se juge grâce à des réalisations concrètes, bien plus qu'à la qualité des argumentaires publicitaires. C'est le cas de Juliano Mendes, si désespéré par l'offre proposée en matière de bières au Brésil qu'il décida d'agir. Au cœur de la ville germano-brésilienne de Blumenau, où la bière relève du patrimoine culturel, Mendes donna libre cours à sa passion pour la bière et ses saveurs. En 2002, il fonda Eisenbahn – un nom faisant manifestement référence à une ancienne voie ferrée longeant la brasserie. Comme pour mieux souligner le sérieux de son entreprise, il embaucha un maître brasseur allemand, à qui il demanda d'élaborer une série de bières populaires se conformant au Reinheitsgebot. Ainsi virent le jour la Pilsen, à l'amertume légère pour séduire les palais brésiliens, la Dunkel – dont la description par la brasserie évoque plus une schwarzbier (« bière noire ») de Thuringe – mais aussi, comme pour tester la qualité de l'eau afin de brasser d'autres bières, la Pale Ale de style belge. La passion porta ses fruits et Eisenbahn devint l'une des microbrasseries les plus réputées du Brésil. Son acquisition par Grupo Schincariol en 2008, aujourd'hui Brasil Kirin (2012), ne changea rien à la qualité de ses bières artisanales de référence – des bières maintes fois récompensées, à commencer par sa Dunkel, qui décrocha le bronze dans sa catégorie à l'European Star Awards en 2007, alors que la Weizenbock obtenait également le bronze dans sa catégorie. Le catalogue actuel de la brasserie décline bières de spécialité allemandes et plusieurs créations de style belge, dont une bière champenoise, la Lust, une création inédite en Amérique du Sud.

EISENBAHN DUNKEL

EISENBAHN PALE ALE

EISENBAHN PILSEN

NOTES DE DÉGUSTATION

DUNKEL DARK LAGER, 4,8 % VOL.

Une explosion de notes de café et de chocolat sur le nez et en bouche pour cette lager à robe châtain brun. Vive sécheresse, corps moyen et touches de céréale torréfiée, puis une légère amertume faisant place à une sèche et appétissante finale.

ACCOMPAGNEMENT : à savourer avec le feijoada, un ragoût brésilien à base de porc – la vivacité de la Dunkel contrecarre la douceur de la sauce, alors que les notes de chocolat et café se mêlent à la richesse des saveurs du plat.

PALE ALE 4,8 % VOL.

Robe jaune orangé, coiffée d'une tête de mousse blanche vaporeuse, avec un soupçon de houblon aromatique sur le nez, nuancé de douces notes de malt. Douce-amère en bouche, avec des accents d'agrume. Finale sèche et amère.

ACCOMPAGNEMENT : de l'agneau rôti, pour rehausser la douceur de cette viande aux notes juteuses.

PILSEN LAGER, 4,8 % VOL.

La plus populaire des bières d'Eisenbahn à travers le monde. Robe blond doré, coiffée d'une généreuse tête de mousse blanche. Bouquet aux douces notes herbacées, houblon léger et rafraîchissant en bouche. Finale sèche.

ACCOMPAGNEMENT : sa finale vive et rafraîchissante s'oppose idéalement aux côtelettes ou aux saucisses au barbecue. À déguster aussi avec des mets aux saveurs délicates, comme les fruits de mer – crevettes ou coquillages.

WAY BEER

Way sut s'attirer nombre d'admirateurs avec des bières artisanales d'inspiration américaine aux saveurs explosives. Son Amazonian, une lager mûrie dans le bois, révèle un côté authentiquement brésilien.

LES VOYAGES nous confrontent à d'autres cultures, à des populations et des façons de vivre différentes. Mais certaines brasseries offrent à l'amateur de bière des voyages immobiles. Way Beer est l'une d'entre elles. Alessandro Oliveira et Alejandro Winocur fondèrent cette brasserie en 2010, lors du Festival brésilien de la bière de Blumenau. Leurs bouteilles aux étiquettes de couleurs vives et leurs bières aux flaveurs incroyables créèrent une onde de choc. Le succès ne tarda pas et, en 2011, l'American Pale Ale fut élue « meilleure pale ale » au Maxim Beer Award Brasileiras. La bière de Way Beer invite au voyage, sachant que Oliveira et Winocur ont introduit la brassiculture artisanale nord-américaine dans cette région méridionale du Brésil, avec des styles comme ceux de leurs Irish Red Ale, Double American Pale Ale et Cream Porter inscrits à leur répertoire. La Belgique est également représentée, avec la Roller Coaster Dark Belgian IPA. Way Beer est implantée dans la ville de Pinhais, dans l'État méridional brésilien du Paraná. Cette brasserie moderne et affairée brasse cinq bières différentes, en se concentrant sur l'innovation et la création de flaveurs exemplaires. Way Beer organise son propre Oktoberfest, ainsi que de régulières manifestations associant bière et gastronomie. Comme pour mieux démontrer son dynamisme, la brasserie lança une de ses bières les plus audacieuses, l'Amburana Lager. Consciente que la maturation en fûts était en train de gagner les États-Unis et d'autres nations adeptes de la brassiculture artisanale, Way Beer brassa une forte doppelbock, qu'elle conditionna en fûts d'amburana – une essence brésilienne. Cette bière complexe, souple, crémeuse et suave remporta un franc succès. Si Way Beer nous prouve à sa façon que les voyages enrichissent l'esprit, elle nous démontre aussi que les meilleures idées se trouvent parfois sur le pas de notre porte.

REPÈRES

PROPRIÉTAIRES Alessandro Oliveira, Alejandro Winocur

FONDATION 2010

ADRESSE Rua Pérola 331, Pinhais, Curitiba, Paraná, 83325-200

SITE INTERNET www.waybeer.com.br

PHILOSOPHIE Produire des bières artisanales enthousiasmantes, influencées par les États-Unis.

NOTES DE DÉGUSTATION

AMERICAN PALE ALE 5,2 % VOL.

Houblons américains Cascade, Citra et Amarillo mènent la charge aromatique de cette pale ale à robe or orangé, nuancée de douces touches de malt caramel en arrière-plan. Amertume appétissante, relevée de notes d'agrume, miellée et légèrement caramélisée en bouche, pour une finale douce-amère.

ACCOMPAGNEMENT : idéale avec un steak grillé et des oignons caramélisés, entre deux tranches de pain au levain.

CREAM PORTER 5,6 % VOL.

Un porter crémeux et succulent, avec des notes de moka sur le nez, des saveurs de café au lait et de chocolat, nuancées de touches de torréfaction et d'un malt suave, avec une finale douce-amère et persistante.

ACCOMPAGNEMENT : bière crémeuse à la douce texture, suffisamment alcoolisée pour compléter et se confronter aux saveurs d'un dessert comme le pain perdu.

AMBURANA LAGER DOPPELBOCK, 8,4 % VOL.

Une lager forte bénéficiant de 3 mois de maturation en fûts d'amburana. Robe châtain brun, bouquet aux notes boisées épicées, nuancé par le miel et une touche de vanille. Douces et rondes notes de vanille en bouche, accompagnées d'un léger boisé, d'une touche de torréfaction et d'une douceur maltée, pour une texture crémeuse. Finale douce et légère, aux accents boisés.

ACCOMPAGNEMENT : à déguster avec des préparations à base de viande, comme un canard rôti aux cerises, pour rehausser la saveur de la viande grâce aux notes maltées de la bière.

Couleur locale
Pourquoi choisir le chêne pour la maturation des bières dans un pays où abonde l'amburana ?

WAY BEER AMERICAN PALE ALE

WAY BEER CREAM PORTER

WAY BEER AMBURANA LAGER

LARGEMENT DÉPASSÉE EN NOMBRE PAR LES MARQUES INDUSTRIELLES, LA PRODUCTION DES BRASSEURS ARTISANAUX BRÉSILIENS DÉCLINE UNE LARGE VARIÉTÉ DE STYLES ÉLABORÉS PAR PLUSIEURS BRASSERIES INNOVANTES.

CAFÉ DE RUE BRÉSILIEN DANS LE QUARTIER BOTAFOGO, AU SUD DE RIO DE JANEIRO – L'ENDROIT IDÉAL POUR UN DÎNER ACCOMPAGNÉ D'UNE BIÈRE APRÈS UNE LONGUE ET ÉREINTANTE JOURNÉE.

2CABEÇAS

www.2cabecas.com.br

DEUX TÊTES valent mieux qu'une, c'est ce que prouve cette entreprise brassicole de Rio, créée en 2011 par deux brasseurs amateurs, Bernardo Couto et Salo Maldonado. Le duo n'a pas de brasserie, mais élabore ses bières à Cervejaria Allegra, établissement de Rio de Janeiro. Peu intéressés par les lagers du sud de fermentation basse, ils choisirent de brasser des versions brésiliennes de styles américains, comme l'HI-5 Black IPA, la pale ale américaine Sunset ou la Maracujipa, une IPA remplaçant les houblons séchés par des fruits de la passion.

ABADESSA

www.abade.com.br

SI BEAUCOUP de brasseurs artisanaux se sont affranchis du Reinheitsgebot (*voir* p. 52), le maître brasseur et fondateur de d'Abadessa, Herbert Schumacher, en révéla tout le potentiel en brassant des bières inscrites dans ce carcan. Schumacher débuta en 2005 avec une gamme de bières d'inspiration allemande, dont une pils, une helles, une dunkel, une rauchbier (« bière fumée ») et une festbier (« bière de fête »). En 2009, la brasserie, située dans l'État le plus méridional du Brésil, fut acceptée comme membre de la prestigieuse Société de l'histoire du brassage, basée à Berlin.

ANNER

www.cervejaanner.com

ANNER FUT FONDÉE en 2007, dans un quartier de Porto Alegre, capitale de l'État du Rio Grande do Sul. La brasserie compte quatre bières à son catalogue, et propose parfois quelques bières de saison, toutes influencées par les pratiques brassicoles américaines et européennes. La Libertadora est une prétendu imperial red ale, aux notes de fruit sec et d'épice sur le nez, et aux accents houblonnés en bouche, alors que la Maria Degolada (« Marie assassinée »), qui évoque l'histoire d'une femme de la région assassinée par un prétendant éconduit, évoque une triple belge généreuse en saveurs.

BADEN BADEN

www.badenbaden.com.br

EN 2007, lorsque l'actuelle filiale brésilienne de Kirin (*voir* p. 243) racheta Baden Baden, les amateurs se firent du souci pour l'avenir de cette microbrasserie, ce qui témoignait de la réputation acquise par l'établissement depuis sa création en 2001. Mais Baden Baden resta dans sa ville d'origine, Campos di Jordão, dans l'État de São Paulo, et des bières comme sa riche Stout fumée, sa robuste et fruitée Red Ale Espacial, ou sa très agréable 1999 style ESB (Extra Special Bitter) conservèrent toute la puissance et le dynamisme de leurs flaveurs.

BALDHEAD CRAFT BEERS

www.cervejabaldhead.blogspot.co.uk

AUTRE JEUNE BRASSERIE du sud du Brésil, Baldhead Craft Beers, implantée à Porto Alegre, fut inaugurée en 2010, quelques années après que Filipo Severo et Giuliano Vacaro revinrent de Londres, où ils avaient découvert l'ale anglaise et sa complexité. Ils avaient aussi visité la Belgique et assisté à l'Oktoberfest de Munich, ce qui les incita à se plier au Reinheitsgebot dès leurs débuts. Ainsi leurs trois bières apparaissaient comme un condensé de leur voyage en Europe, avec une bitter anglaise, une kölsch allemande et une ale brune belge. Le nom de leur brasserie faisait référence à la calvitie de son fondateur, Giuliano Vacaro, alors que le moine chauve apparaissant sur le logo est là pour rappeler l'origine monastique de nombreuses bières.

BAMBERG

www.cervejariabamberg.com.br

DANS L'HISTOIRE de la bière artisanale au Brésil, Bamberg, qui débuta son activité en 2005, dans un quartier de São Paulo, apparaît comme une ancienne brasserie, fondée par trois frères, Luke, Alexander et James. Comme son nom le suggère, Bamberg est largement influencée par la tradition brassicole germanique, surtout par les bières fumées de la ville franconienne de Bamberg, auxquelles la brasserie rend hommage avec une rauchbier sèche et fumée. Les autres styles incluent une pilsner, une helles et une weizenbock, bien que les brasseurs se soient aussi essayés aux barley wine mûries dans le bois.

BAR INVICTA

www.cervejariainvicta.com.br

LA VILLE de Ribeirão Preto s'est rapidement fait connaître pour ses bières avec Bar Invicta, fondé par Rodrigo Silveira, qui a rejoint Colorado et Lund pour proposer des bières artisanales

COLORADO DEMOISELLE

à la population locale. Fondé en 2011, ce pub-brasserie populaire vend des bières Invicta ainsi que d'autres bières brésiliennes et importées. Les bières brassées ici incluent les omniprésentes Pilsner et Weiss, et plus étonnamment une india black ale, une imperial IPA, un porter et une imperial stout. Les amateurs de bonnes bières sont invités à visiter la brasserie et à déguster sur place.

BARLEY

www.barley.com.br

DÉMARRÉE EN 1992 comme un loisir, cette petite affaire se transforma dix ans plus tard en une entreprise commerciale, lorsque Barley commença à vendre sa bière dans les environs de sa ville d'origine de Capela de Santana, dans la région brésilienne de Rio Grande do Sul. Sa production, adaptée à cette région où les immigrants allemands sont nombreux, propose des bières se conformant au Reinheitsgebot, dont une pilsner, une bière de style vienne, une weissbier et une bock de saison, uniquement servie à la pression. En 2010, une salle de dégustation fut ouverte.

BODEBROWN

www.bodebrown.com.br

SAMUEL CAVALCANTI fonda sa microbrasserie en 2009 à Curitiba, capitale de l'État méridional du Paraná. Dans cette région où la brassiculture est influencée par les traditions germaniques, Cavalcanti préféra s'intéresser aux bières artisanales américaines. Il propose ainsi une sélection de bières aux étiquettes étonnantes, comme la Dangerous Imperial IPA, une ale fruitée intensément houblonnée, ou la Black Rye IPA, une forte ale brune américaine (7 % vol.) aux notes de torréfaction, vive en bouche. La classic scotch ale de la brasserie, Wee Heavy, reçut une médaille d'or au Mondial de la Bière 2011. Bodebrown propose aussi des formations pour les brasseurs amateurs et dispose d'une petite bibliothèque spécialisée.

COLORADO

www.cervejariacolorado.com.br

MARCELO CARNEIRO DA ROCHA dut se sentir bien seul lorsqu'il inaugura Colorado en 1995, dans la ville de Ribeirão Preto, où régnait un géant de l'industrie brassicole brésilienne, Antartica (avant sa fusion avec Brahma, à l'origine du groupe AmBev). Mais il résista et fit de Colorado l'une des microbrasseries les plus prospères du Brésil. En plus de ses bières inspirées de la production artisanale américaine, Colorado apporta une touche brésilienne à son catalogue avec une pilsner à la cassave, une weissbier au miel local et la Demoiselle, un riche porter à base de grains de café de la région des hauts plateaux de Mogiana. Les étiquettes originales de ses bières participent aussi à les distinguer.

CORUJA

www.cervejacoruja.com.br

CORUJA, DONT LE NOM signifie « chouette », débuta son activité en 2004. Jusqu'en 2010, ses bières étaient brassées sous contrat par Gol Beer Bebidas, dans la région de Rio Grande do Sul. Depuis, une autre brasserie de la région voisine de Santa Catarina, Saintbier, se charge de cette production. Au catalogue, des bières fortes, largement influencées par l'Europe, notamment l'Allemagne, déclinant weizen, weizenbock et, assez curieusement, une landbier (« bière de terroir »).

FALKE BIER

www.falkebier.com.br

MARCO FALCONE quitta son poste d'ingénieur en 2004 pour fonder Falke Bier, chez lui, à Belo Horizonte, dans l'État du Minas Gerais. Brasseur amateur dans les années 1980, il avait retrouvé sa passion de jeunesse lors d'un voyage en Allemagne. Falcone brasse entre autres une IPA, une pilsner, une weissbier et une triple – il utilise un torréfacteur à café pour torréfier le malt intégré à sa schwarzbier (« bière noire ») et prétend favoriser l'action de la levure en jouant de la musique classique ou du jazz lors de la maturation de ses bières.

KRUG BIER

www.krug.com.br

CETTE BRASSERIE est forte d'une histoire et de liens avec la brassiculture autrichienne. Krug Bier vit le jour à Belo Horizonte en 1997, sous l'impulsion de Theo et Hervig Gangl, revendiquant un lien de parenté avec une famille de brasseurs connue en Autriche depuis des siècles (et peut-être avec les Warsteiner également). Rien d'étonnant donc à ce que le brassage se conforme au Reinheitsgebot, avec une production de bières en bouteilles comme l'Austria Pilsen et l'Austria Weiss, mais aussi des bières pression, servies au bar-restaurant attenant à la brasserie. Cet établissement fut couronné de succès, à tel point qu'il aménagea dans des locaux plus vastes en 2004.

LAGOM BREWERY & PUB

www.lagom.com.br

EN 2010 fut inauguré le pub-brasserie Lagom de Porto Alegre sous l'impulsion d'un groupe de brasseurs amateurs qui voulaient vendre leur propre bière et celles d'autres brasseries de la région de Rio Grande do Sul. La liberté qui anime ces brasseurs se retrouve dans leurs bières. Quelle que soit la période de l'année, les clients du pub-brasserie se voient proposer huit bières pression Lagom, dont un porter fumé, une IPA – parfois brassée avec une seule variété de houblon –, une weizenbock, une stout à l'avoine ou même une barley wine très alcoolisée ; des bières servies avec des plats aux noms appropriés, comme les « boulettes de viande de l'enfer ». L'affaire connue un tel succès, qu'un second pub vit le jour en 2012.

NACIONAL

www.cervejarianacional.com.br

UNIQUE PUB-BRASSERIE de São Paulo, cet établissement inauguré en 2011 dans les locaux d'une ancienne usine produit 5 000 l de bière de qualité par mois. Plus de 25 bières sont brassées au rez-de-chaussée et consommées à l'étage. L'équipe de brasseurs revendique fièrement le fait que les bières, comme la Mula IPA et la Kurupira Ale, ne renferment aucun conservateur et ne soient pas servies glacées, comme le veut la tradition dans la plupart des bars brésiliens.

SEASONS CRAFT BREWERY

www.cervejariaseasons.com.br

CETTE MICROBRASSERIE, fondée en 2011 avec pour objectif la diffusion d'une « bonne bière » dans toute la région et au-delà, vaut le détour. À l'année, le catalogue propose entre autres une IPA de style américain, une blonde belge et une savoureuse stout au café. Les bières de saison incluent une bière d'automne, élaborée à partir de houblons frais, ainsi qu'une imperial stout russe, d'une durée de fermentation de 22 jours, avant une maturation de 11 mois. Cette bière titrant 11 % vol. n'est pas à prendre à la légère ! La brasserie est par ailleurs à l'origine de différentes initiatives visant à impliquer la communauté dans la révolution microbrassicole brésilienne, notamment par le biais de partenariats avec d'autres établissements, afin de mieux diffuser le message.

CUAUHTÉMOC MOCTEZUMA

Dos Equis et Sol sont deux des marques de bière les plus populaires brassées par Cuauhtémoc Moctezuma. Connue pour être une des plus grandes brasseries du Mexique, elle produit des bières qui jouissent d'une réputation internationale.

CUAUHTÉMOC MOCTEZUMA
DOS EQUIS XX AMBAR

L'HOMME D'AFFAIRES qui fonda Cuauhtémoc Moctezuma en 1890 n'avait probablement pas envisagé un futur aussi radieux pour son entreprise. Implantée à Monterrey, la brasserie commença par produire la Carta Blanca, très vite distinguée à Paris et à Chicago – le prix qu'elle y décrocha fut le premier attribué à une brasserie mexicaine.

L'histoire de Cuauhtémoc Moctezuma est celle d'une constante expansion, accompagnée de la création de différentes entreprises, destinées au fil du temps à alimenter la brasserie en équipements et ingrédients, comme les matières premières nécessaires au conditionnement ou l'orge maltée. La production, aujourd'hui répartie entre six usines, inclut une sélection de lagers blondes et brunes, alors que la marque Bohemia propose des variantes de stout chocolat et de bières de froment. Mais la grande histoire s'invita aussi à Cuauhtémoc Moctezuma. En 1914, lors de la révolution mexicaine, des partisans du président Venustiano Carranza prirent brièvement possession de cette brasserie, dont les propriétaires soutenaient son rival. Ces derniers fuirent au Texas, puis, aidés par des diplomates américains et russes, retrouvèrent leurs biens. En 2012, la brasserie fut achetée par le géant brassicole Heineken.

NOTES DE DÉGUSTATION

DOS EQUIS XX AMBAR 4,7 % VOL.
La version mexicaine d'une lager de style vienne, d'aspect rouge, délicatement houblonnée, nuancée de notes de malt bien présentes. Un succès à l'export, populaire au nord de la frontière américaine.

ACCOMPAGNEMENT : servir glacé avec un chili con carne ou des côtelettes caramélisées au miel cuites au barbecue.

BOHEMIA CLÁSICA PALE LAGER, 5,3 % VOL.
Robe d'un blond doré, nez marqué de douces notes de malt sucré. Corps moyen, caractère vif, avec une douceur sous-jacente persistante et une légère amertume.

ACCOMPAGNEMENT : idéale avec des crevettes grillées pimentées.

NOCHE BUENA DARK LAGER, 5,9 % VOL.
Robe châtain clair dans le verre, bouquet aux légères notes de caramel, noisette et chocolat. Bouche vive et ample, où s'affirme la douceur du caramel, avec des touches de toffee et de houblon terreux, avant une longue et sèche finale.

ACCOMPAGNEMENT : la teneur en alcool, la vivacité et l'ampleur en bouche s'accordent avec des préparations à base de viande, comme un chili con carne.

REPÈRES

PROPRIÉTAIRE Heineken

FONDATION 1890

ADRESSE Boulevard Ferrocarriles 247, Industrial Vallejo, Azcapotzalco, 02300 Mexico, Federal District

SITE INTERNET www.cuamoc.com

PHILOSOPHIE La brasserie est peut-être l'une des plus grandes du Mexique, mais l'exigence de la qualité reste intacte.

GRUPO MODELO

Modeste brasserie de Mexico, Grupo Modelo se développa jusqu'à devenir l'une des plus grandes du monde. Sa Corona Extra, une blonde légère, se déguste avec une tranche de citron vert.

EN 1925, à l'époque de la prohibition aux États-Unis, Cerveceria Modelo, comme elle se nommait à l'époque, vit le jour au sud de la frontière, au Mexique. La Corona Extra, une de ses premières bières, deviendrait la bière mexicaine la plus vendue au monde. Personne ne sait à quel moment il devint d'usage d'insérer un quartier de citron vert dans le goulot de la bouteille. Peu après, la brasserie commença à embouteiller sa bière dans ses emblématiques bouteilles de verre transparent. Deux autres bières, brassées dès les débuts, restent populaires auprès des consommateurs mexicains, la Modelo Especial et la Negra Modelo, meilleure vente au Mexique dans la catégorie des bières brunes, mais uniquement proposée à la pression avant 1930. La popularité des bières brunes au Mexique remonterait aux années 1860, époque où des immigrants autrichiens débarquèrent avec l'empereur Maximilien Ier. Si cette histoire fait toujours débat, il est clair que la brasserie Modelo prospéra grâce à une formidable demande des Mexicains – et celle d'Américains vivant à proximité de la frontière – qui en quelques années propulsa le nombre de bouteilles vendues à près de 8 millions par an.

L'histoire de Grupo Modelo (nom adopté plus tard) devint celle d'un groupe brassicole prospère, avec une expansion accompagnée de plusieurs rachats, dont celui de Toluca en 1935 (brasseur de la marque Victoria) et de Pacifico, en 1954 – brasserie où la Pacifico de Modelo était fabriquée depuis 1900. Aujourd'hui sixième plus grande brasserie au monde, produisant 14 marques différentes, Grupo Modelo possède huit sites de production à travers le Mexique. La brasserie importe aussi de grandes marques, comme Budweiser ou Tisingtao, et embouteille sa propre eau minérale.

REPÈRES

PROPRIÉTAIRE Constellation Brands

FONDATION 1925

ADRESSE Lago Alberto 156 Colonia Anáhuac, 11320 Mexico, Federal District

SITE INTERNET www.gmodelo.mx

PHILOSOPHIE Blonde ou brune, légère ou forte… Grupo Modelo sait satisfaire tous les goûts.

GRUPO MODELO
CORONA EXTRA

GRUPO MODELO
PACIFICO CLARA

NOTES DE DÉGUSTATION

CORONA EXTRA PALE LAGER, 4,8 % VOL.

Robe blond clair avec un bouquet aux notes légères, évoquant le citron et le maïs. Corps léger à moyen, avec un vif pétillant, une légère touche d'agrume et une finale sèche. Une bière estivale par excellence.

ACCOMPAGNEMENT : une bière toute simple, rafraîchissante les jours d'été, à déguster saule ou associée à du poulet cuit au barbecue.

PACIFICO CLARA PALE LAGER, 4,8 % VOL.

Robe limpide et dorée pour cette bière aux notes suaves et céréalières sur le nez, nuancées de touches d'agrume en arrière-plan. Malt suave avec une légère touche d'agrume en bouche, rafraîchie par un vif pétillant.

ACCOMPAGNEMENT : une bière idéale avec une tortilla garnie de porc émincé et une sauce salsa fraîche, rehaussée de puissants piments jalapeño.

MODELO ESPECIAL PALE LAGER, 4,4 % VOL.

Robe d'un or intense dans le verre, avec un bouquet aux persistantes et douces notes céréalières. Vif pétillant en bouche, avec des touches évoquant un caramel suave et le fruité des agrumes, avant une courte finale aux notes douces-amères.

ACCOMPAGNEMENT : une bière désaltérante, dont la vivacité se marie logiquement avec les saveurs épicées, comme celles de fajitas aux crevettes.

GRUPO MODELO
MODELO ESPECIAL

PRIMUS

Il fallut trois ans aux fondateurs de Primus, Rodolfo et Jaime Andreu, pour parfaire leur première bière. Premiers brasseurs à produire une altbier au Mexique, ils représentent le fer de lance d'un mouvement brassicole artisanal en plein essor.

REPÈRES

PROPRIÉTAIRES Rodolfo Andreu and Jaime Andreu

FONDATION 2007

ADRESSE Av Revolución 344, Col Escandón, Del Miguel Hidalgo, 11800 Mexico

SITE INTERNET www.primus.com.mx

PHILOSOPHIE Produire nos propres bières artisanales et collaborer avec d'autres brasseurs artisanaux.

LA BIÈRE est omniprésente au Mexique et les marques sont légions. La bière mexicaine s'exporte en quantité un peu partout dans le monde. Le seul fait de glisser un quartier de citron vert dans sa bouteille de lager mexicaine suffit à lui apporter une certaine crédibilité. Mais derrière cette image d'un Mexique où la bière coule à flot se cache une autre réalité. Si les marques abondent, rares sont celles qui proposent autre chose que des lagers blondes et brunes. C'est alors que des brasseries comme Primus entrent en scène – un petit groupe de brasseries artisanales triées sur le volet, s'efforçant de prouver au consommateur mexicain que la bière n'est pas toujours synonyme de breuvage insipide à servir glacé. Une tâche difficile sur un marché de la bière mexicain dominé par deux géants du secteur qui laissent bien peu de place aux bières issues de petites cuvées. Les répercussions de cette concurrence déloyale se manifestent aussi sur le plan de l'approvisionnement en ingrédients, qui exige le recours à l'importation. Primus fédéra plusieurs petits brasseurs du pays pour passer commande de grosses quantités de malt. Ces stratégies collectives ne sont qu'un des aspects du marché de la bière artisanale au Mexique, certes encore modeste, mais en plein essor, et probablement influencé par le succès grandissant et largement médiatisé du secteur de la microbrasserie chez le voisin du nord. Il faut toutefois rester réaliste : en 2011, la bière artisanale ne représentait que 0,01 % du marché. Certes, ce chiffre doubla l'année suivante, mais le chemin à parcourir est encore long.

Implantée dans une banlieue nord de Mexico, Primus marqua le marché de son empreinte en brassant la première altbier du pays, Tempus. Selon les fondateurs de Primus, Rodolfo et Jaime Andreu, trois ans de recherches et d'études furent nécessaires pour que le duo se décide à commercialiser sa bière. Ce souci de préparation témoigne du sérieux de leur entreprise. Leur production s'est enrichie de la Tempus Doble Malta, qu'ils qualifient d'imperial altbier, et d'une riche ale de style écossais, la Tempus Reserva Especial. La brasserie organise par ailleurs des dîners où bières et vins sont confrontés. Un duo de brasseurs décidément sérieux, et dont le travail, dans un contexte difficile, commence à porter ses fruits. Reste à espérer que l'avenir de la bière mexicaine apporte encore plus de diversité sur les marchés internationaux.

Preuve à l'appui
Primus démontre avec talent que la bière mexicaine existe au-delà de la lager au citron vert.

PRIMUS TEMPUS RESERVA ESPECIAL **PRIMUS** TEMPUS DOBLE MALTA **PRIMUS** TEMPUS DORADA

Faire et refaire
Rien de bon ne se fait dans l'urgence – la première bière de Primus fut mise au point pendant trois ans.

Au-delà des apparences
Le verre ne fait pas la bière, mais un verre bien travaillé ajoute au plaisir de la dégustation.

PRIMUS TEMPUS ALT CLASSICA

NOTES DE DÉGUSTATION

TEMPUS RESERVA ESPECIAL ALE ÉCOSSAISE, 6,1 % VOL.
Robe ambrée limpide, coiffée d'une vaporeuse tête de mousse blanche, avec une avalanche de doux arômes de caramel et de miel. Ample en bouche, généreuse en notes biscuitées et accents de toffee, nuancés de touches d'agrume et d'épice. Caractère alcoolisé, avant une finale à l'amertume distincte.

ACCOMPAGNEMENT : une bière à déguster avec un riche ragoût de bœuf, à moins d'attendre le dessert, pour la servir avec un cheesecake aux fraises.

TEMPUS DOBLE MALTA IMPERIAL ALTBIER, 7 % VOL.
La bière emblématique de la brasserie, aux accents alcoolisés : plus de malt, de caramel et d'alcool, le tout enveloppé par les notes terreuses du houblon. Ample en bouche, avec beaucoup de présence et un fabuleux équilibre entre la douceur du malt et le côté épicé d'un houblon terreux et herbacé. Finale persistante.

ACCOMPAGNEMENT : la brasserie suggère de déguster la bière à l'apéritif, mais à table, elle s'associe idéalement avec un stilton des plus affinés.

TEMPUS DORADA ALE BLONDE, 4,3 % VOL.
Robe d'un blond pâle, bouquet aux notes issues d'un malt doux, évoquant le grain séché, légèrement concassé, avec un fond d'épice et d'agrume. Bouche pétillante et biscuitée, nuancée de touches d'agrume, avant une finale sèche et fruitée.

ACCOMPAGNEMENT : à assortir de préférence à des préparations légères, comme du poulet grillé ou des sushis.

TEMPUS ALT CLASSICA 5,2 % VOL.
La première bière de la brasserie, à robe ambrée et cuivrée. Le caramel et le grain torréfié dominent sur le nez, alors que la bouche mêle douces notes de malt, d'épice et de grains torréfiés, avant une finale douce-amère.

ACCOMPAGNEMENT : à servir avec des noix de Saint-Jacques grillées et de la pancetta, pour mieux apprécier la façon dont la bière rehausse la saveur des coquillages et s'accorde à celle de la viande salée.

ANTARES

REPÈRES

PROPRIÉTAIRES Leo Ferrari et Mariana Rodriguez

FONDATION 1998

ADRESSE 12 de Octubre 7749, Mar del Plata, province de Buenos Aires

SITE INTERNET www.cervezaantares.com

PHILOSOPHIE De la bière artisanale dans le cadre d'un pub-brasserie.

Aux États-Unis, où ils travaillèrent un temps, Leo Ferrari et Mariana Rodriguez tombèrent sous le charme de la bière artisanale et commencèrent à pratiquer le brassage amateur, avant d'ouvrir le premier pub-brasserie d'Argentine.

LA PASSION de la bière s'empare souvent des gens par surprise – la veille ils se contentent de leur pinte de bière classique, puis quelque chose d'inattendu se produit. C'est ce qui arriva aux fondateurs d'Antares. Fraîchement diplômés, Leo Ferrari et Mariana Rodriguez, deux jeunes argentins, partirent travailler aux États-Unis. Ils y découvrirent le mouvement brassicole artisanal. Des bières comme les pale ales, les IPA et les imperial stouts étaient à mille lieues des lagers glacées qu'ils avaient coutume de boire dans leur pays natal. Une rencontre et une discussion avec un brasseur amateur américain donnèrent envie au couple de brasser sa propre bière. De retour chez eux, ils renouèrent avec un ancien camarade, Pablo Rodriguez, et le trio se laissa emporter par la passion de la bière.

L'Argentine s'initia à la bière artisanale en 1998, à l'ouverture du pub-brasserie Antares, au cœur de la station balnéaire de Mar del Plata. Premier établissement à proposer ce style de bière, la marque Antares réunit aujourd'hui neuf autres pub-brasseries indépendants qui produisent et commercialisent leurs bières. L'expérience acquise par Ferrari et Rodriguez aux États-Unis explique la diversité des bières brassées, notamment une Kölsch houblonnée à sec, une riche Scotch maltée et une Cream Stout à marier aux coquillages. Si la gastronomie de l'Argentine était jusqu'alors synonyme de vin, de pièces de bœuf et de bières glacées, grâce à Antares et aux efforts déployés depuis 1998, la bière artisanale est désormais inscrite au menu.

ANTARES KÖLSCH

NOTES DE DÉGUSTATION

KÖLSCH 5 % VOL.

L'interprétation faite par Antares d'un style de bière de Cologne, avec sa robe d'un or intense et son bouquet parcouru d'agréables, douces et légères notes herbacées. Corps moyen, avec un caractère herbacé, sec, doux-amer. Finale persistante marquée par une séduisante sécheresse.

ACCOMPAGNEMENT : une bière sèche et douce-amère, à déguster avec de la charcuterie, comme du salami ou du chorizo.

STOUT IMPERIAL 8,5 % VOL.

Robe châtain brun dans le verre, tête de mousse couleur café. Bouquet aux notes chocolatées et fruitées, bouche marquée par une pointe de torréfaction et la délicieuse caresse d'un succulent chocolat, le tout enveloppé d'un houblon terreux. Longue finale d'une appétissante sécheresse.

ACCOMPAGNEMENT : bière idéale avec des côtelettes grillées, auparavant marinées dans une sauce aigre-douce.

ANTARES STOUT IMPERIAL

BARBA ROJA

En 2001, Antonio et Vivian Mastroianni fondèrent un parc de loisirs abritant un bar, où ils proposaient des bières de leur création. Ils débutèrent avec une gamme de lagers classiques, aujourd'hui étendue à un catalogue éclectique.

REPÈRES

PROPRIÉTAIRE Antonio et Vivian Mastroianni

FONDATION 2001

ADRESSE Ruta 25, N° 2567, Escobar, 1625 Buenos Aires

SITE INTERNET www.cerveceriabarbaroja.com.ar

PHILOSOPHIE De la bière artisanale brassée et servie dans une atmosphère familiale, au sein d'un parc de loisirs.

LE PUB-BRASSERIE de Barba Roja, installé au cœur d'un parc de loisirs de la cité d'Escobar, à 50 km de Buenos Aires, est exclusivement dédié à la bière. Escobar, « capitale des fleurs » de l'Argentine, est aussi une destination touristique populaire. L'ouverture en 2001 de ce pub-brasserie qui a pour thème l'univers des pirates témoignait du grand sens des affaires d'Antonio et Vivian Mastroianni. L'intérieur de l'établissement surprend, avec son décor coloré et ses employés en tenue de pirate qui évoluent entre les cuves de cuivre ceinturant le bar. Pourtant, au-delà du folklore, Barba Roja est une entreprise brassicole des plus sérieuses. Après tout, pourquoi un environnement où les familles viennent s'évader et se divertir ne serait-il pas propice au brassage de bonnes bières ?

Barba Roja propose un catalogue éclectique en matière de brassage artisanal, notamment avec la Raspberry Bock, une bière intensément fruitée mûrie 20 jours avec des framboises fraîches, la riche stout Negra Fuerte, ou la douce et fumée Barred-Aged Red Ale au premier rang de la gamme. Puis viennent les lagers blondes, pour certaines rehaussées d'herbes aromatiques ou de jus de citron jaune et vert. Ce dernier étant un tonique essentiel pour les marins au XVIIIe siècle, ces bières auraient sûrement été appréciées de ces hommes qui affrontaient jadis la haute mer.

Bière des boucaniers
Un décor de bateau pirate, pour déguster d'authentiques bières artisanales.

BARBA ROJA STRONG RED ALE

BARBA ROJA NEGRA FUERTE

BARBA ROJA WINNER

NOTES DE DÉGUSTATION

STRONG RED ALE ALE MÛRIE DANS LE BOIS, 9 % VOL.
Robe châtain ambré pour cette ale forte mûrie dans le bois, aux séduisants arômes de fumée, orge torréfiée, caramel doux, épice et toffee.

ACCOMPAGNEMENT : avec du stilton bien affiné.

NEGRA FUERTE DUNKEL, 4,5 % VOL.
Robe sombre, coiffée d'une tête de mousse blanche. Notes d'orge torréfiée, de doux caramel et touche de chocolat, mêlées à des accents de mélasse et de réglisse.

ACCOMPAGNEMENT : avec un pavé de bœuf grillé, sans lésiner sur les oignons.

WINNER DOPPELBOCK, 4,8 % VOL.
Moins alcoolisée que les bières de ce style. Robe châtain, bouquet aux arômes de torréfaction, avec de légères touches de fumée et notes sucrées. Mélange d'orge torréfiée, de café et de chocolat.

ACCOMPAGNEMENT : idéale avec une picadillo, une spécialité latino-américaine à base de bœuf haché épicé.

SZOT BARLEY WINE

BOLIVIE

KUSHAAV

www.cervezasgourmet.com.bo

LA CAPITALE bolivienne de La Paz, où quatre brasseries étaient déjà en activité, gagna une nouvelle microbrasserie en 2012, à la création de Kushaav par Alejandra Saavedra. Après s'être formé dans différents pays, Saavedra se sentit prêt à brasser un large éventail de bières – à commencer par son ale blonde et fruitée, l'Aleksandra. Un puissant porter, la Coqueta, vint enrichir le catalogue, plus tard suivi d'une ale maltée faiblement alcoolisée, El Salar, agrémentée de quinoa local. Orge et houblon sont achetés en Allemagne et aux États-Unis, et toutes les bières sont conditionnées en bouteilles.

CHILI

TÜBINGER

www.tubinger.cl

CHRISTOPH FLASKAMP, natif d'Allemagne, s'installa au Chili en 1990. Jugeant que les bières de son pays d'adoption étaient de piètre qualité, il prit le temps de parfaire ses talents de brasseur, avant de fonder Tübinger, au sud de Santiago. Il choisit de se concentrer sur la production de bières de style britannique, débutant avec une classique ale brune anglaise, généreuse en malt torréfié, et une pale ale, aromatisée par des houblons allemands. Il a depuis rendu hommage à la bière de son Allemagne natale avec la forte et brune doppelbock Tübinator.

SZOT

www.szot.cl

JUSQU'ALORS DOMINÉE par les multinationales, la scène brassicole chilienne a été confrontée ces dernières années à l'émergence de quelques microbrasseries intéressantes. Szot, l'une d'entre elles, fut fondée en 2006 par Kevin Szot, un Californien dont la famille venait de s'installer à Santiago, au Chili. Soucieux de retrouver la saveur des bières qu'il connaissait, il commença par brasser une pale ale, une stout et, assez curieusement, une steam beer. Plus tard, son catalogue s'enrichit d'une strong ale, d'une double IPA et d'une barley wine d'une intense douceur, dynamisée par une explosion de notes houblonnées. Toutes ces bières sont conditionnées en bouteilles.

COLOMBIE

BOGOTÁ BEER

www.bogotabeercompany.com

DANS CE PAYS où la bière occupe une large place, nombre de Colombiens se satisfaisaient jusqu'alors d'une lager insipide servie glacée. Mais la scène microbrassicole se développa. Fondée en 2002, Bogotá Beer fut l'une des premières à ouvrir la marche et n'a depuis cessé de se développer, en ouvrant une dizaine d'établissements à Bogotá. La production est influencée par les styles anglo-américano-germano-belge, incluant notamment une IPA, une pale ale, une weissbier et une witbier.

COSTA RICA

CRAFT BREWING COMPANY

www.beer.cr

L'ENTRÉE DU COSTA RICA dans la révolution microbrassicole remonte à 2010, année de la création de Craft Brewing Company par deux expatriés américains, Peter Gilman et Brandon Nappy. Son maître brasseur, Chris Derrick, avait travaillé chez le brasseur américain Flying Dog (*voir* p. 158). La brasserie est proche de Cartago, mais expédie sa bière dans tout le pays. En plus de ses IPA, Tropical Golden Ale et Red Ale, elle brasse une bière de froment excellente, parfumée d'un fruit local de saveur aigre.

CUBA

CERVECERIA BUCANERO

www.cervezacristal.com

LA PLUS POPULAIRE des brasseries de Cuba, Cerveceria Bucanero, est située à Holguin, à l'est de l'île. Ouverte en 1988 avec l'aide de l'Allemagne de l'Est, cette brasserie appartient aujourd'hui au géant international du secteur, le groupe A-B InBev. La Cristal, sa meilleure vente, est une lager blonde désaltérante, dont le logo est connu de toute la nation. La Max, plus forte (6,5 % vol.) et légèrement plus sombre, fut introduite en 2006.

SALVADOR

BREW REVOLUTION

www.brewrevolution.com

ANDY ET NANELLE NEWBOM fondèrent Brew Revolution en 2012, après avoir quitté San Francisco pour la Mecque du surf au Salvador, Playa El Tunco. Ces deux passionnés de bières artisanales étaient largement influencés par la production américaine. Leur catalogue inclut entre autres la Mercurio IPA – associant le caractère de l'IPA aux flaveurs de canne à sucre et d'agrumes du Salvador – et la Nyx Black Ale, une brune aux arômes de café. Leurs bières de saison font appel à des ingrédients locaux, comme le miel et les fruits, afin de créer d'authentiques bières artisanales salvadoriennes.

JAMAÏQUE

DESNOES & GEDDES

www.jamaicadrinks.com

LA CÉLÈBRE Red Stripe est une lager internationale brassée par Desnoes & Geddes depuis 1928. Le breuvage fut au départ élaboré comme une ale, puis se transforma en lager en 1938. C'est l'une des rares bières consommées par James Bond, dans les romans de Ian Fleming, *Docteur No* et *L'Homme au pistolet d'or*. Mais D&G, qui appartient aujourd'hui au groupe Diageo, est aussi réputée pour sa Dragon Stout, une stout tropicale riche et suave, et sa gamme de lagers de marque Red Stripe, au gingembre, à la pomme et au citron vert.

PÉROU

CERVEZA ARTESANAL DE TOMÁS

CE PUB-BRASSERIE de Lima, fondé en 2006 par Eduardo Tomás, est un établissement pionnier dans ce pays où la scène brassicole est assez monolithique. Ce contexte ne nuit en rien au développement de ce pub-brasserie, qui propose aujourd'hui dix bières différentes. Le catalogue, sous influence germanique avec des bières de garde froide, inclut aussi un porter agrémenté de noix et de caroube, une stout au miel, et plusieurs autres breuvages curieux et inédits, dont une bière couleur menthe, une autre aromatisée à l'ananas local – une bière fruitée, à marier à des fruits de mer, selon la suggestion de Tomás.

DESNOES & GEDDES DRAGON STOUT

NORTON RATS PUB

www.nortonratspub.com

DOMINANT LA GRANDE PLACE de la cité péruvienne de Cuzco, Norton Rats, fondé en 1997, est un endroit prisé des voyageurs et des locaux en quête de bières aux saveurs plus prononcées que les classiques lagers blondes glacées. En 2012, le catalogue s'élargit suite à l'installation d'une microbrasserie, avec l'introduction des Norton Brown Ale, Norton Pale Ale et Snortin' Norton Porter. Le brassage de bières de saison et d'ales extrêmes est en projet.

TRINITÉ-ET-TOBAGO

CARIB

www.caribbrewery.com

QUICONQUE a visité Trinité-et-Tobago connaît la Carib, cette lager blonde pâle, plus alcoolisée que ses homologues (5,2 % vol.), introduite en 1950. La politique marketing de la brasserie avait réussi à faire croire au reste du monde que la vie sous le soleil des Caraïbes s'apparentait à un éternel carnaval. La brasserie produit d'autres bières, comme la Royal Extra Stout, mais brasse aussi sous contrat pour Guinness, Heineken et Mackeson.

URUGUAY

MASTRA

www.mastra.com.uy

BRASSER UNE BIÈRE artisanale dans un pays vinicole est une chose, mais la vendre sur un marché contrôlé par des géants du secteur en est une autre. Fondée à Montevideo en 2007, Mastra releva le défi en soignant le marketing et la création de ses trois bières emblématiques. Son American Stout révèle une robe sombre et une franche amertume. Sa Golden Extra Special est une forte ale anglaise aromatisée au houblon allemand. Sa Strong Scotch Ale est une robuste *root beer* (boisson gazeuse fermentée), fruitée et légèrement fumée.

I LOVE BEER
www.ilovebeer.jp

PURE BLONDE

ASIE ET OCÉANIE

JAPON

Contrairement à la croyance populaire, le saké, boisson traditionnelle japonaise issue de la fermentation du riz, est en réalité plus proche de la bière que du vin en matière de processus d'élaboration – et cette subtilité ferait du Japon la plus ancienne nation brassicole du monde. Les brasseurs européens introduisirent la bière au Japon dans les années 1820, et l'essentiel du récent passé brassicole du pays fut dominé par la production de bières de style lager, comparables à celles brassées dans la plupart des pays européens : suaves, blondes et pâles, mais bénéficiant de l'ajout de riz. Tout changea en 1987, lorsque le brasseur national Asahi (*voir* p. 242) introduisit la marque Super Dry, élaborée à partir d'une levure à taux de conversion bien plus faible. Une bière vive et sèche, très peu sucrée, qui allait devenir un style à part entière.

Durant de nombreuses années, la scène brassicole japonaise fut dominée par de grands brasseurs nationaux. Il fallut attendre 1994 et une évolution de la législation pour que cesse leur mainmise sur le marché. Les brasseries commerciales se virent délivrer une licence d'exploitation à partir d'un volume de production annuel de 600 hl, au lieu de 20 000 hl auparavant. La première de ces licences fut attribuée à Echigo (*voir* p. 236), premier pub-brasserie du Japon, ouvert en février 1995.

Entre 1995 et 1999, plus de 175 brasseries virent le jour au Japon. Mais soumise à la pression d'une crise économique mondiale, la production de ces établissements chuta et nombre d'entre eux fermèrent. Ces dernières années, le nombre de brasseurs artisanaux repartit à nouveau à la hausse, avec plus de 200 établissements recensés, et l'existence d'une dynamique association de la bière artisanale. Les amateurs se rendront au grand festival de la bière artisanale, organisé chaque année en avril, à Tokyo.

BAIRD BREWING

Enthousiasmée par la révolution microbrassicole des années 1990, influencée par le dynamisme de la bière artisanale américaine et déterminée à utiliser les meilleurs ingrédients, Baird devint la plus populaire des brasseries artisanales du Japon.

REPÈRES

PROPRIÉTAIRE Bryan Baird

FONDATION 2001

ADRESSE Baird Brewing Company, 9-3, Tadehara-cho, Numazu, Shizuoka, 410-0843

SITE INTERNET www.bairdbeer.com

PHILOSOPHIE Équilibre plus complexité égale caractère.

L'AMÉRICAIN Bryan Baird débarqua au Japon à la fin de ses études, en 1995, à l'époque du boom de la microbrasserie dans le pays. Amateur des bières artisanales américaines, il vouait aussi une véritable passion à la culture japonaise. L'idée lui vint de créer une brasserie dans son pays d'adoption, où il s'était entre-temps marié. Il rentra aux États-Unis pour se former au sein de l'American Brewers Guild et acquit une expérience en travaillant dans différentes brasseries, dont Redhook, à Seattle. En 2001, lui et son épouse Sayuri fondèrent un pub-brasserie dans la cité portuaire de Numazu. Baird s'appliqua tant à produire des bières à la fois équilibrées et complexes que le bouche à oreille fonctionna et que les amateurs ne tardèrent pas à faire le voyage jusqu'au Numazu Fishmarket Taproom. La brasserie a été agrandie et Baird a ouvert trois autres établissements dans les environs de Tokyo. Les houblons sont utilisés avec les fleurs entières, le maltage de l'orge s'effectue sur des aires de maltage, les fruits sont frais et l'eau de la région est d'une étonnante douceur. Autant d'atouts contribuant à la qualité des bières d'un catalogue incluant une IPA, une vive et dynamique lager, un porter doux-amer et plusieurs bières de saison, dont certaines intégrant du yuzu, un fruit local, et des figues fraîches.

NOTES DE DÉGUSTATION

ANGRY BOY BROWN ALE ALE BRUNE AMÉRICAINE, 6,8 % VOL.
Robe châtain clair, touches de caramel et de sucre demerara, légèrement nuancées de notes d'orange et de vanille sur le nez. Bouche ample et mâcheuse, où se devine une présence herbacée, conduisant à une longue finale fruitée, avec une pointe d'épice.

ACCOMPAGNEMENT : des spécialités mexicaines – le côté épicé de la bière ne supporte pas la force de piments trop agressifs.

RISING SUN PALE ALE 5,3 % VOL.
Robe d'un blond doré chatoyant dans le verre, bouquet éclatant aux parfums d'orange, nuancé de touches florales, sur fond de malt céréalier. En bouche, le fruité des agrumes est équilibré par de douces notes sucrées, avant une finale propre et sèche.

ACCOMPAGNEMENT : un hamburger au bœuf de Kobe passé sous le grill, avec un condiment aux oignons. Laissez la magie opérer !

KUROFUNE PORTER 6 % VOL.
Une robe d'un noir intense, bière aux notes de moka, chocolat, réglisse et vanille. Douce et crémeuse, flaveurs complexes.

ACCOMPAGNEMENT : délicieuse avec des noix de Saint-Jacques caramélisées, pour compléter la douceur de la bière.

BAIRD BREWING ANGRY BOY BROWN ALE

BAIRD BREWING RISING SUN PALE ALE

BAIRD BREWING KUROFUNE PORTER

ECHIGO

La levée des restrictions qui pesaient sur le brassage de la bière au Japon entraîna la naissance d'une myriade de microbrasseries, dont Echigo, qui reste à ce jour un acteur majeur de la scène brassicole artisanale nippone.

REPÈRES

PROPRIÉTAIRE Uehara Shuzo

FONDATION 1994

ADRESSE 3970 Fukui, Nishiura, Niigata, Niigata 953-0076

SITE INTERNET www.echigo-beer.jp

PHILOSOPHIE Un objectif : brasser une bière de qualité supérieure fraîche, délicate et savoureuse.

EN 1994, à la levée des restrictions sur le brassage, les microbrasseries se répandirent dans le pays. Echigo, fondée par la brasserie de saké Uehara Shuzo, fut parmi les premières. Tout débuta en 1994, dans un pub-brasserie de Niigata, sur la côte nord-ouest de l'île de Honshu. Les Japonais préféraient les lagers « sèches », mais Echigo puisa son inspiration dans la production des brasseries artisanales américaines – le consommateur avait plus de chance de retrouver une pale ale, une bière ambrée ou une stout dans son verre qu'une lager ordinaire brassée avec du riz. L'Echigo Pilsner, seule concession faite à cet aspect du marché, est désormais l'une des meilleures ventes de la brasserie. Comme d'autres brasseries et pubs-brasseries à cette époque, Echigo ne cessa de se développer, jusqu'à ouvrir en 1999 une seconde brasserie, dédiée à la production de bières en canettes pour les petits budgets. Le pub-brasserie original pouvait ainsi se concentrer sur le brassage de petites cuvées. Niigata est considérée comme la capitale du riz au Japon, notamment du Koshihikari, ce qui finit par inciter Echigo à brasser une bière de riz sèche, la Koshihikari Echigo Beer. Au pub-brasserie, l'accent est mis sur des bières artisanales, dont l'Echigo 90 Days Stout ou la Brown Porter, proposée en édition limitée et parmi les plus appréciées auprès des amateurs.

NOTES DE DÉGUSTATION

STOUT 7 % VOL.
Robe d'un noir intense, tête de mousse couleur café. Bouquet aux notes vibrantes de café, chocolat et noix, avec une légère touche de torréfaction, crémeuse en bouche, avec des notes de toffee, chocolat et café au lait. Finale douce-amère.

ACCOMPAGNEMENT : une merveille avec du poisson fumé. Ses flaveurs intenses contribuent à arrondir agréablement le côté iodé.

BROWN PORTER 6 % VOL.
Robe d'un châtain brun léger, arômes de chocolat au lait et de moka, étayés par des notes de torréfaction. Intensification du chocolat en bouche, douceur maltée et texture crémeuse en bouche. Une bière de saison à la finale sèche et amère.

ACCOMPAGNEMENT : idéale avec une tarte aux fruits, comme les fraises, pour associer fruit et chocolat.

PILSNER 5 % VOL.
Robe d'un blond intense dans le verre, bouquet aux notes légèrement sucrées et herbacées, avec une touche céréalière en fond. Un vif pétillant, une pointe de citron et une discrète sécheresse céréalière conduisent à une courte finale.

ACCOMPAGNEMENT : une bière délicate, parfaite avec des sushis.

ECHIGO STOUT

ECHIGO BROWN PORTER

ECHIGO PILSNER

Canettes élégantes
Autrefois jugées bas de gamme, les canettes séduisent aujourd'hui de nombreux brasseurs artisanaux.

FUJIZAKURA HEIGHTS

REPÈRES

PROPRIÉTAIRE Fuji Kanko Kaihatsu

FONDATION 1997

ADRESSE 3633-1 Funatsu, Fujikawaguchiko-machi, Minami Tsuru-gun, Yamanashi 401-0301

SITE INTERNET www.fuji-net.co.jp/beer/

PHILOSOPHIE Dévouement, passion, et méthodes de brassage traditionnelles allemandes.

À l'ombre du monumental mont Fuji sont brassées de grandes bières artisanales d'inspiration germanique, par un homme parti se former en Allemagne, et depuis passé maître dans son domaine.

CETTE PETITE BRASSERIE attenante à un restaurant, le Sylvans, est nichée au cœur d'une forêt. Une aura magique enveloppe Fujizakura Heights. La ville qui l'accueille, Fujikawaguchiko, située du côté nord du mont Fuji, vit à l'ombre du volcan endormi, non loin du lac Kawaguchi. Les marcheurs qui se pressent ici apprécient après l'effort les rafraîchissements du maître brasseur des lieux, Miyashita Hiromichi. Lorsqu'on lui donna pour mission de démarrer l'activité de la brasserie en 1997, il fit part à la direction de son manque de formation. On lui demanda alors d'apprendre le métier auprès d'un brasseur allemand au Japon, avant de l'envoyer en Allemagne parfaire ses connaissances. Ce travail fut payant, et Fujizakura Heights est aujourd'hui reconnue pour ses fines interprétations de styles de bière allemands, comme en témoignent les récompenses décrochées par la brasserie. Au début, les employeurs de Hiromichi voulurent que ce dernier brasse une pilsner et une weizenbier, ces bières allemandes qui faisaient fureur à cette époque chez les microbrasseurs nippons. Puis ils demandèrent au brasseur d'élaborer un style de bière plus « spécialisé », une rauchbier, avec pour objectif d'inciter le consommateur à établir un lien entre cette bière fumée et les parfums boisés du cadre sylvestre de la brasserie. Le succès fut au rendez-vous. En plus de ce trio de bières disponible tout au long de l'année, Hiromichi supervise le brassage de petites cuvées d'autres bières de style allemand, dont une bock, une dunkelweizen, une weizen fumée, une rauchbock, une weizenbock, une bière de froment au chocolat, une oktoberfest märzen et une oktoberfest weizen. Autant dire que sa formation ne fut pas vaine…

FUJIZAKURA HEIGHTS
RAUCH

FUJIZAKURA HEIGHTS
WEIZEN

FUJIZAKURA HEIGHTS
DOPPELBOCK

NOTES DE DÉGUSTATION

RAUCH BIÈRE FUMÉE, 5,5 % VOL.
Robe ambrée, intense, coiffée d'une épaisse tête de mousse blanche, avec de délicates notes sur le nez et une touche de fumée de bois. En bouche, la bière mêle élégamment touches de fumée et de caramel, étayées par un suave fruité en arrière-plan. Courte finale.

ACCOMPAGNEMENT : délicieuse avec une assiette de saucisses et de jambon fumés. Un feu d'artifice en bouche.

WEIZEN BIÈRE DE FROMENT, 5,5 % VOL.
Notes de banane mûre et de crème glacée à la vanille sur le nez de cette bière à robe d'un blond pâle, légèrement trouble, revisitant une weizen bavaroise classique. Souple en bouche, caractère légèrement crémeux, avec un peu plus de banane et une certaine acidité qui ajoute à ses qualités rafraîchissantes.

ACCOMPAGNEMENT : idéale avec un sashimi (calmar, crevette, poisson cru, avec une sauce soja et du gingembre moulu). La légère acidité et le vif pétillant de la bière apporteront d'appétissantes notes océaniques.

DOPPELBOCK 8 % VOL.
Le printemps est la saison du brassage annuel de ce sombre et dangereusement désaltérant délice alcoolisé, dominé par le malt. Arômes de noisette et de torréfaction, avec des notes terreuses et de suaves touches d'alcool – un profil qui se répète en bouche, avant une finale propre, enivrante et légèrement suave.

ACCOMPAGNEMENT : même au printemps, la fraîcheur persiste sur les pentes du mont Fuji. De quoi apprécier les saveurs d'un riche ragoût de bœuf ou de gibier, associé à un verre de Doppelbock.

INSPIRÉS PAR LEURS HOMOLOGUES AMÉRICAINS, CERTAINS BRASSEURS JAPONAIS, COMME YO-HO (*VOIR* P. 241), N'HÉSITENT PLUS À CONDITIONNER LEURS BOISSONS EN CANETTES.

LE FESTIVAL DE LA BIÈRE DE YOKOHAMA ATTIRE CHAQUE ANNÉE DES MILLIERS D'AMATEURS, VENUS CÉLÉBRER LE PLAISIR DE LA DÉGUSTATION D'UNE BIÈRE ARTISANALE.

ISE KADOYA

La famille de Narihiro Suzuki avait pour habitude de servir des *mochi* de riz gluant aux pèlerins shintoïstes mais, depuis 1997, la ville d'Ise, en proie à la passion de la bière artisanale, est désormais en quête d'autres bénédictions.

REPÈRES

PROPRIÉTAIRE Narihiro Suzuki

FONDATION 1997

ADRESSE 6-428 Shinkyu, Ise City, Mie 516-0017

SITE INTERNET www.isekadoya.com

PHILOSOPHIE Tout ce qui est petit est un atout en matière de brassage.

ISE KADOYA LAMBIC STYLE WHITE PEACH

ISE KADOYA STOUT

LA FAMILLE de Narihiro Suzuki, fondateur et propriétaire d'Ise Kadoya, avait un commerce à Ise depuis le XVIe siècle, époque où elle se mit à vendre aux pèlerins des bouchées de riz gluant, les *mochi*. En 1997, Suzuki supervisa la reconversion d'une partie des entrepôts familiaux en un restaurant, une brasserie et une boutique de vente de bières, réunis sous le nom de « Biyagara ». La brasserie commença par produire une stout, une weizenbier et une pale ale anglaise, des classiques de la microbrasserie. En 1999, sur les conseils du biérologue Michael Jackson, la pale ale anglaise fit place à une pale ale américaine, aromatisée par un houblon Cascade. Dès lors, les récompenses se mirent à pleuvoir. Ise Kadoya brasse désormais cinq bières à l'année, une série de bières de saison et quelques éditions limitées. Au catalogue, une ale au seigle, une weizenbock et d'autres curiosités comme la Rendaizi Spice, intégrant noix muscade, coriandre, cannelle et kaki. Suzuki insiste fièrement sur le fait que sa brasserie entre dans la catégorie « micro », persuadé que cette échelle est synonyme de plus grande attention portée au brassage. Fait unique pour une brasserie japonaise, son maître brasseur Masakazu Nakanishi utilise une cuve de fermentation ouverte, pour obtenir une bière plus douce et charpentée.

NOTES DE DÉGUSTATION

LAMBIC STYLE WHITE PEACH BIÈRE FRUITÉE, 5 % VOL.
Création à robe d'un blond doré, trouble, dotée d'une pointe d'acidité. Saveurs de pêche, pour transporter le consommateur au cœur de la vallée de la Senne, en Belgique.

ACCOMPAGNEMENT : parfaite avec une tarte aux fruits – le pétillant de la bière contrecarre la douceur du dessert.

STOUT 5 % VOL.
Une robe d'un noir bitume, coiffée d'une tête de mousse fauve. Envolée de notes de café, chocolat noir et grains torréfiés sur le nez, souple et crémeuse en bouche, comme un café au lait, avant une sèche finale douce-amère.

ACCOMPAGNEMENT : à déguster avec des huîtres grillées, des nouilles udon et des accompagnements aux légumes.

SINTO BEER PALE ALE AMÉRICAINE, 5 % VOL.
Une lueur orangée dans le verre, libérant un subtil frisson d'agrumes sur le nez, étayé par un houblon herbacé. Les agrumes s'intensifient en bouche, aux côtés d'une douceur céréalière. Finale douce-amère.

ACCOMPAGNEMENT : avec du porc émincé sauté, agrémenté de *kimchi* (légumes fermentés) et de nouilles de riz.

Subtile quintessence
Une IPA de style américain version japonaise.

ISE KADOYA SINTO BEER

YO-HO

REPÈRES

PROPRIÉTAIRE Hoshino Resorts

FONDATION 1996

ADRESSE 2148 Nagakura, Karuizawa, Nagano 389-0111

SITE INTERNET www.yonasato.com

PHILOSOPHIE Des ales d'inspiration américaine aux saveurs audacieuses.

Comme beaucoup de brasseries, Yo-ho chercha dès ses débuts à se différencier des autres brasseries. Un objectif atteint en brassant des ales audacieuses, conditionnées en canettes séduisantes qui captivèrent les amoureux de la bière.

YO-HO (OU YONA YONA EN JAPONAIS) est la plus grande brasserie artisanale du Japon – ses bières sont omniprésentes dans les bars à bière du pays, comme le Popeye, à Tokyo. Le siège de l'entreprise se situe dans la préfecture de Nagano, mais ses bières sont brassées à des kilomètres de là, à Saku. Ses bières d'inspiration américaine, audacieuses, aux flaveurs colorées, ont aussi pour particularité d'être toutes conditionnées en canettes, même si certains bars les proposent à la pression. Cette pratique remonte aux débuts de la brasserie, fondée en 1996, par une entreprise de loisirs, Hoshino Resorts. L'idée était d'inciter le client à acheter de la bière pour la boire chez lui et de faciliter sa vente en grande surface, mais elle relevait aussi d'un souci environnemental. Toshiyuki Ishii, maître brasseur, intégra Yo-ho en 2001, après plusieurs années passées chez Stone Brewing, à San Diego. Il fut le maître d'œuvre du succès de Yo-ho. Son expérience californienne l'aida à brasser la première barley wine d'inspiration américaine de la brasserie, mais aussi à créer la Tokyo Black, après que les propriétaires de Yo-ho aient décidé de trouver une rivale à la Guinness. Le maître brasseur actuel, Taguchi Shohei, débuta chez Yo-ho comme simple ouvrier sur la ligne d'emballage des canettes. Ce parcours en dit long sur la philosophie de l'entreprise.

NOTES DE DÉGUSTATION

YONA YONA ALE PALE ALE AMÉRICAINE, 5,5 % VOL.
Un rayon de soleil dans le verre, un bouquet aux notes vibrantes de fruit tropical et d'agrume. Saveur de fruit tropical, des notes douces-amères maîtrisées et un fond céréalier, avant une finale d'une sèche vivacité.

ACCOMPAGNEMENT : son fruité rehausse la saveur de l'agneau, alors que sa sèche vivacité purifie le palais.

AOONI IPA, 7 % VOL.
Robe jaune orangé à cuivrée, débordante de douces notes d'agrume, enrichies de caramel. Pamplemousse en bouche, nuancé par une certaine suavité, un poivre épicé et une touche de noisette. Finale juteuse au départ, s'asséchant peu à peu.

ACCOMPAGNEMENT : une pizza ou des pâtes, afin d'accorder les saveurs houblonnées de l'IPA au caractère herbacé de ces préparations.

TOKYO BLACK PORTER AMÉRICAIN, 5 % VOL.
Une bière à robe noire et reflets châtain brun, lancée en 2005. Douces notes de caramel, vanille, moka et chocolat, avec une touche de réglisse, dont l'écho se retrouve en bouche.

ACCOMPAGNEMENT : idéale avec un plateau de fromages à pâte molle, comme le camembert, le brie ou le fromage de chèvre.

Plaisir des yeux
Les bières de Yo-ho, ou comment sortir du lot avec des canettes originales.

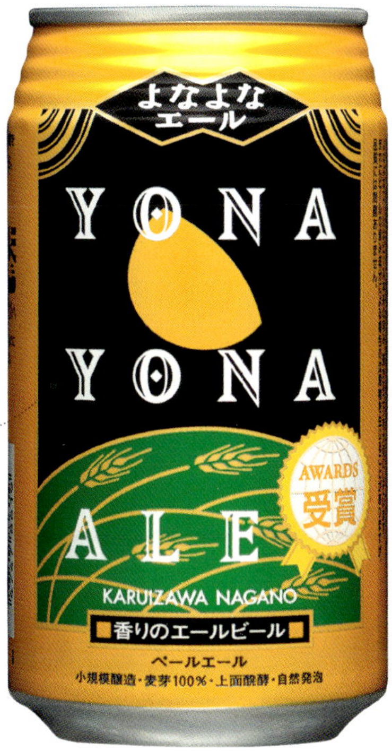

YO-HO YONA YONA ALE

YO-HO AOONI

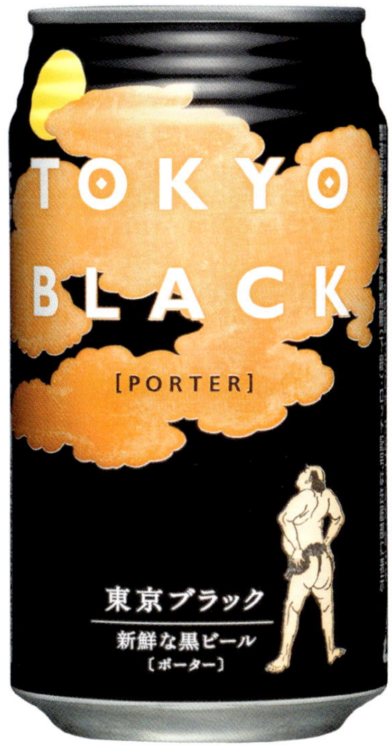

YO-HO TOKYO BLACK

ASAHI BREWERIES BLACK

ASAHI BREWERIES

www.asahibeer.com

LE GÉANT de l'industrie brassicole nippone vit le jour en 1889, sous le nom d'Osaka Beer Brewing Co. Mais il fallut attendre 1989 pour assister à l'émergence d'Asahi Breweries en tant qu'entité propre, et 1996 pour que soit lancée avec succès sa première bière sèche. Cette firme produit non seulement de la bière, mais aussi ses propres marques de vin, whisky et boissons non alcoolisées. L'amateur appréciera l'Asahi Black, une lager brune.

BAEREN BIER

www.baerenbier.com

PETITE BRASSERIE fondée en 2001 à Morioka, Baeren Beer brasse des bières de style allemand. Avec un équipement importé d'Allemagne par la mer – dont une partie a près de 100 ans – Baeren produit des bières appétissantes, dont une dortmunder-helles, baptisée Classic, une pilsner et une weizenbier, avec de temps à autre une pale ale et une milk stout. De façon étonnante, Baeren possède une cuve ouverte pour refroidir le moût – un équipement souvent utilisé à la production de lambic, bien que ce style de bière ne soit pas inscrit au catalogue.

BAEREN CLASSIC

BAYERN MEISTER BIER

www.bmbier.com

STEPHAN RAGER quitta son Allemagne natale en 1996 pour intégrer une brasserie au Japon. Rapidement animé du désir d'avoir sa propre affaire, il débuta son activité en 2004, dans un paysage de collines au pied du mont Fuji. Il utilise un malt, des houblons et une levure de Bavière, et se concentre sur la production de styles de bière de son pays natal. La Prinz Pils et l'Edelweiss, une bière de froment, sont ses deux produits les plus populaires. Il brasse aussi une weizenbock, ainsi que des bières de spécialité plusieurs fois dans l'année.

COEDO

www.coedobrewery.com

LA PATATE DOUCE est une spécialité de la cité-dortoir de Kawagoe, près de Tokyo, où elle est utilisée pour parfumer crème glacée et café. Coedo est implantée dans cette ville depuis sa fondation, en 1996 – même si l'ancienne brasserie a cédé sa place à un restaurant. Coedo utilise ce tubercule pour

COEDO SHIKKOKU

brasser sa lager rouge Beniaka. Cette bière à la patate douce fut un véritable défi lors du premier brassage, mais l'aide de brasseurs allemands permit d'obtenir un breuvage puissant. Coedo produit par ailleurs une pilsner, une weizenbier et une bière brune, la Shikkoku.

GINGA KOGEN

www.gingakogenbeer.com

L'HOMME D'AFFAIRES Isao Nakamura fonda Ginga Kogen en 1996 à Sawauchi, dans le but d'aider au développement économique de la ville. Située au nord-est de l'île de Honshu, cette région est connue pour son enneigement annuel record au Japon – cela expliquerait le fait que la brasserie se soit spécialisée dans les bières de style bavarois. La bière vedette du catalogue est une hefeweizen non filtrée, mais Ginga Kogen brasse aussi plusieurs bières de style américain.

HELIOS IWATEKURA

www.helios-syuzo.co.jp

SUR LES DEUX BRASSERIES en activité à Okinawa, l'une est la massive Orion, l'autre un établissement plus modeste, dont la production débuta en 1998 – bien que la brasserie fasse partie intégrante d'une distillerie inaugurée en 1961. Sa bière emblématique, la Goya Best, est une lager intégrant du *gōya* (margose). Cette bière rafraîchissante offre une appétissante amertume. Autres références de la brasserie, une pale ale, un porter et une weizenbier.

HIDA TAKAYAMA

www.hidatakayamabeer.co.jp

FONDÉE EN 1996, Hida Takayama est l'une des plus anciennes brasseries artisanales du Japon. Elle ne compte ni bar, ni restaurant. Elle est implantée dans la région centrale du pays surnommée « Alpes japonaises ». Sa riche bière de saison Karumina (10 % vol.) à robe brun roux intense, brassée dans le style des bières d'abbaye belge, est un délice à savourer en hiver. Le reste de l'année, Hida Takayama a un catalogue fourni, dont une pale ale, une pilsner et une ESB.

HIDEJI

www.hideji-beer.jp

LES ÉTIQUETTES de bouteilles des bières Hideji inspirées du manga attirent l'œil. Le contenu des bouteilles est tout aussi attractif, avec une sélection de bières agréables produites par cette brasserie fondée en 1996. Parmi elles, une pale ale d'inspiration américaine, une pislner allemande et une bière de froment belge. Chaque mois, Hideji brasse une bière spéciale, et propose chaque hiver sa sombre et crémeuse Shuji Stout à 7 % vol. La brasserie est implantée dans la touristique région côtière de Nobeoka, au sud de l'île de Kyushu.

HITACHINO NEST

www.hitachinonest.com

PRODUCTEUR DE SAKÉ, Kiuchi étendit son activité en 1996 en brassant les bières de la marque Hitachino Nest, notamment la Japanese Classic Ale qui utilise un soupçon de la méthode traditionnelle de brassage du saké – elle est mûrie en fûts de saké. Implantée dans la préfecture d'Ibaraki, secteur urbanisé des environs de Tokyo, la brasserie produit une sélection éclectique de bières, dont la White Ale, probablement la plus populaire et la plus récompensée. Influencée par l'Hoegaarden, à laquelle les Japonais vouent une véritable passion, elle présente le même profil épicé et rafraîchissant, mais l'ajout de jus d'orange lui apporte une saveur unique.

KINSHACHI

www.kinshachi.jp

KINSHACHI DÉBUTA son activité en 1996 en tant que brasserie artisanale de la firme Morita Shuzo, également productrice de saké, de miso et de sauce de soja. En 2005, après le brassage de plusieurs variantes de bières allemandes, sortit la Nagoya Red Miso Lager. Le succès rencontré inspira d'autres créations éclectiques, dont une bière au miso noir et une au thé vert japonais.

KIRIN BREWERY

www.kirin.com

CRÉATURE DE LA MYTHOLOGIE japonaise, le kirin est omniprésent sur les étiquettes de bière de cette brasserie de Yokohama. Cette créature est supposée porter chance, ce que l'on croit bien volontiers à en juger par le destin de la brasserie. Formée en 1907, à la fusion des deux premières brasseries du Japon, Kirin réussit à survivre à un séisme, à la guerre et aux manœuvres corporatistes. Sa bière emblématique, la fraîche et propre Kirin Ichiban Shibori, 100 % malt, fut brassée pour la première fois en 1990. *Ichiban* signifie « première » et « meilleure ».

HITACHINO NEST JAPANESE CLASSIC ALE

KIRIN KIRIN BEER

MINAMI SHINSYU

www.ms-beer.co.jp

LA CITÉ compacte de Komagane est blottie au cœur des Alpes japonaises, ceinturée de sommets enneigés – sa brasserie propose un catalogue de bières réconfortantes après une journée passée en randonnée. Implantée là depuis sa fondation en 1996, Minami Shinsyu compte entre autres références l'Amber Ale, la Dunkel Weizel et une plus ésotérique Apple Hop, à déguster au restaurant de la brasserie, qui propose une cuisine remarquable – les bières sont aussi en vente à la brasserie.

MINOH AJI

www.minoh-beer.jp

PROPRIÉTAIRE D'UNE BOUTIQUE de boissons, Masai Oshita fonda Minoh en 1997. Ses deux filles, rapidement intégrées à l'affaire, dirigent et supervisent cette prospère brasserie de Minoh, au sud d'Osaka, plusieurs fois récompensée. Elle fut l'une des premières brasseries artisanales du Japon à brasser une double IPA, la W-IPA (9 % vol.) aux généreuses notes de houblon Cascade sur le nez. La Pale Ale, l'Imperial Stout et la Weizen sont inscrites à l'année au catalogue.

MINOH AJI MINOH BEER

NASU KOHGEN

www.nasukohgenbeer.co.jp

UNE BRASSERIE et un restaurant au cœur d'un cadre impressionnant. En quittant l'autoroute au nord de Tokyo, près de la ville de Nasu, vous trouverez la brasserie nichée au sein d'une dense forêt. L'écrin des bières est élégant, et consommateurs et critiques s'accordent sur les mérites du contenu, notamment de la Scottish Ale et de la Stout. La bière de saison Nine-Tailed Fox est une barley wine culte, disponible sous différents millésimes dans les bars à bières artisanales de Tokyo.

ORION

www.orionbeer.co.jp

CETTE BRASSERIE est implantée sur l'île d'Okinawa depuis 1957. Spécialisée à l'origine dans le brassage de lagers de style allemand, Orion décida de les rendre plus appétissantes pour les forces d'occupation américaines, en proposant des bières plus légères et plus pâles. Le succès ne tarda pas. La brasserie utilise une eau douce puisée à proximité, des houblons Hallertauer importés d'Allemagne et un malt sélectionné à partir de variétés européennes et australiennes de qualité supérieure. La distribution, au début limitée à Okinawa, s'étend aujourd'hui à tout le pays, suite à la signature d'un accord avec Asahi. Meilleure vente d'Orion, la Premium Draft Beer.

OTARU

www.otarubeer.com.jp

SEULEMENT DEUX ALLEMANDS vivent sur le port d'Otaru, au nord du Japon, dont Johannes Braun, maître brasseur. Né en Bavière, au sein d'une famille de brasseurs établis depuis le XVIIe siècle, diplômé de l'université écossaise Heriot-Watt, où il étudia la distillation du whisky, Braun se vit proposer un poste à la brasserie Otaru, à son inauguration en 1996. Braun applique des méthodes de brassage traditionnel allemandes, utilise des ingrédients biologiques de qualité supérieure – froment, houblons et orge importés d'Allemagne – et l'eau douce d'Otaru, pour brasser d'authentiques bières allemandes. Sous sa direction, Otaru brasse à l'année un trio exemplaire – Pilsener, Dunkel et Weiss – ainsi que des bières de saison de style allemand, comme la Rauchbier.

OZENO YUKIDOKE

www.ryujin.jp

COMME BEAUCOUP de microbrasseries japonaises créées dans les années 1990, Ozeno Yukidoke fut fondée sous l'impulsion d'une entreprise de saké, en 1997 à Tatebayashi. Ses bières puisent dans l'esthétique des styles américains, sans toutefois adopter leur extrémisme. Le catalogue inclut une IPA style côte Ouest, lancée en 2005, idéale avec des sushis, la Brown Weizen, la Stout et une barley wine à succès, la Heavy Heavy.

SANKT GALLEN

www.sanktgallenbrewery.com

PENDANT QUE TOUT LE MONDE cherchait à décortiquer le houblon pour en extraire le plus possible son amertume, Sankt Gallen, implantée dans la province d'Atsugi de la préfecture de Kanagawa, s'appliquait à cultiver la douceur. Au catalogue, une riche Imperial Chocolate Stout, une gamme de bières aromatisées à l'ananas, cannelle et pomme, ainsi que de douces, mais fortes ales, ciblant les clients de la Saint-Valentin. Mais ne vous y trompez pas, cette brasserie réputée proche de Yokohama, est aussi capable de brasser le houblon avec brio, comme en témoigne sa Yokohama XPA. Sankt Gallen… ou le mélange des genres !

SAPPORO

www.sapporobeer.jp

SAPPORO EST une des « cinq grandes » de la scène brassicole japonaise, mais aussi l'une des plus anciennes, fondée dans les années 1870, à l'époque où le pays s'ouvrit à l'Occident et où des maîtres brasseurs allemands s'y installèrent pour créer leur activité. Tout débuta à Sapporo, mais la brasserie compte désormais cinq établissements répartis à travers le pays, possède Sleeman au Canada, et a fait du musée de la Bière de Sapporo, un des sites touristiques les plus populaires de la ville. La lager premium 100 % malt Yebisu, la Sapporo Draft et la Sleeman Cream Ale sont trois de ses bières les plus réputées.

SHIGA KOGEN

www.tamamura-honten.co.jp

L'ENTREPRISE TAMANURA HONTEN produit du saké depuis le début du XIXe siècle, mais elle attendit 2004 avant de se décider à ouvrir une brasserie. Implantée à Yudanaka, dans la région de Nagano, cette brasserie est très impliquée sur la scène brassicole artisanale, comme en témoigne sa collaboration avec Nøgne ø (*voir* p. 135), pour le brassage de la Saison, une bière mûrie dans le chêne, intégrant des houblons fraîchement récoltés. Son House IPA révèle quant à elle une explosion de notes d'agrume.

SHIGA KOGEN HOUSE IPA

SHONAN WEIZENBOCK

SHONAN

www.kumazawa.jp

AMATEURS DE PLAGES et surfeurs en quête de grand air et de détente se pressent vers la région côtière de Shonan, à environ une heure de Tokyo. Après une journée de glisse, de yachting ou de windsurf, un verre de Shonan Liebe ou de Pilsner bien fraîche fait figure de véritable délice. Située à Chigasaki, Shonan fut inaugurée en 1996, mais l'entreprise de saké dont elle dépend, Kumazawa, débuta son activité en 1972. La bière est brassée avec l'eau pure d'un puits alimenté par les eaux de la nappe souterraine des monts Tanzawa, plus au nord, et qui, dit-on, mettrait près de 70 ans pour rejoindre le puits. Des bières comme la Weizenbock Bitter et la Liebe (blonde, ambrée ou brune), mais aussi d'autres bières de saison, sont régulièrement primées depuis leur lancement. En plus de ses rafraîchissantes bières de garde froide, les bières de saison de Shonan font appel à des houblons du Nouveau Monde actuellement très en vogue, comme le Nelson Sauvin.

SUNTORY

www.suntory.com

CONNUE DEPUIS longtemps pour son whisky, Suntory compta parmi les « cinq grands » de la scène brassicole japonaise, avec une production de bières débutée dans les années 1960. Le catalogue n'intègre ni IPA, ni weizenbocks, mais une collection de bières faiblement alcoolisées et peu pétillantes. Sa Premium Malt, 100% malt, est des plus appétissantes. Au Japon, les boissons intégrant du malt dans leur processus d'élaboration étant lourdement taxées, les bières riches en malt sont rares – on fait alors appel à des pois ou des protéines de soja. En 2012, Suntory cessa sa production de happoshu, ou bières à faible teneur en malt.

SWAN LAKE

www.swanlake.co.jp

BRASSERIE ARTISANALE couronnée de lauriers depuis sa fondation en 1997, Swan Lake est implantée dans le cadre montagneux enchanteur de la préfecture de Niigata, là où la brasserie possède son bar et son restaurant. Swan Lake utilise des ingrédients locaux et une eau de source de montagne. Son Imperial Stout envoûtante, son IPA aux notes tropicales, idéalement équilibrée, ou sa Samurai Barley Wine, se bonifiant avec l'âge, comptent au nombre des trésors de son catalogue.

T.Y. HARBOR BREWERY

www.tyharborbrewing.co.jp

INAUGURÉE EN 1997, cette brasserie de front de mer et son restaurant reprenaient le concept des établissements de la côte Ouest américaine. Seule microbrasserie de Tokyo restée indépendante, elle propose des bières de grande qualité, largement influencées par le mouvement brassicole artisanal américain – l'Amber, la Pale Ale, la Barley Wine et l'IPA sont toutes des bières audacieuses et aromatiques. Le restaurant propose en soirée une cuisine au profil comparable.

AUSTRALIE

Le consommateur européen pourrait penser que la boisson préférée des Australiens est la Foster's, tant les campagnes promotionnelles de la marque se montrent convaincantes. Mais il n'en est rien. Il y a longtemps de cela, des hommes d'affaires décidèrent de placer cette bière dans tous les bars, de Londres à Berlin. Mais la « fostérisation » de l'Europe occidentale échoua, comme elle le fit d'ailleurs en Australie. Le brassage artisanal australien connaît aujourd'hui une certaine réputation et de nombreux amateurs à travers le monde s'intéressent à sa production.

Coopers (*voir* p. 248-249) d'Adélaïde – une des marques préférées des Australiens – est à l'origine de bières refermentées en bouteilles de facture internationale, brassées depuis plus d'un siècle. Mais les petites brasseries ont aussi leur intérêt et un nombre grandissant de nouveaux brasseurs souhaite aujourd'hui gagner leur place sous le soleil australien. Lorsque les brasseurs locaux commencèrent à parcourir le monde, ils découvrirent des nouvelles bières, qu'ils cherchèrent à imiter de retour dans leur pays. Cet intérêt croissant fut suivi de l'émergence d'une nouvelle génération de bars et de magasins de vins et spiritueux, qui réalisèrent que les affaires marchaient bien mieux en proposant une large gamme de bières, aussi bien locales qu'importées d'un peu partout dans le monde. On compte aujourd'hui plus de cent microbrasseries, même si le volume de production de beaucoup reste à un niveau confidentiel. L'Australie, qui avait pour réputation de ne servir que des lagers glacées, se prit de passion pour le brassage artisanal – tombant sous le charme des IPA de style américain, des stouts anglaises, des bières de froment belges et des pilsners tchèques. Les brasseurs produisent non seulement bières sauvages et bières acides, mais procèdent aussi à la maturation dans le bois, au brassage d'imperial stouts avec des levures belges, de bières de saison et de pale ales.

JAMES BOAG'S

REPÈRES

PROPRIÉTAIRE Lion Breweries

FONDATION 1883

ADRESSE 39 William Street, Launceston, Tasmanie 7250

SITE INTERNET www.boags.com.au

PHILOSOPHIE En Tasmanie et nulle part ailleurs.

Depuis sa fondation à Launceston par James Boag, la brasserie eut de nombreux propriétaires – reflétant les hauts et les bas de l'industrie brassicole australienne – mais les bières Boag's restent une référence pour les amateurs tasmaniens.

LE MONDE BRASSICOLE reste rarement figé. Les familles vont et viennent, les brasseries s'achètent, se vendent, sont transférées ou fermées… Celles qui peuvent s'enorgueillir d'une longue histoire ont souvent eu un parcours chaotique, à l'image de la brasserie James Boag's, dont les bières occupent néanmoins une place privilégiée sur la scène brassicole tasmanienne. En 1883, sous le règne de la reine Victoria, James Boag et son fils, également prénommé James, achetèrent la brasserie Esk Brewery, à Launceston. Son nom fut conservé, mais l'établissement était plus souvent appelé Boag's Brewery, et cette appellation lui resta. La famille Boag la dirigea jusqu'en 1976, année où George Boag, petit-fils de James Boag II, prit sa retraite, alors que Cascade avait acheté l'établissement, dès 1922.

Au début des années 1990, un banquier d'affaires américain, Philip Adkins, en devint directeur général et actionnaire majoritaire. C'est alors que fut lancée la James Boag's Premium Lager, qui deviendrait le fleuron de la brasserie. Adkins s'opposa violemment à l'écrivain biérologue Michael Jackson, lorsque ce dernier critiqua la froideur et le manque de saveur des bières australiennes – bien qu'il ait loué la Premium Lager. Le ballet des propriétaires se poursuivit en 2000, à la reprise de l'établissement par San Miguel. Enfin, en 2007, entrèrent en scène les propriétaires actuels, Lion Breweries.

Si James Boag's brasse aujourd'hui une gamme de lagers plus réputées pour leur fraîcheur que pour leur complexité, son porter au miel et sa pale ale de style anglais sont unanimement acclamés. Le Boag's Centre for Beer Lovers est installé dans l'historique Tamar Hotel de Launceston et abrite un musée, alors que les visites guidées de la brasserie constituent une attraction touristique populaire.

JAMES BOAG'S
DRAUGHT

JAMES BOAG'S
PREMIUM LAGER

JAMES BOAG'S
WIZARD SMITH'S ALE

NOTES DE DÉGUSTATION

DRAUGHT PALE LAGER, 4,7 % VOL.
Propre et rafraîchissante, cette lager blonde à robe ambrée révèle des notes de citron sur le nez, un vif pétillant et une bouche moyenne à souple, aux accents de caramel, avant une courte finale aux légères touches d'agrume.

ACCOMPAGNEMENT : un sandwich au porc relevé d'une petite touche de chutney de pomme – la vivacité de la bière transforme ce simple snack en un véritable délice.

PREMIUM LAGER PALE LAGER, 5 % VOL.
Une lager blonde au bouquet semblable à une douce brise chargée de citron, bouche vibrant sous de délicates notes d'agrume citronné, saveur piquante appétissante, avec une touche de poivre blanc. Longue et amère finale.

ACCOMPAGNEMENT : quelques crevettes au barbecue, pour agrémenter une salade verte croquante.

WIZARD SMITH'S ALE PALE ALE ANGLAISE, 5 % VOL.
Baptisée du nom d'un employé qui sauva les chevaux de la brasserie lors de la grande inondation de 1929, cette bière ambrée révèle des arômes terreux et céréaliers, une bouche crémeuse aux notes de caramel et d'agrume, avant une longue finale sèche.

ACCOMPAGNEMENT : privilégier les préparations épicées, comme un poulet korma – le caramel et les agrumes équilibrent la douceur de la sauce.

COOPERS BREWERY

Adélaïde, en Australie-Méridionale, abrite la brasserie Coopers depuis 1862. Cette affaire familiale est à l'origine d'une brillante sélection de bières de réputation internationale, dont la célèbre Sparkling Ale.

REPÈRES

PROPRIÉTAIRE Coopers Brewery Ltd

FONDATION 1862

ADRESSE 461 South Road, Regency Park, Australie-Méridionale, 5010

SITE INTERNET www.coopers.com.au

PHILOSOPHIE Une affaire aux débuts modestes, devenue la plus grande brasserie familiale d'Australie.

HISTOIRE, HÉRITAGE, valeurs familiales – la brasserie Coopers offre tout cela. L'activité débuta en 1862, lorsque Thomas Cooper, originaire du Yorkshire, brassa une bière pour son épouse malade. À la différence d'autres bières « coloniales » de l'époque, le breuvage n'intégrait pas de sucre, seulement du malt, des houblons, de la levure et de l'eau. L'ale de Cooper connut un succès rapide et fut vite disponible dans le nouvel État d'Australie-Méridionale. Coopers est aujourd'hui la quatrième plus grande brasserie indépendante du pays, toujours aux mains de la famille Cooper. En 2001, Coopers déménagea non loin du site qu'elle occupait à Adélaïde depuis 1881, dans la banlieue de Regency Park, pour un coût de 40 millions de dollars. Coopers semble animée par l'esprit de contradiction. En effet, si l'Australie est le pays de la lager glacée, servie dans un verre givré, la brasserie est surtout connue pour sa Sparkling Ale, une bière houblonnée, vive et enjouée – l'ale australienne mondialement célèbre, descendante de la bière que Thomas Cooper avait brassée pour son épouse des années plus tôt. Mais la brasserie sait aussi rester à l'écoute des attentes – elle propose une lager Crown Gold depuis 1968, et sa piquante Premium Lager offre une variante à celui qui veut boire une lager de caractère plutôt qu'une ale. Autres références du catalogue, une stout aux notes grillées et torréfiées, concurrençant la Guinness dans les bars australiens, une Pale Ale, une Mild Ale, et la glorieuse Vintage Ale.

COOPERS BREWERY BEST EXTRA STOUT

COOPERS BREWERY DARK ALE

COOPERS BREWERY SPARKLING ALE

COOPERS BREWERY ORIGINAL PALE ALE

Métamorphose
Brassée pour la première fois en 1998, l'ale refermentée en bouteilles évolue selon le millésime.

COOPERS BREWERY EXTRA STRONG VINTAGE ALE

NOTES DE DÉGUSTATION

BEST EXTRA STOUT DRY STOUT, 6,3 % VOL.
Robe châtain brun intense coiffée d'une tête de mousse couleur café. Notes de moka, café au lait et chocolat au lait sur le nez, avec une réminiscence de café au lait amer en bouche, agrémentée de généreuses saveurs de vanille et malt noir biscuité. Une bière pour les amateurs de sambuca.

ACCOMPAGNEMENT : avec des tranches de rôti de bœuf relevées de raifort, entre deux tranches de pain aux céréales, ou à la fin du repas, avec un dessert doux-amer, comme un tiramisu.

DARK ALE ALE BRUNE, 4,5 % VOL.
Robe brun ambré, épaisse tête de mousse couleur cappuccino s'évanouissant en libérant des notes de grillé, de noisette et de caramel. Généreuse en saveurs, bien que d'une force relativement faible, avec des notes de toffee, sucre demerara et chocolat, avant une finale légèrement amère.

ACCOMPAGNEMENT : avec des côtelettes caramélisées cuites au barbecue. Les notes grillées et caramélisées de la bière envelopperont la saveur douce, épicée et fumée de la viande.

SPARKLING ALE PALE ALE AUSTRALIENNE, 5,8 % VOL.
Robe blond doré, bouquet aromatique, avec des touches de fruit séché et de pêche mûre. Herbacée, légèrement épicée et vive au palais, avec une sécheresse biscuitée et céréalière structurant la finale. Incroyablement désaltérante.

ACCOMPAGNEMENT : un plateau d'huîtres relevées d'un trait de sauce Tabasco, pour une multitudes de saveurs.

ORIGINAL PALE ALE ALE BLONDE, 4,5 % VOL.
Bière à robe blond miel, dont le vif pétillant apporte un léger piquant en bouche. Bouquet légèrement citronné, bouche douce-amère, avec des touches d'agrume, conduisant à une sèche et courte finale. Un agréable rafraîchissement estival.

ACCOMPAGNEMENT : une bière avant tout rafraîchissante, au bouquet de bulles se mariant naturellement avec des préparations frites, comme un fish and chips.

EXTRA STRONG VINTAGE ALE 7,5 % VOL.
Robe châtain, au bouquet riche en notes de cake aux fruits et houblons résineux, nuancé d'une pointe d'agrume. Selon l'âge, notes de toffee, caramel, grains torréfiés, gelée de fruit et muscat à l'orange. Finale sèche et amère.

ACCOMPAGNEMENT : privilégier des desserts sucrés et crémeux, comme une charlotte aux fraises, pour opposer les notes de malt noir torréfié au crémeux du dessert et enrichir les saveurs d'une nouvelle dimension.

HOLGATE BREWHOUSE

Paul et Natasha Holgate parcoururent les États-Unis et l'Europe à la fin des années 1990, puis rentrèrent dans leur pays, déterminés à fonder une brasserie artisanale comparable à celles découvertes au cours de leur périple.

REPÈRES

PROPRIÉTAIRE Paul et Natasha Holgate

FONDATION 1999

ADRESSE 79 High Street Woodend, Victoria, 3442

SITE INTERNET www.holgatebrewhouse.com

PHILOSOPHIE Des bières en fûts et des lagers savoureuses, brassées dans le respect du style.

HOLGATE BREWHOUSE est installée au Keatings Hotel, un bâtiment de brique rouge de la fin du XIXe siècle situé dans la ville de Woodend qui accueillait autrefois les prospecteurs d'or en route pour Melbourne et les mines d'or de Bendigo. Désormais, le bâtiment abrite non seulement une brasserie et un bar, mais aussi un restaurant et un hôtel, où s'arrêtent les amateurs des bières primées de Holgate. Paul et Natasha découvrirent l'orge et le houblon lors d'un voyage aux États-Unis et en Europe. De retour en Australie, en 1999, ils abandonnèrent leur carrière respective et se lancèrent dans le brassage. L'histoire n'a rien d'original : des amateurs de bière et de bonne chère, originaires d'un pays où l'offre en la matière est limitée, découvrent au cours d'un voyage des bières aux arômes et aux saveurs inédits, ce qui les décide à consacrer leur vie au brassage. Ils sont des centaines de brasseurs à travers le monde à avoir eu cette même révélation, mais Paul Holgate sortit du lot en servant directement dans le verre son ESB et sa Porter mûrie en fûts à l'aide d'une pompe bière – un détail qui trouve probablement son origine dans l'histoire de sa famille, issue de Manchester.

Le catalogue de la brasserie inclut également une pale ale et une pilsner, généreuse en houblon Saaz, mais brassée selon le style d'une dortmunder, ainsi qu'une IPA américaine. Plus exceptionnelles, une double IPA, une witbier de style belge et une bière de printemps sont brassées une fois l'an et se révèlent chaque fois différentes. En 2011, la Beelzebub's Jewels sortit une *quadrupel* de style belge, mûrie en foudres de pinot-noir. Une véritable révélation !

HOLGATE BREWHOUSE
ESB

HOLGATE BREWHOUSE
MT MACEDON ALE

HOLGATE BREWHOUSE
PILSNER

NOTES DE DÉGUSTATION

ESB BITTER ANGLAISE, 5 % VOL.
Une bière qui, en dépit de son nom, relève plus d'une bitter que d'une ESB, brassée selon le style classique anglais. Robe légèrement ambrée, bouquet sophistiqué aux notes d'agrume et de céréale biscuitée, suivi d'un léger caramel et de notes d'agrume en bouche. Finale sèche et amère.

ACCOMPAGNEMENT : délicieuse avec des tapas – le caractère sucré et épicé du chorizo grillé se marie avec bonheur au malt suave et aux notes d'agrume de la bière.

MT MACEDON ALE PALE ALE AMÉRICAINE, 4,5 % VOL.
Robe couleur miel doré pour cette pale ale raffinée, avec une touche de fruit tropical et un houblon résineux plus affirmé sur le nez. Le fruit tropical s'intensifie en bouche, douceur céréalière, finale à l'amertume équilibrée.

ACCOMPAGNEMENT : à associer à une assiette de chili con carne.

PILSNER 5,1 % VOL.
La Bohême n'est pas loin (recours à un houblon Saaz) dans cette pilsner au style pourtant bavarois, avec un caractère houblonné légèrement épicé, une touche céréalière et une certaine amertume en finale. La rencontre de la Bohême et de la Bavière à Woodend.

ACCOMPAGNEMENT : la pilsner est une bière légère et délicate, dominée par les préparations aux saveurs trop affirmées – opter pour des fruits de mer, ou encore mieux, pour des calmars frits, afin de contrecarrer le côté huileux par l'amertume désaltérante.

LITTLE BREWING

Brasseur amateur primé, Warwick Little se lança dans le brassage commercial en 2007. Sa gamme de bières belges et d'influence américaine réussit à intriguer et séduire le palais des consommateurs de Nouvelle-Galles du Sud.

REPÈRES

PROPRIÉTAIRE Warwick et Kylie Little

FONDATION 2007

ADRESSE Unit 1, 58 Uralla Road, Port Macquarie, Nouvelle-Galles du Sud, 2444

SITE INTERNET www.thelittlebrewingcompany.com.au

PHILOSOPHIE Des bières authentiques, brassées sans compromis.

LITTLE BREWING
WICKED ELF PALE ALE

QUE SE PASSE-T-IL dans la tête d'un brasseur amateur qui s'aperçoit que sa cuvée est non seulement bonne, mais meilleure que la bière proposée dans les bars ? En général, la majorité cherche à faire mieux la fois suivante, mais certains songent à passer à la vitesse supérieure et à se lancer dans le commerce. C'est cette option que choisirent Warwick Little et son épouse Kylie en 2006. Installé dans la cité côtière de Port Macquarie, le couple investit dans un kit de brassage et quelques mois plus tard, en juillet 2007, il commercialisait les premières bières de Little Brewing. Le rêve était devenu réalité. Cette histoire n'est pas celle de tous les brasseurs amateurs, mais Little, récompensé pour sa production, réussit à prospérer au sein de l'univers très compétitif du brassage artisanal. Cette prouesse était toutefois étayée par un diplôme en viticulture et œnologie, une expérience professionnelle dans un laboratoire viticole et, sur un plan plus métaphysique, le fait que ses ancêtres œuvrèrent dans la brassiculture anglaise et les pubs du XVIIIe siècle aux années 1970.

Ses bières furent lancées sous les marques Wicked Elf et Mad Abbot, cette dernière incluant une série de bières inspirées des trappistes belges, dont une *dubbel* (double) et une *tripel* (triple). La Belgique, la Bohême et les États-Unis inspirent les bières inscrites à l'année au catalogue, dont une witbier, une pale ale et une pilsner. Les bières de saison spéciales incluent une kölsch et un porter. Ces bières furent largement récompensées mais, ironie du sort, il fallut attendre 2011 pour voir la production de la brasserie distribuée dans les pubs et les bars de sa ville natale, jusqu'alors soumis aux géants du marché. Ce que Port Macquarie perdait alors enrichissait Melbourne, Sydney et Brisbane.

NOTES DE DÉGUSTATION

WICKED ELF PALE ALE PALE ALE AMÉRICAINE, 5,4 % VOL.
Robe d'un ambre intense, ample et généreux bouquet chargé de notes florales et d'agrume, équilibrées par un juteux caramel. En bouche, explosion de notes d'agrume et d'un malt suave, avant une finale amère.

ACCOMPAGNEMENT : avec une viande rouge ou un gibier corsé, comme du canard ou du lièvre. Se marie aussi aux préparations thaïes ou indiennes très épicées.

MAD ABBOT TRIPEL TRIPLE BELGE, 9,5 % VOL.
Une bière évoquant à s'y méprendre le style classique d'une puissante ale trappiste. Bouquet aux notes aromatiques de litchi et de pêche, douceur biscuitée et touches d'alcool. En bouche, les flaveurs s'enrichissent d'accents évoquant un souple champagne, avant une longue finale, sèche, amère et alcoolisée.

ACCOMPAGNEMENT : à servir glacée à l'apéritif, ou attendre la fin du repas, pour l'associer à un fromage à pâte molle bien affiné, comme un *stinking bishop* (fromage anglais à pâte molle).

WICKED ELF PORTER 6,2 % VOL.
Une bière à robe noire dans le verre, aux arômes évoquant le café noir et le chocolat du petit matin. Riche et succulente en bouche, douce et apaisante, avec une intensification des notes de chocolat et de café, le tout structuré par de solides accents terreux, avant une finale sèche et amère.

ACCOMPAGNEMENT : à apprécier avec un bœuf cocotte, pour marier et fondre les saveurs de la bière et de la viande.

LITTLE BREWING
MAD ABBOT TRIPEL

LITTLE BREWING
WICKED ELF PORTER

LITTLE CREATURES

REPÈRES

PROPRIÉTAIRE Lion Breweries

FONDATION 2000

ADRESSE 40 Mews Road, Fremantle, Australie-Occidentale, 6160

SITE INTERNET www.littlecreatures.com.au

PHILOSOPHIE Créer une grande ale blonde dominée par le houblon.

En 2000, dans un pays où la lager glacée régnait sans partage, trois amis décidèrent de fonder une brasserie, persuadés que leur ale blonde houblonnée de style américain allait être un succès. L'avenir leur donna raison.

LITTLE CREATURES fut créée en 2000 par Howard Cearns, Nic Trimboli et Phil Sexton. La nouvelle brasserie fut implantée à Freemantle, en Australie-Occidentale, dans un vieil immeuble du front de mer ayant autrefois abrité une ferme à crocodiles. À côté de la brasserie, que les admirateurs étaient encouragés à visiter, se trouvaient un bar et un restaurant. Cearns, un créatif qui avait travaillé dans la branche esthétique de l'industrie brassicole, trouva le nom de la brasserie, qu'il justifiait en citant les hobbits, ces petites créatures qui passaient d'un pub à l'autre dans *Le Seigneur des anneaux*. De son côté, Sexton avait été le maître brasseur à l'origine de la création de la Bridgeport IPA aux États-Unis, et le fondateur de Matilda Bay (*voir* p. 256), plus tard rachetée par Lion Nathan. Prêt à renouveler l'expérience, il se mit au travail et élabora ce qui deviendrait la bière emblématique de la brasserie, la Pale Ale, cette ale blonde d'influence américaine généreuse en houblons. Ce fut une révélation, alors que la première vague de la révolution microbrassicole était à son apogée, mais que la lager glacée restait encore la bière dominante. D'autres bières suivirent, dont la Pilsner et la Rogers Beer – apparemment baptisée en référence à deux hommes appelés Roger qui la développèrent – alors que la Single Batch, régulièrement brassée en édition limitée, prenait la forme d'un style classique revisité par la brasserie. En 2012, on annonça que Lion Breweries avait fait l'acquisition de Little Creatures, en promettant de ne presque rien changer. À la même époque, la rumeur fit état d'un projet d'ouverture d'une seconde Little Creatures à Geelong, dans le Victoria. Little Creatures ne cesse de grandir…

LITTLE CREATURES
BRIGHT ALE

LITTLE CREATURES
PALE ALE

LITTLE CREATURES
ROGERS BEER

NOTES DE DÉGUSTATION

BRIGHT ALE ALE BLONDE, 4,5 % VOL.
Éclatante ! Le terme résume bien cette rafraîchissante ale couleur paille – à reflet doré dans le verre, au caractère désaltérant, doux-amer. Une bière à déguster dans le jardin, sous le soleil estival.

ACCOMPAGNEMENT : la cuisine asiatique. Miser sur un pat thaï et attendre que l'amertume de la bière rehausse les couleurs du plat.

PALE ALE PALE ALE AMÉRICAINE, 5,2 % VOL.
Il s'agit de la première bière brassée par Little Creatures. Elle offre une robe couleur miel doré, aux arômes de pamplemousse, de malt doux biscuité et d'orange. Notes de fruit tropical en bouche, corps moyen, finale débordante d'amertume.

ACCOMPAGNEMENT : la bière rehausse et enrichit la saveur d'un poulet grillé, son fruité tropical fait merveille avec une farce parfumée à la sauge et à l'oignon.

ROGERS BEER PALE ALE ANGLAISE, 3,8 % VOL.
Cette bière faiblement alcoolisée, à robe de couleur ambre intense, offre néanmoins un bouquet de flaveurs dans le verre, avec des notes de toffee et de caramel, nuancées de fruit de la passion. La bouche est vive et la finale franchement amère.

ACCOMPAGNEMENT : traditionnellement, avec une tourte au bœuf et aux rognons – les notes de toffee et caramel offrent un appétissant contraste avec les saveurs de la viande.

MALT SHOVEL

Intégrée à l'empire du géant brassicole Lion Breweries, Malt Shovel réussit à conserver intacte sa sensibilité de brasseur artisanal et prospère sous l'autorité du légendaire maître brasseur Chuck Hahn, créateur des bières James Squire.

REPÈRES

PROPRIÉTAIRE Lion Breweries

FONDATION 1998

ADRESSE 99-101 Pyrmont Bridge Road, Camperdown, Sydney, Nouvelle-Galles du Sud, 2050

SITE INTERNET www.maltshovel.com.au

PHILOSOPHIE Une passion pour la qualité.

CONDAMNÉ POUR AVOIR VOLÉ des poules, James Squire fut exilé en Australie. Nous étions en Angleterre, en 1785, et la Couronne sanctionnait lourdement le plus petit délit. Cette décision, dans le cas de Squire, fut une bénédiction : sans cet exil, jamais son nom n'aurait figuré sur les étiquettes des bières Malt Shovel. Voleur de poules, Squire est aussi connu pour avoir été le premier brasseur de bière du continent australien, ce qui explique qu'il ait inspiré les bières de Malt Shovel.

Aujourd'hui, des hommes comme Chuck Hahn, admiré par toute l'industrie brassicole, permettent au consommateur d'apprécier le chemin parcouru depuis l'époque de Squire. Après avoir travaillé des années pour Molson Coors et Steinlager, Hahn, originaire des États-Unis, décida dans les années 1980 de fonder une brasserie à son nom. La décennie suivante, l'établissement fut acheté par Lion Nathan. La brasserie Hahn poursuivit son activité et, en 1998, la société inaugura Malt Shovel, dédiée au brassage de la gamme James Squire – autrement dit la brasserie « artisanale » du groupe, implantée dans les bâtiments d'une ancienne écurie, à Camperdown, banlieue de Sydney.

L'important n'est pas de savoir qui en est le véritable propriétaire, dès lors que Hahn supervise le brassage dans les deux établissements. La gamme James Squire de Malt Shovel propose des bières de qualité supérieure, distribuées dans les quatre pubs-brasseries James Squire de Sydney, Perth et Melbourne, par ailleurs producteurs de petites cuvées de bières de saison. Si James Squire était parmi nous, nul doute qu'il apprécierait la bière estampillée à son nom !

MALT SHOVEL
THE CHANCER

MALT SHOVEL
NINE TALES

MALT SHOVEL
FOUR 'WIVES'

NOTES DE DÉGUSTATION

THE CHANCER ALE BLONDE, 4,5 % VOL.
Une ale à robe blond miel, éclatante dans le verre, avec de discrètes notes d'agrume sur le nez. Accents vifs et toniques de citron en bouche, avec des touches de fruit tropical et une douceur céréalière, avant une désaltérante finale.

ACCOMPAGNEMENT : une bière aux flaveurs discrètes, exigeant une préparation aux saveurs légères, comme un simple loup grillé.

NINE TALES ALE AMBRÉE, 5 % VOL.
Une ale à robe cuivrée, basée sur un mélange de trois malts et trois variétés de houblon de Tasmanie. Bouquet aux notes torréfiées, nuancé de légères touches de noisette, bouche souple, associant douceur du toffee et du caramel, équilibrée par une agréable amertume. Finale sèche, avec des touches de noisette.

ACCOMPAGNEMENT : les notes de noisette torréfiées s'accordent à la douceur iodée et grillée de noix Saint-Jacques à peine saisies, accompagnées d'une douce purée de courge.

FOUR 'WIVES' PILSNER, 5 % VOL.
Baptisée en référence à l'épouse de James Squire et de ses trois maîtresses, cette pilsner convoque trois variétés de houblon, tchèque et néo-zélandais, pour un bouquet floral et épicé. Vive en bouche, subtilement épicée, avec une touche de citron, le tout conduisant à une finale franchement amère.

ACCOMPAGNEMENT : idéale avec une assiette de saucisses allemandes, juteuses, charnues et salées.

BILLABONG BREWERY

www.billabongbrewing.com.au

CETTE BRASSERIE est implantée à Myaree, une banlieue de Perth où Alan Proctor débuta son activité en 1993. D'abord concentrée sur le marché des « bières brassées sur place » – le client brassait la bière de son choix et l'emportait chez lui –, la brasserie vend aussi sa production depuis 2006, notamment sa primée 4 Hop Ale, à laquelle sont intégrées quatre variétés de houblons, au cours des huit étapes du brassage. Billabong est aussi réputée pour ses bières sans gluten, comme la Blonde.

BLUETONGUE

www.bluetongue.com.au

LA BRASSERIE fut fondée en 2003 par quatre entrepreneurs, dans la région vinicole de Hunter Valley, dans une banlieue de Newcastle – depuis, elle a été transférée à Warnervale. Désormais propriété de Foster's Group, une filiale de SABMiller, Bluetongue produit quatre marques, dont une gamme « artisanale », formée du duo Traditional Pilsener et Ginger Beer. En 2006, la brasserie fit appel à Paris Hilton pour lancer sa marque Bondi Bonde, une bière très peu pétillante, aujourd'hui retirée du catalogue.

BOOTLEG

www.bootlegbrewery.com.au

LES TOURISTES en quête d'une pause après avoir arpenté les vignobles de la région de Margaret River s'arrêtent souvent au bar ou au restaurant du complexe de brassage de Bootleg. La brasserie qui débuta son activité en 1994, avec pour unique bière la Bitter Beer, produit aujourd'hui une gamme de bières primées, créations du maître brasseur Michael Brookes, ancien barman, qui intégra Bootleg en 1998. Ses bières les plus populaires incluent l'ale brune et corsée Raging Bull, la fruitée Settler's Pale débordante d'agrume et la Toms Amber Ale, une bitter de style anglais.

BRIDGE ROAD BREWERS

www.bridgeroadbrewers.com.au

BEN KRAUS ouvrit Bridge Road en 2005, après avoir installé un kit de brassage dans une ancienne remise, à l'arrière de l'hôtel familial,

BILLABONG BLONDE

BRIDGE ROAD CHESTNUT PILSNER

dans la ville touristique de Beechworth, dans le Victoria. Au catalogue, la Beechworth Pale Ale, une rafraîchissante et zestée pale ale de style américain, mais aussi une weissbier de style bavarois et une pilsner aromatisée aux châtaignes. Sa gamme Chevalier, au plaisant conditionnement, inclut une Saison aux notes d'agrume et une Bière de Garde épicée.

BRIGHT

www.brightbrewery.com.au

LA VILLE de Bright avait abrité une brasserie éponyme, qui ferma durant la Première Guerre mondiale. Tout changea en 2005, quand deux couples de la ville eurent l'idée de faire revivre l'établissement. La bière fut d'abord brassée ailleurs, mais la microbrasserie produisit sa propre ale un an plus tard. Des bières comme l'aromatique Hellfire Amber Ale ou la riche et robuste Staircase Porter peuvent être dégustées au bar de la brasserie, ou dans les bars, cafés et restaurants de la région, jusqu'à Melbourne.

CARLTON DRAUGHT

www.carltondraught.com.au

LA CARLTON DRAUGHT est une des lagers les plus vendues en Australie. Elle fut brassée pour la première fois en 1956, par Darwin, propriété du groupe aujourd'hui connu sous le nom de Carlton & United Breweries. Regroupements et fusions s'ensuivirent, et la bière est désormais brassée à Abbotsford, banlieue de Melbourne. L'entreprise, désormais baptisée « Carlton & United Beverages », est une filiale de SABMiller. La Carlton Draught à robe blond pâle, titrant 4,6 % vol. (autrefois 5 % vol.) est une lager à l'amertume modérée, servie glacée.

CASCADE

www.cascadebreweryco.com.au

LA PLUS ANCIENNE brasserie d'Australie encore en activité fut fondée à South Hobart, en 1832, par l'Anglais Peter Desgraves. Il s'agit de l'une des brasseries les plus pittoresques du pays, aux allures de forteresse, dominée par le mont Wellington. Endommagée par un incendie en 1967, la brasserie soigneusement restaurée représente une étape incontournable pour les touristes visitant la Tasmanie. Aujourd'hui intégrée à SABMiller, elle est réputée pour sa Cascade Premier Lager de consommation courante, mais s'aventure sur le marché de la bière artisanale, avec des bières de spécialité, comme la First Harvest Ale, et brasse sa propre Cascade Stout.

CROWN

www.thecrowncompany.com

CETTE LAGER premium de Carlton & United Beverages, filiale de SABMiller, est brassée sur son site d'Abbotsford. Lancée en 1919, et à l'époque exclusivement réservée aux dignitaires étrangers en visite dans le pays, la Crown se démocratisa en 1954, à l'occasion de la première venue de la reine Élisabeth II en Australie. Elle est depuis une des lagers les plus populaires du pays, reconnaissable à sa bouteille à col étroit. Depuis 2008, la brasserie propose chaque année en édition limitée la Crown Ambassador, à destination du marché du luxe.

FERAL BREWING

www.feralbrewing.com.au

LA RÉGION de Swan Valley, en Australie-Occidentale, dédiée à la viticulture depuis longtemps, abrite désormais plusieurs microbrasseries, dont Feral. Fondée en 2002, la brasserie dispose d'un bar et d'un restaurant où la clientèle peut déguster les créations audacieuses de son maître brasseur, Brendan Varis. Sa référence, la Feral White, est une bière de froment de style belge, épicée, juteuse et fruitée, mais son IPA Hop Hog de style américain, sa Smoked Porter et sa puissante barley wine Razorback complètent un catalogue enthousiasmant.

GAGE ROADS

www.gageroads.com.au

PETER NOLIN et Bill Hoedemaker travaillèrent pour le pionnier de la bière artisanale, le pub-brasserie Sail & Anchor, jusqu'en 2002. En 2005, Gage Roads, à Palmyra, une banlieue de Perth, brassait sa première bière. La production fut bientôt distribuée dans toute l'Australie-Occidentale, et bien plus loin, avec au catalogue une lager de style nord-allemand, l'IPA Sleeping Giant et la parfumée Atomic Pale Ale. Gage Roads brasse aussi des éditions limitées – comme la Strong Ale, une bière houblonnée à sec, lancée en 2013 pour l'Australia Day.

GRAND RIDGE BREWERY

www.grand-ridge.com.au

MIRBOO NORTH est une petite ville du Victoria, où Grand Ridge mit à l'honneur l'art du brassage à la fin des années 1980, alors que la brasserie était aux mains d'un autre propriétaire et portait un nom différent. Eric Walters, son actuel propriétaire, supervise le brassage d'une gamme de bières artisanales intéressantes et innovantes, dont le fleuron du catalogue, la Brewers Pilsener, mais aussi une barley wine, une stout et une bitter australienne classique. En 2012, Grand Ridge décrocha 11 médailles à l'Australian International Beer Awards.

HAHN

www.hahn.com.au

EN 1986, après avoir passé plusieurs années à brasser la Steinlager, en Nouvelle-Zélande, Charles « Chuck » Hahn installa sa brasserie dans une banlieue de Sydney. L'Hahn Premium eut un succès immédiat, mais le marasme économique des années 1990 conduisit au rachat de la brasserie par Lion Nathan. Les bières Hahn sont aujourd'hui produites à Tooheys, alors que Hahn est à la tête de la brasserie « artisanale » de l'entreprise Malt Shovel. Les bières brassées sont des lagers de consommation courante et la Premium Light est une des bières légères les plus populaires d'Australie.

KNAPPSTEIN

www.knappstein.com.au

CEUX QUI PRÉTENDENT que le raisin et l'orge ne se mélangent pas n'ont jamais dégusté la parfumée Reserve Lager de Knappstein. Il s'agit de la seule bière brassée par la cave Knappstein de Clare, en Australie-Méridionale, au cœur de la région vinicole de Clare Valley. Une bière brassée depuis 2006, année où Lion Nathan fit l'acquisition de la cave Knappstein. Le site accueillait naguère une brasserie, en activité jusqu'en 1916, et Nathan réussit à y faire revivre la tradition brassicole.

LORD NELSON BREWERY HOTEL

www.lordnelsonbrewery.com

UN ÉTABLISSEMENT pionnier à plusieurs titres – il s'agit du premier hôtel à avoir obtenu une licence en Australie, mais aussi du plus ancien pub-brasserie du pays, dont l'activité débuta en 1987. Ses ales de style anglais sont élaborées à l'arrière du bar, proposant six bières à la pression, en plus d'une production de bières de saison. Si les pale ales sont à l'honneur, l'Old Admiral, une old ale corsée, apaisera la nostalgie de l'amateur de bières anglaises.

LORD NELSON OLD ADMIRAL

MURRAY'S ANGRY MAN

MATILDA BAY

www.matildabay.com.au

EN 1984, Phil Sexton fit figure de pionnier au pub-brasserie Sail & Anchor de Freemantle, avec ses bières artisanales savoureuses, comme la lager brune Dogbolter ou la bière de froment Redback – la première du genre en Australie. Aujourd'hui propriété de Carlton & United Breverages, la brasserie est située en périphérie de Melbourne et produit des marques de grande consommation, comme la Bohemian Pilsner, brassée avec un houblon Cascade, alors que la « brasserie garage » de Port Melbourne est dédiée à un public plus aventureux.

MOO BREW

www.moobrew.com.au

BOUTEILLES STYLISÉES, conçues pour attirer l'attention de l'amateur de vin, et étiquettes signées de l'artiste John Kelly expliquent l'indéniable cachet des bières de Moo Brew. Mais l'incroyable talent du maître brasseur des lieux, Owen Johnston, n'est pas étranger à l'affaire. Œuvrant dans les locaux d'une cave vinicole de la sublime campagne des environs de Hobart, en Tasmanie, Johnston supervise le brassage d'une petite sélection de bières, dont une épicée hefeweizen de style bavarois, une élégante pilsner, une légère pale ale belge, une ale brune américaine et quelques bières de spécialité à commencer par une très recherchée Imperial Stout.

MOUNTAIN GOAT

www.goatbeer.com.au

DEUX AMIS, Dave Bonighton et Cam Hines, fondèrent Mountain Goat en 1997. Leur bière de référence, la Hightail Ale, est une ale fruitée et complexe qui reçut de nombreuses récompenses. Leurs bières furent d'abord brassées sous contrat, mais les fonds que les deux amis réunirent les aidèrent à ouvrir leur propre établissement. Aujourd'hui implantée à Richmond, en banlieue de Melbourne, Mountain Goat brasse une sélection de petites cuvées, disponibles au bar de la brasserie, ouvert tous les vendredis soirs.

MURRAY'S

www.murraysbrewingco.com.au

INSTALLÉE DANS l'hôtel qui inspira une célèbre chanson australienne, *The Pub With No Beer*, la brasserie débuta son activité en 2003. Un essor rapide et une forte demande menèrent en 2007 au transfert de Murray's à Port Stephens, dans la région de Hunter Valley. La brasserie s'enrichit d'un restaurant, d'un bar et d'une cave vinicole. Son maître brasseur Shawn Sherlock produit une sélection enthousiasmante de bières aux saveurs audacieuses, dont la pale ale Angry Man d'influence américano-anglaise, une rafraîchissante bière de froment, une lager fruitée et d'autres bières plus extrêmes, dont une imperial stout de style belge.

PURE BLONDE

www.pureblonde.com.au

LA PURE BLONDE est une des meilleures bières légères d'Australie. Brassée par Carlton & United Beverages, elle fut lancée en 2004, et devint la bière préférée des amateurs soucieux de leur santé. Son atout tenait à une durée de brassage plus longue, qui avait pour effet de convertir bien plus de sucres naturels. D'où l'obtention d'une bière renfermant 70 % de glucides en moins qu'une version standard.

REDOAK

www.redoak.com.au

HEFEWEIZEN AROMATISÉE à la mûre, stout à l'avoine, pilsner bavaroise ou la Framboise Froment… Redoak propose une bière pour chaque occasion. La brasserie fut inaugurée à Sydney en 2004, par David Hollyoak, qui brassa sa première bière au gingembre à l'âge de 14 ans. Ses interprétations élégantes et inventives de quelques-uns des grands styles de bière du monde s'apprécient au Boutique Beer Café de la brasserie.

SCHARER'S

www.scharers.com.au

CETTE BRASSERIE n'a que deux bières à son catalogue : une bock et une lager de style bavarois. Inspiré par les brasseurs allemands et soucieux d'élaborer des bières naturelles de qualité, Geoff Scharer, gérant de bar, décida en 1987 d'installer une microbrasserie dans l'historique auberge George V de Picton, en Nouvelle-Galles du Sud. Il vendit son affaire en 2006, en exigeant que les recettes de ses bières restent inchangées. Les nouveaux propriétaires se conformèrent à cette requête, et ces bières sont aujourd'hui proposées à l'Australian Hotel, dans le secteur de Rocks à Sydney. Geoff Scharer décéda en 2012, mais il reste considéré comme l'un des pionniers de la bière artisanale australienne.

STONE & WOOD PACIFIC ALE

SOUTH AUSTRALIA BREWING

www.lionco.com.au

CETTE BRASSERIE d'Adélaïde débuta son activité en 1859 avec la West End Draught, une des bières aujourd'hui les plus vendues en Australie-Méridionale. Ce breuvage, qui vit probablement le jour sous la forme d'une ale, est désormais brassé comme une pale lager standard. La brasserie est désormais propriété de Lion Nathan Company et se répartit sur deux sites, dont l'un dédié au brassage des bières de marque Southwark. La Southwark Old Stout, riche bière brune torréfiée lancée en 1984, est brassée sur ce site.

STONE & WOOD

www.stoneandwood.com.au

BYRON BAY est une ville balnéaire au nord de Sydney, abritant des plages somptueuses, où s'est développée une culture surf alternative. Trois vétérans de Matilda Bay et un patron de bar local fondèrent ici Stone & Wood, en 2008. Ils brassent un quatuor de bières : une dynamique et désaltérante lager, idéale après une séance de surf, un breuvage à la robe d'un rouge intense baptisé Jasper Ale, une blonde et trouble Pacific Ale, ainsi qu'une curieuse interprétation de la Steinlager, en édition limitée, bénéficiant de l'ajout de pierres brûlantes dans le brassin. La Pacific Ale se démarque en étant non filtrée, d'où son aspect trouble et la préservation de flaveurs, habituellement perdues lors du processus de filtration. C'est aussi une bière non pasteurisée, donc au goût vif et frais.

SUNSHINE COAST

www.sunshinecoastbrewery.com

CETTE BRASSERIE placée sous le signe du soleil fut inaugurée en 1998, le jour de l'Australia Day. Située dans une banlieue de Maroochydore, dans le Queensland, la brasserie a décroché nombre de récompenses pour ses bières bien bâties, à l'image de la populaire Summer Ale – une bière de force moyenne, à robe éclatante, au houblon chargé de notes tropicales et aux flaveurs de fruit de la passion, pêche et melon. Des bières d'inspiration plus européenne, comme l'Hefeweizen, la Czech Mate Pilsner et la Glasshouse Rauch, sont aussi brassées. Jusqu'en 2012, Sunshine Coast avait un bar à Kunda Park, aujourd'hui fermé, mais sa bière peut être achetée directement à la brasserie.

TOOHEY

www.lionco.com.au

LES FRÈRES TOOHEY quittèrent Melbourne pour Sydney dans les années 1860, et se mirent à brasser de la bière à la fin de la décennie. La Tooheys Old Black Ale fut une de leurs premières références, brassée aujourd'hui sous le nom de Tooheys Old. Au début du XXe siècle, les Toohey installèrent leur brasserie à Surry Hills, en périphérie de Sydney. Plus tard, ils gagnèrent le secteur de Lidcombe, à Sydney, où leurs bières sont toujours brassées, mais pour le compte de Lion. Une des bières les plus populaires du catalogue, la Toohey New, lancée en 1931, marqua un véritable tournant pour la brasserie. Il s'agissait de la première des nombreuses lagers qui allaient être brassées par Toohey. La Tooheys Extra Dry, une vive et sèche lager, un autre de ses succès, est aujourd'hui largement distribuée par la firme.

VICTORIA BITTER

www.victoriabitter.com.au

LA VICTORIA BITTER, surnommée VB, date du début du XXe siècle, époque où son appellation correspondait certainement plus à ce qu'était réellement ce breuvage. La bitter d'antan est devenue une lager, mais son nom est resté. Propriété de Carlton & United Beverages, elle est l'une des bières les plus vendues dans le pays, brassée dans l'usine de ses propriétaires à Melbourne. Une efficace campagne publicitaire dans les années 1960 participa à populariser la marque. De retour en 2009, sa teneur en alcool fut baissée de 4,9 à 4,6 % vol., une décision qui fut mise de côté en 2012.

WIG & PEN

www.wigandpen.com.au

L'AMATEUR DE BIÈRES britanniques en visite dans la capitale australienne ne manquera pas de se rendre dans ce pub-brasserie douillet très britannique, où les bières mûries en fûts sont directement soutirées à la pompe. Inauguré à Canberra en 1994, Wig & Pen brasse aujourd'hui dix bières à l'année, mais aussi de populaires cuvées occasionnelles. Aux côtés de real ales, l'amateur peut déguster plusieurs délices, comme une dynamique et désaltérante pilsner, une heifeweizen épicée, et certaines spécialités, dont la Beetroot Berlinerweiss. Le pub-brasserie propose aussi une bière peu alcoolisée, la Mister Natural, dont le nom fait référence à une chanson rock australienne. Wig & Pen fut élue « meilleure petite brasserie d'Australie » lors de l'Australian International Beer Awards 2012.

AUTRES GRANDS PAYS PRODUCTEURS D'ASIE ET D'OCÉANIE

Des bières de style européen ont certes été brassées dans certains pays d'Asie et d'Océanie depuis la fin du XIXe siècle, mais l'essor spectaculaire de la consommation de bière dans ces pays au cours de ces dernières années surprit tout le monde. Dans cette région du monde, de nombreuses nations abritent désormais des brasseries d'envergure internationale, bénéficiant d'une incroyable opportunité d'expansion, alors que les marchés plus établis d'Europe, d'Amérique du Sud et d'Amérique du Nord ont aujourd'hui atteint leur maturité.

Sans surprise, la Chine est de loin le plus important des marchés, avec une consommation culminant à plus de 50 milliards de litres de bière par an. L'essentiel de cette production est assuré par de grandes multinationales. Mais les consommateurs chinois sont-ils disposés à suivre la tendance qui a balayé le reste de la planète ? Sont-ils prêts à se tourner vers les bières innovantes des brasseurs artisanaux locaux ? Seul le temps le dira.

La majeure partie du siècle dernier, la scène brassicole néo-zélandaise fut dominée par deux géants du secteur : DB et Lion. Mais face à la demande des consommateurs, le nombre de petites brasseries se multiplia, et avec elles une sélection plus large de bières innovantes, reconnues et primées. La scène brassicole artisanale se développe aussi en Inde, alors que de nombreux pubs-brasseries se tournent vers les États-Unis, pour trouver l'inspiration, mais aussi des capitaux. Si l'Asie abrite ses propres brasseurs internationaux, comme San Miguel, Asia Pacific et Singha en Thaïlande, les pubs-brasseries à l'origine de bières créatives, souvent d'inspiration allemande, se multiplient de Singapour à la Corée du Sud, en passant par le Cambodge, le Viêt Nam et le Laos. À découvrir, la très renommée Lion Stout du Sri Lanka – une stout refermentée en bouteilles des plus savoureuses.

EMERSON'S

Le temps passé à Édimbourg à déguster de la bière écossaise explique l'animosité de Richard Emerson, alors âgé de 18 ans, à l'encontre de la triste scène brassicole néo-zélandaise. Un constat qui le poussa à créer sa propre brasserie.

REPÈRES

PROPRIÉTAIRE Lion Breweries

FONDATION 1992

ADRESSE Emerson Brewing Company, 14 Wickliffe Street Dunedin 9016

SITE INTERNET www.emersons.co.nz

PHILOSOPHIE Produire des bières fraîches, naturellement pétillantes, vivantes et pleines de saveurs.

LA VILLE DE DUNEDIN, en Nouvelle-Zélande, est baptisée « l'Édimbourg du Sud ». Ce détail n'échappa pas à Richard Emerson, de retour d'un séjour dans la capitale écossaise dans les années 1980, où il s'était pris de passion pour les bières intensément maltées. En 1990, deux ans après son retour, il fondait la brasserie Emerson's. Sa première création, l'Emerson's London Porter, fut acclamée dès sa sortie en 1993. Ce succès obligea cette modeste brasserie à quitter la demeure d'Emerson pour rejoindre un site industriel plus approprié en 2005. Certes, les lignes froides et épurées d'un environnement dominé par l'acier inoxydable n'ont rien du romantisme d'une abbaye trappiste ou d'une tour de brassage en brique rouge des Midlands, mais les bières brassées sous le contrôle de Richard Emerson possèdent un caractère et une intensité de saveurs qui les hissent au rang des breuvages les plus appréciés du pays. Interrogation et émotion furent au rendez-vous en novembre 2012, à l'annonce de l'acquisition de la brasserie par Lion Breweries. Richard Emerson et son équipe restèrent aux commandes. Quel que soit ce que réserve l'avenir, il est certain qu'Emerson's trouvera sa place au panthéon des héros de la scène brassicole artisanale de Nouvelle-Zélande.

EMERSON'S LONDON PORTER

EMERSON'S 1812

NOTES DE DÉGUSTATION

LONDON PORTER 4,9 % VOL.
Robe soyeuse châtain. Arômes torréfiés et toastés, nuancés par une touche doucereuse, crémeuse en bouche, avec des notes de moka, de chocolat au lait et de grains de café torréfiés.

ACCOMPAGNEMENT : ses sombres et douces flaveurs se marient à merveille aux saveurs de l'agneau braisé.

1812 PALE ALE, 4,9 % VOL.
Une pale ale classique, devenue une référence pour la lignée. Robe ambrée, au caractère marqué par l'orange et l'agrume, riches notes maltées, longue et sèche finale.

ACCOMPAGNEMENT : idéal avec du poulet grillé au citron. Les notes d'agrume rehaussent la douceur du poulet, alors que le malt généreux se marie aux touches de grillé de la viande.

PILSNER 4,4 % VOL.
Une des premières bières biologiques du pays. Le malt bio est importé et le houblon Riwaka est issu d'une variété de la région de Nelson. Une explosion d'agrume et de fruit de la passion en bouche, jouant l'équilibre entre malt suave et vive sécheresse.

ACCOMPAGNEMENT : le caractère légèrement fruité de la pilsner exige un mets délicat, comme du calmar ou des crevettes grillées.

EMERSON'S PILSNER

MOA

Moa s'appuie sur le savoir-faire vinicole de sa terre d'adoption, la région de Marlborough en Nouvelle-Zélande, pour brasser d'élégantes bières aromatiques, qui sont à leur place, aussi bien dans les bars, que sur les tables

REPÈRES

PROPRIÉTAIRE The Moa Group

FONDATION 2003

ADRESSE Moa Brewing Company, Jacksons Road RD3, Blenheim, Marlborough, Nouvelle-Zélande

SITE INTERNET www.moabeer.com

PHILOSOPHIE Le recours à des techniques vinicoles pour produire une gamme de bières élégantes refermentées en bouteilles.

INSTALLÉ SUR LES TERRES viticoles de la région de Marlborough, Josh Scott, le fondateur de Moa, est issu d'une famille de viniculteurs réputés. Il préféra néanmoins le grain au raisin. Après s'être essayé au brassage amateur dès son adolescence, il perfectionna son talent au fil des ans au sein de différentes brasseries, avant de se décider à fonder Moa en 2003. Mais il ne renia pas complètement la viniculture – ses bières sont devenues synonymes de raffinement et de saveur car il recourt, lors du brassage, à des techniques vinicoles familiales. Maturation en fûts, refermentation en bouteilles et garde (techniques comparables à celles appliquées à la production du champagne) se retrouvent au cœur de la philosophie de Moa. Le houblon local est privilégié et l'eau est issue d'une source proche de la brasserie. La bière est conditionnée dans d'élégantes bouteilles, de 330 ml à des magnums de 1,5 l. Cette attention portée aux détails valut à Moa de nombreuses récompenses. Comme l'admet Scott, ses bières ne sont pas bon marché, mais elles s'apprécient comme le vin, aux côtés des mets les plus délicats.

MOA BLANC

MOA ORIGINAL

Cage métallique
Un muselet et un bouchon de liège pour le côté pratique et élégant – cette armature de fil de fer évite que la bière sous pression expulse le bouchon.

MOA BREAKFAST

NOTES DE DÉGUSTATION

BLANC BIÈRE DE FROMENT ALLEMANDE, 5 % VOL.
Une bière de style allemand, intégrant 65 % de froment. Bouquet aux notes de banane, vanille et agrume, crémeuse en bouche et réconfortante, rehaussée de touches de banane, épice et agrume. Moa recommande de la servir à 4 °C.

ACCOMPAGNEMENT : une texture crémeuse, un vif pétillant et d'éclatantes notes fruitées, à marier aux saveurs d'un poisson charnu, légèrement gras, comme du saumon grillé.

ORIGINAL PILSNER, 5 % VOL.
Les houblons Nelson Sauvin participent au fruité tropical de cette bière, agrémentée de douces notes biscuitées. Souple en bouche, avec des notes de fruit tropical. Finale rafraîchissante et sèche.

ACCOMPAGNEMENT : une bière à marier à des plats asiatiques, comme une soupe thaïe épicée et amère.

BREAKFAST LAGER FRUITÉE, 5,5 % VOL.
Une bière de style lager intégrant cerise et froment malté. Bouquet aux notes de cerise très présentes, mais néanmoins subtiles, nuancées de touches de pomme. En bouche, pétillante comme un champagne à son apogée, offrant une appétissante sensation de fraîcheur.

ACCOMPAGNEMENT : son pétillant et son fruité font merveille avec une crème brûlée à la vanille.

RENAISSANCE

Californien d'origine, Andy Deuchars débarqua en Nouvelle-Zélande pour apprendre à faire du vin, mais succomba à l'appel de la bière. Avec son beau-frère, Brian Thiel, il fonda une brasserie qui offrirait au monde des bières exemplaires.

REPÈRES

PROPRIÉTAIRE Renaissance Brewing Company

FONDATION 2005

ADRESSE Renaissance Brewing, 1 Dodson Street, Blenheim 7240, Marlborough, Nouvelle-Zélande

SITE INTERNET www.renaissancebrewing.co.nz

PHILOSOPHIE Brasser des bières qui rivalisent avec le vin.

ANDY DEUCHARS et son beau-frère Brian Thiel unirent leur destin en fondant Renaissance en 2005. Ce duo californien formait la paire idéale. Thiel avait une formation de mécanicien automobile, un atout pour gérer les équipements d'une brasserie, alors que Deuchars bénéficiait d'une expérience de brasseur chez Anderson Valley, sur la côte Ouest des États-Unis. Deuchars était venu en Nouvelle-Zélande pour se former à la viniculture, mais il succomba vite à la passion du brassage. Le duo choisit d'implanter sa brasserie dans le bâtiment historique de Grove Mill, à Blenheim. Grove Mill était le plus ancien immeuble commercial de la ville, au passé mouvementé car il avait notamment abrité une usine de crème glacée, une malterie et deux caves vinicoles. Sachant que les consommateurs néo-zélandais aimaient les pale ales, Renaissance décida dès le début d'innover et d'enthousiasmer le monde de ces derniers avec une sélection éclectique de bières artisanales, orientée vers les ales, avec de grands classiques de l'Ancien Monde, comme la pale ale, l'ale écossaise et le porter. Cette stratégie fut payante à en juger par les récompenses qui se mirent à pleuvoir. Les amateurs de lagers ne furent pas oubliés, avec la Paradox, une pilsner piquante et fruitée regorgeant de notes d'agrume et fruit tropical, issues d'un houblon Riwaka. En 2008, Søren Eriksen rejoignit Deuchars comme assistant brasseur, et l'aida à développer une gamme de bières de saison proposées en édition limitée sous le nom de Enlightenment. En 2012, la gamme s'enrichit d'une IPA noire au seigle et d'une IPA au froment. Eriksen est un employé de Renaissance qui utilise en outre l'équipement de son employeur pour brasser ses propres bières, commercialisées sous la marque 8 Wired (*voir* p. 262).

RENAISSANCE
VOYAGER

RENAISSANCE
CRAFTSMAN

RENAISSANCE
STONECUTTER

NOTES DE DÉGUSTATION

VOYAGER INDIA PALE ALE, 6 % VOL.

Robe d'un orange intense pour cette IPA associant houblons de Nouvelle-Zélande et d'Angleterre, aux arômes affirmés. Notes de houblon résineux et de pamplemousse piquant sur le nez. En bouche, le pamplemousse et la douceur d'un malt miellé se conjuguent, avant une longue et amère finale.

ACCOMPAGNEMENT : *fish and chips*. L'amertume du houblon contrecarre le côté huileux du plat, alors que les notes d'agrume dynamisent la douceur et le juteux du poisson.

CRAFTSMAN STOUT AU CHOCOLAT ET À L'AVOINE, 4,9 % VOL.

Une stout savoureuse, au bouquet généreux en notes de chocolat au lait. Soyeuse et apaisante en bouche, aux accents flamboyants de café, chocolat et notes de torréfaction, le tout équilibré par un houblon terreux, avant une longue et émouvante finale.

ACCOMPAGNEMENT : une bière au chocolat avec un dessert au chocolat, cela va de soi, mais le mariage est encore plus réussi en l'opposant à une tarte aux fraises ou aux framboises.

STONECUTTER ALE ÉCOSSAISE, 7 % VOL.

Robe d'un ambre intense pour une bière étonnante mêlant flaveurs de toffee, caramel, chocolat et fruit noir, agrémentées d'une touche de fumée. Finale sèche et appétissante. Neuf variétés d'orge maltée sont utilisées au brassage.

ACCOMPAGNEMENT : une ale riche en saveurs, à associer à un rôti de bœuf, pour rehausser la saveur de la viande.

8 WIRED HOPWIRED I.P.A.

8 WIRED

www.8wired.co.nz

SØREN ERIKSEN était biochimiste à Perth, en Australie, lorsque les bières de Little Creatures lui firent l'effet d'une révélation. Il se mit au brassage amateur, puis décrocha un poste chez Renaissance, à Blenheim. Depuis 2009, il brasse d'aromatiques bières houblonnées sous le nom de 8 Wired. Intégrant des houblons néo-zélandais et inspirées par la scène brassicole artisanale des États-Unis, ses bières, dont la Hopwired I.P.A. et la Saison Sauvin, lui ont valu de nombreuses récompenses.

EPIC

www.epicbeer.com

CETTE MICROBRASSERIE d'Auckland brasse ses bières sous contrat chez Steam Brewing, où le fondateur d'Epic, Luke Nicholas, avait travaillé comme maître brasseur. Fondée en 2006, Epic est devenue une des stars de la scène brassicole artisanale néo-zélandaise, avec des bières très recherchées, comme son imperial IPA Hop Zombie. À noter, ses collaborations avec des brasseries comme Dogfish Head (*voir* p. 154-155) et Thornbridge (*voir* p. 41).

GALBRAITH'S BREWING COMPANY

www.alehouse.co.nz

CE PUB-BRASSERIE d'Auckland fut fondé en 1995 dans une ancienne bibliothèque. À cette époque, Keith Galbraith commença à brasser des bières inspirées de celles mûries en fûts qu'il avait appréciées lors d'un voyage en Angleterre. Aidé de Bob Hudson, aujourd'hui brasseur chez Larkins, il acquit une réputation solide avec ses real ales. La brasserie propose aussi une lager, Bohemian, et la Resurrection, une bière forte d'inspiration trappiste.

GOOD GEORGE

www.goodgeorge.co.nz

CE PUB-BRASSERIE d'Hamilton, une banlieue de Frankton, ouvrit en 2012. L'établissement est implanté dans l'ancienne église Saint-Georges, dont il tire son nom. Son maître brasseur, Kelly Ryan, ancien brasseur chez Thornbridge (*voir* p. 41), élabore une bière ambrée, une IPA aux houblons allemand et néo-zélandais, et une bière épicée aux herbes poivrées locales, agrémentée de zeste d'orange. Une gamme de bières mûries en fûts est en cours d'élaboration.

HARRINGTON'S BREWERIES

www.harringtonsbreweries.co.nz

LA PLUS GRANDE brasserie de Christchurch fut inaugurée par John Harrington en 1991, sur le site de l'ancienne Wards Brewery. Toujours propriété de la famille Harrington, elle propose un large catalogue, dont différents styles de bière de fermentation basse, un porter, une stout, une bitter et une hefeweizen.

MAC'S

www.macs.co.nz

L'ANCIEN ALL-BLACK Terry McCashin rejoint la révolution microbrassicole néo-zélandaise en 1981, à la création de sa propre brasserie. En 2000, il vendit les marques à Lion, qui brasse aujourd'hui ses bières à Nelson et Wellington. Bien que chapeautées par un géant du secteur brassicole, les bières Mac's restent populaires auprès des consommateurs, notamment la Great White, bière de froment de style belge, ou encore la parfumée Hop Rocker Pilsener.

MONTEITH'S

www.monteiths.co.nz

CETTE BRASSERIE fondée en 1868, à Greymouth, dans la région de West Coast, est aujourd'hui propriété de DB Breweries. En 2001, DB décida de fermer la brasserie, sous prétexte qu'elle était dépassée et improductive. La réaction fut telle que l'établissement rouvrit quelques jours plus tard. La brasserie est surtout utilisée à la production des bières de la gamme Monteith's Brewer's Series, comme la Barrel Aged Porter, alors que les bières plus courantes sont brassées sur les sites d'Auckland et de Timaru de DB Breweries.

MUSSEL INN

www.musselinn.co.nz

ONEKAKA est une agréable commune de la région reculée et sublime de Golden Bay, à la pointe nord-ouest de l'île du Sud. L'endroit est idéal pour brasser les joyaux de Mussel Inn, dont l'activité débuta en 1995 (l'établissement produit également du cidre et des boissons non alcoolisées). Le fleuron du catalogue, la Captain Cooker Manuka Beer, intègre brindilles fraîches de manuka et houblons biologiques néo-zélandais. Autres références, la lager Golden Goose et une puissante bière de style belge, la Monkey Puzzle.

SHAKESPEARE HOTEL & BREWERY

www.shakespearehotel.co.nz

CET ÉTABLISSEMENT de la fin de l'époque victorienne est situé à Auckland, où l'ancien propriétaire, Peter Barraclough, aménagea le premier pub-brasserie de Nouvelle-Zélande en 1986. Du kit de brassage logé dans l'espace exigu derrière le bar, le vétéran du brassage artisanal Ben Middlemiss réussit à tirer des breuvages enchanteurs, comme sa succulente pale ale Dogberry ou son épicée bière de froment de style belge, la White Lady.

STEAM BREWING

www.steambrewing.co.nz

CETTE BRASSERIE de la banlieue d'Auckland ouvrit en 1955. Elle brassait à l'origine les bières du pub-brasserie Cock & Bull d'East Tamaki. En 2004, la brasserie s'agrandit en achetant Auckland Breweries et alimenta tous les pubs de la chaîne Cock & Bull. Les pubs furent vendus en 2012 et leurs bières disparurent, mais Steam est aujourd'hui un établissement leader en matière de brassage sous contrat, avec pour clients Epic et Croucher.

STEINLAGER

www.steinlager.com

EN 1958, le ministre des Finances Arnold Nordmeyer, soucieux de voir tant de bières d'importation inonder le marché, demanda aux brasseurs nationaux de créer une lager pouvant rivaliser avec les grandes marques européennes. Ainsi naquit la Lion Breweries' Steinecker. Aujourd'hui connue sous le nom de Steinlager, la brasserie est un des piliers de la scène brassicole néo-zélandaise. Sa gamme inclut la vive et piquante Classic, mais aussi la souple et rafraîchissante Pure.

THREE BOYS

www.threeboysbrewery.co.nz

RALPH BUNGARD découvrit les ales lors de ses études au Royaume-Uni et ouvrit une brasserie à son retour chez lui. Il commença à brasser de la bière en amateur, puis à plein-temps avec Three Boys en 2006. La brasserie située à Woolston, une banlieue de Christchurch, utilise l'orge maltée, essentiellement issue de la région de Canterbury, et des houblons aromatiques néo-zélandais. Au catalogue, la pétillante Wheat et la riche Porter aux notes toastées.

THE MUSSEL INN CAPTAIN COOKER MANUKA BEER

YEASTIE BOYS DIGITAL IPA

TUATARA BREWING

www.tuatarabrewing.co.nz

EN 2002, lorsque Carl Vasta commença à brasser de la bière dans une ferme du nord de Wellington, il ignorait que, dix ans plus tard, le premier ministre de Nouvelle-Zélande, John Key, viendrait déguster une bière dans sa brasserie. Key inaugura aussi une nouvelle brasserie Tuatara à Paraparaumu. Le catalogue inclut une série de bières de styles européen et américain, dont une vibrante India Pale Ale et la succulente Bohemian Pilsner.

THE TWISTED HOP

www.thetwistedhop.co.nz

THE TWISTED HOP est l'histoire de deux Britanniques qui arrivèrent séparément en Nouvelle-Zélande en 2003, et à qui les bières de leur patrie manquaient. En 12 mois, Martin Bennett et Stephen Hardman fondèrent leur pub-brasserie à Christchurch. Les amateurs se pâmèrent devant les bières en fûts, comme la Golding Bitter et l'Hopback IPA. Le séisme de 2011 endommagea The Twisted Hop, mais un nouveau pub-brasserie vit le jour en 2012.

WIGRAM BREWING

www.wigrambrewing.co.nz

L'INFLUENCE du brassage amateur sur la renaissance de la bière artisanale néo-zélandaise ne doit pas être sous-estimée, comme en témoigne Paul McGurk, fondateur de Wigram. Après dix ans passés à pratiquer le brassage tout grain en amateur, il fonda Wigram en 2003, dans la banlieue éponyme de Christchurch. Aujourd'hui, McGurk produit une sélection éclectique de bières, dont la Propeller Lager, la Mustang Pale Ale, la Dakota Dark, la Bitter et la Spruce Beer, inspirée d'une bière brassée par le capitaine Cook en 1773.

YEASTIE BOYS

www.yeastieboys.co.nz

EN 2008, Stu McKinlay et Sam Possenniskie fondèrent Yeastie Boys à Wellington, bien que leurs bières soient brassées sous contrat par Invercargill Brewery. Le duo insuffla un esprit « rock'n'roll » à ses bières, avec de généreuses quantités de houblons aromatiques néo-zélandais, comme le porter de style américain Pot Kettle Black, ou leur Digital IPA qu'ils qualifiaient d'« agressive petite bête ». L'audace de Yeastie Boys ne passa pas inaperçue et leur valut une pluie de récompenses.

BEIJING YANJING

Après un formidable développement depuis sa création en 1980, cette brasserie de Beijing aux milliers d'employés appartient désormais au quatuor des plus grandes entreprises brassicoles de Chine.

REPÈRES

PROPRIÉTAIRE Beijing Yanjing Brewery Co

FONDATION 1980

ADRESSE Shuanghe Road, Shunyi District, Beijing 101300

SITE INTERNET www.yanjing.com.cn

PHILOSOPHIE Brasser une authentique bière chinoise.

La référence !
Une bière populaire, largement distribuée dans la capitale chinoise et à travers le pays.

BEIJING YANJING YANJING BEER

AVANT 1980, année de la fondation de Beijing Yanjing, dénicher une bière dans la capitale chinoise n'était pas chose aisée, même si la consommation de bière dans le pays n'avait cessé de croître depuis la fin du XIXe siècle. Pour les habitants de Beijing, acheter de la bière à cette époque relevait du parcours du combattant. À défaut d'être toujours fiable, le bouche à oreille était utile, mais il arrivait aussi que l'amateur ait la chance de tomber sur un stock tout juste livré. Cette irrégularité de l'approvisionnement fut probablement une des raisons majeures qui conduisit à la construction d'une brasserie à même de répondre aux besoins spécifiques des citoyens chinois de la capitale. L'entreprise connut un succès retentissant et, au fil des trois décennies qui suivirent son inauguration, Beijing Yanjing se développa, jusqu'à devenir la quatrième plus grande brasserie du pays.

Le brassage renvoie incontestablement à des images d'Épinal, que l'on aura pourtant bien du mal à retrouver à Beijing Yanjing. L'eau est puisée à 91 m sous les monts Yanshan, et le site de production principal, d'une superficie d'environ 2,2 km², emploie 20 000 personnes. En plus d'une large collection de lagers blondes et de quelques bières fruitées, la brasserie produit aussi des boissons non alcoolisées.

Ce développement ne semble pas sur le point de s'arrêter, avec une bière jouissant du statut de « saveur de Chine ». Certes, le nom de Beijing apparaît dans son appellation et la marque monopolise les ventes de bière dans la capitale chinoise – 85 % du marché de la ville –, mais Beijing Yanjing a aussi d'autres brasseries dans le pays. Cet essor est unique, en ce sens qu'à la différence de ses concurrentes, rachetées par des géants du secteur comme Anheuser-Busch et SABMiller, Beijing Yanjing reste libre de toute mainmise étrangère. Cela explique peut-être que sa bière se retrouve souvent sur les tables des fonctionnaires du régime.

NOTES DE DÉGUSTATION

YANJING BEER LAGER BLONDE, 5 % VOL.
Une lager à robe blond clair dans le verre, aux douces notes céréalières sur le nez. Bouche soyeuse, légèrement crémeuse, ronde, nuancée par une légère touche de malt sucré, avant une courte finale.

ACCOMPAGNEMENT : une bière douce et désaltérante, à associer à de délicats fruits de mer, comme des crevettes, langoustines ou calmars sautés.

REPÈRES

PROPRIÉTAIRE Guangzhou Zhujiang Brewery Group

FONDATION 1985

ADRESSE 118 Modiesha Avenue, East Xingang Road, Guangzhou 510308

SITE INTERNET www.zhujiangbeer.ca

PHILOSOPHIE Utiliser des ingrédients importés d'Europe et une souche de levure allemande pour brasser une collection de vives lagers.

GUANGZHOU ZHUJIANG

Bière la plus vendue en Chine méridionale, la Zhujiang est produite par l'une des plus grandes brasseries au monde. Réputée pour ses lagers blondes, Guangzhou Zhujiang est aussi connue pour avoir brassé une des premières ales de Chine.

LA BRASSERIE fut inaugurée au milieu des années 1980, alors que la Chine commençait à s'ouvrir au monde. Le groupe brassicole Interbrew (aujourd'hui Anheuser-Busch InBev) était impatient de découvrir ce qui avait été jusqu'alors un système replié sur lui-même, et participa à son installation. En 2002, le groupe racheta 25% des parts de la brasserie.

Aujourd'hui considérée comme l'une des plus grandes brasseries au monde, Guangzhou Zhujiang est implantée dans la cité de Guangzhou, autrefois baptisée « Canton », en bordure du delta de la rivière des Perles – le terme *zhujiang* signifie « rivière des Perles ». Le partenariat avec la multinationale Anheuser-Busch InBev favorisa le lancement de la première bière, la légère et vive lager blonde Zhujiang, marque la plus vendue en Chine méridionale, exportée aux États-Unis, en France, au Royaume-Uni et en Australie. La taille du site de production facilita le brassage de volumes importants – la brasserie produit environ 50 000 bouteilles de bière à l'heure.

L'eau est puisée d'une source sous la brasserie, les houblons viennent de République tchèque et l'orge est cultivée au Canada. Comme le veut la tradition du brassage en Chine – et au Japon –, du riz est incorporé au mélange, alors que la fermentation fait appel à une souche de levure allemande. Parce que la cuisine cantonaise jouit d'une excellente réputation, la brasserie n'hésite pas à proposer des suggestions d'accords entre des bières et de nombreuses spécialités de la province, comme la soupe won-ton ou les noix de Saint-Jacques vapeur au gingembre et à l'ail. Guangzhou Zhujiang produit aussi plusieurs autres variantes de la lager blonde et affirme être l'une des premières brasseries chinoises à brasser une ale de fermentation haute.

GUANGZHOU ZHUJIANG
PEARL RIVER 12°

GUANGZHOU ZHUJIANG
GOLD LABEL

GUANGZHOU ZHUJIANG
ZHUJIANG BEER

NOTES DE DÉGUSTATION

PEARL RIVER 12° LAGER BLONDE, 4,3 % VOL.
Une bière blonde dans le verre, au bouquet discret, nuancé de touches de citron en fond. Bouche souple et moelleuse, légère douceur maltée, avec un vif pétillant, conduisant à une courte finale.

ACCOMPAGNEMENT : idéale avec un bol de nouilles et du bœuf accompagné d'une sauce aux haricots noirs.

GOLD LABEL LAGER BLONDE, 4,3 % VOL.
Une lager astringente, idéale pour étancher la soif et se rafraîchir par une chaude journée d'été. Robe blond clair, corps léger et délicates notes suaves en bouche. Courte finale, brièvement nuancée par le retour de notes suaves.

ACCOMPAGNEMENT : avec une spécialité cantonaise, le porc aigre-doux – le pétillant et la douceur se mêlent aux saveurs aigres-douces de la préparation.

ZHUJIANG BEER LAGER BLONDE, 5,3 % VOL.
Bière à robe blond clair, coiffée d'une fine et éphémère tête de mousse blanche. Bouquet aux notes de malt sucré, nuancées de touches de citron doux. Vive, légère et rafraîchissante en bouche, avant une finale sèche mais courte.

ACCOMPAGNEMENT : le vif pétillant de la bière se marie à merveille aux préparations grasses, comme une assiette de beignets de crevettes ou des bouchées au porc cuites au barbecue.

TSINGTAO

Une des plus anciennes brasseries de la Chine moderne, fondée par des colons allemands. Tsingtao traversa les années de guerre et la révolution, et continue à rafraîchir les amateurs de bière, en Chine comme à travers le monde.

REPÈRES

PROPRIÉTAIRE Tsingtao Brewery Co

FONDATION 1903

ADRESSE Hong Kong Road, Central 266071 Qingdao

SITE INTERNET www.tsingtao.com.cn

PHILOSOPHIE Assembler les meilleurs ingrédients à l'eau de source du mont Laoshan, pour brasser des bières uniques.

LA BIÈRE arriva en Chine à la fin du XIXe siècle, alors que les grandes puissances européennes investissaient dans le pays et prenaient le contrôle de ce qui était alors un État divisé et affaibli. La Grande-Bretagne et l'Allemagne comptant au nombre de ces nations, la bière débarqua inévitablement en même temps que les canonnières. Tsingtao fut fondée en 1903 par des colons allemands, dans la cité portuaire de Qingdao, sous le nom de Anglo-German Brewery. Les premières bières virent le jour le 22 décembre 1904. Abandonnée par les Allemands durant la Première Guerre mondiale, la brasserie fut reprise par la société japonaise Dai-Nippon Brewery. Après la Seconde Guerre mondiale, les Japonais furent chassés du pays et, au lendemain de la victoire des communistes, en 1949, la brasserie fut nationalisée. Elle fut privatisée au début des années 1990. Un temps, A-B InBev posséda 27 % des parts, ce qui lui permettait de produire la Budweiser en Chine. Mais le groupe se retira en 2009 et, ironie du sort, le destin fit du groupe japonais Asahi le second plus gros actionnaire de l'entreprise. Tsingtao, résistant aux bouleversements que connut la Chine depuis 1949, réussit non seulement à rester la deuxième marque de bière la plus vendue dans le pays, mais aussi la marque la plus citée à travers le monde, lorsqu'on demande au consommateur un nom de bière chinoise – il est vrai qu'elle est la 4e plus grande marque au monde. Tsingtao est une survivante, rescapée d'années d'occupation par les puissances étrangères, et qui, aux premiers temps du communisme, alors que le pays s'était replié sur lui-même, fut alimentée par le houblon et l'orge que les paysans étaient encouragés à cultiver. L'orge est désormais importée du Canada et d'Australie, mais les variétés de houblon sont chinoises, comme le riz – un ajout traditionnel dans les bières chinoises – alors que l'eau est tirée des sources du célèbre mont Laoshan, considéré comme le berceau du taoïsme. La bière référence de la brasserie, la Tsingtao, est une lager blonde. Toutes les autres bières du principal site de production et des autres brasseries du groupe en Chine sont des déclinaisons du thème – non filtrées, plus ou moins alcoolisées. À noter, le brassage d'une stout et d'une bière brune. Le marché de la bière en Chine est immense et ne cesse de croître. Au vu des défis surmontés par Tsingtao au XXe siècle, il y a fort à parier que la brasserie restera aux avant-postes de la scène brassicole chinoise dans les années à venir.

TSINGTAO LAOSHAN

TSINGTAO TSINGTAO

TSINGTAO SHANSHUI

Bière universelle
Les bières de Tsingtao, populaires en Chine et connues à travers le monde.

TSINGTAO AUGERTA 1903

Pièce rare
Les bières brunes, comme la Premium Stout, restent rares sur un marché chinois dominé par les blondes.

TSINGTAO PREMIUM STOUT

NOTES DE DÉGUSTATION

LAOSHAN LAGER BLONDE, 4 % VOL.
Robe blond clair, délicat bouquet herbacé et hespéridé. Vive et alerte en bouche, dégageant de légères et douces notes céréalières et citronnées, avant une excitante et courte finale, marquée par une note d'amertume en guise d'adieu.

ACCOMPAGNEMENT : une bière idéale lors d'une chaude journée estivale, à servir aussi fraîche que possible. À marier avec un poulet grillé au feu de bois, relevé d'un trait de citron.

TSINGTAO LAGER BLONDE, 4,8 % VOL.
Robe couleur miel, notes de malt doux et de citron sur le nez. Une bière marquée par un léger pétillant, un peu râpeuse en bouche, suaves accents céréaliers et touche citronnée, avant une vive finale.

ACCOMPAGNEMENT : une assiette de sushis. La douceur de la bière s'oppose aux succulentes saveurs juteuses et iodées des sushis.

SHANSHUI LAGER BLONDE, 4 % VOL.
Robe blond très clair, bouquet discret, nuancé par un malt sucré et un fruité d'agrume en fond. Légère et propre en bouche, avec des sensations dominées par un vif pétillant. Courte finale.

ACCOMPAGNEMENT : la simplicité est de mise. Servir avec un *fish and chips* – son vif et astringent pétillant fait effet après chaque bouchée.

AUGERTA 1903 LAGER PREMIUM AMÉRICAINE, 4,7 % VOL.
Robe jaune clair, discrètes notes céréalières nuancées par une touche sucrée. Corps léger à moyen, avec des accents d'agrume et de malt suave, relevés par une amertume poivrée, évoluant vers une sèche finale.

ACCOMPAGNEMENT : du bœuf du Sichuan séché au feu de bois – l'amertume poivrée et le léger pétillant rehaussent la saveur épicée de la viande, tout en l'enrichissant.

PREMIUM STOUT EXPORT STOUT, 7,5 % VOL.
Rare bière brune de Chine, robe couleur cola dans le verre, bouquet aux notes de chocolat au lait, caramel et réglisse, avec des touches de céréale torréfiée. Bouche crémeuse, avec notes de café froid et réglisse, agrémentées de touches de torréfaction. Finale sèche.

ACCOMPAGNEMENT : idéale avec les notes épicées d'un poulet façon Sichuan, accompagné d'une sauce satay.

CAMBODGE

KHMER

www.cambodiabeer.com.kh

PLUS GROS brasseur cambodgien indépendant, Khmer a beaucoup investi dans la technologie. Il produit une bière de style lager acceptable, titrant 5 % vol., légère et suave, sans être trop houblonnée. Un rafraîchissement appréciable à la fin d'une chaude et humide journée. Vendue en bouteilles, en canettes ou à la pression, la Cambodia Lager se déguste plutôt glacée.

KINGDOM

www.kingdombreweries.com

LE CAMBODGE n'est pas une destination réputée pour ses bières ou sa tradition brassicole, mais Kingdom veut faire évoluer les choses. Inaugurée en 2010, cette brasserie souhaite s'imposer avec des bières artisanales de style allemand. Houblons et malt sont importés d'Allemagne et de République tchèque. Au catalogue, une bière de style pilsner et une lager brune.

INDE

ARBOR BREWING COMPANY

www.facebook.com/arborbrewindia

CE PUB-BRASSERIE qui vit le jour grâce à l'investissement d'Arbor Brewery, dans le Michigan, permet aux amateurs de bière de Bangalore de savourer des breuvages artisanaux nord-américains. La brasserie américaine collabore avec Gaurav Sikka, diplômé de l'université du Michigan et originaire de Bangalore. Alors qu'il étudiait aux États-Unis, Sikka se passionna pour les bières d'Arbor et voulut les introduire à Bangalore. Les recettes américaines se virent insuffler une saveur indienne – c'est ainsi que la Strawberry Blonde d'Arbor devint la Mango Blonde.

BIERE CLUB

www.thebiereclub.com/brews.html

BANGALORE EST EN TRAIN de devenir le foyer des pubs-brasseries indiens, et le Biere Club fut l'un des premiers à ouvrir en ville. L'établissement brasse une gamme d'ales, de lagers, de stouts et de bières de froment, puisant leur inspiration dans les traditions anglaises et nord-américaines. La gamme inclut une stout intense, aromatisée au café, et une bière de froment aux notes d'orange.

DOOLALLY

www.doolally.in

UNE NOUVELLE LÉGISLATION facilite l'ouverture de pubs-brasseries en Inde. Doolally fut le premier du genre à ouvrir à Pune. Il brasse de petites cuvées d'une bière artisanale proposée dans son bar raffiné. Doolally veut prouver que la bière indienne peut être savoureuse. La gamme inclut des bières de seigle, des bières de froment et des lagers de style dunkel, toutes d'inspiration bavaroise.

INDEPENDENCE

www.independencebrewco.com/

L'ESPRIT DE LA RÉVOLUTION microbrassicole nord-américaine gagne l'Inde. Autre start-up de Bangalore, Independence fut fondée par Avanish Vellanki et Shailendra Bist, avec l'aide du légendaire brasseur californien Greg Koch, cofondateur de Stone Brewing (*voir* p. 178-179). Leur objectif ? S'affranchir des bières ennuyeuses. La gamme inclut une bière de froment de style belge, une bière de saison, une double et une triple. Les ales d'inspiration anglaise comptent un vrai porter et une brune.

ROCKMAN

www.rockmangroup.com/beerisland

LA TECHNOLOGIE brassicole allemande est au cœur du pub-brasserie Rockman's Beer Island et du complexe de loisirs de Gurgaon, à 30 km au sud de New Dehli, dans un des secteurs les plus prospères du pays. Deux chaudières à moûts neuves trônent dans ce bar bavarois où sont brassées bières de froment de style allemand, lagers blondes et brunes, selon le décret allemand sur la pureté de la bière. Le restaurant attenant, Keg & Barrels, dispose de salons privés en forme de tonneaux.

TOIT

www.toit.in

LES BRASSEURS artisanaux privilégient les ingrédients locaux, rien d'étonnant donc à ce que Toit fasse appel au riz basmati pour brasser ses bières blondes. Le reste de la gamme s'inspire des meilleurs styles de bière belge et inclut une ale de froment épicée aux notes d'orange. Ce petit pub-brasserie de Bangalore fut fondé en 2010 par trois amis, Sibi Venkataraju, Arun George et Mukesh Tolani, pour qui les suggestions d'accords de mets vont de pair avec leurs bières.

UNITED BREWERIES

www.theubgroup.com

L'HISTOIRE VEUT que la bière ait toujours accompagné les fonctionnaires et l'armée britanniques. Les premières brasseries du groupe étaient situées dans le sud de l'Inde, mais sont aujourd'hui disséminées à travers tout le pays. Bière populaire du catalogue, la Kingfisher est une bière de style lager, vive, mais nuancée de douces notes. Exportée à travers le monde, elle est brassée sous licence par Shepherd Neame, au Royaume-Uni.

LAOS

LAO

www.beerlao.la

LA BEERLAO, une lager blonde titrant 5 % vol., est la bière la plus vendue de Lao. Elle est brassée à partir d'un mélange de riz local et de malt importé, et est devenue la marque leader sur le marché laotien. Aujourd'hui propriété de Carlsberg, Lao aimerait confirmer son succès sur la scène internationale. Elle brasse aussi une bière brune titrant 6,5 % vol., et une version premium de sa lager blonde, agrémentée de houblon aromatique Sapphire et d'une touche de mandarine.

MONGOLIE

KHAN BRÄU

www.khanbrau.net

CE PUB-BRASSERIE haut de gamme de style allemand fut inauguré en 1996 à Oulan-Bator, au nord de la Mongolie. Ses bières sont aussi distribuées par le biais d'une chaîne de restaurants de la ville, mais également dans le *biergarten* de l'établissement. La gamme inclut une solide et classique sélection de bières allemandes, dont une lager blonde, une bière de froment et une brune. Populaire auprès des touristes étrangers, le pub-brasserie a su fédérer les consommateurs locaux, avec des bières qui, à la différence des breuvages locaux, n'utilisent aucun additif. Un succès sans précédent.

SINGAPOUR

ASIA PACIFIC

www.tigerbeer.com

LARGEMENT DISTRIBUÉE dans toute l'Asie, la Tiger, fleuron d'Asia Pacific, est une bière de style lager à apprécier bien glacée. Pour la première fois brassée dans les années 1930, elle acquit une certaine notoriété lorsque l'écrivain Anthony Burgess utilisa son nom dans le titre du premier roman de *The Malayan Trilogy*. La brasserie produit également une intéressante stout, l'ABC Extra Stout (8 % vol.).

ARCHIPELAGO

www.archipelagobrewery.com

À SON OUVERTURE en 1931, Archipelago se spécialisa dans les bières de style allemand. Mais de nombreuses bières du catalogue s'inspirent désormais de l'hémisphère Sud – avec des houblons de Nouvelle-Zélande pour enrichir de notes de mangue et de fruit de la passion son interprétation de la lager tchèque. L'esprit artisanal se concrétisa dans une collaboration avec un blogueur local passionné de bière, Daniel Goth, pour brasser une oktoberfestbier de saison – une lager rousse de style vienne, baptisée « Red October ».

CORÉE DU SUD

OKTOBERFEST

www.oktoberfest.co.kr

CE PUB-BRASSERIE, l'un des premiers de Séoul, fut inauguré en 2002. Il brasse des bières de style allemand qui attirent non seulement les touristes étrangers, mais aussi de nombreux locaux. Oktoberfest fut fondé par Michael Paik et Bang Ho-kwon, qui s'étaient rencontrés à Munich en 1997. La bière la plus demandée au bar est une bière de froment épicée.

SRI LANKA

LION

www.heinekeninternational.com

UNE DES BIÈRES les plus célèbres d'Asie vient du Sri Lanka. La Lion Stout, refermentée en bouteilles, révèle une robe aussi noire qu'une nuit tropicale et un concentré de notes de figue et mélasse, nuancées par la caresse douce-amère de café. Cette bière regorge de flaveurs de rhum brun et de vin, avant une finale longue et réchauffante. Fondée en 1881, la brasserie est aujourd'hui propriété de Heineken.

ASIA PACIFIC TIGER

BOON RAWD SINGHA

THAÏLANDE

BOON RAWD

www.boonrawd.co.th

IL Y A D'ABORD la chaleur, puis ensuite l'humidité, et enfin le bruit incessant du trafic urbain… Bienvenu à Bangkok, dans le cœur vibrant de l'Asie. Non loin de la capitale, Boon Rawd, une brasserie familiale, brasse la Singha. Une merveilleuse bière de style lager, corsée et houblonnée. Une bière désaltérante, idéale avec la cuisine thaïe sucrée-salée.

TAWANDANG

www.tawandang.com

BANGKOK ABRITE deux pubs-brasseries, propriétés de Tawandang Brewery, qui en possède un troisième à Singapour. Plutôt que de chercher à recréer un bar de style allemand, la société réussit à créer une ambiance asiatique, à la fois authentique et moderne. Côté boisson, les établissements proposent plusieurs bières bien bâties et désaltérantes : une lager blonde, une weizenbier maltée et aromatique, et une douce dunkel à robe brun roux.

VIÊT NAM

LOUISIANE BREWHOUSE

www.louisianebrewhouse.com.vn

C'EST UN ÉTABLISSEMENT emblématique des microbrasseries de l'effervescente station balnéaire de Nha Trang, au Viêt Nam, où les cultures orientale et occidentale se confrontent. Le malt utilisé est importé d'Australie et les houblons de Nouvelle-Zélande, pour brasser une pilsner et une lager brune. Également au catalogue, une witbier et une ale rousse. L'ale au gingembre est aromatisée par un gingembre local et du lemon-grass. L'eau locale est purifiée et traitée, afin qu'elle retrouve les qualités de l'eau utilisée par des brasseries réputées, notamment dans la ville de Burton on Trent, au Royaume-Uni.

HANSA

550 ml
West Coast Ale
ROBSON'S

Genuine Irish Restaurants & Music Pubs
The Dubliner

camelthorn
lagertank
camelthorn
brewing company
camelthorn
brewing company

HANSA

LONG
TAXI

Boston
CRAFT BEER
WWW.BOSTONBREWERIES.CO.ZA

AFRIQUE

AFRIQUE DU SUD

L'Afrique du Sud est un grand pays consommateur de bière, mais l'essentiel est produit par une seule et unique entreprise brassicole. South Africa Breweries (SABMiller) – un des géants mondiaux du secteur – domine le marché de la bière et brasse la majorité de celles consommées par les Sud-Africains autour d'un *braai* ou dans un *shebeen* en bord de route. Ses marques incluent Castle, Lion et Carling Black Label, et sont distribuées à travers tout le pays.

Cette domination n'exclut pas l'existence d'une petite scène brassicole artisanale, où s'expriment des brasseurs de talent. Le brassage artisanal débuta en 1983, lorsque Lex Mitchell s'installa à Knysna, dans la province du Cap-Ouest. Lex avait quitté SABMiller pour fonder une affaire de construction nautique dans le cadre pittoresque du lagon de Knysna, mais pratiquait le brassage amateur pour le plaisir – ce loisir finit par donner naissance à une microbrasserie (*voir* p. 275). D'autres Sud-Africains qui avaient eu l'occasion de voyager et de goûter à différents styles de bière retournèrent dans leur pays avec le souvenir des bières belges, allemandes, anglaises ou nord-américaines. Ces diverses influences se retrouvent aujourd'hui dans les catalogues des nouveaux brasseurs sud-africains. Chris Barnard, le fondateur de Boston Breweries (*voir* p. 273), comme Moritz Kallmeyer, de Drayman's Brewery (*voir* p. 274), s'inspirent de bières dégustées lors de leurs voyages en Europe. Bien que relativement peu nombreux, ces brasseurs méritent notre attention. Leurs bières artisanales peuvent être goûtées à l'occasion de fêtes de la bière comme le Solstice Folk & Ale Festival, célébré à travers tout le pays.

BOSTON BREWERIES

Après avoir goûté aux bières européennes, Chris Barnard ne cacha pas sa déception lorsqu'il rentra chez lui. Cet autodidacte du brassage fonda sa propre brasserie pour offrir aux amateurs de bière du Cap de quoi s'enthousiasmer.

REPÈRES

PROPRIÉTAIRE Chris Barnard

FONDATION 2000

ADRESSE 48 Carlisle Street, Paarden Eiland, Cape Town, Cap-Occidental 7405

SITE INTERNET www.bostonbreweries.co.za

PHILOSOPHIE Des bières artisanales pleines de saveurs.

SAM ADAMS brille par son absence à Boston Breweries, cette brasserie du Cap créée par Chris Barnard en 2000. Malgré son nom, l'établissement n'a rien à voir avec le mouvement microbrassicole des États-Unis. La brasserie fut baptisée du nom d'une usine locale, Boston Bag Company, où Barnard avait pris l'habitude de venir brasser, dans un espace laissé vacant. À cette époque, il était encore en train de parfaire sa pratique et faisait don de ses excédents de bière aux ouvriers, qui les revendaient au bar local. Un jour, le téléphone sonna. C'était le patron du bar qui disait avoir écoulé tout le stock de bière et souhaitait savoir quand l'usine pourrait le réapprovisionner en bière Boston Bag Company, ou « Boston Beer » – c'est ainsi que le nom de la brasserie s'imposa de lui-même.

Bien avant tout cela, Barnard, comme beaucoup de jeunes sud-africains, avait voyagé en Europe et goûté à différentes bières. De retour chez lui, il trouva la bière locale bien insipide. L'idée de brasser sa propre bière devint une évidence et, après avoir sillonné la Bavière pour mieux s'informer, il décida de passer à l'action. En septembre 2000, Boston Breweries devint une réalité. Cette brasserie dynamique brasse sous contrat, en plus de sa propre gamme, les bières de plusieurs autres petites affaires brassicoles, comme Jack Black (*voir* p. 279). Inspiré par son séjour en Bavière, Barnard se focalisa sur les bières de fermentation basse, comme sa Premium Lager, un de ses grands succès. Il brasse aussi une bière de style bock, titrant 10 % vol., et une weissbier, parmi d'autres bières, avec une nouvelle orientation prise au lancement d'une bière à la citrouille, brassée de façon saisonnière.

NOTES DE DÉGUSTATION

LOADED CANON ALE DOPPELBOCK, 10 % VOL.

Une bière roux ambré, généreuse en malt, riche et mature, avec une douceur retenue, des notes d'alcool et de houblon aromatique sur le nez. Bouche généreuse avec un intense fruité, des éclats de caramel et un peu de fumée, avant une persistante et sensuelle finale.

ACCOMPAGNEMENT : une bière à savourer tard dans la soirée, ou avec un morceau de cheddar West Country bien affiné.

BOSTON PREMIUM LAGER LAGER BLONDE, 4 % VOL.

Robe brune dans le verre, bouquet léger et fringant, aux douces notes céréalières, nuancées de touches herbacées et florales en fond. Corps léger à moyen, avec une vivacité en bouche suivie d'une finale douce-amère, aux subtils accents céréaliers, ajoutant une appétissante sécheresse.

ACCOMPAGNEMENT : à déguster avec des fruits de mer, comme des gambas grillées – les accents vifs et amers révéleront la douceur de l'aliment.

JOHNNY GOLD WEISS WEISSBIER, 5 % VOL.

Une weissbier de style bavarois, d'un blond doré trouble dans le verre, avec de classiques notes de banane sur le nez. Souple en bouche, d'une légère et vivifiante acidité, avec des notes de clou de girofle, vanille et banane, conduisant à une courte finale fruitée.

ACCOMPAGNEMENT : à déguster avec de la saucisse cuite au barbecue – un vrai bonheur !

BOSTON BREWERIES
LOADED CANON ALE

BOSTON BREWERIES
BOSTON PREMIUM LAGER

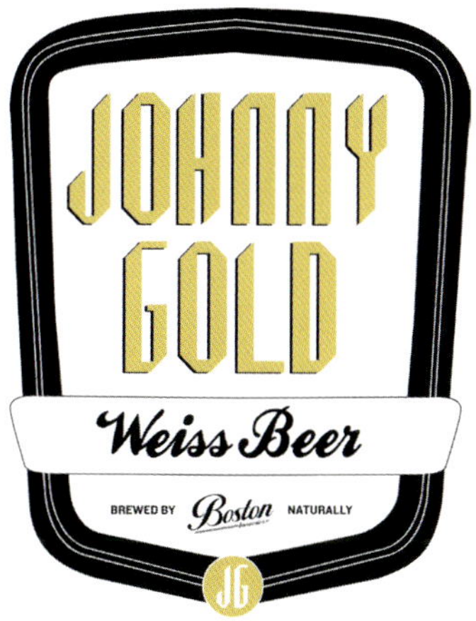

BOSTON BREWERIES
JOHNNY GOLD WEISS

DRAYMAN'S

En 1997, Moritz Kallmeyer vit son rêve se concrétiser avec la fondation de Drayman's Brewery. La brasserie ne cesse depuis de ravir les amateurs de bière de Pretoria, avec une gamme influencée par la tradition germanique.

REPÈRES

PROPRIÉTAIRE Moritz Kallmeyer

FONDATION 1997

ADRESSE 222 Dykor Road, Silverton, Pretoria, Gauteng, 0127

SITE INTERNET www.draymans.com

PHILOSOPHIE Développer un esprit de camaraderie et partager le plaisir de brasser une grande bière.

L'HISTOIRE DE CETTE BRASSERIE de Pretoria repose sur la passion et le perfectionnisme de son fondateur, le maître brasseur Moritz Kallmeyer. Écolier, il brassait déjà des bières de maïs africaines traditionnelles et élaborait des vins fruités, mais il succomba à l'amour de la bière au collège et se mit à pratiquer le brassage amateur. Thérapeute en réadaptation physique de formation, il finit par réaliser qu'il était temps de faire de la brasserie son métier. Au milieu des années 1990, la renaissance de la microbrasserie sud-africaine n'avait pas encore eu lieu. En 1996, Kallmeyer trouva son premier emploi de brasseur dans un pub-brasserie de Pretoria. L'affaire échoua, mais il ne renonça pas pour autant – un an plus tard, il fondait Drayman's. D'abord installée dans le garage de sa maison, sa brasserie fut ensuite transférée dans l'ancienne étable de la ferme familiale. En 2000, il acheta une maison à Pretoria pour la reconvertir en brasserie. À l'intérieur, une fresque colorée met en scène l'activité d'une brasserie bavaroise traditionnelle – avec chaudières à moût et foudres. Rien d'étonnant donc à ce que les bières du catalogue s'inspirent des traditions brassicoles germaniques, avec une altbier, une weissbier, une rauchbier et une kölsch (mais pas de pilsner). Comme un clin d'œil à l'Angleterre, Drayman's brasse aussi la bière de saison Merlin's Mild et la Goblin's Bitter, avec une souche de levure issue de celle utilisée à l'origine par Whitbread Brewery. Kallmeyer envisage aussi de distiller son propre whisky.

NOTES DE DÉGUSTATION

BERGHOF KÖLSCH, 4 % VOL.
Robe blond pâle pour cette bière de style kölsch, avec une touche de malt sucré et d'herbe fraîchement coupée sur le nez. Corps léger à moyen, pour une douceur retenue, avant une finale à la délicate amertume.

ACCOMPAGNEMENT : une bière délicate à ne pas associer à des mets aux saveurs trop affirmées. Pourquoi pas une frittata, dont les flaveurs seront rehaussées par le pétillant de la bière ?

EMPEROR INDIA PALE ALE 4 % VOL.
Contrairement à la vogue des IPA très alcoolisées proposées par les brasseries modernes, Drayman's offre une bière ambrée au sage bouquet hespéridé, jouant sur l'équilibre entre rondeur du malt et intensification des notes d'agrume en bouche. Finale douce-amère.

ACCOMPAGNEMENT : une grande IPA est idéale avec des mets épicés, mais celle-ci exige de la tendresse. Associer la douce amertume de la bière à une salade grecque à la feta.

DRAYMAN'S BERGHOF

DRAYMAN'S EMPEROR INDIA PALE ALE

MITCHELL'S

La première microbrasserie d'Afrique du Sud vit le jour en 1983. Lex Mitchell, son fondateur, la vendit en 1989, mais elle est restée fidèle à des méthodes de brassage exigeantes, à l'origine d'une gamme de bières séduisantes.

REPÈRES

PROPRIÉTAIRE Dave McRae, Coen Bezuidenhout, Dennis Finch, Dave Wright

FONDATION 1983

ADRESSE Mitchell's Brewing, 3 Arend Street, Knysna 6570

SITE INTERNET www.mitchellsbrewery.com

PHILOSOPHIE Des bières entièrement naturelles, avec 100 % d'orge, d'eau, de houblons et de levure, sans conservateurs artificiels, ni additifs chimiques.

LEX MITCHELL est un homme astucieux. En 1983, personne en Afrique du Sud n'avait entendu parler de microbrasserie, ce qui n'empêcha pas Mitchell de fonder son établissement à Knysna, dans la province du Cap-Ouest. Ancien employé de South African Breweries (alors SABMiller), Mitchell savait où il allait, et son affaire prospéra. En 1989, sa microbrasserie fut achetée par le groupe brassicole anglais Scottish & Newcastle. Plusieurs propriétaires se sont depuis succédé – Scottish & Newcastle fut absorbé par Heineken en 2008 –, mais la brasserie, aujourd'hui aux mains de propriétaires sud-africains, continue à prospérer. Lex Mitchell a quitté l'aventure, mais la qualité et l'exigence qui primaient aux premiers jours restent de mise, alors que le maître brasseur de l'époque, Dave McRae, intégré à l'entreprise dès 1985, est aujourd'hui un des propriétaires de Mitchell's. Les bières brassées au fil des ans par McRae ont de forts accents britanniques, y compris la riche et crémeuse stout Raven, qualifiée de milk stout, ou la Bosun's Bitter (3,6 % vol.) une bitter anglaise qui fut la deuxième bière brassée par Mitchell's à partir de 1983. On trouve toutefois d'autres influences, avec la lager légère Forester's, alors que la Millwood propose un assemblage de Forester's et de Bosun's Bitter. La Millwood vit le jour lorsque la brasserie constata que les consommateurs locaux procédaient à des mélanges de bières, à domicile ou dans les bars, pour élaborer leur propre version. La survie et la prospérité de Mitchell's, deuxième plus grande brasserie du pays, sont à mettre au compte de l'esprit visionnaire de Lex Mitchell, aujourd'hui brasseur chez Bridge Street, une microbrasserie locale.

NOTES DE DÉGUSTATION

RAVEN MILK STOUT, 5 % VOL.
Robe noire dans le verre, coiffée d'une tête de mousse blanche, aux notes de sucre demerara et de grains de café moulus. Ample en bouche, torréfiée, suave et délicatement amère. Longue et sèche finale, nuancée de touches de fumé.

ACCOMPAGNEMENT : une stout douce-amère à marier à un plateau d'huîtres.

90 SHILLING ALE ÉCOSSAISE, 5 % VOL.
Robe légèrement ambrée, bouquet aux notes de cake épicé et de caramel. Bouche dominée par le malt, avec des saveurs de caramel, cannelle et fruit sec, ample, finale douce-amère persistante.

ACCOMPAGNEMENT : une bière ample et aromatique, à même de se confronter à des préparations épicées – un poulet satay par exemple, pour enrichir la saveur de la viande et contrecarrer la douceur de la sauce.

OLD WOBBLY STRONG LAGER, 7 % VOL.
En dépit de ce que suggère son nom, cette bière à robe blond doré n'est pas considérée comme une strong lager par la brasserie – bouquet doux et miellé, alcoolisée, fruitée et douce-amère en bouche, avant une finale sèche et une douce amertume.

ACCOMPAGNEMENT : alcool et douceur maltée appellent une préparation colorée, comme un poulet sauté agrémenté de basilic, origan et ail, servi sur une polenta.

MITCHELL'S RAVEN **MITCHELL'S** 90 SHILLING **MITCHELL'S** OLD WOBBLY

ROBSON'S

SHONGWENI

Avec Shongweni Brewery, le Britannique Stuart Robson souhaitait faire découvrir aux Sud-Africains, plutôt consommateurs de lagers glacées, les subtilités de la bière refermentée en bouteilles.

REPÈRES

PROPRIÉTAIRE Brian Stewart

FONDATION 2006

ADRESSE Robson's, Estate B13 Kassier Rd, Shongweni Valley, KwaZulu-Natal

SITE INTERNET www.shongwenibrewery.com

PHILOSOPHIE Une bière artisanale basée sur des ingrédients de qualité supérieure et des processus naturels, sans additifs artificiels.

FONDER UNE MICROBRASSERIE en Afrique du Sud est une chose, la faire prospérer en proposant des bières refermentées en bouteilles en est une autre – il est vrai que la culture de la bière en Afrique du Sud met à l'honneur les lagers glacées, au détriment des ales, souvent considérées comme « tièdes et insipides ». Le succès d'une telle entreprise allait se confronter à un autre obstacle, celui de la législation sud-africaine en matière de pubs et de bars. Si les pubs ne sont pas « liés » à une brasserie particulière, comme ils peuvent l'être au Royaume-Uni, nombre d'entre eux bénéficient d'équipements frigorifiques fournis par le plus grand groupe brasseur du pays, SABMiller, ou l'une de ses filiales. Il est donc difficile, dans ces conditions, de stocker des produits des microbrasseries, sachant que contrairement au Royaume-Uni, le concept de « guest beer » n'existe pas sur ce marché.

Ainsi, l'expatrié anglais Stuart Robson se retrouva confronté à bien des défis lorsqu'il décida, en 2006, de fonder Shongweni dans la vallée de 1 000 Hills, près de Durban, dans le KwaZulu-Natal. Brasseur amateur depuis ses 16 ans, il avait visité l'Europe et été particulièrement séduit par ses styles de bière, notamment les bières de garde du nord de la France. Après avoir terminé ses études et obtenu deux diplômes universitaires en biologie, il s'était familiarisé avec l'aspect commercial de la brassiculture. Dès qu'il décida de faire du brassage son métier, il s'inscrivit à des cours dans le nord de l'Angleterre et travailla un certain temps dans différentes brasseries anglaises. Il gagna plus tard l'hémisphère Sud, où, en compagnie de son épouse sud-africaine, Sherene, il se mit en tête d'éduquer les amateurs de bières locales. Le duo formait une équipe idéale, Robson en maître du brassage et Sherene, formée aux affaires, qui joua un rôle déterminant dans la gestion de la brasserie, en veillant à la promotion et à la distribution de la bière.

Le catalogue reflète le goût de Robson pour les styles de bière du monde, incluant notamment la Wheat Beer, la West Coast Pale Ale et la première bière de Shongweni, la Durban Pale Ale, inspirée de la recette de l'IPA exportée en Inde au XIXe siècle. Selon Robson, le port de Durban était un arrêt obligatoire pour les navires aux cales remplies d'IPA, et une légende veut que les soldats locaux se soient volontiers servis au cours de ces escales. La brasserie produit par ailleurs plusieurs bières fruitées, à la mangue, l'ananas et à la fraise, toutes élaborées à partir de fruits locaux. Enfin, la bière la plus vendue est l'East Coast Ale, d'inspiration sud-africaine. Robson déclara à son sujet : « [Cette bière est] ouvertement destinée aux consommateurs de lager. Elle est de style ale blonde, mais à servir à la température d'une pilsner. Nous sommes fiers d'avoir fait découvrir au public toute une gamme de bières, sans avoir forcé les choses. Une fois accrochés par la saveur d'une bière artisanale, les consommateurs ont goûté d'autres bières et plusieurs d'entre eux ont invité leurs amis à en faire autant. »

La passion et le travail de Robson aidèrent Shongweni à acquérir une solide réputation, et ses bières sont aujourd'hui exportées à travers le monde, y compris au Royaume-Uni. Presque toutes sont conditionnées en bouteilles, mais la brasserie produit aussi quelques bières pression, dont la Robson's Pilsner et la Durban Brunne. La Cowbell est brassée exclusivement pour la vente sur site, à Durban. En 2012, Robson vendit sa brasserie et retourna au Royaume-Uni. Le propriétaire actuel, Brian Stewart, fort de ses 25 ans de brassage amateur, dirige l'établissement avec ses deux fils, Gary et Donn. Un changement qui n'affecta en rien le développement de Shongweni ni la qualité de son catalogue de bières artisanales.

NOTES DE DÉGUSTATION

BLACK CHERRY LAGER 4 % VOL.

Robe ambrée pour cette lager pression fruitée, aux notes de cerise sur le nez. Vif et généreux pétillant en bouche, cœur suave nuancé de touches de cerise, avant une finale sèche, légèrement fruitée.

ACCOMPAGNEMENT : une bière très désaltérante en été, idéale avec du canard rôti.

ROBSON'S PILSNER 4 % VOL.

Pilsner dorée éclatante, bénéficiant d'une garde froide, fraîche et épicée en bouche, sous l'effet de houblons tchèques Saaz. Robe dorée aux légères notes de miel sur le nez. Finale vive douce-amère. Servie à la pression.

ACCOMPAGNEMENT : assez vive pour se confronter aux épices, comme dans un plat d'ailes de poulet pimentées.

DURBAN BLONDE ALE BLONDE, 5 % VOL.

Une bière pression à robe blonde, désaltérante et facile à boire sous la chaleur estivale. Vive en bouche, légèrement miellée, avec des touches d'orange, avant une finale sèche, douce-amère.

ACCOMPAGNEMENT : à déguster dans un bar de plage, ou autour d'un barbecue, avec de succulents hamburgers ou des crevettes grillées épicées.

WEST COAST ALE
ALE BLONDE AMÉRICAINE, 5 % VOL.
Robe ambrée. Bouquet généreux en notes céréalières et houblon épicé, avec des touches de moka. Sensation légèrement chocolatée en bouche, subtiles notes toastées, touche d'agrume. Finale persistante au caractère doux-amer.

ACCOMPAGNEMENT : une bière aux riches flaveurs maltées, dynamisées par un houblon épicé, à déguster avec des côtelettes grillées au barbecue.

EAST COAST ALE
ALE BLONDE, 4 % VOL.
Blonde ambrée, aux arômes de fruit tropical évoquant le pamplemousse. Intensification du caractère fruité tropical en bouche, vif et rafraîchissant pétillant conduisant à une finale sèche, marquée par le retour de notes fruitées tropicales.

ACCOMPAGNEMENT : bière fruitée et vive, idéale avec de la saucisse sud-africaine grillée au barbecue.

DURBAN PALE ALE 5,7 % VOL.
Robe or intense. Notes appétissantes d'orange, sur fond de caramel. Bouche ample, offrant un agréable contraste entre la rondeur du caramel et l'amertume des notes d'agrume. Finale sèche, légèrement fruitée.

ACCOMPAGNEMENT : à déguster avec le plat national d'Afrique du Sud, le bobotie, un ragoût fruité et épicé. La saveur de cette ale blonde s'oppose à celle de la sauce, tout en épiçant et rafraîchissant la bouche.

Entre les deux
Équilibre complexe entre malt biscuité et houblons épicés, après une garde de huit semaines.

SHONGWENI WEST COAST ALE

SHONGWENI EAST COAST ALE

SHONGWENI DURBAN PALE ALE

BIRKENHEAD PREMIUM LAGER

BIERWERK AFRIKAN ALES

www.bierwerk.com

LE DANOIS Christian Skovdal Andersen est le cerveau de cette brasserie « nomade » qui commença par brasser ses bières à Boston Breweries, dans la ville du Cap, puis s'installa à Camelthorn, en Namibie. Andersen, qui avait travaillé avec Ølfabrikken au Danemark, s'inspira de la diversité des ingrédients locaux et du potentiel de la bière artisanale sur le continent. Il brassa deux bières, une brune imperial stout douce-amère aux notes de chêne, et une bitter de style anglais, exclusivement élaborée à partir d'ingrédients locaux.

BIRKENHEAD

www.walkerbayestate.com

L'ENTREPRISE Walker Bay Estate produit à la fois du vin et de la bière, à Stanford, dans la province du Cap-Ouest, première région vinicole du pays. Elle abrite depuis 1998 la brasserie Birkenhead, une des pionnières du brassage artisanal en Afrique du Sud. Sa bière référence est la Premium Lager, vive, rafraîchissante et douce-amère, mais elle brasse aussi la Honey Blonde et la très aromatique Black Snake – un assemblage de Chocolate Malt Stout et de Honey Blonde Ale de la brasserie – qui titre 10 % vol.

CLARENS

www.clarensbrewery.co.za

LE VILLAGE de Clarens, dans la province de l'État-Libre, attire artistes et touristes. En 2006, le brasseur amateur Stephan Meyer décida d'y implanter sa brasserie – le Festival de la bière organisé par la brasserie est un rendez-vous annuel où se pressent les amateurs. Les bières du catalogue sont d'inspiration anglaise, avec la Blonde, une ale blonde légère, l'English Ale, aux notes de noisette et caramel, et une stout crémeuse, aux accents torréfiés et toastés. Une moitié de la production est conditionnée en bouteilles et l'autre en kegs, commercialisée au bar de la brasserie.

DEVIL'S PEAK

www.devilspeakbrewing.co.za

LE DEVIL'S PEAK est un des sommets dominant la ville du Cap. Au pied de cette montagne fut inaugurée en 2010 la brasserie Devil's Peak, fondée par l'exilé nord-américain Greg Crum et un duo d'entrepreneurs locaux. Brasseur amateur de longue date, Crum appréciait les bières éclectiques des États-Unis – notamment celles de la côte Ouest – et se décida à les brasser lui-même. Bière de saison, imperial stout ou IPA houblonnée… Crum répond à toutes les envies. On ne serait pas étonné qu'il propose à l'avenir une bière rouge flamande ou un porter fumé…

THE DOG AND FIG

www.diybeer.co.za/micro-brewery/the-dog-and-fig-brewery

CETTE BRASSERIE est animée par un esprit frondeur. Fondée en 2008 par quelques amis, elle imposa ses couleurs sur la scène brassicole artisanale. Au catalogue, l'Alternatiewe Alt, bière de style traditionnel à robe cuivrée, la fougueuse Wicked Weiss, ou encore la Boisterous Buchu, une bière qui rend hommage aux traditions locales et décrite comme une ale aromatique alliant cultures de l'Afrique ancienne et de l'Europe coloniale. Cette petite brasserie est installée dans une ferme de Klein Afrika, en périphérie de Parys, dans la province de l'État-Libre. L'eau cristalline utilisée au brassage est tirée d'une nappe profonde, sous un site qui correspond à la zone d'impact d'une météorite.

GILROY'S

www.gilroybeers.co.za

STEVE GILROY était musicien avant d'ouvrir son restaurant et sa microbrasserie à Johannesburg en 2000. Il reçut un succès immédiat – certains le qualifièrent de gourou du mouvement microbrassicole. En 2008, il emménagea sur le site touristique de Ngwenya Glass Village, à Muldersdrift, où son activité continua à prospérer. Au catalogue, quatre bières, dont la Serious Dark Ale, une forte ale ambrée, riche en vibrantes notes noisetées et torréfiées. Concerts et visites de la brasserie sous l'autorité de Steve en personne font partie des attraits de ce pub-brasserie animé, associant bonne bière et nourriture à un sens de l'accueil typiquement irlandais.

HOPS HOLLOW

www.hopshollow.com

CETTE PETITE BRASSERIE associée à un restaurant se situe à Long Tom Pass, dans la province de Mpumalanga. Les premiers propriétaires, Theo et Sarie de Beer, ouvrirent en 2001, puis Willie et Magdaleen Botha rachetèrent l'établissement en 2008. Hops

Hollow continua à brasser un quatuor de bières de qualité, influencées par les styles européens. La Digger Draught est une ale inspirée de la kölsch, élaborée à partir d'un malt de froment d'hiver importé d'Allemagne. Comme toutes les bières du catalogue, elle fait appel à l'eau douce et pure locale. La Blacksmith's Brew est une bière blanche de style belge, inspirée de l'Hoegaarden Witbier belge. La Mac's Porter, aux flaveurs de moka et chocolat, sous une robe rubis intense, aurait même des vertus aphrodisiaques ! L'Old Bull Bitter, enracinée dans la tradition anglaise, intègre au brassage des feuilles de houblon Styrian Goldings importées du Royaume-Uni, et une souche de levure originale Whitbread.

JACK BLACK

www.jackblackbeer.com

CETTE MICROBRASSERIE sous influence nord-américaine fut baptisée en hommage à un brasseur new-yorkais qui œuvrait avant la prohibition. Fondé en 2007, dans la ville du Cap, cet établissement fait brasser ses bières sous contrat par Boston Breweries. Sa bière emblématique, la Reserve Classic Lager, inspirée des riches bières maltées de la prohibition, utilise un houblon Southern Promise sud-africain. Jack Black produit aussi une pilsner, une ale blonde et une ale ambrée.

NAPIER

www.napierbrewery.co.za

L'HISTOIRE DE NAPIER est classique. Des amis lassés des bières proposées par les géants du secteur décidèrent de brasser leur propre bière. Mark Humphrey, Craigan Miller et Allan Smith se mirent au travail et fondèrent Napier Brewery en 2007. Sage décision. Implantée dans la région du Cap-Ouest, Napier est une prospère petite brasserie artisanale, qui s'inspire des traditions britannique et allemande. Au programme, l'Old Charlie Stout, une robuste bière brune, dont l'orge torréfiée est touraillée manuellement à la brasserie.

NOTTINGHAM ROAD

www.nottsbrewery.co.za

FOYER DE L'UNE des microbrasseries les plus prospères d'Afrique du Sud, Nottingham Road est implantée sur les terres d'un élégant hôtel et centre de conférence, dans la région des Midlands, au cœur du KwaZulu-Natl. Fondée en 1996, cette brasserie eut la chance de pouvoir brasser ses bières en utilisant l'eau d'un puits artésien, du malt et des houblons – sans aucun autre ajout. La gamme se décline de la Tiddy Load Lager (3 % vol.) faiblement alcoolisée, à la forte Pickled Pig Porter, également utilisée pour fabriquer le fromage à base de bière de la brasserie.

TRIGGERFISH ROMAN RED

SAGGY STONE

www.saggystone.co.za

CETTE BRASSERIE d'altitude est située près de la ville de Robertson, connue pour son tourisme vinicole. Aménagé dans une ferme familiale, l'établissement commença par accueillir un pub et un restaurant, avant que les frères Adrian et Phillip Robinsonne décident de brasser leurs propres boissons. Deux bières sont au catalogue, élaborées à partir d'une eau pure issue des montagnes. La California Steam est inspirée d'une bière californienne standard, l'autre a pour nom la Stone Draught. La Big Red Ale est une bière de spécialité saisonnière.

THREE SKULLS BREW WORKS

www.threeskulls.co.za

COMME SON NOM le suggère, cette brasserie n'a rien de conventionnel. Situé en périphérie de Johannesburg et inauguré à l'occasion du Clarens Beer Festival en 2012, l'établissement fut fondé par trois amis, dont l'un passa plusieurs années à parfaire son talent chez SABMiller. L'ale blonde de la brasserie est élaborée à partir de houblons nord-américains, alors que mangue et lavande aromatisent une bière de froment et pêche et romarin une autre. La bière artisanale version sud-africaine !

TRIGGERFISH

www.triggerfishbrewing.co.za

FONDÉE EN 2011, la brasserie est installée dans une ancienne usine d'explosifs de Somerset West, dans le Cap-Ouest. Ancien brasseur amateur, Eric van Heerden, qui perfectionna sa pratique aux États-Unis durant un an, en est le fondateur et le propriétaire. Son séjour aux États-Unis explique l'éclectisme d'un catalogue associant des bières au houblon éclatant et expressif – comme dans l'ale ambrée américaine Roman Red ou l'ale blonde Ocean Potion – à des bières brunes extrêmes, très alcoolisées, de style imperial. La brasserie dispose d'une salle de dégustation, où les bières sont proposées avec des sandwiches de porc effiloché et des ailes de poulet.

NAMIBIE

La Namibie est l'un des plus grands marchés de la bière d'Afrique méridionale. Les traditions brassicoles germaniques sont très présentes dans ce domaine. Mais l'offre ne s'arrête pas là. Certaines populations locales apprécient l'*oshikundu*, ou *ontaku*, une boisson traditionnelle namibienne élaborée à partir de millet fermenté. La farine de millet est mélangée à une petite quantité d'eau bouillante, suffisante pour obtenir un moût laissé à fermenter une journée ou plus. Le breuvage bénéficie parfois de l'ajout d'eau ou de sucre. En Namibie, et dans toute l'Afrique, les bières de millet ou de sorgho sont avant tout considérées comme des boissons nutritives, sources de glucides, vitamines et minéraux.

La Namibie possède un certain nombre de brasseries réputées – pour certaines de taille modeste, mais d'autres, à l'image de Namibia Breweries, à l'origine de marques comme Windhoek et Hansa, sont exportées à travers le monde. Camelthorn Brewery (*voir* p. 281) – baptisée en référence à une espèce d'acacia local capable de résister aux pires conditions de sécheresse – fut fondée en 2009 par Jörg Finkeldey, un ancien employé d'une microbrasserie californienne. Les bières remarquées de cette start-up, la première du genre en Namibie depuis des décennies, témoignent du fait que le pays pourrait bien un jour rattraper ses voisins sud-africains en matière de bière artisanale.

REPÈRES

PROPRIÉTAIRE Jörg Finkeldey

FONDATION 2009

ADRESSE 76 Nickelstreet (Unit 2), Windhoek

SITE INTERNET www.camelthornbrewing.com

PHILOSOPHIE Une bière artisanale de qualité en Namibie.

CAMELTHORN

En 2009, à l'inauguration de sa brasserie, Jörg Finkeldey souhaitait introduire la révolution microbrassicole en Namibie. Malgré des conditions de marché difficiles, il réussit à faire rimer Camelthorn avec bière artisanale de qualité.

LA RÉVOLUTION MICROBRASSICOLE finit par arriver en Namibie en 2009, à la création de Camelthorn par Jörg Finkeldey. Ce dernier implanta son établissement à Windhoeck, où se trouve une autre brasserie, bien plus grande, Namibian Breweries (*voir* p. 282-283). Finkeldey avait commencé à brasser en 1992 dans une microbrasserie californienne, avant de gagner sa vie en concevant et commercialisant des unités de brassage aux quatre coins du monde. En 2006, de retour chez lui avec sa famille, il passa trois ans à mûrir son projet de brasserie, qu'il baptisa symboliquement du nom d'une espèce d'acacia africain capable de résister à la sécheresse. Il confiait à l'époque : « Les premiers brasseurs avaient la résistance de l'acacia, et nous devons poursuivre cette quête faite d'endurance et de survie. » Sans surprise quand on connaît l'influence dominante des techniques de brassage allemandes en Namibie, les bières de Finkeldey suivirent pour l'essentiel cette voie. La Weizen de style allemand s'inspire de la bière primée élaborée par l'Allemand Michael Plank. Mais Finkeldey renoua avec ses premiers breuvages en produisant la Red, une ale américaine, alors que sa Red Dune Rooibos intègre des feuilles de rooibos. Dans une région où les grandes marques de lager dominent, la partie était difficile pour Camelthorn qui, à l'image de nombreuses petites brasseries belges, exporte l'essentiel de sa production. L'Afrique du Sud voisine est un important marché, et Camelthorn brasse aussi sous contrat pour la brasserie « nomade » Bierwerk Afrikan Ales (*voir* p. 278). Rien n'est jamais acquis dans le monde de la bière, surtout en Namibie où la scène brassicole pourrait se résumer au combat de David contre Goliath, mais en attendant, Finkeldey survit et ses bières récoltent les applaudissements….

CAMELTHORN RED

CAMELTHORN BOKBEER

CAMELTHORN WEIZEN

NOTES DE DÉGUSTATION

RED ALE AMBRÉE, 4,5 % VOL.

Couleur ambre pâle, bouquet aux notes d'agrume juteux et d'herbe fraîchement coupée, sur fond de caramel, bouche douce-amère, céréalière, herbacée et marquée par l'agrume, avant une finale sèche, à l'appétissante amertume.

ACCOMPAGNEMENT : les houblons aromatiques fruités et épicés, le vif pétillant et l'amertume facilitent la confrontation avec des préparations épicées, comme un curry vert au poulet.

BOKBEER WEIZENBOCK, 7 % VOL.

Une bière de froment forte, à robe châtain brun, au bouquet mêlant arômes épicés, malt doux et caramel. Bouche vive et pétillante, corps moyen avec des notes de caramel et banane, nuancées d'une touche de clou de girofle. Finale persistante, aux touches fruitées évoquant la banane.

ACCOMPAGNEMENT : une bière forte en saveur, dont le vif pétillant s'oppose aux sauces riches et rehausse douceur et saveur d'un ragoût de gibier ou d'une préparation comparable.

WEIZEN HEFEWEIZEN BAVAROISE, 4,5 % VOL.

Bière de froment à robe ambre orangé, vive et mordante en bouche. Malt suave, notes dynamiques de banane et touches de clou de girofle apportent éclats et couleurs. Finale marquée par une légère et agréable note d'acidité.

ACCOMPAGNEMENT : avec une salade au poulet grillé, pour que le vif pétillant révèle la douceur de la viande. La légère âpreté et l'acidité s'accorderont à toutes les sauces d'assaisonnement.

NAMIBIA BREWERIES

REPÈRES

PROPRIÉTAIRE Ohlthaver List Group

FONDATION 1920

ADRESSE Iscor Street, Northern Industrial, Windhoek

SITE INTERNET www.nambrew.com

PHILOSOPHIE Des bières brassées dans le respect du Reinheitsgebot.

NAMIBIA BREWERIES
HANSA DRAUGHT

Ce sont les colons allemands qui brassèrent les premières bières de l'actuelle Namibie, et leur tradition brassicole survit à travers la sélection de lagers brassée par Namibia Breweries.

L'HISTOIRE DE NAMIBIA BREWERIES se confond avec le passé colonial du pays et son accession à l'indépendance, en 1990. Avant la Première Guerre mondiale, l'Allemagne dominait le pays selon le « partage de l'Afrique » du XIXe siècle. Une des conséquences de l'hégémonie allemande se traduisit par la création de quatre brasseries en 1904 – à l'origine, les colons allemands buvaient des bières importées d'Europe, mais les coûts engendrés expliquèrent la décision de brasser dans le pays. En 1920, après la défaite et le démantèlement de la colonie allemande, deux entrepreneurs, Carl List et Hermann Ohlthaver, rachetèrent les quatre brasseries de Windhoek, pour créer South West Breweries. L'établissement est toujours situé à Windhoek, alors que le site de production de Swakopmund ferma en 2005.

Au fil des décennies suivantes, les bières du groupe se conformèrent au décret allemand sur la pureté de la bière, ou Reinheitsgebot (*voir* p. 52), promulgué en 1516 – une pratique toujours d'actualité – alors que l'orge maltée était importée d'Allemagne, comme les houblons. Un nouveau changement de nom intervint en 1990, année où la Namibie accédait enfin à son indépendance et où la brasserie fut baptisée « Namibia Breweries ».

Le respect du Reinheitsgebot explique que toutes les bières brassées soient des styles de lagers, à teneur en alcool variant de 4 à 7 % vol., même si la Windhoek Lager (brassée pour la première fois en 1920) reste l'une des plus populaires du pays et est largement exportée à l'étranger. Autres marques, l'Hansa Pilserner, la Tafel Lager et la forte Urbock, brassée une fois l'an et commercialisée en hiver. Les Namibiens et leurs voisins sud-africains ne sont pas les seuls à apprécier la production de la brasserie. En 2008, la suave Windhoek Lager aux notes d'agrume, la douce-amère Windhoek Draught, et la bitter légère Tafel Lager décrochèrent une médaille d'or lors d'un prestigieux concours brassicole à Berlin, signe que la fidélité au Reinheitsgebot n'était pas une si mauvaise idée.

Namibia Breweries veille à ce que les consommateurs retirent le maximum de satisfaction de leurs bières. Le site web de la brasserie détaille l'art et la manière du versement, et propose plusieurs recettes pour les chefs amateurs souhaitant tirer parti des qualités gustatives de la bière en cuisine.

NAMIBIA BREWERIES
WINDHOEK LIGHT

NAMIBIA BREWERIES
TAFEL LAGER

Cœur pur
Des bières aux influences allemandes évidentes.

Distinction suprême
Les médailles décrochées lors d'un prestigieux concours en Allemagne ajoutent au prestige de ces bières, conformes au Reinheitsgebot.

NAMIBIA BREWERIES
WINDHOEK LAGER

NAMIBIA BREWERIES
WINDHOEK DRAUGHT

NOTES DE DÉGUSTATION

HANSA DRAUGHT LAGER BLONDE, 4 % VOL.
Robe blond doré, bouquet légèrement fruité avec de douces notes céréalières. Une bière rafraîchissante, sans complication, délicatement sucrée en bouche, avec une courte finale délivrant une brève et franche amertume.

ACCOMPAGNEMENT : à l'évidence des fruits de mer, comme des crevettes grillées relevées d'un trait de jus de citron.

WINDHOEK LIGHT LAGER BLONDE, 2,4 % VOL.
Légère par son nom, légère par nature. Une robe jaune paille exhalant de douces notes maltées, suivies d'un mélange de douceur et d'une sourde amertume en finale. Vive et rafraîchissante en bouche.

ACCOMPAGNEMENT : le style est léger, mais la bière regorge de flaveurs, de quoi l'associer à une assiette de saucisses, juteuses et salées.

TAFEL LAGER 4 % VOL.
Robe or pâle dans le verre, vaporeuse tête de mousse blanche. Bouquet discret, agrémenté d'une douce touche céréalière. Délicats accents suaves en bouche et vif pétillant, finale légèrement amère.

ACCOMPAGNEMENT : idéale par une journée estivale, à associer aussi à un dîner à base de préparations rôties.

WINDHOEK LAGER 4 % VOL.
Une valeur sûre, à robe blond doré limpide, avec une douce touche céréalière et des notes citronnées sur le nez. Délicate douceur en bouche, sécheresse presque minérale, citron léger, avant une finale légèrement amère.

ACCOMPAGNEMENT : une fois encore, le pétillant et la vivacité dictent l'accord de mets. Avec un saumon grillé, la bière contraste avec l'aspect gras de la chair, tout en rehaussant les saveurs du poisson.

WINDHOEK DRAUGHT LAGER BLONDE, 4 % VOL.
Une robe or limpide, coiffée d'une tête de mousse blanche. Nez céréalier avec de légères notes florales en fond. Bouche légère à moyenne, nuancée par le fruit et une douceur céréalière. Finale douce-amère.

ACCOMPAGNEMENT : la vivacité de la bière appelle des mets épicés, comme un chili con carne par exemple.

LA LÉGENDE VEUT QUE LES DIEUX AIENT ENSEIGNÉ AUX AFRICAINS L'ART DU BRASSAGE. LES BRASSEURS D'AUJOURD'HUI PRÉFÈRENT PLÉBISCITER LA TECHNOLOGIE.

LA BIÈRE DE FROMENT GLACÉE, COMME CELLE DE CAMELTHORN (*VOIR* P. 281) RAFRAÎCHIT DES ARDEURS DU SOLEIL AFRICAIN.

GLOSSAIRE

Acide lactique Acide apportant à la bière une saveur aigre résultant de la transformation des sucres en présence de bactéries lactiques *(lactobacillus)*.

Ajout Au sens strict du terme, désigne un ingrédient ajouté lors du processus de brassage, autre que l'orge, l'eau, la levure et les houblons. En général, il s'agit de céréales non maltées incorporées pour accroître la teneur en alcool et alléger la saveur. On parle alors d'ajout céréalier.

Additif Substance ajoutée à la bière pour contribuer à sa préservation ou l'aromatiser artificiellement.

Ale Terme désignant les bières de fermentation haute élaborées à partir de levures d'ale. Désigne aussi une famille de bières d'origine britannique. Les styles incluent ale blonde, ale brune, ale douce, mild et bitter.

Ale blonde Style de bière originaire du Royaume-Uni, de fermentation haute, ambrée et bien houblonnée. Elle est caractérisée par l'utilisation d'un malt pâle.

Alt, altbier Style de bière allemand, comparable à une bitter anglaise, ou pale ale, plus spécifiquement associé aux bières de Düsseldorf.

Barley wine Style d'ale très alcoolisée, à l'origine brassé en Angleterre, mais aujourd'hui produit par de nombreux brasseurs nord-américains.

Berliner weisse Bière claire de froment de fermentation haute, brassée dans le nord de l'Allemagne.

Bière blanche Bière de fermentation haute contenant du froment non malté, non filtré, ce qui lui donne cet aspect laiteux à l'origine de son nom. Il existe deux grandes traditions, l'une en Belgique et l'autre en Bavière.

Bière d'abbaye Famille de bières belges fortes et fruitées brassées dans une abbaye sous l'autorité de moines ou inspirées de recettes monastiques.

Bière de garde Bière traditionnelle du nord de la France, brassée en hiver et au printemps, puis embouteillée et stockée, pour être consommée plus tard dans l'année par les ouvriers agricoles. Le style est désormais brassé toute l'année, dans différentes nations productrices.

Bière extrême Terme apparu aux États-Unis qui désigne des styles de bières parfois très alcoolisées, faisant appel à des ingrédients insolites ou à des procédés de brassage inédits.

Bière fruitée Bière de fermentation haute aromatisée avec un ou plusieurs fruits.

Bière trappiste Appellation contrôlée réservée aux bières brassées dans une abbaye sous l'autorité directe de moines trappistes qui utilisent des méthodes centenaires de brassage. Seulement sept brasseries (six en Belgique et une aux Pays-Bas) en produisent.

Bitter, best bitter Style de bière anglais, désignant généralement une ale très houblonnée. La best bitter fait référence à une version plus forte.

Blonde Terme utilisé pour qualifier une bière à robe dorée.

Bock Terme allemand désignant une bière forte. Plusieurs variantes existent, dont la *doppelbock* (double bock) plus forte, et l'urbock, brassée dans le style original du XIIIe siècle. *Voir aussi* eisbock.

Bouquet Première sensation laissée par la bière au moment où on la verse. Doux, fruité, houblonné, floral ou épicé, il doit toujours être plaisant.

Brassage sous contrat Accord commercial selon lequel une brasserie à capacité de production excédentaire brasse une ou plusieurs bières pour le compte d'une société qui les commercialise sous son propre nom.

Brassin Volume de moût contenu dans la cuve de brassage.

Brettanomyces Genre de levure semi-sauvage utilisé au brassage des lambics, stouts et porters. Responsable d'un arôme et de flaveurs spécifiques.

Broyhan Bière de froment blonde de fermentation haute, développée par un brasseur de Hanovre en 1526.

Burton union Procédé de fermentation traditionnel basé sur l'utilisation de fûts alignés et reliés par des tuyaux. Introduit au XIXe siècle en Angleterre, à Burton on Trent.

Carbonatation Action d'ajouter du gaz carbonique à la bière. La gazéification intervient naturellement, sous l'action des levures, ou de façon artificielle, par l'ajout de gaz.

Chaudière à moût Chaudière dans laquelle le moût est porté à ébullition avec le houblon, en général durant 90 minutes, afin de mêler les flaveurs.

Cuve matière Cuve en cuivre ou en acier inoxydable utilisée à la première étape du brassage, l'empâtage. Elle est équipée d'une cheminée pour extraire les vapeurs lors de la chauffe du moût, et possède souvent un double fond permettant la filtration du moût après l'empâtage.

Décoction Méthode de brassage d'origine germanique favorisant l'extraction des sucres. Le mélange de malt et d'eau est placé dans la cuve matière. Un certain volume de moût est prélevé, porté à ébullition, puis réintroduit dans la cuve matière. Le processus permet d'obtenir de complexes flaveurs de caramel et des bières plus limpides.

Degré Plato Unité de mesure notée « °P », correspondant au pourcentage en poids d'extrait sec du moût avant fermentation. Il est surtout utilisé dans le milieu du brassage de la bière. Les bières courantes sont brassées à partir d'une densité primitive de moût de l'ordre de 11 à 13 °P.

Dentelle Traces de mousse laissées sur les parois du verre après chaque gorgée.

Doppelbock *Voir* bock.

Dortmunder Bière blonde corsée de fermentation basse, originaire de Dortmund, en Allemagne.

Double ou dubbel Ale d'abbaye belge, plus forte que la pilsner, mais moins que la triple, ou *tripel*.

Drêches Résidus solides obtenus après filtration du moût. Riches en cellulose et protéines, les drêches sont depuis toujours recyclées en aliment pour la volaille ou le petit bétail.

Dunkel, dunkel bock Terme signifiant « sombre » en allemand. Il s'applique généralement aux lagers brunes, mais parfois aux bières de froment. Une dunkel bock est une lager brune aussi forte qu'une bock.

Eisbock La plus forte des bocks. Elle est portée à une température permettant à l'eau qu'elle contient de geler en cristaux. En ôtant les cristaux, on augmente la densité de la bière et donc sa concentration en alcool.

Empâtage Opération consistant à ajouter de l'eau à la farine de malt obtenue par concassage.

Esters Composés organiques odorants très volatils apportant à la bière son arôme épicé ou fruité. Les esters contribuent à la qualité des arômes et du bouquet d'une bière.

Export Bière allemande de fermentation basse, brune ou blonde. Il existe trois sortes d'export – dortmunder, münchener et wiener. À l'origine, le terme qualifiait les bières brassées pour l'exportation. Il sert souvent à désigner une bière premium, ou de qualité supérieure.

Fermentation basse Procédé associé à la famille des lagers et à des souches de levure de type *Saccharomyces carlsbergensi*. La fermentation se fait dans une cuve réfrigérée, à basse température. Après abaissement de la température, la levure se dépose au fond de la cuve et la bière subit une garde *(lagering)* de quelques jours avant de pouvoir être consommée.

Fermentation haute Procédé associé à la famille des ales. Le moût est fermenté dans une cuve à une température de 15 à 25 °C où la levure est introduite. Cette dernière se maintient à la surface du moût pendant la période de fermentation.

Fermentation Transformation des sucres en alcool et en gaz carbonique sous l'action de micro-organismes (levures ou bactéries). Le processus se déroule habituellement dans une cuve de fermentation.

Festbier Terme allemand désignant une bière traditionnellement brassée pour le Festival de la bière. Fait parfois référence aux styles oktoberfest et märzen, deux variantes très alcoolisées de la lager de style vienne.

Filtration Opération se déroulant à différentes étapes de l'élaboration de la bière. Lors du brassage, la filtration du moût et des drêches supprime les particules solides et non solubles. Après le houblonnage, la filtration permet de retirer les particules non solubles et les résidus de la cuisson. Enfin, après la fermentation, la filtration élimine levures et résidus de levures mortes, de façon à clarifier la bière.

Flaveur Sensations perçues à partir de la bouche, arômes et senteurs mêlés sans distinction. C'est la somme des stimulations olfactives et gustatives perçues par le dégustateur.

Garde Période qui suit la fermentation principale pendant laquelle la levure se dépose au fond des cuves et permet un premier mûrissement à la bière.

Gose Style de bière de froment, aux notes iodées caractéristiques, à l'origine brassée à Goslar, puis devenue une spécialité de Leipzig.

Gueuze Bière rafraîchissante et pétillante de la région de Bruxelles, résultant du mélange de lambics de différents âges.

Hefeweizen Bière de froment allemande non filtrée, mûrie avec de la levure, ce qui lui donne un aspect trouble avec des résidus de levure. En allemand, *hefe* signifie « levure ».

Helles Style allemand de lager claire et maltée, à l'origine brassée dans la région de Munich.

Houblonnage à sec Adjonction supplémentaire de houblon à un stade ultérieur du processus de brassage, afin d'enrichir la palette des flaveurs.

Houblons Fleurs ou cônes de la plante intégrés en cours de brassage – sous forme séchée, fraîche, granulée ou résinée – pour compléter d'arôme, de saveur et d'amertume la douceur du malt.

Houblons amérisants Variétés de houblons, dont le Chinook et le Fuggles, ayant une forte concentration en acides alpha, responsables de l'amertume de la bière. On les utilise pour équilibrer la douceur du malt. Des variétés distinctes des houblons aromatiques.

Houblons aromatiques Houblons fleuris et fruités, comme le Cascade et le Goldings, utilisés pour ajouter flaveurs et arômes à la bière. Les houblons aromatiques sont ajoutés en général dans le moût plus tard que les houblons amérisants, plutôt en fin d'ébullition, afin de conserver toute la subtilité de leurs arômes.

Houblons nobles Désigne quatre variétés de houblons aromatiques, peu amers : l'Hallertau, le Žatec (ou Saaz), le Tettnanger et le Spatner.

Imperial stout Stout très alcoolisée, autrefois brassée pour l'exportation. Une bière naguère très appréciée à la cour impériale russe.

IPA (india pale ale) Ale forte, intensément houblonnée, à l'origine brassée en Angleterre et conçue pour supporter les conditions de transport par voie maritime vers les colonies anglaises et notamment l'Inde. Ce style de bière est aujourd'hui produit par plusieurs autres nations brassicoles.

Kellerbier En allemand « bière de cave ». En règle générale, une lager non filtrée, houblonnée et peu pétillante.

Kölsch Ale blonde légère de fermentation haute, pour la première fois brassée dans les environs de Cologne.

Kriek Bière belge fruitée résultant du mélange de gueuze lambic et de cerises macérées dans la gueuze, avant une seconde fermentation en fûts de chêne, allant de plusieurs mois à deux ans.

Lager De l'allemand *lagern* signifiant « entreposer ». Famille de styles de bière de fermentation basse, comprenant entre autres les bières brunes, comme la schwarzbier ou la plus familière pilsner.

Lambic Bière spécifiquement belge, plus particulièrement de la région du Pajottenland, fabriquée à partir d'un moût sucré et issue d'une fermentation spontanée s'effectuant grâce à des enzymes présents dans l'air ambiant.

Levure Champignons ascomycètes qui produisentt la fermentation alcoolique des solutions sucrées ou qui font lever les pâtes farineuses. À chaque type de fermentation (haute ou basse) correspond un type de levure. Les levures hautes, utilisées au brassage de bières de type ale, sont actives à des températures de 15 à 25 °C et montent à la surface du moût en fin de fermentation. Les levures basses, utilisées au brassage de bières de type lager, sont actives à des températures de 0 à 14 °C et se déposent au fond de la cuve.

Lie Dépôt qui se forme au fond de la bouteille quand son contenu a refermenté. Pour les bières, il s'agit d'un dépôt de levure.

Maïsche Mélange de malt concassé et d'eau contenu dans la cuve matière lors de l'empâtage.

Malt Grains d'orge ou d'autres céréales soumis à un processus de germination contrôlé, puis arrêté au moment où les graines présentent une concentration maximale en amidon. Après séchage, touraillage ou torréfaction, le malt réduit en farine permet d'élaborer la maïsche.

Malterie Site de production du malt à partir de céréales plongées dans de l'eau pour hâter leur germination, avant leur séchage.

Märzen À l'origine, bière blonde bavaroise, douce et maltée, légèrement houblonnée, et plus forte que la lager classique. Brassée en mars, elle parvenait à maturité en septembre ou octobre, pour l'Oktoberfest. De nos jours, ce style de bière peut être brassé tout au long de l'année.

Méthode champenoise Méthode utilisée pour l'élaboration de vins effervescents. Une fermentation secondaire intervient en bouteilles, après ajout de levure et de sucres fermentescibles. Les bières élaborées selon cette méthode sont en général conditionnées dans des bouteilles de style champagne et possèdent un fort potentiel de garde. Dans l'Union européenne, le terme est aujourd'hui remplacé par celui de méthode traditionnelle.

Microbrasserie Terme générique utilisé à partir de 1970 pour désigner une petite brasserie, brassant de petits volumes de bière. En général la capacité de production d'une telle brasserie s'exprime en hectolitres.

Mild ale Ale légèrement houblonnée, peu alcoolisée, brassée avec un malt pâle et doux, traditionnellement associée aux régions industrielles du Pays de Galles et des Midlands en Angleterre.

Milk stout Une stout douce et crémeuse renfermant du lactose, un sucre non fermentescible dérivé du lait qui apporte une saveur douce, du corps et des calories à la bière.

Moût Jus sucré obtenu après l'empâtage et la filtration de la maïsche. Il passe ensuite dans la chaudière à moût où il est porté à ébullition, puis additionné de houblon. Clarifié puis refroidi avant de passer dans les cuves de fermentation, c'est alors un liquide doux, amer et limpide.

Oktoberfest Festival de la bière traditionnel se déroulant sur deux semaines dans la ville bavaroise de Munich, en Allemagne.

Oud bruin En néerlandais « vieille brune ». Style de bière de Flandre-Orientale, de fermentation haute, de couleur brun bourgogne, à l'arôme et au goût aigre-doux, bénéficiant d'une maturation de plusieurs mois.

Pale ale *Voir* Ale blonde.

Pasteurisation Processus visant à stériliser la bière en la soumettant à haute température, en règle générale 140 °C durant 15 minutes, juste avant son conditionnement. Le procédé vise à améliorer la stabilité de la bière durant son stockage, mais il a aussi pour effet d'amoindrir sa saveur.

Pilsner ou pilsener Bière blonde et limpide de fermentation basse. Elle trouve son origine dans la brasserie de Pilsen en République tchèque et fut initialement brassée en 1842.

Porter Bière noire d'origine londonienne, généralement de fermentation haute, caractérisée par un malt aux notes de chocolat noir et un houblon amérisant très présent.

Pub-brasserie Établissement disposant d'un bar ou d'un restaurant où sont proposées les bières artisanales issues d'une petite unité de brassage attenante.

Quadruple Désigne des bières de type belge, titrant au-delà de 9 % vol., de couleur roux foncé à brune, au profil gustatif présentant un goût à la fois très doux et alcoolisé.

Rauchbier Style allemand de lager brassée à partir d'un malt séché et fumé au feu de bois de hêtre. Une spécialité franconienne au goût fumé caractéristique.

Refermentation en bouteilles Procédé au cours duquel la bière est embouteillée avec une levure vivante et parfois des sucres fermentescibles, pour une période de garde plus longue, afin de laisser se développer ses flaveurs et favoriser l'apparition naturelle de gaz carbonique.

Reinheitsgebot Décret sur la pureté de la bière édicté en 1516 en Allemagne, stipulant les ingrédients autorisés dans le brassage d'une bière (malt d'orge, houblon et eau). La réglementation européenne autorisa d'autres ingrédients dans les bières allemandes, mais la majorité des brasseurs allemands continue à suivre les prescriptions du Reinheitsgebot, considérées comme gage de qualité.

Saison Bière moyennement alcoolisée de couleur blonde à ambrée de fermentation haute, bien houblonnée, fruitée, avec une finale sèche, aigre et rafraîchissante et souvent refermentée en bouteilles. Ce style est désormais produit toute l'année et généralement conditionné en bouteilles.

Schwarzbier Style allemand de lager à robe brun noir opaque.

Stout Bière très brune généralement de fermentation haute, très houblonnée, élaborée à partir d'un malt très torréfié auquel on ajoute un peu d'orge grillée non maltée.

Tête de mousse Mousse formée au sommet de la bière après son versement.

Titre alcoométrique (% vol.) Teneur ou quantité d'alcool par rapport au volume total.

Trouble Caractéristique naturelle des bières non filtrées, comme les bières blanches. Le trouble est causé par des résidus protéiniques, des résidus de résines de houblon, ou des tanins.

Weizenbier Terme générique désignant les bières allemandes à base de malt de froment.

Wit Bière blanche belge.

INDEX

C

Q

R

S